Elogios a *Criptoativos* e a Chris Burniske e Jack Tatar

Qualquer um com interesse prático ou teórico em mercados financeiros deve conhecer criptomoedas. Burniske e Tatar fazem um excelente trabalho explicando este admirável mundo novo para nós.

— HARRY MAX MARKOWITZ, vencedor do prêmio Nobel de
Economia e fundador da Teoria Moderna do Portfólio

Criptoativos é um excelente panorama do cenário das moedas e ativos digitais. Altamente recomendado para aqueles que querem entender para onde as finanças estão indo.

— BALAJI S. SRINIVASAN, CEO da 21.co
e sócio na Andreessen Horowitz

Burniske e Tatar criaram um guia seminal para o que pode ser a maior oportunidade de investimento desde o surgimento da internet. Informativo e útil, *Criptoativos* é leitura obrigatória para os criptoentusiastas e investidores de mercados de capitais semelhantes.

— ARTHUR B. LAFFER, presidente da Laffer Associates,
membro do Conselho Consultivo de Política Econômica do Presidente
Ronald Reagan e criador da Curva de Laffer

Enquanto enfrentamos uma economia nova e descentralizada, Burniske e Tatar estabeleceram algo de imensa importância: uma lógica coerente, até uma nova ciência, para investir nos ativos que definirão o mundo que virá.

— MICHAEL J. CASEY, conselheiro sênior do *Digital Currency Initiative*
no MIT Media Lab e coautor de *The Age of Cryptocurrency*

Neste trabalho claro e abrangente, Burniske e Tatar trazem uma discussão convincente de que os criptoativos são fundamentais para a segunda geração da internet e representam uma oportunidade única para o investidor inovador. Leitura obrigatória para qualquer um querendo entender o futuro das finanças, negócios e mais.

— ALEX TAPSCOTT, CEO da *NextBlock Global*
e coautor de *Blockchain Revolution*

Pronta para ser uma das mais profundas invenções da história, a tecnologia blockchain pode mudar tudo — assim como a roda e a internet mudaram. Chris e Jack ajudarão você a entender os blockchains e os criptoativos dentro deles. Se você é consultor financeiro, este livro ajudará a atender melhor os seus clientes.

> — RIC EDELMAN, três vezes Consultor Financeiro Independente #1
> (*Barron's*) e autor best-seller do *New York Times*, com
> *The Truth About Your Future*

Investidores estão sempre procurando novos ativos para diversificar seus portfólios, e a emergência dos criptoativos fornece uma ótima oportunidade. Burniske e Tatar oferecem a primeira análise detalhada de criptoativos da perspectiva de um portfólio de investimento.

> — CAMPBELL R. HARVEY, ex-presidente da *American Finance*
> *Association* e professor de Finanças na *Fuqua School*
> *of Business* da Universidade Duke

Criptoativos é o guia definitivo que chega na hora certa para introduzir você a uma radicalmente nova era de investimento inovador. Este livro conta tudo o que é preciso saber para investir nessa oportunidade suprema do nosso tempo: substituir a hierárquica e escorregadia "os vencedores levam tudo" da internet por um cadastro seguro e abundante de fundos e oportunidades que nos tornam todos vencedores em potencial.

> — GEORGE GILDER, cofundador do *Discover Institute* e
> autor de *The Scandal of Money*

O crescimento e a importância das criptomoedas e da criptocomputação rivaliza o crescimento inicial da web e da internet comercial, e a revolução técnica e econômica que resultarão são, talvez, ainda mais significativas do que a primeira fase da internet. *Criptoativos* é uma excelente introdução a essa revolução na tecnologia e nas finanças, e uma tremenda fonte para aqueles ávidos a se debruçar no que pode ser um assunto intimidador e complexo.

> — JEREMY ALLAIRE, CEO e fundador da Circle

Este é um tratado fundamental, oportuno e extremamente bem pesquisado sobre criptoativos. Fico animado com a base de conhecimentos de nossa indústria estar continuamente em expansão com uma liderança e ideias de tão alta qualidade.

> — VINNY LINGHAM, cofundador e CEO da Civic.com,
> Tubarão no *Shark Tank África do Sul* e membro da *Bitcoin Foundation*

Desde a criação do Bitcoin, as pessoas estão se perguntando por que ele e outros criptoativos têm algum valor. Chris Burniske e Jack Tatar fazem uma envolvente cobertura do porquê, com uma análise afiada e detalhada que reflete sua profunda compreensão da tecnologia e sua sólida bagagem financeira. Iniciantes, assim como criptoinvestidores mais experientes, encontrarão novas ideias e dicas sensatas neste guia prático.

— LAURA SHIN, editora sênior da *Forbes* e anfitriã do podcast *Unchained*

Criptoativos é uma introdução fascinante a este novo espaço da economia digital. Os autores trazem à tona vários exemplos históricos para lembrar-nos de que, em tempos de entusiasmo, é ainda mais importante prestar atenção nas equipes e no talento por trás de cada projeto.

— CHRISTIAN CATALINI, professor do *Theodore T. Miller Career Development* do MIT e professor assistente de Inovação Tecnológica, Empreendedorismo e Gerenciamento Estratégico na *Sloan School of Management* do MIT

Criptoativos é leitura obrigatória para executivos de serviços financeiros e investidores que querem entender os fundamentos e as direções futuras dessa nova e crescente classe de ativos. Elaborado por duas das principais autoridades neste meio incipiente e multibilionário, este é o guia mais abrangente sobre criptoativos disponível atualmente.

— SANDRA RO, ex-chefe de digitalização no CME Group

Como líderes de pensamento de uma indústria renovada, não é surpresa que Chris e Jack tenham criado o que provavelmente é o panorama mais profundo e ponderado para avaliar criptoativos. Neste livro, eles arregaçaram as mangas para trazer um contexto histórico útil e um panorama de valorização, que os leitores acharão intelectualmente estimulante e esclarecedor para entender este mundo rapidamente emergente dos criptoativos.

— SPENCER BOGART, diretor executivo e chefe de pesquisa no *Blockchain Capital*

Chris está na vanguarda deste importante trabalho de entender e analisar melhor esta classe emergente de ativos. Neste livro, Jack e ele encapsularam anos de sua reflexão de maneira facilmente digerível.

— DAVID KINITSKY, vice-presidente de pesquisa e inovação no *Fidelity Labs*

Para os não iniciados, o mundo das criptomoedas está repleto de riscos e armadilhas. Ninguém deveria se arriscar neste mundo sem preparação. *Criptoativos* explica, em termos simples de entender, o paradigma completo do Bitcoin e de seus sucessores, e fornece tudo o que é preciso para explorar esse mundo empolgante.

— JOHN MCAFEE, fundador da McAfee Associados

Uma leitura minuciosa, equilibrada e fácil. Eu a recomendaria a qualquer um considerando construir um portfólio de criptoativos.

— RYAN SELKIS, ex-diretor de investimentos do *Digital Currency Group* e diretor executivo do *CoinDesk*

Profissionais sérios dos investimentos deveriam ler *Criptoativos* se quiserem entender e valorizar a primeira nova classe de ativos do século XXI. Chris e Jack explicam esta oportunidade de investimento da nova era de maneira compreensível, engenhosa e magistral.

— CATHERINE WOOD, fundadora e CIO do *ARK Investment Management*

Uma combinação rara de análise quantitativa e pensamento baseado em princípios primordiais — este é um conteúdo original e perspicaz.

— ADAM WHITE, vice-presidente do Coinbase e gerente-geral do GDAX

Em um mundo cada vez mais digital, é apenas uma questão de tempo até que enormes quantidades de valor sejam transmitidas e asseguradas por blockchains, incluindo o valor da música e trabalhos criativos. *Criptoativos* torna blockchains acessíveis para não técnicos, explorando suas variadas histórias de origem, casos de uso e valor fundamental. Se está procurando uma abordagem primordial e embasada para a próxima onda de inovação na internet, então este é um ótimo livro para ler.

— JESSE WALDEN, fundador do *Mediachain Labs* e liderança blockchain no Spotify

Chris e Jack nos mostram o futuro dos criptoativos hoje. Sua perspectiva é afiada e perceptiva. Uma leitura obrigatória para entender a próxima era de criação de valor e riqueza.

— WILLIAM MOUGAYAR, sócio-geral na *Virtual Capital Ventures* e autor de *The Business Blockchain*

O jovem analista e investidor treinado em blockchain em Stanford, Chris Burniske, uniu-se ao expert em planejamento financeiro e escritor Jack Tatar para fornecer o primeiro guia compreensível para entender a classe de ativos mais empolgante e que mais cresce. Enquanto muitos investidores ainda estão acordando para a oportunidade, estes ativos já proporcionaram enormes retornos, à medida que o mercado global está agora flutuando em torno de US$100 bilhões, o que é 10 vezes mais que um ano atrás e 100 vezes mais que quatro anos atrás. Coletivamente referindo-se a estes investimentos como "criptoativos", Burniske e Tatar fornecem um sólido contexto sobre como a tecnologia surgiu, quais problemas ela resolve e como, assim como a própria internet, ela terá um impacto dramático não apenas no processo do capital de risco, mas no próprio investimento. Não pense em reequilibrar seu portfólio sem ler este livro.

> — MICHAEL TERPIN, fundador do *Transform Group*,
> organizador do *CoinAgenda* e cofundador do *BitAngels*

Enquanto o espaço criptoativo testemunhou um crescimento exponencial, para atingir o seu pleno potencial ele precisa ser amplamente integrado ao mundo real. Com clareza e objetividade consistentes, o livro de Chris e Jack detalha os criptoativos como uma classe de ativos, e se provará influente em levar investidores institucionais a adotar esta oportunidade inovadora.

> — JENNIFER ZHU SCOTT, sócia fundadora da *Radian Partners* e
> membro do *Future of Blockchain Council of the World Economic Forum*

Criptoativos fornece uma introdução e uma visão geral do jovem, porém rapidamente crescente, universo de todas as coisas blockchain. Esta indústria, classe de ativos, e ideia geral farão você ponderar sobre por que conceitos abstratos, como dinheiro, identidade e função de negócios, existem como existem no mundo e como a inovação que estamos vendo vai remodelar completamente a economia de amanhã. Desde preparar o palco até mergulhar em protocolos específicos e projetos para compartilhar conhecimento prático sobre como investir nesses ativos emergentes, a combinação de Chris e Jack de expertise e familiaridade com os tópicos complexos em questão são um testamento de por que eu os considerei algumas das melhores fontes pela minha jornada de cair cada vez mais fundo na cripto-toca do coelho.

> — ALEX SUNNARBORG, analista de pesquisa no *CoinDesk* e
> cofundador do *Lawnmower.io*

Desde a concepção à última fase, *Criptoativos* explora o passado, o presente e o futuro desta nova classe de ativos. Não é uma leitura difícil, embora explore muitos dos detalhes necessários para uma compreensão completa dos benefícios e riscos de bitcoin, blockchain e mais. Chris e Jack escreveram um livro que eu recomendo altamente para investidores desse campo florescente!

— PAT BOLLAND, ex-editor de negócios no CNBC, CBC e BNN

Criptoativos é a bíblia para todas as criptocoisas. Não importa se é iniciante ou especialista, você sairá com uma compreensão mais profunda de todo o ecossistema depois de ler este livro.

— GREG ROSEN, diretor na *BoxGroup*

Chris e Jack oferecem uma visão holística da origem, da evolução e da análise dos criptoativos. Ela vai desde sua curta, porém intensa, história, fala sobre métodos para analisar seu valor e identifica aqueles com potencial. Eu recomendaria o livro a qualquer um que queira mergulhar no investimento e entender como os criptoativos modelarão o futuro da sociedade e a criação de valor.

— LUIS CUENDE, cofundador da *Aragon and Stampery*

Aqueles de nós que trabalham na indústria blockchain há muito já perceberam que o surgimento das criptomoedas como uma classe legítima de ativos era inevitável. Mas a maioria dos investidores estão sendo lentos no levantamento. Chris foi o primeiro analista *buy-side* a focar exclusivamente essa classe emergente de ativos, e Jack foi um dos primeiros jornalistas financeiros a salientar a sua importância. Por anos, Chris trabalhou duro para trazer as rigorosas metodologias analíticas de Wall Street para as criptomoedas, enquanto Jack esteve ocupado explicando os benefícios das criptomoedas para públicos por todo o mundo. Agora, com *Criptoativos*, eles descrevem, como ninguém antes o fez, por que todo investidor deve incorporar bitcoins, ethers e novos ativos baseados em blockchain em seus portfólios, e como analisar esses tokens para fazer os investimentos certos.

— TRAVIS SCHER, associado de investimento no *Digital Currency Group*

Chris e Jack escreveram o *A Random Walk Down Wall Street* de nossa geração. Este livro é leitura obrigatória para qualquer um procurando se envolver e lucrar com a explosão dos criptoativos.

— PATRICK ARCHAMBEAU, vice-presidente e
cofundador do *Lawnmower.io*

Chris e Jack têm sido companheiros de viagem no espaço do blockchain muito antes de este ser um tópico em coquetéis elegantes. Ao longo dos anos, rimos e nos maravilhamos juntos com como o espaço evoluiu. Este livro não poderia ser mais oportuno para descrever um mercado financeiro emergente de mais de US$100 bilhões e todo o caos e as promessas que ele traz. Os autores capturam não apenas a análise técnica e mercadológica que você precisa para saber investir nesses projetos, mas também o espírito e entusiasmo das pessoas nessa inovação. Saboreie este livro. É uma visão de cápsula do tempo do nascimento desta incrível tecnologia.

— PETER KIRBY, cofundador e CEO da *Factom, Inc.*

Burniske e Tatar alinhavam desde um guia acessível para recém-chegados até ideias provocadoras para investidores experientes. Eu certamente o indicarei para meus alunos de pós-graduação conforme cobrirmos criptoativos.

— STEPHEN MCKEON, professor adjunto da *Lundquist College of Business* na Universidade de Oregon

A captação de recursos baseada em tokens chegou para ficar, e este livro oferece o melhor caminho para valorizar criptoativos que eu já vi. O livro fornece contexto e potenciais impactos de ICOs, oferecendo conhecimento criterioso tanto para aqueles adentrando o espaço quanto para investidores experientes, como eu. Eu recomendaria este livro para qualquer arsenal de criptoleitura!

— PAUL VERADITTAKIT, sócio na *Pantera Capital*

Burniske e Tatar agora me deram uma resposta fácil para quando as pessoas perguntam como começar com criptoativos — este livro!

— ARI PAUL, CIO da *BlockTower Capital*

Este é um trabalho seminal sobre a evolução da criptoesfera conforme o dinheiro digital torna-se a tendência dominante. O livro cobre o potencial completo e a variedade do que esta tecnologia oferece, revelando uma internet de valor com todas as inovações e todas as convergências a partir do campo tradicional das finanças. Chris e Jack trouxeram uma riqueza de conhecimento e métodos interdisciplinares como suporte de seus respectivos campos e construíram novos fundamentos em sua análise desse empolgante novo espaço.

— CHARLIE HAYTER, cofundador e CEO do *CryptoCompare*

Criptoativos é um *tour de force*. Burniske e Tatar são capazes de alavancar sua profunda experiência na indústria para condensar um tópico complexo, e em constante evolução, em um guia conciso e informativo para investidores buscando estar na linha de frente de uma nova classe de ativos. *Criptoativos* servirá como porta de entrada para o espaço para pequenos investidores nos próximos anos.

> — PIETER GORSIRA, engenheiro de software no *CoinDesk* e cofundador do *Lawnmower.io*

Em um mundo onde emitir ativos digitais é tão fácil quanto criar um site, Chris e Jack fornecem um guia compreensível que ajudará você a separar o joio do trigo.

> — DEMIAN BRENER, cofundador e CEO da *Zeppelin Solutions*

Conforme entramos na próxima grande evolução em mercados financeiros globais, Chris Burniske e Jack Tatar escreveram um volume único e muito necessário. Ele oferece não apenas uma compreensão fundamental de criptoativos e moedas digitais, mas também serve como uma referência para avaliar e participar de um futuro criptoativo. Uma nova classe de ativos surgiu, e *Criptoativos* é o guia definitivo.

> — RON QUARANTA, presidente da *Wall Street Blockchain Alliance*

Este livro é muito acessível, compreensível e de fácil leitura para investidores de qualquer tamanho. Uma de suas potencialidades é sua habilidade de ser igualmente valioso para novatos e para profissionais experientes.

> — JARED HARWAYNE-GIDANSKY, membro fundador da *Blockchain Association* da Austrália

Chris e Jack criaram um livro que não apenas explica o mundo dos criptoativos, mas também fornece um quadro de como investir neles e se tornar parte do que pode ser a maior oportunidade de investimento desde a internet.

> — NED SCOTT, fundador e CEO do *Steemit*

Criptoativos é uma introdução inteligente e bem organizada ao mundo dos criptoativos. O livro adapta modelos de precificação das finanças clássicas à tarefa desafiadora de avaliar criptoativos, oferecendo ao leitor uma sólida vantagem inicial para investir nesta empolgante nova classe de ativos.

> — ALESSIO SARETTO, professor assistente de Finanças na Universidade do Texas, em Dallas

Se quiser saber como os criptoativos funcionam, compre o *Mastering Bitcoin,* de Andreas Antonopoulos, mas se quiser saber como e porque você deveria estar investindo nesta nova classe de ativos, compre um exemplar de *Criptoativos.*

— TRON BLACK, investidor e principal desenvolvedor na
Medici Ventures

Recém-chegados frequentemente tentam se virar no mundo das ferramentas financeiras aceitas. A maioria falha miseravelmente. Mas as criptomoedas e a tecnologia blockchain que as acompanha fizeram sua marca e, provavelmente, terão um impacto contínuo sobre como todos nós fazemos negócios. Burniske e Tartar escreveram um livro incrivelmente compreensível que explica o que você precisa saber sobre esta nova classe de ativos.

— DOUGLAS GOLDSTEIN, CFP, autor de *Rich as a King*

Explicando os vários criptoinvestimentos, de moedas a tokens e commodities, e fornecendo as ferramentas para executar a análise de investimento, *Criptoativos* é o melhor criptoinvestimento que novatos, profissionais e lideranças empresariais podem fazer.

— RON KOCHMAN, ex-presidente e CEO da*Volt Information Sciences* e
investidor-anjo de criptoativos

Criptoativos fornece um balcão único para aprender sobre esta nova classe de ativos. Você aprenderá sobre suas empolgantes histórias, como aplicar técnicas de avaliação fundamental e dicas práticas para navegar pelos mercados, por vezes, turbulentos.

— MATTHEW GOETZ, CEO da *BlockTower Capital*

Com investimentos, as pessoas sempre querem saber sobre a próxima grande coisa. Para mentes curiosas que querem saber sobre tecnologias emergentes, ou mesmo para aqueles que já têm algum entendimento sobre blockchains, Chris e Jack não deixam nenhum espaço inexplorado. Desde as origens, a uma explicação sobre como eles funcionam, ao que vem depois, o leitor sairá empolgado com as possibilidades de investir dinheiro e tempo nessa aventura fascinante.

— TOM SZAKY, fundador e CEO da *TerraCycle*

Este livro é uma leitura obrigatória para qualquer consultor financeiro que queira ficar por cima no cenário tecnológico e de ativos instáveis. Seria sensato para consultores se familiarizarem com os criptoativos antes que seus clientes os abordem para uma inteligente discussão sobre o assunto!

— FRED PYE, presidente e CEO da *3iQ Corp.*

O que uma tecnologia que valida a ordem das entradas em um livro-razão eletrônico sem um administrador centralizado trará? O tempo dirá. Se você não puder esperar até lá, leia o livro de Chris e Jack. Ele será um ótimo início.

— FRANCOIS GADENNE, presidente e diretor executivo da
Retirement Income Industry Association

A mais completa e informativa literatura sobre o assunto hoje. Chris Burniske e Jack Tatar conduzem o leitor por uma torrente de incógnitas, iluminando o complicado mundo dos criptoativos e sua tecnologia subjacente, que muito provavelmente se tornará a inovação mais importante de nossa geração.

— RYAN LANCELOT, coautor de *What's the Deal with Bitcoins?*

Uma leitura obrigatória para apreciar o efeito da rede Bitcoin e a onda de inovação que ela lançou na comunidade de pessoas que tiveram papéis críticos na criação de todos os ecossistemas distribuídos que estão transformando modelos de negócios.

— CRISTINA DOLAN, cofundadora e COO da *InsureX*

O criptocomércio e as inovações em finanças e tecnologia desbloqueadas pelos blockchains fará com Wall Street o que as publicações e os blogs pessoais na internet fizeram com os impérios midiáticos. Essa mudança de poder é inevitável. A alocação de capital não precisa mais ser gerenciada por poderosas instituições que se provaram corruptas e irresponsáveis. A regulação e captura regulatória estão pondo os Estados Unidos em risco de se perderem na transição. Chris Burniske e Jack Tatar dão a você, o indivíduo, as ferramentas para avaliar esses novos criptoativos e tirar vantagem do que eu acredito que será o maior reequilíbrio de riqueza e poder que o mundo já viu.

— DR. PATRICK BYRNE, CEO do *Overstock.com*

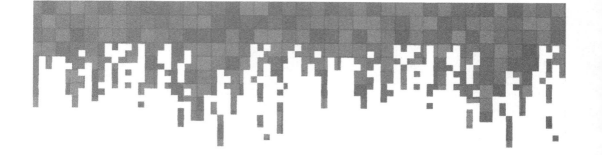

CRIPTOATIVOS

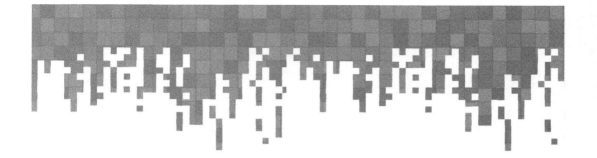

CRIPTOATIVOS

O Guia do Investidor Inovador para o Bitcoin e Além

CHRIS BURNISKE & JACK TATAR

ALTA BOOKS
E D I T O R A
Rio de Janeiro, 2019

Criptoativos – O guia do investidor inovador para o bitcoin e além
Copyright © 2019 da Starlin Alta Editora e Consultoria Eireli. ISBN: 978-85-508-0461-3

Translated from original Cryptoassets. Copyright © 2018 by Chris Burniske and Jack Tatar. All rights reserved. ISBN 978-1-260-02667-2. This translation is published and sold by permission of McGraw-Hill Education, the owner of all rights to publish and sell the same. PORTUGUESE language edition published by Starlin Alta Editora e Consultoria Eireli, Copyright © 2019 by Starlin Alta Editora e Consultoria Eireli.

Todos os direitos estão reservados e protegidos por Lei. Nenhuma parte deste livro, sem autorização prévia por escrito da editora, poderá ser reproduzida ou transmitida. A violação dos Direitos Autorais é crime estabelecido na Lei nº 9.610/98 e com punição de acordo com o artigo 184 do Código Penal.

A editora não se responsabiliza pelo conteúdo da obra, formulada exclusivamente pelo(s) autor(es).

Marcas Registradas: Todos os termos mencionados e reconhecidos como Marca Registrada e/ou Comercial são de responsabilidade de seus proprietários. A editora informa não estar associada a nenhum produto e/ou fornecedor apresentado no livro.

Impresso no Brasil — 1ª Edição, 2019 — Edição revisada conforme o Acordo Ortográfico da Língua Portuguesa de 2009.

Publique seu livro com a Alta Books. Para mais informações envie um e-mail para autoria@altabooks.com.br

Obra disponível para venda corporativa e/ou personalizada. Para mais informações, fale com projetos@altabooks.com.br

Produção Editorial Editora Alta Books	**Produtor Editorial** Thiê Alves	**Marketing Editorial** marketing@altabooks.com.br	**Vendas Atacado e Varejo** Daniele Fonseca Viviane Paiva	**Ouvidoria** ouvidoria@altabooks.com.br
Gerência Editorial Anderson Vieira	**Assistente Editorial** Ian Verçosa	**Editor de Aquisição** José Rugeri j.rugeri@altabooks.com.br	**comercial@altabooks.com.br**	
Equipe Editorial	Adriano Barros Bianca Teodoro Illysabelle Trajano	Juliana de Oliveira Kelry Oliveira Paulo Gomes	Rodrigo Bitencourt Thales Silva Thauan Gomes	Viviane Rodrigues Victor Huguet
Tradução Jana Araujo	**Copidesque** Wendy Campos	**Revisão Gramatical** Hellen Suzuki Thamiris Leiroza	**Revisão Técnica** Marco Antogiovani Analista de Mercado de Criptomoedas	**Diagramação** Amanda Meirinho

Erratas e arquivos de apoio: No site da editora relatamos, com a devida correção, qualquer erro encontrado em nossos livros, bem como disponibilizamos arquivos de apoio se aplicáveis à obra em questão.

Acesse o site www.altabooks.com.br e procure pelo título do livro desejado para ter acesso às erratas, aos arquivos de apoio e/ou a outros conteúdos aplicáveis à obra.

Suporte Técnico: A obra é comercializada na forma em que está, sem direito a suporte técnico ou orientação pessoal/exclusiva ao leitor.

A editora não se responsabiliza pela manutenção, atualização e idioma dos sites referidos pelos autores nesta obra.

Dados Internacionais de Catalogação na Publicação (CIP) de acordo com ISBD

B966c	Burniske, Chris
	     Criptoativos: o Guia do Investidor Inovador para o Bitcoin e Além / Chris Burniske, Jack Tatar. - Rio de Janeiro : Alta Books, 2019.
	     368 p. ; il. ; 17cm x 24cm.
	
	     Tradução de: Cryptoassets: The Innovation Investor's Guide to Bitcoin and Beyond
	     Inclui índice.
	     ISBN: 978-85-508-0461-3
	
	     1. Economia. 2. Investidor. 3. Bitcoin. I. Tatar, Jack. II. Título.

2019-71	CDD 330 CDU 33

Elaborado por Vagner Rodolfo da Silva - CRB-8/9410

Rua Viúva Cláudio, 291 ' Bairro Industrial do Jacaré
CEP: 20.970-031 ' Rio de Janeiro (RJ)
Tels.: (21) 3278-8069 / 3278-8419
www.altabooks.com.br ' altabooks@altabooks.com.br
www.facebook.com/altabooks ' www.instagram.com/altabooks

Para meu pai, que me ensinou a escrever,
e para minha mãe, que me fez acreditar que eu poderia.
— CB

Para Eric e Grace, vocês são o futuro.
— JT

Sumário

Nota dos Autores	xxi
Prefácio	xxiii
Agradecimentos	xxvii
Introdução	xxxi

Parte I   O QUÊ

Capítulo 1
O Bitcoin e a Crise Financeira de 2008   3

Capítulo 2
O Básico sobre Bitcoin e Tecnologia Blockchain   11

Capítulo 3
"Blockchain, Não Bitcoin?"   21

Capítulo 4
A Taxonomia dos Criptoativos   31

Capítulo 5
Criptocommodities e Criptotokens   53

xviii CRIPTOATIVOS

Parte II POR QUÊ

Capítulo 6
**A Importância do Gerenciamento de
Portfólio e dos Ativos Alternativos** 71

Capítulo 7
O Ativo Alternativo Mais Atraente do Século XXI 85

Capítulo 8
Definindo Criptoativos como uma Nova Classe de Ativos 109

Capítulo 9
**A Evolução do Comportamento de
Mercado dos Criptoativos** 125

Capítulo 10
**A Especulação das Massas e o
Pensamento "Dessa Vez é Diferente"** 143

Capítulo 11
"É Apenas um Esquema Ponzi, Não É?" 161

Parte III COMO

Capítulo 12
**Análise Fundamental e um
Quadro de Avaliação para Criptoativos** 179

Capítulo 13
**Saúde Operacional de Redes de
Criptoativos e Análise Técnica** 195

Capítulo 14
**Investindo Diretamente em Criptoativos:
Mineração, Plataformas de Negociação e Carteiras** 223

Capítulo 15
"Onde Está o ETF do Bitcoin?"   243

Capítulo 16
O Mundo Selvagem das ICOs   261

Capítulo 17
**Preparando Portfólios Atuais para a
Disrupção Blockchain**   277

Capítulo 18
O Futuro do Investimento Está Aqui   293

Os Criptorrecursos Garantidos de Chris e Jack   299

Notas   303

Índice   319

Sobre os Autores   327

Nota dos Autores

Quando começamos a escrever este livro, em dezembro de 2016, o bitcoin estava em US$700, o ether estava em US$7 e o valor da rede agregada de criptoativos estava em apenas US$10 bilhões. Nos meses subsequentes à escrita, vimos o bitcoin ultrapassar US$4 mil, enquanto o ether ultrapassou US$400, e o valor da rede agregada de criptoativos excedeu US$100 bilhões. Os criptoativos passaram de material obscuro da web a tópicos dominantes de conversas e a motivo de entusiasmo.

Quando embarcamos em nossa jornada literária, reconhecemos a dificuldade de documentar os mercados possivelmente mais rápidos do mundo. Esses mercados podem mudar tanto em um dia — para mais ou para menos — quanto o mercado de ações muda em um ano. Entretanto, ainda continuávamos fazendo a mesma pergunta: "O que devo ler para ter um panorama completo do que está acontecendo nesses mercados?" A frequência dessa pergunta aumentou para um clamor, conforme os mercados cresceram na primeira metade de 2017 e, ainda assim, os canais de informação permaneciam teimosamente fragmentados entre Reddit, Twitter, Slack, Medium, Telegram, novos sites e outros.

Ao mesmo tempo que reconhecemos a dificuldade de cobrir o *panorama completo* dos sempre movimentados mercados de criptoativos, acreditamos que este livro oferece uma visão abrangente da história, da tecnologia e das dinâmicas mercadológicas do bitcoin e além. Elaboramos o livro para ser tão perene quanto possível em relação ao contexto e às metodologias propostas, para que, mesmo diante de mudanças do mercado, o livro mantenha o seu valor. Reconhecemos que no momento em que você ler isso o preço de alguns ativos pode parecer um passado distante, e alguns grupos podem estar indignados por não cobrirmos seus históricos. Não poderíamos cobrir todas as mudanças de preço e históricos, ou nunca teríamos publicado este livro.

Esperamos servir de ponto de partida e meio para compreensão, para que possamos todos estudar e vivenciar esse espaço juntos. Esta é uma história que ainda está nos estágios mais iniciais de sua escrita.

Prefácio

D a primeira vez que ouvi sobre bitcoin, estava convencido de que daria errado. Com base em alguns artigos e duas décadas de experiência como negociante cético, eu ruidosamente — e agora, lamentavelmente — declarei no programa *Fast Money*, do CNBC, que o bitcoin não sobreviveria. Como poderia? Não tinha respaldo de nenhuma entidade; não tinha um banco central; não era aceito para o pagamento de impostos e não tinha nenhum exército para obrigar o seu uso. Além disso, era extremamente volátil e tinha uma má reputação — tudo o que certamente contribuiria para sua morte prematura.

Nunca estive mais errado em toda a minha carreira.

Em algum lugar dos arquivos do CNBC existe um vídeo constrangedor que me mostra protestando contra esse "dinheiro mágico da internet". Se você está lendo isto e tem acesso ao vídeo, trate-o com o respeito que ele merece e destrua-o! Desde aqueles dias obscuros, cheguei à compreensão de que o bitcoin — e o blockchain por trás dele — é um avanço tecnológico que tem o potencial de revolucionar os serviços financeiros da mesma forma que o e-mail fez com os correios.

Assim que percebi que a tecnologia blockchain era uma força disruptiva, busquei pessoas que compartilhassem a minha visão. Conheci Chris Burniske na primeiríssima confraternização da *Wall Street Blockchain Alliance*, e nós imediatamente descobrimos interesses em comum no potencial de ativos baseados em blockchain, ou criptoativos, se tornarem uma nova classe de ativos para investidores. Na época, poucas pessoas viam o potencial do Bitcoin, mas Chris via, e ficou claro para mim que ele tinha visão e liderança raras.

Jack Tatar é um especialista em planejamento de aposentadoria que passou mais de duas décadas na indústria financeira e traz uma perspectiva muito necessária de conhecimento de finanças e investimento para o mundo dos criptoativos. Novas tecnologias podem ser confusas e intimidadoras, mas através de sua escrita envolvente, Jack possui a habilidade única de destilar um assunto complexo em uma dose facilmente digerível. Como resultado de suas perspectivas combinadas, *Criptoativos* é um livro que vai satisfazer as mentes mais curiosas e envolver aquelas tendo contato com o assunto pela primeira vez.

Os leitores se beneficiarão não apenas da visão de Chris e Jack, mas também de seu profundo conhecimento sobre o tópico. Como gerente de um fundo hedge que investe em ativos digitais, estou constantemente buscando o potencial de investimento desta classe de ativos, e quando fico desorientado, minha primeira ligação é para Chris Burniske. Ao mesmo tempo que fico empolgado por Chris estar compartilhando sua percepção única neste livro, estou egoistamente relutante em perder minha fonte secreta. Junte isso à experiência de Jack como um dos primeiros jornalistas financeiros a escrever sobre bitcoins, e você tem uma combinação poderosa. Deixe que sejam a sua fonte também.

A beleza deste livro é que ele leva o leitor a uma jornada desde a origem do bitcoin, das cinzas da Grande Crise Financeira, até seu papel como diversificador em um portfólio tradicional de investimento. Aqueles que querem olhar o interior da tecnologia blockchain, e historiadores financeiros, como eu, acharão a discussão sobre bolhas de investimento instrutiva. Chris e Jack engenhosamente aplicam lições de história financeira ao mundo do investimento criptoativo. Alerta de spoiler: embora a tecnologia blockchain esteja desestabilizando as estruturas tradicionais do mercado financeiro, medo e ganância permanecem como traços unicamente humanos, que podem e vão encontrar lugar nos criptoativos. Felizmente, Chris e Jack dão aos leitores as ferramentas e o conhecimento para saber no que prestar atenção quando as bolhas ocorrerem.

Armado desse conhecimento, o leitor pode, então, usar o quadro de avaliação definido nos Capítulos 12 e 13 para encontrar os criptoativos mais promissores. A avaliação de criptoativos é diferente dos investimentos tradicionais; eles tipicamente não têm receita ou fluxos de caixa e, dessa forma, apresentam um enigma para aqueles que avaliam seus méritos. Aqui, Chris e Jack apresentam um trabalho inovador sobre como avaliar apropriadamente um ativo com base no efeito da rede e em equipes descentralizadas de desenvolvedores. Todos que estiverem até mesmo pensando sobre investir em criptoativos precisam ler esses capítulos.

Um dos mais fascinantes resultados da revolução blockchain é como os criptoativos estão desestabilizando os disruptores. Como Chris e Jack explicam, o modelo de negócios do capital de risco está sendo virado do avesso por esforços de financiamento coletivo que incluem ofertas iniciais de criptoativos, ou ICOs. Criptoativos são feitos de código, e porque eles facilmente monitoram e comunicam propriedade, podem ser usados como ferramentas de levantamento de fundos para startups. Nos últimos dois anos, houve uma onda de empreendedores que ignoraram investidores de risco e, em vez disso, escolheram levantar capital para startups por meio desses métodos.

Assim como com qualquer novo modelo, há questões sobre legalidade e viabilidade, mas o espírito do Vale do Silício de "quebrar as coisas primeiro, depois pedir desculpas" encontrou seu caminho para Wall Street. Profissionais que estão envolvidos em todos os aspectos do levantamento de fundos — desde capital de risco a mercados de capitais — acharão a discussão desses novos métodos de levantamento de capital instigante, talvez até um pouco assustadora.

O capítulo final do meu livro, *The Bitcoin Big Bang* (sem publicação no Brasil), intitulado *"Everything You Know About Business Is Wrong"* (Tudo o que Você Sabe sobre Negócios Está Errado), prevê o que Chris e Jack identificaram como um desenvolvimento que muda o jeito como o capital é levantado e distribuído. Organizações autofinanciadas e descentralizadas são uma nova espécie na economia global, que está mudando tudo o que sabemos sobre negócios. Um criptoativo como combustível para uma organização descentralizada não muda apenas o mapa organizacional; também reorganiza as estruturas de incentivo.

Essas novas organizações estão mudando a forma como o software é desenvolvido. Os criptoativos inverteram a estrutura de criação de valor que funcionou muito bem durante o desenvolvimento da internet. Os chamados *fat protocols* são plataformas de desenvolvimento autofinanciados que criam e ganham valor conforme aplicações são construídas em cima deles. Este é um paradigma completamente novo para projetos *open source* que incentivam desenvolvedores a construir projetos socialmente úteis.

Quando comecei a trabalhar em Wall Street, a internet era algo em um computador no final da mesa de negociações. A Amazon, o eBay e o Google não existiam — mas, em cinco anos, essas empresas mudaram o mundo. Como negociador iniciante, eu era muito jovem e inexperiente para reconhecer que a internet era uma oportunidade de investimento única. Estava convencido de que não veria nenhuma outra oportunidade de investimento exponencial pelo resto da minha carreira — até descobrir a tecnologia blockchain. A tecnologia blockchain é uma das inovações mais importantes na história das finanças. Está mudando a forma como transacionamos, distribuímos capital e organizamos nossas empresas. Se você é como eu e perdeu a chance de investir na internet, leia este livro para poder tirar vantagem da maior oportunidade de investimento desde a internet.

— BRIAN KELLY, Colaborador da CNBC e
Gestor da *BKCM Digital Asset Fund*

Agradecimentos

Agradecemos, primeira e principalmente, à melhor parceira literária que alguém poderia ter — a grande Karen Lacey. Esta realmente foi uma produção a seis mãos, e agradecemos por nos ajudar a definir, refinar e executar nossa visão. Você não apenas aprimorou o nosso pensamento, mas também mergulhou fundo na toca do coelho dos criptoativos!

Agradecemos ao nosso maravilhoso editor na McGraw-Hill, Casey Ebro, e a nossa agente literária, Marilyn Allen.

Agradecemos especialmente a todos aqueles na comunidade financeira e de criptoativos que deram ideias, conselhos e fizeram comentários, particularmente ao trio Alex Sunnarborg, Patrick Archambeau e Pieter Gorsira, assim como a Charles Bovaird, Balaji Srinivasan, Arthur Laffer, Michael Casey, Alex Tapscott, Ric Edelman, Campbell Harvey, George Gilder, Jeremy Allaire, Vinny Lingham, Laura Shin, Christian Catalini, Sandra Ro, Spencer Bogart, David Kinitsky, John McAfee, Ryan Selkis, Adam White, Jesse Walden, William Mougayer, Michael Terpin, Jennifer Zhu Scott, Pat Bolland, Greg Rosen, Luis Cuende, Travis Scher, Peter Kirby, Stephen McKeon, Paul Veradittakit, Ari Paul, Charlie Hayter, Demian Brener, Ron Quaranta, Jared Harwayne-Gidansky, Ned Scott, Alessio Saretto, Tron Black, Douglas Goldstein, Matthew Goetz, Tom Szaky, Fred Pye, Ryan Lancelot, Cristina Dolan, Ryan Strauss, Jack Hough e, é claro, a Brian Kelly, por seu apoio, amizade e assistência. Apreciamos o apoio da comunidade mundial de criptoativos e, se esquecemos de listar alguém que nos apoiou ao longo dessa jornada, por favor, nos perdoe — é por causa da criptocomunidade que este livro existe!

— CB e JT

Agradeço ao meu pai que, por sua vez, era escritor, e me pôs para escrever diários, relatórios de livros nas férias e para enviar avaliações para justificar a compra de dispositivos. Ele me ensinou a importância de nunca ter uma TV em casa, que toda a criatividade vem ao custo de sua manutenção e que a excelência nunca deve ser comprometida.

Agradeço a minha mãe, que foi uma fonte de confiança e apoio através do bem e do mal. Embora ela não saiba muito sobre blockchains (ainda), ela os ama porque eu os amo. Ela é a pessoa mais positiva que conheço, e aquela que me ensinou a ver os males que vêm para o bem. Agradeço ao meu irmão, Justin, que resistiu ao desejo de me estrangular quando nossa mãe estava longe, e me ensinou que o poder nem sempre precisa corromper.

Agradeço a você, Cathie Wood, que me arrancou do navio peixeiro e me ensinou que nem todas as finanças são ruins. Em poucos anos, Cathie me ensinou mais sobre economia, mercados e como o mundo funciona do que eu aprendi no meu tempo em Stanford. Em um mundo onde mentores são incrivelmente raros, a orientação de Cathie foi crucial na minha vida. Agradeço a Rob Wood, o gigante amigável que nos apresentou.

Agradeço a Brett Winton, que me ensinou como abordar os mais complexos dos problemas, e que talvez eu não seja tão estúpido quanto temo. A Joel Monegro, que tem sido meu carregador da tocha no criptomundo, obrigado. Não há ninguém com quem eu anseie discutir ideias mais que com você. Agradeço a James Wang, que me ensinou a amar o Twitter, e que valorização importa.

E por último, mas não menos importante, agradeço ao Jack, que foi a força motriz por trás deste livro. Se não fosse pelo fatídico almoço e o entusiasmo implacável de Jack, este livro nunca teria acontecido.

    — CB

Agradeço ao grande Harry Markowitz por seus conselhos e perspectiva. Um dos resultados mais maravilhosos deste livro foi a minha habilidade de ganhar a amizade desse homem maravilhoso. Obrigado, Harry! Sua ajuda foi inestimável.

Agradeço especialmente ao meu camarada, Stu Sharoff, por ter mergulhado nesse mundo louco, pela sua recomendação na capa e por ser um irmão para mim por tantos anos. Agradeço ao Stu Rosenberg por também mergulhar e oferecer um ótimo apoio e amizade ao longo dos anos.

Agradeço em especial ao meu parceiro-anjo de investimentos e querido amigo, Ron Kochman, por sua percepção honesta neste livro e por tornar essa jornada muito mais divertida. Agradeço também ao Steve Katz, de quem sentimos falta todos os dias.

Agradeço ao grande John Gioia por seus conselhos e percepções durante todo o processo de criação deste livro. Agradeço a Irene Cibas por apenas ser ela mesma e suportar o John e eu por *tantos* anos. Agradeço também a Bill Bonomo, John Barbera e David Fink, por sua ajuda e apoio ao longo dos anos quando eu precisei. É claro, agradeço ao lendário Sam Kirk pela sua assistência ao longo deste processo.

A minha mãe e ao meu pai, que podem não estar aqui fisicamente, mas me inspiram e me orientam todos os dias.

Acima de tudo, agradeço a minha família, que me suportou durante esse processo. Eu não poderia ter feito nada disso sem vocês. Aos meus filhos, Eric e Grace, eu nunca conseguiria articular o quão importantes e valiosos os seus conselhos e apoio têm sido para mim. Vocês são a minha inspiração para tudo.

Finalmente, a razão da minha existência e amor da minha vida, minha Maudee Ann. Ninguém conhece melhor do que você os esquemas e ideias loucas que eu tive na vida, e você os suportou e me apoiou completamente. Agradeço a Deus todos os dias por me permitir a oportunidade de viver minha vida com você, e obrigado por, bem, tudo. Amo você mais do que as palavras podem dizer... Sempre!

E, é claro, ao meu incrível coautor, Chris, que traz inteligência, humor, compaixão e honestidade a tudo o que faz. A melhor parte deste livro foi construir a nossa amizade.

— JT

NOTA DA EDITORA: Você encontra as imagens deste livro coloridas em nosso site: www.altabooks.com.br – Procure pelo título do livro ou ISBN

Introdução

Livros, programas de TV e filmes têm feito previsões futurísticas por décadas, muitas das quais foram originalmente consideradas absurdas. *Star Trek* apresentou várias que se provaram não tão bizarras assim: os comunicadores portáteis tornaram-se os smartphones de hoje, o dispositivo de exibição de acesso pessoal é agora o nosso tablet e um tradutor universal existe, do qual há várias aplicações para escolher. O livro de 1887 de Edward Bellamy, enigmaticamente intitulado *Looking Backward* (Olhando Para Trás — sem publicação no Brasil), previu os cartões de débito e crédito, e *2001: Uma Odisseia no Espaço* imaginou formas de mídias sociais, embora nada na escala que temos atualmente. *Choque do Futuro*, de Alvin Toffler, prendeu leitores nos anos 1970 pois previu a mudança exponencial destinada a sacudir a sociedade, e decretou um aviso: "Nas três curtas décadas entre agora e o século XXI, milhões de pessoas comuns e psicologicamente normais vão encarar uma colisão abrupta com o futuro." Este futuro criaria "o estresse devastador e a desorientação que induzimos aos indivíduos sujeitando-os a mudanças demais em um período muito curto de tempo".

"Mudança exponencial" agora tornou-se um chavão, mas o poder de uma curva exponencial raramente é considerado. Cada ano implicará em mudanças maiores que no ano anterior. Tal conceito difere drasticamente de uma taxa linear de mudança, na qual o futuro mudará tão rapidamente quanto o passado mudou (veja a Figura 1.1). As duas podem parecer similares nos primeiros períodos de mudança, mas quando a curva exponencial começa a inclinar, ela rapidamente, e às vezes violentamente, se distingue.

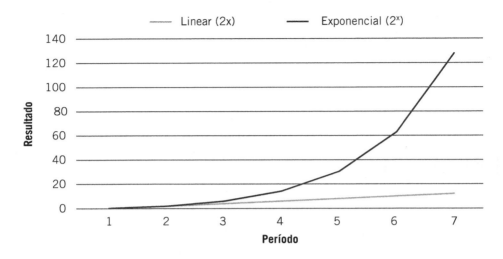

Figura 1.1 ■ Taxa de mudança exponencial versus linear

Enquanto o ano 1 exibe exatamente o mesmo valor para as mudanças exponencial e linear na Figura 1.1, assim como o ano 2, por volta do ano 7 a taxa exponencial progrediu quase dez vezes mais que o sétimo período de mudança linear. Geralmente operamos com a suposição grosseira de que a taxa de mudança no próximo ano ou dois será aproximadamente igual à dos anos anteriores, o que é uma visão de mundo linear. Isso funciona para estágios iniciais de mudança, mas não quando a curva exponencial começa a dobrar como um taco de hóquei. Infelizmente, a maioria dos portfólios de investimento estão sendo gerenciados com uma visão de mundo linear, com índices presos ao passado guiando os nossos investimentos futuros. Nada pode ser mais míope ou potencialmente perigoso em um período de mudança exponencial.

A internet mudou o mundo irrevogavelmente, e continua a mudar conforme desenvolvedores constroem em cima da plataforma de conexão que ela cria. Até agora, a World Wide Web foi a maior meta-aplicação a alavancar a fibra por trás da internet. A web indexada contém, pelo menos, 4,73 bilhões de páginas, quase chegando ao ponto em que haverá uma página para cada ser humano[1].

O início da internet é comumente associado aos anos 1990, com Tim Berners-Lee tropeçando na ideia da World Wide Web enquanto tentava criar um sistema de gerenciamento de informação para a CERN, e Marc Andreessen desenvolvendo o primeiro navegador web largamente utilizado, que, por fim, tornou-se o Netscape. Embora os feitos de Berners-Lee e Andreessen fossem elementos-chave para a adoção geral, a web e a habilidade de navegá-la foram as primeiras aplicações impressionantes construídas em cima da internet, para não misturar a criação da própria internet. Estamos ainda, provavelmente, nos estágios iniciais de alavancar o potencial da internet e construir meta-aplicações em cima dela.

A internet foi conceitualizada no início dos anos 1960 para criar sistemas de comunicação resilientes que poderiam sobreviver a um ataque nuclear nos Estados Unidos. De acordo com um dos progenitores da internet, Paul Baran, a chave para atingir tal resiliência era a descentralização[2]. J. C. R. Licklider converteu o conceito de uma "Rede Intergaláctica de Computadores", convencendo seus colegas na DARPA — que é responsável por investigar e desenvolver novas tecnologias para o exército americano — de sua importância[3]. Leonard Kleinrock, professor do MIT, estava trabalhando na comutação por pacotes — a tecnologia por trás da internet — que levaria ao primeiro livro sobre o assunto: *Communication Nets* (Redes de Comunicação — sem publicação no Brasil). Ironicamente, embora todos eles estivessem trabalhando em meios de conectar o mundo, poucos dos pesquisadores iniciais nesse período sabiam uns dos outros.

Mas o seu sonho se realizou. A cada dia, mais de 3,5 bilhões de solicitações de pesquisa são feitas no Google[4], 18,7 bilhões de mensagens de texto são enviadas (e isso não inclui o WhatsApp e o Facebook Messenger que, combinados, são mais de 60 bilhões de mensagens por dia)[5] e 269 bilhões de e-mails são enviados[6]. Curiosamente, no entanto, a internet tornou-se crescentemente centralizada com o passar do tempo, potencialmente ameaçando sua concepção original como um "sistema altamente perdurável".

A ingenuidade humana geralmente emerge quando é mais necessário e, agora, uma nova tecnologia que está emergindo retorna ao espírito descentralizado da internet original, com o potencial de revolucionar nossa estrutura computacional e transacional: a tecnologia blockchain. A cada segundo, milhões de pacotes de informação são *transacionados* entre pessoas e máquinas usando a internet, e a tecnologia blockchain está nos forçando a repensar os custos, a segurança e a propriedade dessas transações.

A tecnologia blockchain veio do Bitcoin. Em outras palavras, o Bitcoin é o pai da tecnologia blockchain. Bitcoin, com *B* maiúsculo, é uma plataforma que carrega em si dinheiro programável, conhecido como bitcoin, com *b* minúsculo. A fundação tecnológica dessa plataforma é um livro-razão distribuído e digital, referido como blockchain. Em janeiro de 2009, quando o Bitcoin foi lançado pela primeira vez, ele incorporou a primeira implementação de trabalho de um blockchain que o mundo tinha visto.

Desde então, as pessoas baixaram o software open source que é o Bitcoin, estudaram seu blockchain e lançaram blockchains diferentes que vão muito além do Bitcoin. A tecnologia blockchain pode agora ser pensada como uma tecnologia de propósito geral, em paralelo à máquina a vapor, à eletricidade e ao aprendizado de máquina (*machine learning*).

Citando o artigo de maio de 2016 na *Harvard Business Review*, por Don e Alex Tapscott: "A tecnologia com a maior probabilidade de mudar a próxima década de negócios não é a web social, o big data, as nuvens, a robótica ou mesmo a inteligência artificial. É o blockchain, a tecnologia por trás de moedas digitais como o bitcoin"[7].

As operadoras estão sentindo a destruição criativa inerente, especialmente dentro do setor de serviços financeiros, entendendo que vencedores construirão novos mercados e acabarão com o banquete dos desintermediados. Muitas startups estão de olho nesses intermediários com a ideia genial creditada a Jeff Bezos, da Amazon: "Suas margens gordas são a minha oportunidade"[8].

Se as próprias operadoras financeiras não abraçarem a tecnologia elas mesmas, o Bitcoin e a tecnologia blockchain poderiam fazer com os bancos o que os celulares fizeram com os polos telefônicos. Quase todos os prestadores de serviços financeiros, depositários, cambiais e bancários, fazem parte de algum consórcio de blockchain, investindo em potenciais disruptores ou construindo sua própria equipe internamente. Esses agentes incluem JP Morgan, Goldman Sachs, Citibank, o New York Stock Exchange, NASDAQ, Banco Santander, Barclays, UBS, South African Reserve Bank, Bank of Tokyo Mitsubishi, Mizuho, China Merchants Bank, Australian Stock Exchange, entre outros.

As operadoras financeiras que estão cientes da tecnologia blockchain põem em seu horizonte um mundo sem dinheiro — sem necessidade de cédulas, bancos de tijolo e cimento ou, potencialmente, políticas monetárias centralizadas. Em vez disso, o valor é gerido virtualmente, através de um sistema que não tem uma figura de autoridade central e é governado de maneira descentralizada e democrática. A matemática força a ordem nas operações. Nossas economias da vida inteira, e a dos nossos herdeiros, poderiam ser inteiramente intangíveis, flutuando em uma sopa segura de 1s e 0s, o sistema inteiro acessado através de computadores e smartphones.

Os fornecedores de tecnologia também sentem o cheiro da disrupção, com a Microsoft e a IBM liderando a mudança mais vocalmente. A Microsoft fornece o *Blockchain as a Service* (BaaS) para desenvolvedores dentro de sua plataforma em nuvem, a Azure. Marley Gray, seu diretor de tecnologia estratégica, declarou: "Queremos, e francamente, nossos clientes querem, acesso a todos os tipos de blockchain. Podem ser apenas dois caras em uma garagem que ramificaram o bitcoin e tiveram essa ideia genial e as pessoas querem testar. Não queremos ter nenhuma barreira. Estamos abertos a tudo. Ajudamos até os menores jogadores a entrar"[9].

Assim como a internet e a World Wide Web mudaram como nós vivemos as nossas vidas e interagimos com os outros, elas também fizeram milionários os inovadores que começaram empresas baseadas nessas tecnologias — e os investidores que investiram nelas. Aqueles com visão para a compra do Google durante a sua "Oferta Pública Inicial" (IPO) veriam uma apreciação de 1.800% em agosto de 2016, e aqueles que compraram a IPO da Amazon veriam uma apreciação de 1.827%[10].

As arquiteturas blockchain e seus ativos nativos estão em um rápido caminho para se tornarem a próxima grande meta-aplicação a alavancar a infraestrutura da internet. Elas já fornecem serviços que incluem moedas globais, computadores mundiais e redes sociais descentralizadas, entre centenas de outros.

Os ativos nativos têm sido chamados historicamente de criptomoedas ou altcoins, mas preferimos o termo criptoativos, que é o termo que será usado ao longo do livro. Os termos *criptomoedas* e *altcoins* expressam apenas uma fração da inovação que está ocorrendo na economia dos criptoativos. Nem todos os 800 criptoativos existentes são moedas. Não estamos testemunhando apenas a criação descentralizada de moedas, mas também de commodities e refinados bens e serviços digitais, conforme os blockchains moldam a tecnologia e os mercados para construir a Web 3.0.

A existência da tecnologia blockchain é tão inicial que nenhum livro ainda focou apenas os blockchains públicos e seus criptoativos nativos da perspectiva do investimento. Estamos mudando isso porque investidores precisam estar atentos à oportunidade e armados tanto para tirar vantagem quanto para se proteger nos confrontos.

Inevitavelmente, inovações de tal magnitude, alimentadas pela febre de ganhar dinheiro, podem levar a investidores excessivamente otimistas. Investidores que inicialmente viram potencial nas ações da internet encontraram uma devastadora bolha pontocom. As ações da Books-A-Million viram seu preço disparar em mais de 1.000% em uma semana simplesmente pelo anúncio de que havia um site atualizado. Posteriormente, o preço caiu e a empresa, desde então, saiu da lista e tornou-se privada. Outros casos famosos com base na internet acabaram quebrando, incluindo o Pets.com, Worldcom e WebVan[11]. Hoje, nenhuma dessas ações existe.

Se criptoativos específicos sobreviverão ou seguirão o caminho do Books-A-Million, ainda veremos. O que está claro, no entanto, é que alguns serão grandes vencedores. No geral, entre os ativos nativos dos blockchains e as empresas que apoiam a capitalização dessa destruição criativa, é preciso haver um plano de jogo que investidores usam para analisar e, em última instância, lucrar com esse novo tema de investimento de criptoativos. O objetivo deste livro não é prever o futuro — o mundo está mudando rápido demais para todos, exceto os sortudos, estarem certos — mas preparar investidores para uma variedade de futuros.

O Bitcoin, o criptoativo mais largamente conhecido, tem estado em uma montanha-russa. Se alguém investiu US$100 em bitcoins em outubro de 2009 — a primeira vez que uma taxa de câmbio foi estabelecida para a moeda digital nascente —, poderia agora ter mais de US$100 milhões. Em novembro de 2013, se alguém investisse os mesmos US$100 em bitcoins, teria enfrentado uma queda de 86% em janeiro de 2015. Há aproximadamente outras 800 histórias para contar, considerando que há mais de 800 criptoativos flutuando em mercados sempre globalmente conectados. No final de 2016, uma lista dos top 50 incluía[12]:

> Bitcoin, Ethereum, Ripple, Litecoin, Monero, Ethereum Classic, Dash, MaidSafeCoin, NEM, Augur, Steem, Iconomi, Dogecoin, Factom, Waves, Stellar Lumens, DigixDAO, Zcash, Lisk, Xenixcoin, E-Dinar Coin, Swiscoin, GameCredits, Ardor, BitShares, LoMoCoin, Bytecoin, Emercoin, AntShares, Gulden, Golem, Tether, ShadowCash, Xaurum, Storjcoin, Stratis, Nxt, Peercoin, I/O Coin, Rubycoin, Bitcrystals, SingularDTV, Counterparty, Agoras Tokens, Siacoin, YbCoin, BitcoinDark, SysCoin, PotCoin e Global Currency Reserve.

Este livro será o primeiro do gênero a mergulhar fundo em vários desses criptoativos. Enquanto muitos passaram por baixo do radar do público geral, as oportunidades que eles apresentam podem ser tão boas quanto o bitcoin.

Esperamos transformar o investidor inteligente de hoje em um investidor inovador, fornecendo um guia que explique o que são os criptoativos, por que eles devem ser considerados e como investir neles. Escrito por Benjamin Graham, *O Investidor Inteligente* é um trabalho seminal sobre investimento com base em valor que Warren Buffett coroou como "o melhor livro sobre investir já escrito"[13]. Enquanto podemos apenas esperar atingir uma fração do sucesso de Graham em educar investidores, nossos objetivos são bastante similares. Escolhemos focar uma classe de ativos que não existia na época de Graham, e um tipo que serve como uma boa cobertura contra a mudança exponencial que, ao longo do tempo, vai cada vez mais desestabilizar portfólios existentes.

Uma das chaves do livro de Graham era sempre lembrar o investidor de focar o valor fundamental de um investimento sem cair no comportamento irracional dos mercados. Assim como ele visava armar o investidor inteligente com as ferramentas para tomar uma decisão de investimento com base em análises fundamentais, esperamos fazer o mesmo para o investidor inovador que esteja considerando incluir criptoativos em seu portfólio.

Este não é um livro "fique rico rápido", com as últimas dicas quentes. É um livro que fundamenta essa nova classe de ativos no contexto de sua própria história, em estratégias comuns de investimento, na história da especulação financeira e mais. Investidores que levam adiante seu interesse em criptoativos e os examinam no contexto de seus objetivos financeiros gerais e das suas estratégias de portfólio se tornarão investidores inovadores.

Escrevemos este livro para novatos e especialistas. Ele está dividido em três partes: *O quê*, *Por quê*, e *Como*. *O quê* constrói as fundações para essa nova classe de ativos, fornecendo uma explicação concisa da tecnologia e da história dos criptoativos. *O Por quê* mergulha na razão da importância do gerenciamento de portfólio, assim como por que pensamos que esta é uma classe de ativos completamente nova que oferece uma grande oportunidade — assim como um grande risco. O *Como* detalha como abordar a inclusão de criptoativos em um portfólio, incluindo um quadro para avaliar os méritos de um novo ativo e a determinação logística de aquisição, armazenamento, impostos e regulação. Cada capítulo pode efetivamente se sustentar sozinho.

O mundo dos criptoativos pode, por vezes, parecer ficção científica; imaginamos que quando a internet foi primeiramente explicada e discutida, as pessoas se sentiram da mesma forma. Para muitos, a mudança provoca medo. Entendemos isso. Mas ela também cria oportunidades, e esperamos preparar o leitor para reconhecer, entender e agir nas oportunidades disponíveis no mundo dos criptoativos.

O amanhã inevitavelmente se torna o hoje. A mudança exponencial não vai desaparecer. Este livro ajudará o investidor inovador não apenas a sobreviver, mas a prosperar. Vamos mergulhar.

CRIPTOATIVOS

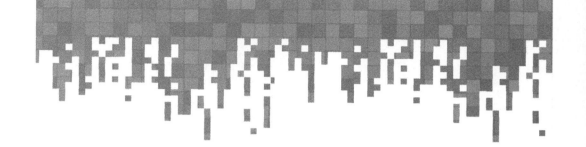

Parte I

O QUÊ

Capítulo 1

O Bitcoin e a Crise Financeira de 2008

Em 2008, o Bitcoin surgiu como uma fênix das cinzas do quase colapso de Wall Street. De agosto a outubro de 2008, uma série de mudanças sem precedentes ocorreram: o bitcoin.org foi registrado, o Lehman Brothers pediu a maior falência da história americana, o Bank of America comprou a Merrill Lynch por US$50 bilhões, o governo dos EUA estabeleceu o *Troubled Asset Relief Program* (Programa de Socorro aos Ativos Problemáticos — TARP) de US$700 bilhões e Satoshi Nakamoto publicou um artigo que fundou o Bitcoin e a base da tecnologia blockchain[1].

O vínculo entre o colapso financeiro de um lado e o surgimento do Bitcoin do outro é difícil de ignorar. A crise financeira custou à economia global trilhões de dólares e rompeu a confiança entre titãs financeiros e o público[2]. Enquanto isso, o Bitcoin ofereceu um sistema de confiança descentralizado para transferência de valor, contando não apenas com a ética da humanidade, mas também com o cálculo frio de computadores, e construindo as fundações para potencialmente evitar necessitar demais de Wall Street.

QUEM É SATOSHI NAKAMOTO?

Fazer referência a Satoshi como "ele" é simplesmente uma questão de conveniência, pois hoje em dia ninguém sabe exatamente quem, ou mesmo o quê, Satoshi é. Ele, ela, eles ou isso, permanece totalmente anônimo. Em uma página de perfil que Satoshi criou para a P2P Foundation — a qual ele usava para se comunicar com outras pessoas enquanto fazia girar o Bitcoin — ele escreveu que era um homem de 37 anos e que morava no Japão[3].

No entanto, fora do Japão, a investigação de fatos levou as pessoas a acreditarem que Satoshi vivia no Reino Unido, na América do Norte, na América Central, na América do Sul, ou mesmo no Caribe. As pessoas apontavam seu inglês escrito impecável, ou ocasionais expressões britânicas, como prova de sua residência no Reino Unido[4], embora outras citem seus padrões de postagens como sendo indicativos de domicílio em geografias de fusos horários orientais ou centrais[5]. Vários Satoshis falsos apareceram também, pois a mídia estava muito ávida a apresentar uma solução para um quebra-cabeças tão instigante. Um australiano, Craig Wright, alegou ser Satoshi em maio de 2016, e momentaneamente conquistou a atenção de publicações como a *The Economist*[6] e a *Wired*[7] antes de ser desmascarado[8].

Alegações sobre a origem de Satoshi agora cobrem os cinco continentes, trazendo de volta a possibilidade de que talvez Satoshi nem mesmo seja uma única pessoa, mas um grupo. A maestria com a qual Satoshi apresentou um vasto leque de tópicos — incluindo criptografia, ciência da computação, economia e psicologia —, e a habilidade de comunicar tudo isso de maneira fluida, parece apoiar a hipótese de que Satoshi seja mais de uma pessoa. Mas quem seriam? Enquanto o mistério pode nunca ser resolvido, Satoshi muito provavelmente estava ciente da instabilidade crescente de Wall Street.

A CRISE FINANCEIRA DE 2008

Para os titãs financeiros, 2008 se mostrou um pesadelo lentamente desvelado. Em março daquele ano, a primeira grande instituição de Wall Street — a Bear Stearns — sucumbiu aos seus demônios. Após resistir a todo tipo de mercado por 85 anos, a Bear Stearns foi finalmente tragada por um mercado imobiliário decadente. No dia 16 de março, a JPMorgan Chase & Co comprou-a por US$2 a ação, aproximadamente 1% do valor de cotação de US$170 por ação do ano anterior[9]. Para catalisar o acordo, o Federal Reserve[1] [Sistema de Reserva Federal norte-americano, equivalente ao Banco Central no Brasil] concordou em facilitar a aquisição de US$29 bilhões em ativos em dificuldade da Bear Stearns[10]. Embora de maneira inquietante, um mês após a aqui-

---

1 N.T.: O Sistema de Reserva Federal (em inglês, Federal Reserve System, mais conhecido como Federal Reserve e, informalmente, como The Fed) é o sistema de bancos centrais dos Estados Unidos. A estrutura do Sistema de Reserva Federal é composta por um Conselho de Governadores (Federal Reserve Board), pelo Federal Open Market Committee (FOMC) e pelos doze presidentes de Federal Reserve Banks regionais, localizados nas maiores cidades do país, além de numerosos representantes de bancos privados dos Estados Unidos e diversos conselhos consultivos. [fonte: Wikipédia]

sição, John Mack e Lloyd Blankfein, CEOs da Morgan Stanley e da Goldman Sachs Group Inc, respectivamente, disseram aos acionistas que a crise no mercado imobiliário seria curta e estaria se aproximando do fim[11].

Grande parte da crise nasceu de empréstimos irresponsáveis, conhecidos como *empréstimos subprime*, para americanos que não conseguiam liquidar suas dívidas. Historicamente, quando um banco fazia um empréstimo, ele era responsável por assegurar que o devedor quitasse os financiamentos. Porém, no caso de muitos empréstimos subprime, uma vez que esses empréstimos eram feitos aos devedores, eles então eram empacotados, ou *securitizados*, em instrumentos complexos conhecidos como obrigações hipotecárias garantidas (CMOs). Essas CMOs eram, então, vendidas a outros investidores, efetivamente passando o risco como uma batata quente pelos mercados financeiros, para compradores seduzidos pela promessa de altos retornos combinados ao baixo risco, devido à suposta diversificação.

O que as pessoas não perceberam, inclusive executivos de Wall Street, era o quão profundos e inter-relacionados eram os riscos que as CMOs representavam. Parte do problema era que as CMOs eram instrumentos financeiros complexos sustentados por uma arquitetura financeira ultrapassada, que misturava sistemas analógicos e digitais. A falta de documentação digital integrada tornou difícil, se não impossível, a quantificação do risco e a compreensão exata do que as CMOs eram compostas. Além disso, conforme essas CMOs se espalharam pelo mundo, investidores globais foram repentinamente interconectados em uma rede de hipotecas americanas[12]. No verão de 2008, apesar da falta de transparência financeira, porém encorajado pelo acesso a fundos do Sistema de Reserva Federal em caso de maiores problemas, Richard Fuld Jr., o CEO do Lehman Brothers, misteriosamente declarou: "Não podemos falir agora"[13].

Enquanto uma tempestade se preparava em torno de executivos desavisados de Wall Street, Satoshi Nakamoto estava ocupado desenvolvendo o conceito de Bitcoin. Em 18 de agosto de 2008, o Bitcoin.org, site com informações sobre o Bitcoin, foi registrado[14]. Sendo um indivíduo ou uma entidade, agora estava claro que Satoshi estava criando uma tecnologia que, se já existisse, provavelmente teria melhorado a obscuridade tóxica das CMOs. Devido à transparência distribuída e ao registro de auditoria imutável de um blockchain, cada empréstimo feito e empacotado em diferentes CMOs poderia ser documentado em um único blockchain. Isso teria permitido a qualquer comprador visualizar um registro coerente da propriedade da CMO e o status de cada hipoteca dentro dela. Infelizmente, em 2008, vários sistemas divergentes — que eram caros, portanto, desarmonizados — seguravam o sistema unido por strings digitais.

Na manhã de quarta-feira, dia 10 de setembro de 2008, Fuld e outro diretor sênior enfrentaram uma realidade diferente da declaração confiante de Fuld no verão. A diretoria teve dificuldades para explicar a um grupo de analistas críticos o valor de US$5,3 bilhões em amortizações de "ativos tóxicos" e uma perda trimestral de US$3,9 bilhões[15]. A chamada terminou abruptamente, e os analistas desconectaram-se não convencidos das medidas que o Lehman estava tomando. Os mercados já tinham punido o Lehman no dia anterior, derrubando o preço da ação em 45%, e na quarta-feira, ele caiu mais 7%[16].

Dois dias depois, na tarde de sexta-feira, os CEOs da Merrill Lynch, da Morgan Stanley e da Goldman Sachs encontraram-se no Federal Reserve Bank [Banco de Reserva Federal] de Nova York, com o presidente do Sistema de Reserva Federal, o Secretário do Tesouro americano, e o presidente do Banco de Reserva Federal de Nova York. O tópico da tarde foi o que fazer com o Lehman Brothers. Estava claro que a situação havia tornado-se crítica. Inicialmente, parecia que ou o Barclays ou o Bank of America viriam ao resgate do Lehman Brothers, mas essa probabilidade rapidamente evaporou.

No sábado, enquanto o mesmo grupo se encontrava de novo no Banco de Reserva Federal de Nova York, John Thain, o CEO da Merrill Lynch, teve um pensamento inquietante. Durante as instruções sobre a situação do Lehman, ele percebeu que sua empresa poderia estar a apenas alguns passos da mesma catástrofe. "Posso ser eu sentado aqui na próxima sexta"[17], disse ele. Thain rapidamente mexeu-se para encontrar compradores para a Merrill, a opção mais promissora sendo o Bank of America, que já estava em conversas sobre comprar o Lehman. Com as conversas progredindo secretamente entre a Merrill Lynch e o Bank of America, o Lehman Brothers segurou-se ao Barclays como sua única esperança de comprador.

No domingo, dia 14 de setembro, o Barclays estava pronto para aprovar um acordo para a compra do Lehman Brothers. O Lehman apenas precisava que o governo americano ou o britânico endossasse seus balanços comerciais por alguns dias, tempo suficiente para o Barclays conduzir uma votação entre os acionistas para a aprovação final. Nenhum governo queria entrar no jogo, e a probabilidade de um acordo começou a se dissolver. Com apenas algumas horas restantes até os mercados asiáticos abrirem para negociações, o governo dos Estados Unidos questionou o Lehman sobre a sua única opção remanescente: falência.

Harvey Miller, um advogado de falências bem conhecido na Weil, Gotshal & Manges, estava trabalhando discretamente desde a noite de quinta-feira para estabelecer as bases para o caso da ocorrência do pior cenário, ou seja, a falência.

Quando perguntado por um oficial sênior do Sistema de Reserva Federal se ele sentiu que o Lehman estava pronto para declarar falência, respondeu: "Isso causará um armagedom financeiro."

Se o Lehman tivesse declarado falência, as firmas financeiras que faziam negócios com ele também perderiam bilhões, potencialmente desencadeando um efeito dominó de falências.

Mais tarde naquela noite, o Bank of America assinou um acordo para comprar a Merrill Lynch por US$50 bilhões, e algumas horas depois, nas primeiras horas da manhã de segunda-feira, o Lehman Brothers declarou falência segundo o Capítulo 11 [equivalente norte-americano ao instituto da recuperação judicial no Brasil] do Código de Falências dos EUA, tornando-se a maior falência da história americana. Então chegou ao fim uma empresa de 164 anos nascida de uma loja de produtos secos que evoluiu para o quarto maior banco de investimentos dos EUA. Isso sinalizou o fim de uma era[18].

A falência do Lehman e a aquisição da Merrill provou ser apenas o início. Na terça-feira, o Banco de Reserva Federal de Nova York autorizou o empréstimo de US$85 bilhões para o American International Group (AIG), a maior seguradora dos EUA, quando a colossal organização começou a oscilar[19]. Eram meados de setembro e nuvens mais escuras surgiam no horizonte para Wall Street e os mercados financeiros globais.

O NASCIMENTO DO BITCOIN

Seis semanas e meia depois, em 31 de outubro de 2008, Satoshi publicou o artigo técnico do Bitcoin, que serve como gênese para cada implementação de blockchain disponibilizada hoje e para sempre. No parágrafo de conclusão de seu artigo fundamental, Satoshi escreveu: "Propomos um sistema para transações eletrônicas que não depende da confiança"[20].

Na época em que publicou o artigo, ele já tinha codificado o sistema inteiro. Em suas próprias palavras: "Tive que escrever todo o código antes de conseguir me convencer de que poderia resolver o problema, aí escrevi o artigo"[21]. Com base em estimativas históricas, Satoshi provavelmente começou a formalizar o conceito do Bitcoin em algum período no final de 2006, e começou a codificá-lo por volta de maio de 2007. No mesmo período de tempo, muitas reguladoras começaram a acreditar que o mercado imobiliário dos EUA estava sobrecarregado e provavelmente em um caminho difícil[22]. É difícil de acreditar que alguém com tal amplitude de conhecimento estivesse trabalhando isolado do que estavam testemunhando os mercados financeiros globais.

No dia posterior à publicação, Satoshi enviou um e-mail para a *The Cryptography Mailing List* com um link para o seu artigo[23]. A lista era composta de assinantes focados em criptografia e suas potenciais aplicações. O e-mail de Satoshi provocou uma cadeia de respostas.

Na sexta-feira, 7 de novembro de 2008, em resposta ao seu apaixonado grupo de seguidores, ele escreveu: "Vocês não encontrarão uma solução para problemas políticos na criptografia... Mas podemos vencer uma batalha maior na corrida armamentista e ganhar um novo território de liberdade por muitos anos. Os governos são bons em cortar cabeças de redes centralmente controladas, como o Napster, mas redes P2P puras, como a Gnutella e a Tor, parecem estar se segurando"[24]. Fica claro nessa citação que Satoshi não estava criando o Bitcoin para deslizar perfeitamente no sistema financeiro e governamental existente, mas para ser um sistema alternativo livre de controle hierárquico, governado pelas massas descentralizadas. Tal autonomia descentralizada foi fundamental também para os primeiros dias da internet, na qual cada nó na rede era um agente autônomo que se correspondia com outros agentes através de protocolos compartilhados.

No dia 9 de novembro, o projeto Bitcoin foi registrado no SourceForge.net, um site voltado para facilitar o desenvolvimento de softwares open source. Em resposta ao número crescente de perguntas e interesse na *The Cryptography Mailing List*, Satoshi escreveu, em 17 de novembro: "Vou tentar correr e lançar o código fonte o mais rápido possível para servir de referência para ajudar a esclarecer todas essas questões de implementação"[25].

Então Satoshi ficou quieto por alguns meses, enquanto Wall Street continuava a desmoronar. O Ato Emergencial de Estabilização Econômica de 2008 fez pouco para melhorar a derrocada que resultou da falência do Lehman. O Ato passou pelo Congresso e foi assinado pelo presidente George W. Bush em 3 de outubro, e estabeleceu o TARP de US$700 bilhões. Como resultado, o governo americano adquiriu ações preferenciais em centenas de bancos, assim como em enormes empresas, como AIG, General Motors e Chrysler. As ações não vieram de graça, no entanto. Custou US$550 bilhões em investimento para estabilizar esses mamutes na corda bamba[26].

Nos primeiros momentos de vida do Bitcoin como rede pública, Satoshi deixou claro que estava sintonizado com as falhas do sistema financeiro global. Na primeira ocasião de gravação de informações no blockchain do Bitcoin, Satoshi gravou: "*The Times* de 03/01/2009 Chanceler à beira de um segundo resgate aos bancos"[27], em referência a um artigo que apareceu na publicação britânica *The Times* sobre a provável necessidade do Reino Unido de ajudar mais bancos a não afundar[28]. Muitos anos depois, as pessoas perceberiam que um dos mais poderosos casos de uso da tecnologia blockchain era inscrever informações transparentes e imutáveis que nunca poderiam ser apagadas da história digital e que eram livres para todos verem. A primeira escolha de Satoshi, de empregar essa funcionalidade gravando uma nota sobre o resgate dos bancos, tornou claro que ele estava disposto a nunca nos deixar esquecer das falências da crise financeira de 2008.

UM SISTEMA FINANCEIRO ALTERNATIVO

Nove dias após essa gravação contundente, a primeira transação usando bitcoins aconteceu entre Satoshi Nakamoto e Hal Finney, um defensor e desenvolvedor inicial do Bitcoin. Nove meses depois, a primeira taxa de câmbio seria definida para o bitcoin, valorizando-o em 1.800% por moeda, ou 1.309 bitcoins por dólar[29]. Um dólar investido então valeria mais de US$1 milhão no início de 2017, frisando o crescimento viral que a inovação estava preparada para aproveitar.

Mergulhando mais fundo nos escritos de Satoshi da época, fica mais aparente que ele estava fixado em fornecer um sistema financeiro alternativo, se não uma completa substituição. Depois de a rede estar pronta e funcionando por mais de um mês, Satoshi escreveu sobre o Bitcoin: "É completamente descentralizado, sem servidor central ou partes fiduciárias, porque tudo é baseado em criptoprovas em vez de confiança... Acho que esta é a primeira vez que estamos testando um sistema descentralizado e não baseado em confiança."[30]

Em 5 de dezembro de 2010, Satoshi mostrou um lado aflitivamente humano, defendendo que o WikiLeaks não aceitasse bitcoins como meio de pagamento depois que grandes redes de cartão de crédito bloquearam usuários por apoiar o site. Satoshi escreveu "Não, não é 'pode vir'. O projeto precisa crescer gradualmente para que o software possa ser fortalecido ao longo do caminho. Faço esse apelo ao WikiLeaks, de não tentar usar o Bitcoin. O Bitcoin é uma pequena comunidade beta em sua infância. Você não conseguiria obter mais do que alguns trocados, e a agitação que você traria provavelmente nos destruiria nesse estágio"[31].

Pouco tempo depois, Satoshi desapareceu. Alguns especulam que foi pelo bem do Bitcoin. Afinal, ser o criador de uma tecnologia que tem o potencial de substituir muito do sistema financeiro atual está sujeito a eventualmente invocar a ira de forças poderosas do governo e do setor privado. Desaparecendo no ar, Satoshi removeu a cabeça do Bitcoin, e com isso, o único ponto falho. Em sua vigília, fica uma rede com milhares de pontos de acesso e milhões de usuários.

Wall Street, por outro lado, sofreu com muitos pontos falhos. Quando a poeira baixou, o governo dos EUA tinha gasto muito mais que os US$700 bilhões inicialmente assegurados pelo TARP. No final, US$2,5 trilhões foram injetados no sistema, para não mencionar os US$12,2 trilhões comprometidos para restaurar a fé na fidelidade das instituições financeiras[32].

Enquanto Wall Street como conhecemos estava experimentando uma morte cara, o nascimento do Bitcoin não custou nada ao mundo. Ele nasceu como uma tecnologia open source e foi rapidamente abandonado no mundo como uma criança sem mãe. Talvez, se o sistema financeiro global tivesse sido mais saudável, não haveria uma comunidade tão grande para dar suporte ao Bitcoin, o que, em último caso, permitiu a ele crescer e se tornar essa criança gorda e intratável que agora é.

BEM-VINDO AO MUNDO QUE O BITCOIN CRIOU

Desde o desaparecimento de Satoshi, o Bitcoin desencadeou uma onda gigantesca de disrupção e reformulação dos sistemas globais financeiro e tecnológico. Incontáveis derivações do Bitcoin foram criadas — sistemas como Ethereum, Litecoin, Monero e Zcash — todos contando com a tecnologia blockchain, o presente de Satoshi para o mundo. Ao mesmo tempo, titulares tecnológicos e financeiros se moveram para abraçar a tecnologia, criando confusão em torno de toda a inovação se desdobrando e do que é mais relevante para o investidor inovador. O próximo capítulo vai solidificar a compreensão da tecnologia blockchain, do Bitcoin, do bitcoin, dos criptoativos e de onde as oportunidades de investimento o esperam.

Capítulo 2

O Básico sobre Bitcoin e Tecnologia Blockchain

É hora de consolidar a diferença entre Bitcoin, blockchain do Bitcoin, bitcoin com *b* minúsculo, tecnologia blockchain e outros conceitos relacionados, porém diferentes. À primeira vista, esse espaço parece cheio de jargões, impedindo muitos de mesmo tentar entendê-los. Na realidade, há alguns poucos conceitos estranhos, encapsulados em palavras recentemente inventadas, o que infelizmente mantém as pessoas de fora. Como essas palavras são usadas com frequência quando as pessoas falam de aplicações diferentes de Bitcoin ou de tecnologia blockchain, o espaço parece impenetrável — mas não é. Tudo que é exigido é um esforço conjunto para entender os conceitos-chave, o que então se torna a estrutura mental que vai sustentar a compreensão de muitas aplicações de tecnologia blockchain.

Bitcoin com *B* maiúsculo refere-se ao software que facilita a transferência e a custódia do bitcoin, a moeda, que começa com *b* minúsculo.

- Bitcoin é igual ao software.
- bitcoin é igual à moeda.

Muito do livro usará Bitcoin (com *B* maiúsculo) como ponto de partida. O Bitcoin é a gênese no movimento blockchain. É comum comparar blockchains recentemente criados ao Bitcoin, porque o blockchain do Bitcoin é o mais antigo ponto de partida de referência. Dessa forma, entender o básico de Bitcoin é crucial.

Entretanto, para realmente entender o Bitcoin, é preciso superar o pensamento de que ele é algum tipo de esquema Ponzi digital ou um sistema obscuro usado por criminosos. Essas são histórias obsoletas que continuam a agitar a mídia. Em julho de 2016, pesquisadores da London School of Economics and Political Science, do Deutsche Bundesbank (o banco central da Alemanha) e da Universidade de Wisconsin, em Madison, publicaram o artigo *The Evolution of the Bitcoin Economy* ("A Evolução da Economia Bitcoin"). Três instituições conceituadas não perderiam seu tempo, nem comprometeriam sua reputação, com uma moeda nefasta sem potencial de crescimento.

Nesse artigo, os pesquisadores descrevem uma análise extensiva que fizeram no blockchain do Bitcoin e as transações nele. A seguir, um resumo do que encontraram:

> Neste artigo, unimos as unidades mínimas da identidade do Bitcoin (os endereços individuais), e as agrupamos em aproximações de entidades de negócios, que chamamos de "super clusters". Embora esses clusters possam permanecer, em grande parte, anônimos, é possível atribuir muitos deles a categorias de negócios particulares analisando alguns de seus padrões específicos de transação, como observado durante o período de 2009 a 2015. Logo, é possível extrair e criar um mapa da rede de relações de pagamento entre eles, e analisar o comportamento de transação encontrado em cada categoria de negócio. Concluímos identificando três regimes marcados que evoluíram conforme a economia Bitcoin cresceu e amadureceu: de um estágio de protótipo inicial; a um segundo estágio de crescimento povoado, em grande parte, de empresas "pecaminosas" (ou seja, jogos de azar, mercados negros); a um terceiro estágio marcado por uma progressão acentuada de afastamento do "pecaminoso" e aproximação de empresas legítimas[1].

Sem dúvidas, alguns dos adotantes iniciais do Bitcoin eram criminosos. Mas o mesmo ocorre com a maioria das tecnologias revolucionárias, pois novas tecnologias geralmente são ferramentas úteis para aqueles procurando burlar a lei. Entraremos nos riscos específicos associados aos criptoativos, incluindo o Bitcoin, em um capítulo posterior, mas fica claro que a história do bitcoin como moeda evoluiu para além de ser apenas um meio de pagamento para bens e serviços ilegais. Mais de 100 artigos da mídia aproveitaram a oportunidade para declarar a morte do bitcoin[2], e sempre se provaram errados.

Quando se considera o Bitcoin de maneira neutra no contexto de um tema mais amplo de evolução tecnológica, ele está no ponto ideal das principais tendências de tecnologia. Por exemplo, o mundo está cada vez mais em tempo real, com pessoas se conectando de maneiras *peer-to-peer* (ponto-a-ponto), capacitando e conectando indivíduos independentemente da origem geográfica ou socioeconômica. O Bitcoin se encaixa nesses moldes temáticos. Ele permite que uma transação global seja concluída em uma hora, em vez de em alguns dias. Ele opera de maneira peer-to-peer, o mesmo movimento que levou a Uber, o Airbnb e o LendingClub a serem empresas multimilionárias em seus próprios domínios. O Bitcoin permite a qualquer um ser seu próprio banco, pondo o controle nas mãos de um movimento popular e empoderando os sem banco globalmente.

No entanto, o Bitcoin fez algo provavelmente mais impressionante que a Uber, o Airbnb e o LendingClub. Essas empresas descentralizaram serviços que eram facilmente compreensíveis e tinham precedentes de ser peer-to-peer. Todo mundo já pediu a um amigo para levá-lo ao aeroporto, já se hospedou com algum parente em outro país ou pegou dinheiro emprestado dos pais. Descentralizar uma moeda, sem uma autoridade hierárquica, exige aceitação global coordenada de um meio de pagamento compartilhado e reserva de valor.

A moeda originalmente surgiu para facilitar o comércio, permitindo que nossa sociedade abandonasse o escambo e a necessidade da *dupla coincidência de desejos*[3]. Ela evoluiu ao longo do tempo para ser mais conveniente, resultando em sua atual situação de dinheiro de papel. Inerentemente, o papel tem pouco valor além do fato de todo mundo pensar que ele tem valor e o governo exigir que ele seja aceito para concretizar obrigações financeiras. Nesse sentido, ele é uma conveniente representação compartilhada de valor. Os libertários diriam que é uma *útil ilusão compartilhada* de valor, voltando à ideia de que o papel, por si próprio, tem pouco valor. O Bitcoin é uma representação compartilhada de valor similar, exceto pelo fato de não ter manifestação física e nenhuma autoridade hierárquica para protegê-lo. Apesar desses obstáculos, a elegância da matemática que possibilita seu funcionamento também permitiu seu crescimento e bilhões em reservas de valor.

O FUNCIONAMENTO INTERNO DO BLOCKCHAIN DO BITCOIN

Parte do software do Bitcoin envolve a construção do blockchain do Bitcoin, que pode ser pensado como um livro-razão digital que monitora os balanços do usuário por meio de débitos e créditos. Nesse sentido, o blockchain do Bitcoin é uma base de dados que registra o fluxo de sua moeda nativa, o bitcoin. O que torna único esse livro fiscal digital?

O blockchain do Bitcoin é uma base de dados distribuída, criptográfica e imutável, que usa prova de trabalho para manter o ecossistema em sincronia. Tecnobaboseira? Com certeza. Tecnobaboseira impenetrável? Não.

Distribuída

Distribuída refere-se à maneira com a qual o computador acessa e mantém o blockchain do Bitcoin. Diferente da maioria das bases de dados, que rigidamente controlam quem pode acessar a informação dentro delas, qualquer computador no mundo pode acessar o blockchain do Bitcoin. Esse recurso é essencial ao bitcoin como uma moeda global. Já que qualquer um em qualquer lugar pode explorar o blockchain do Bitcoin para ver o registro de débitos e créditos entre diferentes contas, ele cria um sistema global de confiança. Tudo é transparente, então todos estão em condições de igualdade.

O QUE É CRIPTOGRAFIA?

Inicialmente uma palavra assustadora, criptografia é a ciência da segurança da informação. Ela envolve pegar a informação e embaralhá-la de tal forma que apenas os destinatários desejados possam entender e usar a informação para seu propósito pretendido. O processo de embaralhar a mensagem é a encriptação, e desembaralhá-la é a decriptação, executadas através de técnicas matemáticas complexas.

A criptografia é o campo de batalha no qual aqueles que tentam transmitir informações de maneira segura combatem aqueles que tentam decriptar ou manipular a informação. Mais recentemente, a criptografia evoluiu para incluir aplicações, como provar a propriedade da informação para um conjunto de atores mais amplo — como a criptografia de chave pública —, que é uma grande parte de como a criptografia é usada dentro do Bitcoin.

Técnicas de encriptação têm sido usadas por séculos. Júlio César usou um método simples de encriptação durante os tempos de guerra para informar seus generais sobre seus planos. Ele enviava mensagens usando letras que eram três letras depois da letra que deveriam representar. Por exemplo, em vez de usar as letras ABC em sua mensagem, ele usava DEF, e seus generais decriptavam-nas para entenderem a mensagem pretendida. Compreensivelmente, essa forma de encriptação não permaneceu segura por muito tempo[4].

Um exemplo mais recente, que foi assunto do filme *O Jogo da Imitação*, foi o esforço, durante a Segunda Guerra, de um grupo de criptógrafos ingleses para decodificar as mensagens da Alemanha nazista, que eram encriptadas por um dispositivo de codificação chamado máquina Enigma. Alan Turing, um erudito da aprendizagem de máquina e da inteligência artificial, foi um importante participante da equipe cujos esforços para quebrar o código Enigma, por fim, tiveram um impacto debilitante nas estratégias de guerra alemãs e ajudaram a terminar a guerra.

A criptografia tornou-se uma parte vital de nossas vidas. Cada vez que digitamos uma senha, pagamos com cartão de crédito ou usamos o WhatsApp, estamos aproveitando os benefícios da criptografia. Sem ela seria fácil para malfeitores roubarem informações sensíveis e usá-las contra nós. A criptografia assegura que a informação só possa ser usada por aqueles para os quais foi destinada.

Criptográfica

Todas as transações gravadas no blockchain do Bitcoin devem ser criptograficamente verificadas para assegurar que pessoas tentando enviar bitcoins realmente possuam os bitcoins que estão tentando enviar. A criptografia também se aplica a como grupos de transações são adicionados ao blockchain do Bitcoin. As transações não são adicionadas uma de cada vez, mas em "blocos" que são "encadeados" juntos, daí o termo *blockchain* (cadeia de blocos). Vamos nos aprofundar nas particularidades do processo na seção de prova de trabalho a seguir, mas por ora, aqui está o ponto principal: a criptografia permite aos computadores construírem o blockchain do Bitcoin para colaborar em um sistema automatizado de confiança matemática. Não há subjetividade sobre se uma transação foi confirmada no blockchain do Bitcoin: é apenas matemática. Para um mergulho mais fundo na criptografia, recomendamos fortemente *O Livro dos Códigos*, de Simon Singh.

Imutável

A combinação de computadores globalmente *distribuídos* que podem *criptograficamente* verificar transações e a construção do blockchain do Bitcoin levam a uma base de dados *imutável*, o que significa que os computadores que constroem o blockchain do Bitcoin só podem fazê-lo de maneira a *apenas anexar*. *Apenas anexar* significa que a informação só pode ser adicionada ao blockchain do Bitcoin ao longo do tempo, não pode ser excluída — uma trilha de auditoria gravada em pedra digital. Uma vez que a informação esteja confirmada no blockchain do Bitcoin, ela é permanente e não pode ser apagada. Imutabilidade é um recurso raro em um mundo digital no qual as coisas podem ser facilmente apagadas, e esse provavelmente vai se tornar um atributo cada vez mais valioso para o Bitcoin ao longo do tempo.

Prova de Trabalho

Embora os três atributos anteriores sejam valiosos, nenhum deles é inerentemente novo. A Prova de Trabalho (*Proof-of-Work* — PoW) une os conceitos de uma base de dados *distribuída*, *criptográfica* e *imutável*, e é como os computadores distribuídos concordam sobre qual grupo de transações será anexado ao blockchain do Bitcoin em seguida. Em outras palavras, a PoW especificamente lida com como transações são agrupadas em blocos e como esses blocos são encadeados juntos, para formar o blockchain do Bitcoin.

Os computadores, ou mineradores, como são chamados, usam a PoW para competir um com o outro para conseguir o privilégio de adicionar blocos de transações ao blockchain do Bitcoin, que é como as transações são confirmadas. Cada vez que os mineradores adicionam um bloco, eles são pagos em bitcoins por fazê-lo, e é por isso que disputam para fazer a operação.

Competir por recompensa financeira também é o que mantém o blockchain do Bitcoin seguro. Se qualquer um com motivações ruins quisesse mudar o blockchain, seria preciso competir com todos os outros mineradores distribuídos globalmente que investiram, no total, centenas de milhões de dólares no maquinário necessário para executar a PoW. Os mineradores competem buscando a solução para um quebra-cabeças criptográfico que lhes permitirá adicionar um bloco de transações ao blockchain do Bitcoin.

A solução para esse quebra-cabeças criptográfico envolve a combinação de quatro variáveis: o tempo, um resumo das transações propostas, a identidade do bloco anterior e uma variável chamada *nonce*.

O nonce é um número aleatório que, quando combinado às outras três variáveis por meio da chamada função hash criptográfica, resulta em uma solução que encaixa critérios de dificuldade. A dificuldade de cumprir esses critérios é definida por um parâmetro que é ajustado dinamicamente para que um minerador encontre uma solução para o seu quebra-cabeças matemático aproximadamente a cada 10 minutos. Se tudo isso parece tão difícil quanto beber água de uma mangueira de incêndio, tudo bem — é assim para todo mundo no começo. Cobriremos esse processo em mais detalhes no Capítulo 4, e iremos ainda mais fundo no Capítulo 14.

A parte mais importante do processo PoW é que uma das quatro variáveis é a identidade do bloco anterior, o que inclui quando o bloco foi criado, seu conjunto de transações, a identidade do bloco anterior a esse e o nonce do bloco. Se investidores inovadores continuarem seguindo essa lógica, entenderão que isso une todo e cada bloco no blockchain do Bitcoin. Como resultado, nenhuma informação em nenhum bloco anterior, mesmo que tenha sido criado há muitos anos, pode ser mudada sem que se mude todos os outros blocos depois dele. Tal mudança seria rejeitada pelo conjunto distribuído de mineradores, e essa propriedade é o que torna o blockchain do Bitcoin e as transações ali dentro imutáveis.

Os mineradores são economicamente recompensados por criar um novo bloco com uma transação que lhes conceda bitcoins recém-cunhados, chamada transação baseada em moeda, assim como as taxas para cada transação. A transação baseada em moeda também é o que lentamente libera novos bitcoins no estoque de dinheiro, mas isso será melhor discutido posteriormente.

UMA ANALOGIA ÚTIL PARA O ECOSSISTEMA DO BITCOIN

Para juntar tudo usando uma analogia que vai nos preparar para uma discussão sobre as aplicações da tecnologia blockchain no Capítulo 3 (veja a Figura 2.1), é útil pensar nos conceitos como uma pilha de hardware, software, aplicações e usuários em relação a um computador pessoal.

Os mineradores que constroem o blockchain do Bitcoin com o processo PoW são o hardware, assim como um MacBook Pro fornece o hardware para um computador pessoal. O hardware roda um sistema operacional (SO); no caso do Bitcoin, o sistema operacional é o software open source que facilita tudo o que foi descrito anteriormente. Esse software é desenvolvido por um grupo voluntário de desenvolvedores, como o Linux, sistema operacional que fundamenta grande parte da nuvem, e é mantido por um grupo voluntário de desenvolvedores. Acima dessa combinação de hardware e sistema operacional estão as aplicações, como o Safari é uma aplicação que roda em um sistema operacional da Apple. As aplicações interagem com o sistema operacional do Bitcoin, que puxa e empurra informações de e para o blockchain, conforme seja necessário. Por último, há os usuários finais que interagem com as aplicações e, algum dia, podem não ter ideia do hardware e do software por trás, pois tudo o que precisam saber é como usar as aplicações.

Figura 2.1 ■ Bitcoin como uma pilha de hardware, SO, aplicações e usuários finais

BLOCKCHAINS PRIVADOS VERSUS PÚBLICOS

Em geral, há dois tipos de entidades que podem possuir os blockchains de apoio ao hardware: públicas e privadas. A diferença entre blockchains públicos e privados é similar àquela entre a internet e as intranets. A internet é um recurso público. Qualquer um pode acessá-la; não há guardião. As intranets, por outro lado, são jardins murados usados por empresas ou consórcios para transmitir informações privadas. Blockchains públicos são análogos à internet, enquanto blockchains privados são como as intranets. Embora ambas sejam úteis hoje, há pouco debate sobre a internet ter criado ordens de magnitude maiores que as intranets. Isso apesar de declarações veementes de operadoras nos anos 1980 e 1990 de que a internet pública nunca poderia ser confiável. A história está do lado das redes públicas e, embora não se repita, ela frequentemente rima.

Uma distinção importante se resume a como as entidades ganham acesso à rede. Lembre-se, um blockchain é criado por um sistema distribuído de computadores, que usa criptografia e um processo consensual para manter os membros da comunidade em sincronia. Um blockchain isolado é inútil; alguém poderia muito bem usar uma base de dados centralizada. A comunidade de computadores que constrói um blockchain pode ser pública ou privada, comumente referida como permissionada ou não permissionada.

Sistemas públicos são aqueles como o Bitcoin, no qual qualquer um com o hardware e o software corretos pode se conectar à rede e acessar informações lá contidas. Não há um segurança checando identidades na porta. Em vez disso, a participação na rede forma um equilíbrio econômico no qual entidades comprarão mais hardware para participar da criação do blockchain do Bitcoin se sentirem que podem ganhar dinheiro assim. Outros exemplos de blockchains públicos incluem Ethereum, Litecoin, Monero, Zcash, entre outros, que serão discutidos com mais detalhes nos Capítulos 4 e 5.

Sistemas privados, por outro lado, empregam um segurança na porta. Apenas entidades que têm as permissões apropriadas podem se tornar parte da rede. Esses sistemas privados surgiram depois do Bitcoin, quando empresas e negócios perceberam que gostavam da utilidade do blockchain do Bitcoin, mas não estavam confortáveis ou não tinham permissão legal para serem tão abertas com as informações propagadas entre entidades públicas.

Esses blockchains privados foram, até agora, mais largamente abraçados pelos serviços financeiros como um meio para atualizar a arquitetura de TI, que não passou por grandes ajustes desde a preparação para o bug do milênio. Dentro dos serviços financeiros, esses blockchains privados são soluções em grande medida para operadoras lutando para permanecerem como operadoras. Embora haja mérito em muitas dessas soluções, alguns alegam que a maior revolução foi juntar entidades grandes e sigilosas para trabalharem juntas, compartilhando informações e boas práticas, o que, por fim, diminuiria o custo de serviços para o consumidor final[6]. Acreditamos que, ao longo do tempo, a implementação de blockchains privados desgastará a posição mantida por potências centralizadas por causa da tendência em direção a redes abertas. Em outras palavras, é um passo adiante para a maior descentralização e para o uso de blockchains públicos.

As aplicações potenciais para blockchains privados se estendem bem além da indústria de serviços financeiros. Bancos e outros intermediários financeiros mexeram-se mais rapidamente para adotar a tecnologia, porque os casos de uso são muito óbvios para um sistema especializado em proteger transações. Além da indústria de serviços financeiros, outras que estão explorando as aplicações da tecnologia blockchain incluem a indústria da música, o mercado imobiliário, seguradoras, serviços de saúde, *networking*, pesquisas, cadeias de suprimento, instituições de caridade, rastreamento de armas, governos, entre outras[7].

Ao longo deste livro, focaremos blockchains públicos e seus ativos nativos, ou o que definiremos como *criptoativos*, porque acreditamos que é aí que a maior oportunidade espera o investidor inovador. Às vezes, os criptoativos têm exatamente o mesmo nome que seu progenitor blockchain, mas escrito com letra minúscula. Outras vezes, há um nome ligeiramente diferente para o ativo. Por exemplo, o ativo nativo do blockchain do Bitcoin é o bitcoin, o do blockchain do Ethereum é o ether, o do blockchain do Litecoin é o litecoin, etc.

Muitos blockchains públicos são notavelmente diferentes entre si. Alguns membros da comunidade Bitcoin inicial sentem que a definição do que torna alguma coisa um blockchain deveria ser muito específica, em particular, que qualquer blockchain deve usar prova de trabalho como meio de consenso. Discordamos dessa visão de mundo exclusivista, pois há muitos outros mecanismos de consenso interessantes sendo desenvolvidos, como *proof-of-stake, proof-of-existence, proof-of-elapsed-time*, e daí em diante. Assim como o aprendizado de máquina não é uma coisa só, mas composto de simbolistas, conexionistas, evolucionistas, bayesianistas e analogistas, a tecnologia blockchain também pode ter muitos sabores. Em *O Algoritmo Mestre*[8], Pedro Domingos cria a hipótese de que todos esses campos do aprendizado de máquina — que às vezes podem ser rivais ferozes — um dia se aglutinarão. O mesmo provavelmente acontecerá com a tecnologia blockchain. Para que essas bases de dados distribuídas de valor sejam realmente transformadoras, terão que interoperar e valorizar umas às outras.

OS MUITOS USOS DA PALAVRA *BLOCKCHAIN*

Apesar do crescente interesse na tecnologia blockchain, a confusão sobre o que isso especificamente significa permanece devido à imprecisão no uso do termo. Por exemplo, "um blockchain", "o blockchain", "blockchain" e "tecnologia blockchain" podem todas fazer referência a coisas diferentes.

Normalmente, quando se diz *o blockchain*, é uma referência *ao original*, ou o blockchain do Bitcoin. Correndo o risco de redundância, mas em nome de clareza, sempre usaremos "o blockchain do Bitcoin" em vez de "o blockchain".

Por outro lado, termos como *um blockchain* e *tecnologia blockchain*, em geral, referem-se a derivados do original, que agora podem não ter nada a ver com o Bitcoin. Enquanto isso, *blockchain* é normalmente usado em referência ao próprio conceito, sem nenhuma implementação particular em mente. Esse é o mais amorfo, portanto, nosso menos favorito entre os termos.

Capítulo 3

"Blockchain, Não Bitcoin?"

Ao traçar uma linha entre blockchains públicos e privados, entramos em um território controverso que o investidor inovador deve entender. A diferença entre esses dois tipos de blockchains e os grupos que os apoiam é cheia de tensão, porque os dois campos têm objetivos diferentes para a tecnologia. Correndo o risco de generalizar demais, blockchains privados são apoiados pelas operadoras em suas respectivas indústrias, enquanto blockchains públicos são apoiados por disruptores.

Para completar o contexto dentro do qual o investidor inovador aborda os criptoativos, é importante entender como o mundo evoluiu para além de um único blockchain — o blockchain do Bitcoin — para incluir blockchains públicos e privados. Caso contrário, os investidores podem ficar confusos ao ouvirem alguém alegar que o Bitcoin não é mais relevante ou que foi substituído. Nenhuma dessas alegações é verdadeira, contudo, é útil entender as motivações e a lógica por trás delas.

OS PRIMEIROS ANOS DO BITCOIN

Deixamos o Bitcoin no Capítulo 1 com Satoshi apelando ao WikiLeaks, em 5 de dezembro de 2010, para não aceitar bitcoins em doações para o site, pois o bitcoin era ainda muito jovem e vulnerável para atacar. Isso foi aproximadamente dois anos após o nascimento do blockchain do Bitcoin, período durante o qual ele viveu uma vida calma e nerd. Tudo isso estava prestes a mudar.

Alguns meses após a apelação de Satoshi, foi lançada uma aplicação de software que tornaria o Bitcoin famoso. Lançada em fevereiro de 2011, a Silk Road fornecia um mercado descentralizado e sem regras para qualquer produto que se possa imaginar, e usava bitcoins como meio de pagamento. Diga um nome, tinha na Silk Road. O site Gawker colocou de forma sucinta em um artigo de junho de 2011: "O site underground no qual você pode comprar todas as drogas imagináveis"[1]. Claramente, essa foi uma das maneiras pelas quais o Bitcoin desenvolveu sua reputação obscura, embora seja importante saber que isso não foi endossado pelo Bitcoin e por sua equipe de desenvolvedores. A Silk Road estava simplesmente fazendo uso dessa nova moeda digital e descentralizada, construindo uma aplicação sobre a sua plataforma.

O artigo do Gawker levou ao primeiro pico de pesquisa no Google da vida do Bitcoin, como mostrado na Figura 3.1, e levaria o preço do bitcoin a subir de aproximadamente US$10 para US$30 no intervalo de uma semana[2]. No entanto, esse artigo não foi tão relevante em comparação ao volume de buscas global no Google entre março e abril de 2013, o que correspondeu a um aumento de quase oito vezes do preço, de aproximadamente US$30 para US$230 em cerca de um mês. Os fatores por trás dessa demanda de bitcoins eram mais opacos que no pico do Gawker, embora muitos apontem o resgate do Chipre e as perdas associadas que os cidadãos tiveram nos balanços de suas contas bancárias como principal fator. O Bitcoin recebeu amplo interesse por estar fora do controle do governo, tornando seus titulares imunes a tais eventos. O Bloomberg publicou um artigo em 25 de março de 2013 com o chamativo título "O Bitcoin pode ser o último paraíso seguro da economia global"[3].

Embora a primavera de 2013 tenha sido notável, foi apenas uma amostra da grande abertura do bitcoin para atenção global. Isso aconteceu seis meses depois, em novembro de 2013, quando a crescente demanda por bitcoins na China, com o interesse do Senado norte-americano na inovação, levou a uma escalada estratosférica, a US$1 mil, conquistando manchetes internacionais.[4]

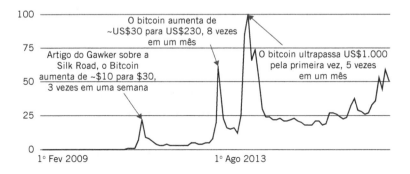

Figura 3.1 ■ Picos de busca pelo termo "bitcoin" no Google
Fonte: Captura de tela de notas de busca no Google

A UTILIDADE DAS TENDÊNCIAS DE BUSCA DO GOOGLE

As tendências de busca do Google são um indicador útil do que está chamando a atenção do público geral. O investidor inovador pode acessar https://trends.google.com/ e explorar os padrões de como as pessoas estão buscando diferentes tópicos. O Google até dá a opção de explorar tendências de busca por localização geográfica, fornecendo gráficos de onde o interesse está aumentando, e mostrando quais tópicos relacionados estão em ascensão. Por exemplo, depois de digitar "bitcoin", investidores podem olhar as tendências de busca do Google para o último ano, para os últimos cinco anos, ou para um intervalo personalizado, e investigar como a Nigéria difere da Índia. Recomendamos orientar-se com essa ferramenta mesmo além dos criptoativos, pois é uma janela fascinante para a malha global de mentes.

Neste ponto, o pico do bitcoin capturou a atenção do Banco Popular da China, que prontamente implementou restrições ao seu uso, declarando que ele não era "uma moeda no significado real da palavra"[5]. A decisão da China, combinada à captura do criador da Silk Road, Ross Ulbricht[6], pelo FBI, e logo depois o colapso do maior câmbio da época, Mt. Gox[7], pôs muitos investidores do bitcoin no limite quanto à viabilidade em longo prazo face às duras medidas e à aplicação de leis pelo governo[8]. O preço subsequente do Bitcoin, em queda ao longo de todo 2014, chegando ao menor patamar em janeiro de 2015, era volátil, prolongado e desalentador para muitos dos adotantes iniciais que foram atraídos pelo novo conceito.

Ao passo que o preço do bitcoin estava em declínio, seus desenvolvedores continuaram preparando o terreno, melhorando o protocolo e construindo aplicações sobre ele. Durante esse período, conversas sobre a tecnologia por trás ganharam impulso, conforme *Bitcoiners*[9] iniciais enfatizavam que o Bitcoin era importante não apenas por causa do aspecto descentralizado da moeda, mas também por causa da arquitetura que o sustentava. Essa ênfase na tecnologia que sustentava o Bitcoin veio exatamente quando uma série de desenvolvedores e empresas começaram a investigá-lo por causa das manchetes que chamaram sua atenção. Claramente algo estava acontecendo, e os recém-chegados na tecnologia estavam tentando entender o quê.

O tripé da corrente de Bitcoiners defendendo e explicando o potencial disruptivo da tecnologia Bitcoin, preço do bitcoin caindo dramaticamente e recém-chegados investigando a tecnologia levou a uma mudança sísmica na narrativa do Bitcoin. Os recém-chegados não necessariamente viam a necessidade do bitcoin nas maneiras nas quais queriam usar a tecnologia blockchain, e eles se sentiram reafirmados em sua crença pela queda contínua do preço do bitcoin ao longo de 2014. Mas para os Bitcoiners, sempre foi "bitcoin *e* blockchain". O ativo, bitcoin, era o que incentivava um ecossistema de jogadores — mineradores, desenvolvedores, empresas e usuários — a proteger e construir sobre o blockchain do Bitcoin, entregando meios de câmbio e serviços de reserva de valor ao mundo.

Além dessa averiguação da tecnologia por trás do Bitcoin, dois movimentos explodiram no espaço da tecnologia blockchain. Um foi a proliferação de novos criptoativos que davam suporte a novos blockchains públicos, como o Ethereum. Esses novos blockchains públicos ofereciam utilidades fora do âmbito do Bitcoin. Por exemplo, o objetivo do Ethereum era servir como um computador mundial descentralizado, enquanto o Bitcoin queria ser uma moeda mundial descentralizada. Essa diversidade levou a uma tensão entre os jogadores, já que alguns desses criptoativos competiam. Mas isso não é nada em comparação à tensão existente entre o Bitcoin e o segundo movimento.

O segundo movimento que explodiu na cena questionava se o bitcoin, ou qualquer criptoativo, era necessário para gerar valor a partir de uma tecnologia blockchain. É esse segundo movimento que investigaremos mais a fundo neste capítulo, por ser importante para o investidor inovador entender por que algumas pessoas alegarão que bitcoin e outros criptoativos não são necessários para manter suas implementações seguras e em funcionamento: bem-vindo ao mundo dos blockchains privados.

SATOSHI NUNCA DISSE *BLOCKCHAIN*

A palavra *blockchain* não foi mencionada uma única vez no artigo de 2008 de Satoshi. Foram as primeiras empresas Bitcoin que popularizaram a palavra dentro do que era, na época, uma comunidade de nicho. Por exemplo, no blockchain.info, um serviço de carteira Bitcoin[10], que foi lançado em agosto de 2011. Satoshi, por outro lado, frequentemente se referia ao sistema como uma

> "corrente de prova de trabalho". O mais perto que ele chegou de falar blockchain foi com frases como *"the blocks are chained"* ("os blocos estão encadeados") ou *"chain of blocks"* ("cadeia de blocos"). Já que Satoshi só utiliza "prova de trabalho" diretamente antes de *"chain"* (cadeia), muitos Bitcoiners iniciais são taxativos quanto ao termo blockchain ser usado apenas se for baseado em prova de trabalho. Lembre-se que prova de trabalho é um mecanismo por meio do qual todos os computadores que constroem o blockchain do Bitcoin permanecem em sincronia sobre como construí-lo.

BLOCKCHAIN, NÃO BITCOIN

Artigos, como o do Banco da Inglaterra no terceiro trimestre de 2014, argumentavam: "A inovação-chave das moedas digitais é o 'livro-razão distribuído', que permite a um sistema de pagamento operar de maneira completamente descentralizada, sem intermediários como os bancos"[11]. Enfatizando a tecnologia e não o ativo nativo, o Bank of England [o banco central da Inglaterra] deixou em aberto a questão da necessidade de um ativo nativo.

Na conferência *Inside Bitcoins*, em abril de 2015[12], muitos Bitcoiners de longa data comentaram o grande comparecimento de executivos de Wall Street. Enquanto o Bitcoin ainda era rei, houve sussurros crescentes de "blockchain, não bitcoin", o que era uma heresia para os Bitcoiners.

O termo *blockchain*, independente de Bitcoin, começou a ser usado mais largamente nos Estados Unidos no outono de 2015, quando duas revistas financeiras proeminentes catalisaram a conscientização do conceito. Primeiro, a *Bloomberg Markets* publicou um artigo intitulado "Blythe Masters Diz aos Bancos que o Blockchain Muda Tudo: A banqueira que ajudou a dar ao mundo permutas de incumprimento de crédito quer revirar as finanças novamente — desta vez, com o código que alimenta o bitcoin"[13]. Enfatizando "o código que alimenta o bitcoin", esse artigo silenciosamente questionava a necessidade do ativo nativo, em vez de enfatizar a tecnologia por trás dele. Masters era uma figura conhecida e respeitada nos serviços financeiros, alguém que as pessoas associavam à inovação financeira. Sua escolha de se associar a uma empresa pouco conhecida na época, chamada Digital Asset Holdings, depois de ter sido a presidente de commodities globais na JPMorgan Chase, era razão para acreditar que a tecnologia blockchain não estava mais às margens do mundo dos negócios. No artigo, uma citação de Masters ganhou atenção de todos: "Você deveria estar levando esta tecnologia tão a sério quanto deveria ter levado a sério o desenvolvimento da internet no início dos anos 1990. Ela é análoga ao e-mail para o dinheiro."

A edição de 31 de outubro de 2015 da revista *The Economist* trouxe "A Máquina de Fundos" na capa e, enquanto o artigo tirava o chapéu para o Bitcoin, seu foco estava na mais largamente aplicável "tecnologia por trás do bitcoin", e usava o termo *blockchain* por toda parte[14].

A combinação de Masters, *Bloomberg* e *Economist* levou ao pico do interesse na tecnologia blockchain, o que impulsionou a subida contínua do volume de buscas global do Google por "blockchain", que ainda é uma tendência crescente. Nas duas semanas entre 18 de outubro e 1º de novembro de 2015, exatamente após o *Bloomberg* e a *Economist* terem publicado seus artigos, o volume de buscas no Google por "blockchain" cresceu 70% (veja a Figura 3.2).

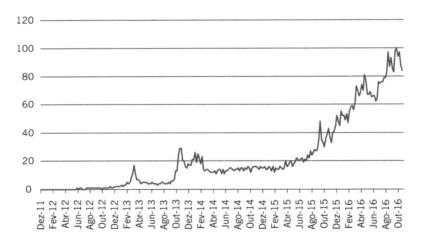

Figura 3.2 ■ A subida da tendência de busca no Google pelo termo "blockchain"
Dados provenientes das tendências de busca do Google

O foco de Masters para a tecnologia blockchain nos serviços financeiros é nos blockchains privados, que são muito diferentes do blockchain do Bitcoin. Cruciais para a conversa atual, blockchains privados não precisam de ativos nativos. Já que o acesso à rede é estritamente controlado — em grande parte, mantendo a segurança por meio da exclusividade —, o papel dos computadores que dão suporte ao blockchain é diferente[15]. Já que esses computadores não têm que se preocupar com ataques externos — estão operando por trás de um firewall e colaborando com entidades conhecidas —, a necessidade de um ativo nativo que incentive a construção de uma rede robusta de mineradores é removida.

Um blockchain privado é tipicamente usado para agilizar e tornar processos existentes mais eficientes, assim recompensando as entidades que criaram o software e mantêm os computadores. Em outras palavras, a criação de valor está na economia de custos, e as entidades que possuem os computadores beneficiam-se dessa economia. As entidades não precisam ser pagas em ativos nativos como recompensa pelo seu trabalho, como é o caso com blockchains públicos.

Por outro lado, para que o Bitcoin incentive um grupo autosseletivo de voluntários globais, conhecidos como mineradores, a empregar capital nas máquinas de mineração que validam e protegem transações bitcoin, é preciso haver um ativo nativo que possa ser pago aos mineradores pelo seu trabalho. O ativo nativo constrói o suporte para o serviço de baixo para cima, de uma maneira realmente descentralizada. Blockchains públicos não são tanto bases de dados, mas arquiteturas de sistemas criados de baixo para cima para orquestrar a criação de serviços digitais globalmente descentralizados. Ao longo do tempo, a compensação dos mineradores vai mudar da emissão de novos bitcoins para taxas de transação, e se a adoção global for boa o suficiente, então as taxas de transação serão suficientes para sustentar os mineradores.

O ponto central da crença de muitos ávidos defensores de blockchains privados é que os próprios ativos nativos (como o bitcoin) são irrelevantes; eles podem ser removidos da arquitetura e as melhores partes da tecnologia permaneceriam intactas. Para os casos de uso que essas pessoas estão buscando, isso é verdade. Para blockchains públicos, no entanto, não é verdade. Empresas que chegaram a explorar a tecnologia blockchain da perspectiva de como elas utilizam-na para atualizar sua pilha de tecnologia atual, muito na forma de uma base de dados, com muita frequência caem na cesta do blockchain privado. Muitas empresas de serviços financeiros são as primeiras adotantes dessa lógica.

Além de questionar a necessidade de criptoativos nativos — o que naturalmente enfureceria comunidades que valorizam muito os seus criptoativos — tensões também existem por causa da crença de defensores de blockchains públicos de que o movimento de blockchains privados ilegitima o princípio da tecnologia blockchain.

Por exemplo, em vez de ter como objetivo descentralizar e democratizar aspectos dos serviços financeiros existentes, a Digital Asset Holdings de Masters tem como objetivo auxiliar empresas de serviços financeiros existentes a adotar essa nova tecnologia, assim ajudando as operadoras a lutar contra os rebeldes que buscam desestabilizar o *status quo.*

BLOCKCHAINS COMO TECNOLOGIA DE PROPÓSITO GERAL

Embora tenhamos nossas crenças sobre as aplicações mais interessantes da tecnologia blockchain, não as atribuímos a uma visão de mundo exclusivista. Em vez disso, acreditamos que o blockchain do Bitcoin é um dos mais importantes blockchains existentes, e que ele deu à luz uma nova tecnologia de propósito geral que vai além do Bitcoin.

Tecnologias de propósito geral são generalizadas, em algum momento afetando todos os consumidores e empresas. Elas melhoram com o tempo, alinhadas à progressão deflacionária da tecnologia e, mais importante, são uma plataforma sobre a qual futuras inovações são construídas. Alguns dos exemplos mais famosos incluem vapor, eletricidade, motores de combustão interna e tecnologia da informação[16]. Incluiríamos a tecnologia blockchain nesta lista. Embora tal declaração possa parecer grandiosa para alguns, essa é a escala de inovação que nos antecede.

Como uma tecnologia de propósito geral, a tecnologia blockchain inclui blockchains privados, que terão um profundo impacto em muitas indústrias, *e* blockchains públicos além do Bitcoin, que estão crescendo como grama. O domínio de blockchains públicos e seus ativos nativos é mais relevante ao investidor inovador, já que blockchains privados ainda não renderam ao público uma classe de ativos inteiramente nova que seja passível de investimento.

ONDE ESTÁ A TECNOLOGIA BLOCKCHAIN NO CICLO HYPE?

Agora ficará claro para o investidor inovador que o espaço da tecnologia blockchain ainda está trabalhando em si mesmo e continuará fazendo-o por muitos anos. Tecnologias cativantes têm uma atração gravitacional que traz novas mentes com perspectivas variadas e ultrapassarão os limites da tecnologia.

A progressão de uma nova tecnologia e a maneira como ela evolui enquanto se torna conhecida são a essência do Ciclo Hype de Gartner para Tecnologias Emergentes (Gartner é uma empresa de consultoria e pesquisa em tecnologia de ponta)[17], que mostra cinco estágios comuns da tecnologia[18]:

- Gatilho da Inovação
- Pico das Expectativas Infladas
- Abismo da Desilusão
- Rampa da Consolidação
- Planalto da Produtividade

Primeiro, é o Gatilho da Inovação que traz a tecnologia ao mundo. Embora não muito visível, assim como o Bitcoin não era visível nos seus primeiros anos de vida, a notícia se espalha e a expectativa cresce. Ao longo do tempo, os murmúrios ganham espaço, entrando em uma crescente, que é o segundo estágio de Gartner, o Pico das Expectativas Infladas. O pico representa o peso da confusão em torno da definição da tecnologia original, porque as pessoas geralmente aplicam-na de maneira otimista a tudo o que veem. Nenhuma tecnologia é uma panaceia.

Enquanto as empresas trazem à luz e tentam transpor ideias para a realidade, mudando de prova de conceitos (*proof-of-concepts*) para implementações em escala, geralmente verifica-se que implementar uma nova tecnologia disruptiva na vida real é muito mais difícil do que se pensa. A nova tecnologia deve integrar-se a muitos outros sistemas, com frequência exigindo uma ampla redefinição. Também exige reeducar colaboradores e consumidores. Essas dificuldades lentamente empurram a tecnologia para o Abismo da Desilusão, à medida que as pessoas lamentam que essa tecnologia nunca funcionará ou que é muito difícil de lidar.

Quando pessoas o suficiente desistem, mas as leais continuam trabalhando com dedicação, a tecnologia começa a erguer-se novamente, dessa vez não com a exuberância irracional de seus anos iniciais, mas com liberação de melhorias e produtividade constantes. Com o passar do tempo, a tecnologia amadurece, por fim tornando-se uma plataforma estável no Planalto da Produtividade, que fornece uma base sobre a qual se constroem outras tecnologias.

Embora seja difícil prever onde a tecnologia blockchain se encaixa atualmente no Ciclo Hype de Gartner (essas coisas são sempre mais fáceis em retrospecto), suporíamos que o Bitcoin esteja saindo do Abismo da Desilusão. Ao mesmo tempo, a tecnologia blockchain despida de ativos nativos (blockchain privado) está descendo do Pico das Expectativas Infladas, o qual alcançou no verão de 2016, exatamente antes da ocorrência do ataque ao The DAO (sobre o qual falaremos em detalhes no Capítulo 5).

Criptoativos além do bitcoin estão em diferentes pontos entre o Gatilho da Tecnologia e o Abismo da Desilusão. Esses diferem porque ganharam vida em pontos diferentes depois do bitcoin, e muitos ainda estão emergindo. É suficiente dizer que a promessa é ótima, as tensões estão altas e a oportunidade aguarda o investidor inovador. Vamos agora dar um giro pelos vários criptoativos que existem atualmente.

Capítulo 4

A Taxonomia dos Criptoativos

C omo vimos anteriormente, o bitcoin provocou a revolução dos criptoativos, e seu sucesso levou ao nascimento de vários outros blockchains não permissionados (públicos) com seus próprios criptoativos nativos. Também nos referimos a estes como irmãos digitais do bitcoin. Em março de 2017, havia mais de 800 criptoativos, com uma árvore genealógica fascinante, acumulando um valor de rede total[1] de mais de US$24 bilhões[2]. Na época, o bitcoin era o maior e mais amplamente transacionado desses ativos por uma larga margem, com um valor de rede de US$17 bilhões, representando quase 70% do valor de rede total dos criptoativos. O próximo maior criptoativo em valor de rede era o ether, do Ethereum, com mais de US$4 bilhões. Sim, os números mudaram muito desde então. O cripto se move rápido.

Conforme o panorama de investimento para os criptoativos continua crescendo para além do bitcoin, é vital para o investidor inovador entender o contexto histórico, a categorização e a aplicabilidade desses irmãos digitais, para que potenciais oportunidades de investimento possam ser identificadas. Para este fim, queremos oferecer uma base histórica de quem ou o que levou à criação de muitos criptoativos notáveis. Neste processo, também introduziremos conceitos mais detalhados que entrarão no conjunto de ferramentas do investidor inovador estudando criptoativos futuros.

CRIPTOMOEDAS, CRIPTOCOMMODITIES, E CRIPTOTOKENS

Historicamente, é mais comum se referir a criptoativos como *criptomoedas*, o que acreditamos provocar confusão em novos usuários e restringir a conversa sobre o futuro desses ativos. Não classificaríamos a maioria dos criptoativos como moedas, mas em vez disso, seriam ou commodities digitais (*criptocommodities*), oferecendo recursos digitais brutos, ou tokens digitais (*criptotokens*), oferecendo bens e serviços digitais acabados.

Uma moeda preenche três propósitos bem definidos: servir como meio de troca, reserva de valor e unidade de conta. No entanto, o próprio formato da moeda, com frequência, tem pouco valor inerente. Por exemplo, as cédulas de papel nas carteiras das pessoas têm tão pouco valor quanto o papel em suas impressoras. No entanto, há a ilusão de valor que, se compartilhadas amplamente pela sociedade e endossadas pelo governo, essas cédulas monetárias podem ser usadas como uma medida para precificar o valor de outras coisas.

Enquanto isso, commodities são abrangentes e mais comumente pensadas como blocos de construção em material bruto que servem como insumos para produtos acabados. Por exemplo, petróleo, trigo e cobre são todas commodities comuns. Porém, assumir que uma commodity deva ser física ignora a transição fundamental "offline para online" que está ocorrendo em todos os setores da economia. Em um mundo crescentemente digital, só faz sentido que tenhamos commodities digitais, como potência de computação, capacidade de armazenamento e banda disponível de rede.

Embora não se refira a computação, armazenamento e banda disponível como commodities, eles são blocos de construção que provavelmente são tão importantes quanto as nossas commodities físicas, e quando fornecidos por meio de uma rede blockchain são mais claramente definidos como *criptocommodities*.

Além das criptomoedas e das criptocommodities — e também fornecidos através de redes blockchain — estão os bens e serviços "acabados", como mídia, redes sociais, jogos, entre outros, que são orquestrados por *criptotokens*. Assim como no mundo físico, no qual moedas e commodities alimentam uma economia para criar bens e serviços acabados, no mundo digital as infraestruturas fornecidas por criptomoedas e criptocommodities também estão se unindo para dar suporte aos já citados bens e serviços digitais acabados. Os criptotokens estão no estágio mais inicial de desenvolvimento, e provavelmente serão os últimos a ganhar tração, pois exigem que uma infraestrutura robusta de criptomoedas e criptocommodities seja construída antes de poderem funcionar de maneira confiável.

Em suma, acreditamos que uma visão mais clara desse admirável mundo novo da arquitetura blockchain inclui *criptomoedas*, *criptocommodities* e *criptotokens*, assim como tivemos moedas, commodities e bens e serviços acabados nos séculos anteriores. Seja uma moeda, uma commodity ou um serviço, as arquiteturas blockchain ajudam a fornecer esses recursos digitais de uma maneira distribuída e baseada em mercado.

Neste capítulo, focaremos as mais importantes criptomoedas hoje, incluindo bitcoin, litecoin, ripple, monero, dash e zcash. O próximo capítulo cobrirá o mundo das criptocommodities e dos criptotokens, o desenvolvimento do que foi acelerado pelo lançamento do Ethereum e sua proposição de valor como um computador mundial descentralizado. Além de seu status como criptoativo número dois por valor de rede, o Ethereum também gerou muitos outros criptoativos que criativamente utilizam sua rede.

Embora não seja possível cobrir todos os criptoativos, focaremos aqueles que acreditamos que ajudarão o investidor inovador a ganhar uma perspectiva mais ampla. Para aqueles empreendedores e desenvolvedores que criaram ativos que não pudemos tratar aqui, pedimos desculpas. Muitos projetos incríveis foram criados durante o processo de escrita deste livro, e se tentássemos incorporar todos, o livro nunca seria finalizado. Por isso, incluímos uma lista na seção de recursos para possibilitar o acesso à informação sobre outros criptoativos.

POR QUE *CRIPTO*?

Às vezes, a palavra *cripto* faz as pessoas estremecerem, talvez por associarem-na a atividades ilícitas. Mas este é um viés mental que é importante superar. Cripto é apenas um apelido carinhoso e diminutivo de uma tecnologia-chave por trás de todos esses sistemas: a criptografia. Como discutido no Capítulo 2, criptografia é a ciência de transmitir dados com segurança para que apenas destinatários desejados possam fazer uso deles. A criptografia é usada para assegurar que criptoativos sejam transferidos com segurança aos destinatários pretendidos. Dado o nosso mundo digital e a crescente prevalência de ataques, a transmissão segura de recursos é primordial, e os criptoativos têm tal segurança de sobra.

A NATUREZA SEMPRE EM EVOLUÇÃO DAS MOEDAS

A busca por uma moeda digital privada e descentralizada precede o bitcoin em algumas décadas. O bitcoin e seus irmãos digitais são apenas parte de uma evolução mais ampla de moedas que tem ocorrido há séculos. Em sua origem, moedas eram a solução para facilitar a imprecisão do comércio de permuta e, durante séculos, moedas de metal com valor material serviram como moeda de preferência. A moeda fiduciária foi uma inovação além das moedas de metal, por ser muito mais fácil de transportar, mas a totalidade de seu valor dependia do selo de aprovação e de um decreto governamental de curso forçado, ou seja, seu valor é determinado por lei. Acreditamos que uma moeda sem qualquer representação física seja a próxima fase da evolução, e inevitável em nosso mundo tão entrelaçado à internet.

Conforme inovações subjacentes à internet ganharam corpo, também veio a compreensão de que precisaríamos de uma forma de pagamento digital segura. Um dos ancestrais mais famosos do Bitcoin foi introduzido por uma empresa chamada DigiCash, liderada por David Chaum, que permanece sendo um dos mais famosos criptógrafos na história dos criptoativos. Em 1993, antes de Marc Andreessen fundar o Netscape, Chaum inventou o sistema de pagamento digital chamado ecash. Isso permitiu pagamentos anônimos e seguros por toda a internet, não importando a quantidade[3].

Claramente, o momento de Chaum não poderia ser melhor, dada a explosão de tecnologias que se seguiu de meados ao fim dos anos 1990, e sua empresa, a DigiCash, teve várias oportunidades de crescimento, e qualquer uma delas poderia fazer deste um nome conhecido. Porém, embora Chaum seja considerado um gênio técnico, como homem de negócios ele deixou muito a desejar. Bill Gates aproximou-se de Chaum para integrar o ecash ao Windows 95, o que teria dado a ele distribuição global imediata, mas Chaum recusou uma suposta oferta de US$100 milhões. Da mesma forma, a Netscape fez consultas iniciais sobre uma eventual parceria, mas a diretoria rapidamente foi desencorajada pelo comportamento de Chaum. Em 1996, a Visa queria investir US$40 milhões na empresa, mas foi dissuadida quando Chaum exigiu US$75 milhões (se esses relatos estiverem corretos, fica claro que o preço potencial da criação de Chaum estava caindo)[4].

Se tudo tivesse ido bem, o ecash da DigiCash teria sido integrado a todos os nossos navegadores desde o início, servindo como mecanismo de pagamento global da internet, e potencialmente eliminando a necessidade de cartões de crédito em pagamentos online. Infelizmente, o mau gerenciamento, por fim, derrubou a DigiCash, e em 1998 ela declarou falência. Embora a DigiCash tenha falhado em se tornar um nome conhecido, alguns agentes reaparecerão em nossa história, como Nick Szabo, o pai dos "*smart contracts*" (contratos inteligentes), e Zooko Wilcox, o fundador do Zcash, ambos os quais trabalharam na DigiCash por um período[5].

Outras tentativas de moedas digitais, sistemas de pagamento ou reservas de valor foram feitas depois do ecash, como o e-gold e o Karma. O primeiro teve problemas com o FBI por servir a um elemento criminoso[6], enquanto o último nunca foi adotado pelo grande público[7]. A busca por uma nova forma de dinheiro da internet chamou a atenção de titãs atuais da tecnologia, como Peter Thiel e Elon Musk, ambos tiveram uma mão na fundação do PayPal. Exceto pelo Karma, o problema com todas essas tentativas de dinheiro digital foi que elas não eram puramente descentralizadas — de uma maneira ou de outra, dependiam de uma entidade centralizada, e isso apresentava uma oportunidade para corrupção e pontos fracos para atacar.

O MILAGRE DO BITCOIN

Um dos aspectos mais miraculosos do bitcoin é como ele iniciou o suporte de uma maneira descentralizada. A importância, e a dificuldade, de ser a primeira moeda a fazê-lo é gigantesca. Até as pessoas entenderem como o bitcoin funciona, com frequência argumentam que ele não tem valor como moeda pois, ao contrário do que estão acostumadas, não é possível vê-lo, tocá-lo ou cheirá-lo.

A moeda de papel tem valor porque é acordado mutuamente pelos membros da sociedade que ela tem valor. É muito mais fácil para a sociedade concordar com isso com um governo envolvido. Fazer a sociedade global concordar que algo tem valor e pode ser usado como moeda sem apoio do governo e sem uma forma física é uma das mais significativas façanhas na história monetária.

Quando o bitcoin foi lançado, ele não tinha nenhum valor no sentido de poder ser usado para comprar alguma coisa. Os primeiros adotantes e apoiadores valorizaram subjetivamente o bitcoin porque ele era um experimento fascinante de ciência da computação e teoria do jogo. À medida que a utilidade do blockchain do Bitcoin se mostrou um facilitador confiável de *Money-over-Internet-Protocol* (MoIP)[8], casos de uso começaram a surgir usando o bitcoin, alguns dos quais agora incluem facilitar o e-commerce, remessas e pagamentos internacionais entre empresas.

Em paralelo ao desenvolvimento inicial de casos de uso, investidores começaram a especular sobre como seriam futuros casos de uso e quantos bitcoins esses casos de uso exigiriam. A combinação de casos de uso vigentes e investidores comprando bitcoins com base na expectativa de casos de uso futuros ainda melhores, juntos, criam demanda de mercado para o bitcoin. Quanto um comprador está disposto a pagar por algo (o preço de compra) e quanto um vendedor está disposto a receber para ceder este item (o preço de venda)? Como com qualquer mercado, quando o preço de compra e o preço de venda se encontram é onde o preço é definido.

Fornecimento Matematicamente Medido

Uma das chaves para sustentar o valor do bitcoin era o seu modelo de emissão. Lembre-se do Capítulo 2, que os mineradores — as pessoas controlando os computadores que constroem o blockchain do Bitcoin — são pagos cada vez que juntam um bloco de transações. Eles são pagos em novos bitcoins criados por uma *coinbase transaction*[9] que é incluída em cada bloco[10]. Nos primeiros quatro anos de vida do Bitcoin, uma coinbase transaction emitia 50 bitcoins para o minerador sortudo. A dificuldade desse processo de prova de trabalho era recalibrada automaticamente a cada duas semanas, com o objetivo de manter a quantidade de tempo entre os blocos em uma média de 10 minutos[11]. Em outras palavras, 50 novos bitcoins eram liberados a cada 10 minutos, e o grau de dificuldade era aumentado ou diminuído pelo software do Bitcoin para manter esse período de saída intacto.

No primeiro ano de circulação do bitcoin, 300 bitcoins eram liberados por hora (60 minutos, 10 minutos por bloco, 50 bitcoins liberados por bloco), 7.200 bitcoins por dia e 2,6 milhões de bitcoins por ano.

Com base em nosso passado evolutivo, um fator-chave para pessoas reconhecerem algo como valioso era a sua escassez. Satoshi sabia que não podia emitir o bitcoin a uma taxa de 2,6 milhões por ano para sempre, porque ele acabaria sem nenhum valor de escassez. Dessa forma, ele decidiu que a cada 210 mil blocos — o que, com um bloco a cada dez minutos, leva quatro anos — seu programa cortaria pela metade a quantidade de bitcoins emitidos em coinbase transaction. Este evento é conhecido como *block reward halving* (redução à metade da recompensa por bloco), ou apenas *halving* (redução à metade) para abreviar.

Em 28 de novembro de 2012, a primeira redução à metade da recompensa por bloco de 50 para 25 bitcoins aconteceu, e a segunda redução de 25 para 12,5 bitcoins ocorreu em 9 de julho de 2016. A terceira acontecerá quatro anos a partir dessa data, em julho de 2020[12]. Até agora, isso fez com que o cronograma de fornecimento de bitcoins parecesse relativamente linear, como mostrado na Figura 4.1.

Porém, dando um passo para trás e tomando uma perspectiva em longo prazo, a trajetória de fornecimento de bitcoins parece tudo, menos linear (veja a Figura 4.2). Na verdade, no fim da década de 2020, ela vai se aproximar de uma assíntota horizontal, com inflação de fornecimento anual menor que 0,5%. Em outras palavras, Satoshi premiou os adotantes iniciais com os mais novos bitcoins para ganhar apoio o suficiente e, assim fazendo, criou uma base suficientemente grande de liquidez monetária para a rede utilizar. Ele entendeu que se o bitcoin fosse um sucesso ao longo do tempo, seu valor em dólar aumentaria, e assim seria possível diminuir a taxa de emissão, ao mesmo tempo ainda recompensando seus apoiadores.

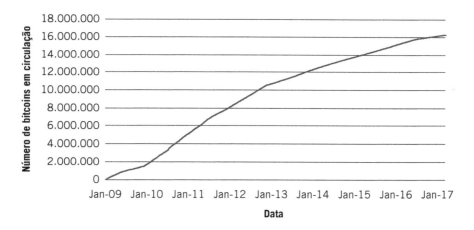

Figura 4.1 ■ Cronograma de fornecimento de bitcoins (visão em curto prazo)
Dados fornecidos pelo Blockchain.info

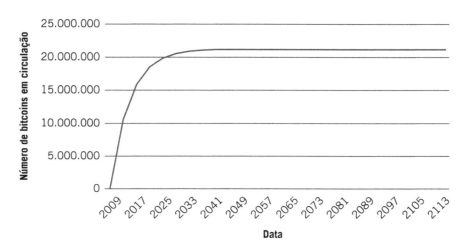

Figura 4.2 ■ Cronograma de fornecimento de bitcoins (visão em longo prazo)

Em longo prazo, o pensamento é que o bitcoin se tornará tão arraigado dentro da economia global que não será necessário emitir novos bitcoins para continuar a ganhar apoio. Neste ponto, mineradores serão recompensados por processar transações e dar segurança à rede através de comissões por altos volumes de transação.

É comum ouvir que o fornecimento de bitcoins chegará ao máximo em 21 milhões de unidades em 2140. Esta é uma função de continuar a dividir as unidades de fornecimento liberadas por um fator de dois a cada quatro anos. Em 1º de janeiro de 2017, 76,6% do suprimento de bitcoins já tinha sido criado[13], e quando a próxima redução à metade de recompensa por bloco acontecer em 2020, 87,5% dos bitcoins a serem cunhados existirão. Alguns anos após 2100, atingiremos o fornecimento de 20.999.999 bitcoins, que é efetivamente 21 milhões. É o cronograma de fornecimento escasso de bitcoins que faz muitos o considerarem como ouro digital[14].

O NASCIMENTO DAS ALTCOINS

Alguns anos após seu lançamento, ficou claro que o bitcoin era a primeira criptomoeda completamente descentralizada a ganhar adoção significativa, mas havia alguns aspectos com os quais as pessoas não estavam totalmente satisfeitas. Por exemplo, o tempo de 10 minutos por bloco do bitcoin significava que, dependendo do momento em que o consumidor apertasse enviar, poderia levar até 10 minutos, às vezes mais, para que a transação fosse anexada ao blockchain do Bitcoin.

Com frequência, esse atraso era um problema mais para o comerciante que para o consumidor, pois os comerciantes precisavam saber que seriam pagos antes de poder liberar um bem ou serviço. Outros se preocupavam com a função hash do bitcoin no processo de prova de trabalho, pois estavam sendo criados hardwares especializados nessa função hash e que levariam a um aumento na centralização da rede de mineração. Para uma moeda descentralizada, um aumento na centralização de máquinas que processavam suas transações era preocupante. Felizmente, o protocolo do Bitcoin era um software open source, o que significava que desenvolvedores poderiam baixar todo o seu código fonte e ajustar os aspectos que achavam que precisavam de mais correção. Quando o software atualizado estivesse pronto, os desenvolvedores o liberariam de maneira similar à como o Bitcoin foi originalmente liberado. O novo software operaria de maneira similar ao Bitcoin, mas exigiria seu próprio conjunto de desenvolvedores para mantê-lo, mineradores para fornecer o hardware e um blockchain separado para monitorar os débitos e créditos do novo ativo nativo.

Através dessa combinação de software open source e programadores engenhosos, muitas outras criptomoedas foram criadas. Aquelas que são apenas ligeiras modificações do Bitcoin são frequentemente chamadas de *altcoins*.

O PRIMEIRO IRMÃO DIGITAL DO BITCOIN

O Namecoin[15] foi a primeira ramificação significativa do Bitcoin. Curiosamente, era menos sobre criar uma nova moeda e mais sobre utilizar a natureza imutável do blockchain, um caso de uso sobre o qual falaremos mais no próximo capítulo. Um site criado com o Namecoin vem com o domínio .bit (em oposição ao domínio .com) e fornece segurança e resistência à censura aos sites assim registrados[16].

O Namecoin surgiu de uma ideia no fórum *Bitcointalk*, em 2010, que focava BitDNS (DNS significa *domain naming service* [serviço de nomeação de domínio], que opera todos os endereços web)[17]. Em 2013 foi lançado um serviço chamado NameID, que usa o blockchain do Namecoin para permitir a criação e o acesso a sites que têm uma identidade Namecoin.

O Namecoin age como o seu próprio serviço DNS, e oferece mais controle e privacidade aos usuários. Em oposição à maneira típica na qual sites são registrados através de um serviço controlado pelo governo, como o ICANN, um site Namecoin é registrado através de um serviço que existe em cada computador da rede Namecoin. Isso melhora a segurança, a privacidade e a velocidade. Para ganhar um site .bit, é preciso ter namecoins, daí a necessidade de se ter um ativo nativo.

Litecoin

Embora várias altcoins tenham sido lançadas ao longo de 2011, o Litecoin foi o primeiro que reteria valor significativo até hoje. A criptomoeda foi desenvolvida por Charlie Lee, um pós-graduado do MIT que foi engenheiro de software no Google.

40 CRIPTOATIVOS

Quando Lee soube do Bitcoin, rapidamente entendeu seu poder, o que o levou a explorar bitcoins antes de tentar criar suas próprias variantes. Depois de um lançamento sem sucesso do Fairbrix em setembro de 2011, Lee tentou novamente com o Litecoin em outubro[18].

Primeiro, o tempo de blocos do Litecoin era de 2,5 minutos, quatro vezes mais rápido que o do Bitcoin, o que seria importante para os comerciantes, que precisavam de uma confirmação mais rápida do pagamento do consumidor.

Segundo, o Litecoin usava uma função hash diferente no processo de prova de trabalho — também conhecido como algoritmo de hashing de blocos — que tentava tornar o processo de mineração mais acessível a amadores. Para pôr em perspectiva, nos primeiros anos de exploração do Bitcoin, as pessoas usavam unidades de processamento centrais (CPUs), que são os chips centrais em computadores pessoais, efetivamente forçando os computadores a serem usados somente para propósitos de mineração. Em 2010, após maior eficiência, as pessoas começaram a usar a placa gráfica (GPU) de um computador existente para o processo de mineração.

Muitos, incluindo Lee, anteciparam uma mudança para dispositivos de mineração ainda mais dedicados e especializados chamados ASICs (*application-specific integrated circuits* — circuitos integrados de aplicação específica, em português). Os ASICs exigiam produção customizada e computadores especificamente projetados. Como resultado, Lee corretamente previu que a mineração de bitcoins cresceria além do alcance dos mineradores amadores e seus PCs feitos em casa.

Lee queria uma moeda que mantivesse suas raízes *peer-to-peer* e permitisse aos usuários serem mineradores sem a necessidade de unidades de mineração caras e especializadas. A Litecoin cumpriu isso usando um algoritmo de hashing de blocos chamado *scrypt*, que usa mais memória e dificulta para que chips especializados, como ASICs, obtenham uma vantagem significativa.

Além desses dois ajustes, muito do Litecoin continuou similar ao Bitcoin.

O investidor inovador terá entendido, então, que se os blocos são liberados quatro vezes mais rápido que o bitcoin, então a quantidade total de litecoins liberados seria quatro vezes maior que a de bitcoins. Este é exatamente o caso, uma vez que o litecoin convergirá em 84 milhões de unidades fixas, enquanto o bitcoin convergirá em um quarto disso, em 21 milhões de unidades[19]. Lee também ajustou as características de redução à metade, para que uma redução ocorra em 840 mil blocos, em oposição aos 210 mil do bitcoin. Como a Figura 4.3 mostra, isso põe o litecoin em uma trajetória de fornecimento similar, porém maior, que a do bitcoin. Particularmente, as taxas anuais de inflação de fornecimento são exatamente as mesmas para o número de anos da criptomoeda a partir de seu lançamento.

É importante perceber que se tanto o bitcoin quanto o litecoin estão sendo usados em mercados de tamanhos similares e, portanto, têm os mesmos valores de tamanho de rede, uma unidade de litecoin terá um quarto do valor de uma unidade de bitcoin, pois há quatro vezes mais unidades por aí. Essa é uma lição importante, pois todas as criptomoedas diferenciam-se em seus cronogramas de fornecimento e, dessa forma, o preço direto de cada criptoativo não deve ser comparado ao se tentar determinar o potencial de valorização do ativo.

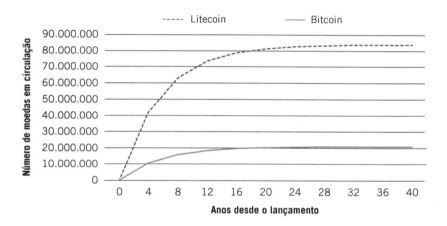

Figura 4.3 ■ Comparação dos cronogramas de fornecimento do Litecoin e do Bitcoin

A rede do Litecoin é usada com frequência como campo de testes para atualizações no software do Bitcoin, já que o Litecoin é mais flexível que o Bitcoin, pois armazena uma fração de seu valor monetário. Ele também foi usado como base para outros criptoativos. No início de 2017, o litecoin era o quarto maior criptoativo em termos de valor de rede[20].

Ripple

Ripple é uma criptomoeda criada em 2004 por Ryan Fugger, um desenvolvedor web de Vancouver, Canadá. O trabalho no projeto, na verdade, começou antes de Satoshi e o Bitcoin[21], quando Fugger estava pesquisando uma maneira de permitir que as comunidades criassem um sistema de dinheiro fora de cadeias de confiança. Por exemplo, se Alice confia em Bob, e Bob confia em Candace, e Candace confia em Dave, então Alice pode mandar dinheiro para Dave (que ela não conhece) primeiro transferindo o valor para Bob, que transfere o mesmo valor para Candace, que pega o valor e deposita na conta de Dave. Usando esse conceito, pagamentos podem "propagar-se" (*ripple*) na rede por meio dessas cadeias de confiança. Fugger chamou esse conceito RipplePay.com.

Embora o RipplePay de Fugger tenha alcançado 4 mil usuários[22], ele não pegou fogo como o bitcoin. Em agosto de 2012, os notáveis inovadores financeiros Chris Larsen e Jed McCaleb aproximaram-se de Fugger. Larsen fundou a E-loan — uma das primeiras empresas a fornecer acesso a empréstimos para hipotecas online — e a Prosper, uma líder no espaço de empréstimo *peer-to-peer*[23]. McCaleb foi o fundador do Mt. Gox, a maior plataforma de negociação de bitcoin e criptomoedas no mundo à época.

Fugger anunciou a parceria: "Acredito que se existe alguém capaz de desenvolver o conceito da Ripple em escala global, são eles. Seu sistema é baseado em um blockchain no estilo do Bitcoin, muito como discutimos aqui ao longo dos últimos anos como uma possibilidade interessante, mas com um mecanismo de consenso de menos mineradores que permite às transações serem confirmadas quase instantaneamente."

Curiosamente, em novembro de 2012, essa declaração de Fugger apareceu no canal da comunidade dedicada ao Bitcoin, um site no estilo do Reddit chamado bitcointalk, sob a manchete "O Ripple Vai Matar ou Complementar o Bitcoin? O fundador do Mt. Gox lançará o Ripple"[24]. Essa não seria a última vez que alguém perguntaria se uma nova chegada mataria o Bitcoin.

Não muito depois disso, na primavera de 2013, foi anunciado que a empresa de Larsen e McCaleb, que desenvolveu o protocolo Ripple, então chamado OpenCoin, tinha securitizado fundos de investidores de risco de prestígio, incluindo a Andreessen Horowitz[25]. Ele era um desenvolvimento notável — um sinal de aprovação da viabilidade da criptomoeda de uma das firmas de investimento de risco mais reverenciadas no mundo. O OpenCoin depois seria rebatizado como Ripple Labs.

A tecnologia Ripple fez muitas coisas novas. Ela não tinha mineradores. Em vez disso, utilizava um algoritmo de consenso que contava com sub-redes confiáveis para manter uma rede descentralizada mais ampla para validadores em sincronia. É o suficiente para confundir qualquer investidor inovador. O que é importante reconhecer é que o algoritmo de consenso do Ripple contava com a confiança de alguma forma, o que era completamente diferente da concepção de prova de trabalho do Bitcoin, que assumia que qualquer um poderia ser maldoso.

A TAXONOMIA DOS CRIPTOATIVOS   43

O Ripple também usava portas de confiança como *endpoints* para usuários, e essas portas poderiam aceitar depósitos e amortizar débitos em todos os tipos de pares de ativos, incluindo tradicionais moedas fiduciárias. Isso construiu as cadeias de confiança originais de Fugger, mas em uma escala global e de multiativos. Encaminhar uma transação através do Ripple era como enviar um pacote de informação através da internet, pingando entre servidores conectados.

Se os usuários não quisessem contar com essas portas, o Ripple também tinha a sua própria criptomoeda nativa, chamada ripple, e comumente referida como XRP. O XRP poderia ser usado para conectar dois *endpoints* na rede Ripple que não tinham uma conexão de confiança.

Mas foi aí que a equipe do Ripple entrou em um território delicado, mesmo que o conceito tenha nascido de boas intenções. Já que não havia processo de mineração, não havia meios de distribuir XRP. Em vez disso, 100 bilhões de unidades de XRP foram criadas e inicialmente detidas pelo Ripple Labs (na época, OpenCoin). Embora houvesse, e ainda haja, intenção de distribuir todas essas XRP para usar como *seed*, neste momento, a maioria dos XRP ainda estão sob o controle do Ripple Labs.

Isso levou boa parte da comunidade de criptomoedas a desconfiar do protocolo do Ripple. Vitalik Buterin, que depois criaria o Ethereum, escreveu, em fevereiro de 2013, para a *Bitcoin Magazine*: "Por causa da distribuição monetária, o OpenCoin pode muito bem enfrentar uma batalha árdua para convencer a comunidade de que pode ser confiável"[26].

Serviços de preços, como CoinCap, não listam o fornecimento total disponível de XRP como os 100 bilhões que o Ripple lista[27], mas inclui apenas os ripples que já foram distribuídos até agora ao público, que são apenas aproximadamente 37 bilhões de unidades[28]. Uma palavra de sabedoria para o investidor inovador: com uma nova criptomoeda, é sempre importante entender como ela está sendo distribuída e para quem (discutiremos isso mais a fundo no Capítulo 12). Se o núcleo da comunidade sente que a distribuição é injusta, isso pode amaldiçoar para sempre o crescimento da criptomoeda.

Desde então, o Ripple deixou de ser articulado como um mecanismo de transação para pessoas comuns e agora "permite a bancos enviarem pagamentos internacionais em tempo real através de redes"[29]. Esse foco joga com as potencialidades do Ripple, à medida que visa ser um sistema de pagamento rápido que repensa o correspondente bancário, mas ainda exige alguma confiança, para o qual bancos são adequados.

Dogecoin

Uma adição relativamente cômica às criptomoedas chegou em 8 de dezembro de 2013 (menos de duas semanas depois de o bitcoin atingir uma notável alta de US$1.242) sob a forma de dogecoin[30]. O Dogecoin foi lançado como uma brincadeira com Doge, o cão, que a revista *Wired* definiu como o meme[31] do ano de 2013[32]. Doge era um cão da raça Shiba Inu, cuja imagem com legendas de um monólogo interno se tornou viral.

O Dogecoin surgiu inicialmente como uma piada. Jackson Palmer, que trabalhava no departamento de marketing nos escritórios da Adobe em Sydney, e era um entusiasta das criptomoedas, enviou o tuíte: "Investir em Dogecoin com certeza é a próxima grande coisa"[33]. Depois da boa recepção de algo que pretendia ser uma piada, ele comprou o domínio, Dogecoin.com. A atividade de Jackson chamou a atenção de Billy Markus, um desenvolvedor de Portland, Oregon, que aspirava lançar um novo criptoativo. Nas palavras do próprio Markus: "A primeira coisa que eu disse foi 'Isso é muito engraçado'. Aí eu falei 'Eu deveria criar essa moeda'"[34].

Markus usou o código do Litecoin para derivar o Dogecoin, dessa forma tornando-o mais um nível de separação distante do Bitcoin. Se o Litecoin era um filho do Bitcoin, então o Dogecoin era seu neto. A variação notável era que o Dogecoin planejava emitir uma quantidade muito maior de dogecoins que o bitcoin, ou mesmo o litecoin. O plano era ter 100 bilhões de dogecoins em circulação depois de um ano e meio[35]. Isso seria igual a aproximadamente 5 mil vezes mais moedas que o bitcoin quando ele atingir seu fornecimento máximo.

A equipe de Markus, mais tarde, escolheu emitir aproximadamente 5 bilhões de moedas por ano, e isso criou um cronograma de fornecimento completamente diferente do cronograma dos deflacionários bitcoin e litecoin. O Dogecoin, em geral, ganhou tração entre os usuários adeptos das gorjetas na internet. O cronograma de fornecimento manteve o valor de um único dogecoin à fração de um centavo, o que é adequado para o seu caso de uso pretendido. Como Palmer declarou em uma entrevista inicial:

> É não se levar tão a sério, é não ser usada por pessoas se preocupando se vão ficar ricas... É sobre compartilhar por agradecimento e reconhecimento.[36]

A experiência em marketing de Palmer era outra característica que diferenciava o Dogecoin de outras criptomoedas da época. A comunidade Dogecoin levantou US$50 mil via Dogecoin para mandar a equipe jamaicana de bobsled para as Olimpíadas; levantou outros US$55 mil via Dogecoin para patrocinar um piloto da NASCAR que correu com o logo do Dogecoin na Talladega Speedway, Alabama; e levantou dinheiro para apoiar projetos de água limpa no Quênia via Doge4Water, fazendo as doações por meio de um serviço de gorjetas baseado no Twitter.[37]

Embora o Dogecoin tenha sido lançado como uma piada, sua associação a um meme extremamente popular na internet, sua origem irreverente e seu foco sagaz em marketing esperto levaram a uma rápida ascensão, e seu valor de rede cresceu para US$70 milhões em apenas sete semanas após o lançamento[38]. Mas isso não durou muito. Em março de 2017, seu valor de rede despencou para ligeiramente acima de US$20 milhões.

Essa fusão bizarra de um criptoativo e cultura pop não é surpreendente, considerando que 2013 foi ano que o preço do bitcoin variou entre US$13 em janeiro e mais de US$1 mil no começo de dezembro[39]. O poder e o entusiasmo da comunidade de usuários do Dogecoin não devem ser desprezados, mesmo se encorajarmos o investidor inovador a fazer uma ampla diligência sobre ele como um investimento. Embora o Dogecoin tenha suas falhas, ele continua a existir e ensinou ao espaço das criptomoedas valiosas lições sobre agregar apoio da comunidade na era da internet.

AURORACOIN: A CRIPTOMOEDA NACIONAL DA ISLÂNDIA?

Bem parecido com o anônimo Satoshi, o criador do Auroracoin também tinha um nome fictício: Baldur Friggjar Óðinsson. Baldur criou o Auroracoin com base no código do Litecoin e decidiu jogar a criptomoeda "de paraquedas" para os islandeses com a intenção de fornecer 50% de todos os auroracoins existentes para os habitantes. A esperança era que tal distribuição estimulasse o uso nacional da criptomoeda.

Uma chave para o plano de Baldur era seu acesso ao sistema nacional de identificação do governo, que levou os especuladores a acreditar erroneamente que o Auroracoin era patrocinado pelo governo islandês. Em antecipação ao lançamento, especuladores ofereceram mais de US$1 bilhão pelo valor de rede do Auroracoin.[40]

Na época que o lançamento começou, em 25 de março de 2014, os especuladores tinham tomado juízo de alguma forma, e o valor de rede do

Auroracoin estava flutuando um pouco acima de US$100 milhões. No fim do mês, ele estaria abaixo dos US$20 milhões, à medida que os cidadãos que recebiam auroracoins começaram a se movimentar para vendê-los em plataformas de negociação para transformá-los em lucro[41]. Com a queda no preço veio uma perda de confiança e entusiasmo pela nova criptomoeda. Poucos comerciantes, se algum, estavam dispostos a aceitar auroracoins, e logo ele foi considerado um "experimento fracassado"[42]. Alguns também viram isso como uma fraude perpetrada pelo seu criador. Até hoje, o auroracoin ganha destaque por ser a criptomoeda com o audacioso plano de uso disseminado em um país inteiro.

Ele continua a existir, com um punhado de desenvolvedores islandeses trabalhando para reviver o conceito e a tecnologia. Em 2016, propagandas começaram a aparecem pela capital da Islândia, Reykjavik, anunciando o retorno do Auroracoin. Como resultado, cervejas na Islândia estavam sendo compradas em auroracoins[43], e muitos outros estabelecimentos comerciais começaram a utilizar a criptomoeda. Então, um escândalo estourou e o primeiro ministro foi forçado a renunciar por causa de seu envolvimento com os *Panama Papers*[44]. Isso levou ao aumento da popularidade de um partido político conhecido como Partido Pirata, que tinha uma visão favorável sobre criptomoedas[45]. Repentinamente, houve especulação[46] de que a Islândia poderia revisitar o potencial do Auroracoin e seu papel como a criptomoeda nacional[47]. Conforme a aceitação cresce e a política muda, será interessante assistir o que acontece depois com a criptomoeda islandesa.

O Auroracoin é uma fábula que exige cautela tanto de investidores quanto de desenvolvedores. O que começou como um caso de uso aparentemente poderoso e irresistível para uma criptomoeda sofreu com sua inabilidade de fornecer valor ao público que procurava impactar. A criptomoeda foi entregue aos islandeses com pouco preparo e meios de utilização. Como já esperado, o valor do ativo ruiu e a maioria o considerou morto. Contudo, criptomoedas raramente morrem por completo, e o Auroracoin pode ter tempos interessantes adiante se sua equipe de desenvolvedores conseguir descobrir uma maneira de seguir em frente.

A CORRIDA PELA PRIVACIDADE: DASH, MONERO E ZCASH

Embora o Litecoin, o Ripple e o Dogecoin tenham adicionado elementos à mistura do que significava ser uma criptomoeda, eles não forneciam a privacidade que muitos defensores iniciais do Bitcoin ansiavam. Transações Bitcoin são *pseudônimos*, e já que todas as transações podem ser vistas por terceiros, há uma riqueza de informações para qualquer um que queira localizar quem são os participantes. Indiscutivelmente, se alguém quiser usar uma moeda para atividades ilegais, é melhor usar dinheiro que bitcoin. Em todas as transações, o bitcoin deixa uma marca digital indelével no blockchain do Bitcoin.

Atualmente, três moedas notáveis priorizam a privacidade e o anonimato. Por ordem de lançamento, elas são o Dash, o Monero e o Zcash. Todas as três buscam essa proposição de valor de maneira diferente. O Monero é, provavelmente, o mais relevante, com um modelo de emissão sólido. Embora o Dash tenha seus méritos, tem origens contestáveis. Enquanto isso, o Zcash usa um pouco da criptografia mais avançada do mundo, mas é um dos criptoativos mais jovens no livro e adequado apenas para investidores de criptoativos mais experientes.

Monero e seu Antecessor, o Bytecoin

O Monero é descendente de uma criptomoeda menos conhecida chamada Bytecoin. O Bytecoin foi criado de maneira diferente do Bitcoin, usando uma tecnologia conhecida como CryptoNote. Similar ao script do Litecoin, o algoritmo de hashing de blocos do CryptoNote visa evitar a especialização e, portanto, a centralização dos mineradores que apoiam a rede, exigindo uma ordem de operações que favorece chips de propósito geral, como os CPUs encontrados em PCs[48]. Além do foco e uma prova de trabalho mais igualitária, o CryptoNote fornecia pagamentos não rastreáveis, transações não lincáveis e análise de resistência de blockchains[49]. Adam Back é considerado a inspiração para o algoritmo de prova de trabalho de Satoshi e é o presidente da Blockstream, uma das mais importantes empresas no espaço Bitcoin. Em março de 2014, ele tuitou sobre o CryptoNote, dizendo que era uma das poucas ideias no espaço das criptomoedas fora do Bitcoin que sustentava uma "lógica de existência defensável"[50].

Alguns podem se perguntar por que o Monero roubou o show do Bytecoin. O blockchain do Bytecoin e a emissão de sua moeda, o bytecoin, começaram em 4 de julho de 2012, mas não se tornaram amplamente conhecidos até quase dois anos depois, quando um anúncio sobre eles apareceu no bitcointalk.org, em 12 de março de 2014[51]. As pessoas ficaram intrigadas, mas confusas, sobre por que a equipe do Bytecoin demorou dois anos para torná-lo público. Alguns argumentavam que foi porque os desenvolvedores queriam se assegurar de que a tecnologia estivesse funcionando solidamente antes de chamar mais atenção. Outros argumentavam que havia algo mais insidioso em jogo, chamado *premine*[52].

O Bytecoin planejava emitir 184,46 bilhões de bytecoins através do processo de mineração, mas na época que ela se tornou publicamente conhecida, 150 bilhões de bytecoins já existiam, mais de 80% do fornecimento total[53]. Um premine clássico, o Bytecoin tinha silenciosamente liberado uma grande quantidade de moedas de maneira que desfavorecia a comunidade mais global. O Bitcoin e o movimento de blockchains não permissionados foram fundados a partir do princípio da transparência igualitária, então premines são largamente reprovados. Embora ainda ocorram, muitos são fraudes às quais o investidor inovador deve ficar atento. Um diferenciador-chave entre uma fraude e uma boa intenção é a comunicação e a lógica da equipe desenvolvedora por trás do modelo de emissão.

Em 8 de abril de 2014, o usuário do bitcointalk.org chamado "eizh", que mais tarde se tornaria um desenvolvedor do Monero, fez o comentário: "Estou surpreso por ninguém ter criado um clone para uma distribuição mais justa e desenvolvimento ativo"[54]. Em 9 de abril de 2014, apenas um mês após o anúncio público do Bytecoin, um usuário envolvido conhecido como "thankful_for_today" fez uma postagem no bitcointalk.org intitulado "Lançado o Bitmonero — uma nova moeda baseada na tecnologia CryptoNote", com a intenção de liberar a mineração em nove dias[55]. O Bitmonero foi rapidamente renomeado Monero e, com frequência, referido como XMR.

O recurso mais determinante do Monero é o seu uso de assinaturas de anel (*ring signatures*), uma tecnologia criptográfica que tem evoluído desde 1991[56]. As assinaturas de anel do Monero são melhor explicadas no contexto do Bitcoin. No Bitcoin, para criar uma transação, um indivíduo conhecido assina o balanço de bitcoins que está tentando enviar. No Monero, um grupo de indivíduos assina uma transação, criando uma assinatura de anel, mas apenas uma pessoa no grupo possui aqueles moneros. O site do CryptoNote explica sucintamente:

> No caso de assinaturas de anel, temos um grupo de indivíduos, cada um com sua própria chave secreta e pública. A declaração provada por assinaturas de anel é que o assinante de uma determinada mensagem é um membro do

> grupo. A principal distinção dos esquemas de assinaturas digitais comuns é que o assinante precisa de uma única chave secreta, mas o verificador não pode estabelecer a sua identidade exata. Portanto, se for encontrada uma assinatura de anel com as chaves públicas de Alice, Bob e Carol, só é possível afirmar que um desses indivíduos seja o assinante, mas não será possível localizá-lo/a.[57]

Embora muitos fiquem desconfiados de tal privacidade, deve ser notado que isso tem enormes benefícios para a fungibilidade. A fungibilidade refere-se ao fato de que qualquer unidade de moeda é tão valiosa quanto qualquer outra unidade de igual denominação. Um perigo para o bitcoin, especialmente para balanços que se sabe terem sido usados para atividades ilegais, é que uma troca ou outro serviço põe esse balanço na lista negra, então esse balanço torna-se ilíquido e possivelmente menos valioso que outros balanços de bitcoin. Embora sutil, a perda da fungibilidade poderia ser a morte de uma moeda digital e distribuída, prejudicando o valor de todas as unidades, não apenas as usadas para atividades ilegais. Felizmente, esse é um problema com o qual o Monero não precisa lidar.

O cronograma de fornecimento do Monero é um híbrido do Litecoin e do Dogecoin. Para moneros, um novo bloco é anexado ao seu blockchain a cada 2 minutos, similar aos 2,5 minutos do Litecoin. Como o Dogecoin, porém, haverá um pequeno grau de inflação por toda a sua vida, iniciando-se em maio de 2022, quando 0,3 moneros serão liberados a cada minuto, com um total de 157,680 moneros a cada ano. Ao mesmo tempo, haverá 18,1 milhões de unidades de monero em circulação, então a inflação no primeiro ano será de apenas 0,87%[58]. Conforme avançamos no futuro, a inflação cai à medida que a base moneros em circulação aumenta. Curiosamente, em 2040, haverá quase o equivalente de unidades em circulação de bitcoin e monero, e no período de 2019 a 2027, a inflação da taxa de fornecimento do Monero será mais baixa que a do Bitcoin, mas em todos os outros períodos, o oposto é verdadeiro[59].

Como esperado, a habilidade do Monero de criar privacidade em transações era uma inovação tecnológica que foi reconhecida dentro da comunidade dos criptoativos e dos mercados. Por volta do fim de 2016, o Monero tinha o quinto maior valor de rede de todas as criptomoedas e foi a moeda digital de melhor performance naquele ano, com um aumento de preço ao longo do ano acima de 2.760%. Isso claramente demonstra o nível de interesse em privacidade protegendo criptomoedas. Parte desse interesse, sem dúvida, vem de fontes menos agradáveis.

Dash

Outra criptomoeda cujos alvos são privacidade e fungibilidade é o Dash. Ele lançou seu blockchain alguns meses antes do Monero, em 19 de janeiro de 2014. Seu principal desenvolvedor, Evan Duffield, criou o Dash ramificando o protocolo do Bitcoin e implementando uma moeda focada em privacidade e velocidade de liquidação de transações. O artigo do Dash, do qual Duffield foi coautor, resumiu sua intenção:

> Uma criptomoeda baseada no Bitcoin, o trabalho de Satoshi Nakamoto, com várias melhorias, como uma rede incentivada em dois níveis, conhecida como rede Masternode. Estão incluídas mais duas melhorias, como a Darksend, para aumento de fungibilidade, e a InstantX, que permite confirmação instantânea da transação sem uma autoridade centralizada[60].

O Dash, porém, teve um início atribulado. Em vez de um premine, ele teve o que foi chamado de *instamine*, em que 1,9 milhão de moedas foram criadas nas primeiras 24 horas. Considerando que três anos depois, em janeiro de 2017, havia apenas cerca de 7 milhões de moedas, isso era um erro significativo, que beneficiava drasticamente os computadores que deram suporte à rede Dash nas primeiras 24 horas, particularmente o próprio Duffield.

Duffield razoavelmente alegou as melhores intenções possíveis, argumentando: "Eu estava trabalhando em um emprego muito desafiador enquanto trabalhava no Dash, nas primeiras semanas. Então, estava apagando incêndios todas as noites e acompanhando o Dash de perto durante o dia (enquanto levava bronca do meu chefe quando ele me pegou algumas vezes)"[61].

Da nossa perspectiva, se houve uma grave disrupção ou erro no lançamento de uma criptomoeda que significativamente distorce sua distribuição, então aquela criptomoeda deve ser relançada. Na verdade, Duffield poderia facilmente ter relançado o Dash, especialmente considerando que a rede tinha apenas alguns dias de idade quando o instamine começou a ser amplamente discutido, mas ele escolheu não fazê-lo. Não seria incomum relançar, dado que outras criptomoedas já o fizeram, por meio da ramificação do código original. Os criadores do Monero, por exemplo, especificamente escolheram não continuar construindo o Bitcoin porque a distribuição premine foi considerada injusta.

Zcash

O maior interesse em uma criptomoeda em 2016 foi gerado por um novo criptoativo chamado Zcash. O Bitcoin e a comunidade blockchain sempre ficaram empolgados com novos desenvolvimentos em anonimato e privacidade, mas o Zcash levou essa empolgação a um novo nível, o que, após a emissão, elevou o preço às alturas. Como o bitcoin, o modelo de emissão do zcash era ético. Porém, quando o bitcoin foi lançado com zero unidades em circulação, quase ninguém sabia sobre ele. Quando o zcash foi lançado com zero unidades em circulação, parecia que todo o criptouniverso sabia disso, e todo mundo queria um pouco.

A escassez no fornecimento inicial, combinada ao burburinho, elevou o preço do zcash a níveis astronômicos. Rapidamente, ele atingiu US$1 mil por moeda, o que, na época, era mais alto até que o preço do bitcoin. Em um ponto no Poloniex, uma plataforma de negociação popular de criptoativos, o preço por 1 zcash atingiu 3.299 bitcoins, ou quase US$2 milhões na época[62]. No entanto, no final de 2016, a histeria havia se dissipado e o zcash estava sendo comercializado em uma variação estável de US$45 a US$50.

A equipe do Zcash é liderada por Zooko Wilcox, que já mencionamos anteriormente como colaborador antigo na DigiCash de David Chaum. Em seu período na DigiCash e envolvimento de longa data com criptografia e criptoativos, Zooko tornou-se um dos mais respeitados membros da comunidade. Uma inovação-chave do Zcash é o uso de um tipo de prova de zero conhecimento (*zero-knowledge proof*), referida como zk-SNARKs, que permite que transações sejam enviadas entre duas partes sem que nenhuma informação, além da validade da transação, seja revelada. Embora ainda seja cedo para o Zcash, acreditamos que a ética e a tecnologia talhadas por Zooko e sua equipe são de alto nível, sugerindo que boas coisas aguardam por essa criptomoeda florescente.

• • •

No final de 2016, o preço do bitcoin tinha atingido um nível bem abaixo de US$1 mil (o qual ele bateu em janeiro de 2017), e havia mais de 800 criptoativos em um mercado que totalizava US$17 bilhões. Na época, os principais ativos, em ordem de valor de rede, eram: Bitcoin, Ethereum, Ripple, Litecoin, Monero, Ethereum Classic e Dash.

O investidor inovador deve notar nessa lista que o Ethereum segue o Bitcoin. Sua história inclui desenvolvedores brilhantes, uma definição mais ampla de tecnologia blockchain e um dos maiores ataques a um ecossistema de criptoativos até hoje. No próximo capítulo, veremos a criação do Ethereum e o impacto significativo que ele tem e terá no futuro dos criptoativos.

Capítulo 5

Criptocommodities e Criptotokens

Criptomoedas são uma parte poderosa dos criptoativos, mas como expusemos no início do capítulo anterior, apenas uma de três. As outras duas, criptocommodities e criptotokens, são segmentos dessa nova classe florescente de ativos que cresce rapidamente. Primeiro, vamos dar uma olhada nas criptocommodities.

De certa forma, criptocommodities são mais tangíveis em valor que criptomoedas. Por exemplo, a maior criptocommodity, o Ethereum, é um computador mundial descentralizado no qual aplicações globalmente acessíveis e sem censura podem ser construídas. É fácil apreciar o valor de usar tal computador e, dessa forma, o Ethereum fornece um recurso digitalmente tangível. Pagar para usar o computador mundial do Ethereum — também conhecido como *Ethereum Virtual Machine* (EVM) — evoca a época em que escolas e bibliotecas tinham computadores compartilhados que estudantes podiam usar. Uma pessoa podia sentar e usar um computador durante algum tempo e sair, e então outra pessoa poderia vir e usá-lo.

O EVM opera de maneira similar a um computador compartilhado, com a diferença de que tem escala global e mais de um usuário pode usá-lo por vez. Assim como qualquer pessoa pode ver transações Bitcoin de qualquer lugar do mundo, qualquer pessoa pode ver os programas do Ethereum rodando de qualquer lugar do mundo. Embora este capítulo vá mergulhar fundo no Ethereum como uma criptocommodity, há muitas outras criptocommodities florescendo, oferecendo recursos descentralizados, como armazenamento em nuvem, banda larga, transcodificação, reencriptação de proxy, entre outros.

A IDEIA POR TRÁS DO COMPUTADOR MUNDIAL DO ETHEREUM

A equipe fundadora do Ethereum e seu ativo nativo, ether, não foi a primeira a sonhar com programas de computador globalmente distribuídos, ou o que é comumente referido como *smart contracts* (contratos inteligentes). Por exemplo, Nick Szabo, que também foi um dos discípulos da DigiCash (Capítulo 4), tem falado de *smart contracts* e propriedade digital desde o início dos anos 1990. Em 1996, ele publicou um artigo sobre o tópico intitulado "*Smart Contracts*"[1], na revista *Extropy*.

É crucial entender os *smart contracts*, mas seu nome é enganoso. A primeira coisa que se pensa quando se ouve *smart contracts* é em documentos legais que pensam por si só, o que erra o alvo por uma larga margem. Acreditamos que é melhor pensar em *smart contracts* como transações condicionais, pois referem-se à lógica escrita no código que tem condições "SE isto, ENTÃO aquilo". Por exemplo, pode ser facilmente programado em um *smart contract* que "SE Jack perder seu voo e SE for culpa da companhia aérea, ENTÃO a companhia aérea paga para ele o custo do voo". Uma máquina de vendas é outro exemplo comumente usado de *smart contract*: "SE o usuário puser dinheiro suficiente e SE digitar o código correto, ENTÃO recebe um Doritos." Essas condições podem se tornar muito mais complexas, criando cascatas dependendo do processo sendo programado e das variáveis que precisam ser satisfeitas.

Embora Szabo tenha tido a visão inicial para os *smart contracts*, a equipe do Ethereum seria a primeira a criar uma plataforma popular e que chama a atenção para a execução *smart contracts* de maneira descentralizada. No centro da equipe está Vitalik Buterin, que muitos consideram o Satoshi do Ethereum.

Buterin nasceu na Rússia, mas cresceu no Canadá. Ele teve a boa sorte de ter um pai de pensamento livre[2], que em fevereiro de 2011 introduziu um Buterin de 17 anos ao trabalho de Satoshi e ao Bitcoin[3]. O Bitcoin estava em funcionamento havia apenas dois anos neste ponto, e não existia nenhuma alternativa principal. Apenas em outubro daquele ano Charlie Lee lançaria o Litecoin.

Não demorou muito para Buterin cair na toca do coelho do Bitcoin. Ele rapidamente se tornou o primeiro jornalista conhecido pioneiro no munto dos criptoativos, e chegou a cofundar o *Bitcoin Magazine*, que permanece sendo um dos sites de análise técnica de arquiteturas blockchain mais aprofundados. Enquanto escrevia artigos combinando informações técnicas sofisticadas e um estilo entusiasmado e otimista, ele usava sua destreza matemática para examinar como melhorar a tecnologia. Afinal, ele ganhou medalha de bronze na Olimpíada Internacional de Informática[4] aos 18 anos e poderia supostamente fazer somas de três dígitos de cabeça em uma velocidade duas vezes maior que a média das pessoas[5].

Para tal, Buterin mexeu com vários projetos Bitcoin que formariam o seu futuro trabalho no Ethereum. Em uma postagem de um blog intitulada "Ethereum: Agora Indo a Público", ele começou tirando o chapéu para o Bitcoin:

> Escrevi o rascunho inicial do artigo do Ethereum em um dia frio em São Francisco, em novembro, como o ponto alto de meses de reflexões e, frequentemente, trabalho frustrado em uma área que viemos chamar de "criptomoeda 2.0" — em resumo, usando o blockchain do Bitcoin para mais que apenas dinheiro. Nos meses que levaram ao desenvolvimento do Ethereum, tive o privilégio de trabalhar de perto com vários projetos que tentavam implementar *colored coins*, propriedade inteligente e vários tipos de plataformas de negociação descentralizadas[6].

Os projetos aos quais Buterin faz referência na última frase abordavam a transação de bitcoins usando o blockchain do Bitcoin de forma mais abstrata. Como já aprendemos, transações bitcoin envolvem a transmissão de informação que resulta em um débito ou crédito de um balanço de bitcoins no endereço de um usuário.

Nessa postagem, Buterin menciona *colored coins*. Estas envolvem marcar um endereço no Bitcoin com informações além de apenas o balanço de bitcoins nesse endereço. Identificadores adicionais poderiam também ser anexados ao endereço, como informações que representavam a propriedade de uma casa. Ao transferir esse bitcoin nesse endereço para outro endereço, também enviava o marcador de informações sobre a propriedade da casa.

Neste sentido, enviando bitcoins, a transação também significava a transação de direitos de propriedade de uma casa. Há várias autoridades reguladoras que precisam reconhecer essa transferência para que esse exemplo torne-se uma realidade cotidiana, mas o ponto é mostrar como todos os tipos de valor podem ser transmitidos através do blockchain do Bitcoin.

COUNTERPARTY: *SMART CONTRACTS* NA BITCOIN

O Counterparty é uma criptocommodity que roda em cima do Bitcoin, e foi lançado em janeiro de 2014 com propósito similar ao Ethereum. Ele fixou um fornecimento de 2,6 milhões de unidades de seu ativo nativo, XCP, que foram todas criadas depois do lançamento. Como descrito no site do Counterparty, "o Counterparty permite a qualquer um escrever acordos específicos, ou programas conhecidos como *Smart Contracts*, e executá-los no blockchain do Bitcoin"[7]. Já que o Bitcoin permite que pequenas quantidades de dados sejam transmitidas em transações e armazenadas no blockchain do Bitcoin, este torna-se o sistema de registro para a funcionalidade mais flexível do Counterparty. Como o Counterparty baseia-se no Bitcoin, ele não tem seu próprio ecossistema de mineração.

A razão pela qual os desenvolvedores do Bitcoin não adicionaram funcionalidades extras e flexibilidade diretamente em seu software foi a priorização da segurança à complexidade. Quanto mais complexa a transação se torna, mais vetores há para explorar e atacar essas transações, o que pode afetar a rede como um todo. Com o foco em ser uma moeda global descentralizada, os desenvolvedores do Bitcoin decidiram que as transações do Bitcoin não precisam de toda a pompa e circunstância. Em vez disso, outros desenvolvedores podem ou encontrar maneiras de criar em cima da funcionalidade limitada do Bitcoin, recorrendo ao blockchain do Bitcoin como um sistema de registro e meio de segurança (por exemplo, o Counterparty), ou criar um sistema blockchain totalmente diferente (por exemplo, o Ethereum).

Muitos estavam trabalhando em construir este futuro descentralizado em cima do Bitcoin, mas isso não era fácil. A flexibilidade de adicionar identificadores a endereços e criar diferentes tipos de transações era propositalmente restrita no Bitcoin por questões de escalabilidade e segurança. O Bitcoin, afinal, ainda era um experimento. Uma moeda descentralizada era um Santo Graal o suficiente para Satoshi, e ele não teve que dar um passo maior que as pernas. Mas Buterin não estava satisfeito com o Bitcoin como ele era e tinha aspirações abrangentes para melhorias. Ele queria um sistema que fosse mais flexível e que se comportasse mais como um computador e menos como uma calculadora de débitos e créditos de balanços de bitcoins.

CRIPTOCOMMODITIES E CRIPTOTOKENS   57

Embora tenha inventado o Ethereum em 2013, Buterin formalmente o anunciou em janeiro de 2014 na *North American Bitcoin Conference*[8], na qual foi cercado de ávidos repórteres, muitos dos quais foram seus colegas nos meses anteriores. Na época, ele já tinha reunido o apoio de mais de 15 desenvolvedores e dezenas na equipe de comunicação da comunidade[9].

No artigo do Ethereum que inicialmente descrevia seu funcionamento interno, a equipe de Buterin não teve escrúpulos quanto às suas aspirações:

> O que é mais interessante sobre o Ethereum, no entanto, é que o seu protocolo vai muito além de apenas uma moeda. Protocolos em torno de armazenamento descentralizado de arquivos, computação descentralizada e previsão de mercados descentralizada, entre dezenas de outros conceitos como tais, têm o potencial de aumentar substancialmente a eficiência da indústria computacional, e fornecer um enorme estímulo a outros protocolos *peer-to-peer*, adicionando uma camada econômica pela primeira vez[10].

Sobretudo, Buterin não tinha intenção de que o Ethereum e seu ativo nativo, o ether, fossem uma variação menor da base de código do Bitcoin. Isso distinguia o Ethereum de muitas das altcoins que vieram antes dele.

Por não ter nenhuma afiliação a "moeda" (*coin*) em seu nome, o Ethereum estava indo além da ideia de moeda em direção ao domínio das *criptocommodities*. Enquanto o Bitcoin é usado, em geral, para transmitir valores monetários entre pessoas, o Ethereum poderia ser usado para transmitir informações entre programas. Isso seria feito construindo um computador descentralizado com uma *linguagem de programação Turing-completa*[11]. Desenvolvedores poderiam criar programas, ou aplicações, que poderiam rodar em cima desse computador mundial descentralizado. Assim como a Apple constrói um hardware e um sistema operacional que permitem aos desenvolvedores construir aplicações sobre eles, o Ethereum prometia fazer o mesmo em um sistema distribuído e global. O ether, a unidade nativa, entraria em jogo assim:

> O ether é um elemento necessário — um combustível — para operar a plataforma de aplicação distribuída Ethereum. É uma forma de pagamento feita pelos clientes da plataforma para as máquinas que executam as operações solicitadas. Em outras palavras, o ether é o incentivo que assegura que desenvolvedores criem aplicações de qualidade (desperdício de código custa mais), e que a rede permaneça saudável (as pessoas são compensadas por seus recursos disponibilizados)[12].

Os mineradores do Ethereum estariam processando transações que poderiam transferir não apenas ethers, mas também informações entre programas. Assim como os mineradores do Bitcoin eram recompensados por dar suporte à rede ganhando bitcoins, os mineradores do Ethereum também ganham ethers, e o processo teria suporte de um mecanismo de consenso de prova de trabalho.

TIRANDO O ETHEREUM DO CHÃO

Buterin entendia que construir um sistema do zero exigia uma quantidade significativa de trabalho, e seu anúncio em janeiro de 2014 envolveu a colaboração de uma comunidade de mais de 15 desenvolvedores e dezenas de membros da comunidade que já tinham comprado a ideia. O anúncio do Bitcoin por Satoshi, em contraste, envolveu um discreto envio do artigo para uma lista de contatos relativamente desconhecida composta majoritariamente por acadêmicos e criptógrafos audaciosos. O desenvolvimento posterior do software do Bitcoin antes do lançamento envolveu principalmente apenas duas pessoas, Satoshi e Hal Finney[13].

Buterin também sabia que, embora o Ethereum pudesse operar com o ether, as pessoas que o criaram não poderiam, e o Ethereum ainda estava há mais de um ano de distância de estar pronto para ser lançado. Então ele conseguiu financiamento através do prestigioso programa de bolsas *Thiel Fellowship*. O bilionário Peter Thiel, que cofundou o PayPal e foi o primeiro investidor externo do Facebook, criou o Thiel Fellowship para recompensar indivíduos talentosos que abandonam o caminho acadêmico tradicional e seguem caminhos imediatos para fazer um impacto no mundo. Os vencedores devem conduzir uma pesquisa científica, criar uma startup ou encontrar outros caminhos para melhorar a sociedade e o mundo. Os visionários cuidadosamente escolhidos do Thiel Fellowship recebem US$100 mil ao longo de dois anos, e a premiação tem sido considerada mais competitiva do que ser aceito nas melhores universidades do mundo. Em junho de 2014, Buterin recebeu a Thiel Fellowship[14] sendo um jovem de 20 anos que abandonou a Universidade de Waterloo para perseguir seu interesse pelo Ethereum em tempo integral.

Embora Buterin possa ser um dos maiores investimentos de Thiel, não foi só ele que reconheceu o potencial do Ethereum. Em 2014, Buterin recebeu o Prêmio Mundial de Tecnologia em Software de Tecnologia da Informação[15], junto de nomes influentes, como Elon Musk, na categoria Energia, e Walter Isaacson, em Mídia e Jornalismo.

Embora o Thiel Fellowship tenha sido uma indicação do que estava por vir para Buterin, US$100 mil não eram suficientes para sustentar sua equipe. Para este fim, de

23 de julho de 2014 a 2 de setembro de 2014, eles fizeram uma pré-venda de 42 dias de ethers, a criptocommodity por trás da rede do Ethereum[16].

Os ethers eram vendidos a uma variação de 1.337 a 2.000 ethers por bitcoin, com 2.000 ethers por bitcoin em oferta durante as primeiras duas semanas da pré-venda, e então caindo linearmente para 1.337 ethers por bitcoin na última metade da venda, criando entusiasmo por incentivar as pessoas a comprar no início. Fiscalizando as nuances legais e financeiras em torno dessa venda estava a recém-criada *Ethereum Foundation*, sediada em Zug, Suíça[17].

O esforço para captação de recursos do Ethereum não foi apenas inovador e oportuno, mas também quebrou recordes. O público investiu 31.591 bitcoins, um valor de US$18.439.036, por um total de 60.102.216 ethers — uma taxa implícita de US$0,31 por ether. Na época, foi o maior esforço único de financiamento coletivo[18]. Alguns acharam absurdo que a equipe de suporte de uma arquitetura blockchain pudesse levantar US$18 milhões sem um produto em funcionamento, pois isso era claramente diferente do processo do Bitcoin.

Investidores de capital de risco geralmente investem em ideias e em equipes de desenvolvimento tendo fé de que eles trabalharão pelo sucesso. O Ethereum democratizou esse processo para além dos investidores de risco. Para uma perspectiva sobre o preço do ether nessa venda coletiva, considere que no início de abril de 2017 o ether valia US$50 a unidade, sugerindo retornos de mais de 160x em menos de três anos[19]. Apenas um pouco mais de 9 mil pessoas compraram ethers durante a pré-venda, colocando o investimento inicial em US$2 mil, que aumentou desde então para mais de US$320 mil[20].

De acordo com o artigo do Ethereum, os lucros dessa venda seriam "usados totalmente para pagar salários e recompensas aos desenvolvedores, e investidos em vários projetos com e sem fins lucrativos no ecossistema do Ethereum e das criptomoedas". Além dos 60 milhões de ethers vendidos ao público, aproximadamente 6 milhões foram criados para recompensar colaboradores iniciais do Ethereum, e outros 6 milhões para as reservas de longo prazo da Ethereum Foundation.

A alocação extra de 12 milhões de ethers para os colaboradores iniciais e para a Ethereum Foundation se mostrou problemática para o Ethereum com o passar do tempo, pois alguns sentiram que isso representava um duplo auxílio. Em nossa visão, com 15 desenvolvedores talentosos envolvidos antes da venda pública, 6 milhões de ethers traduziam-se em aproximadamente US$100 mil por desenvolvedor na taxa da pré-venda, o que é razoável dada a taxa de mercado de tais desenvolvedores de software.

Dito isso, a alocação de capital nos bolsos dos fundadores é um aspecto importante das vendas coletivas. Chamada "recompensa do fundador", a principal distinção entre compreensível e um sinal vermelho é que os fundadores devem estar focados em construir e aumentar a rede, não em encher seus bolsos à custa dos investidores. Em nossa opinião, os desenvolvedores da Ethereum não estavam enchendo os bolsos, estavam pondo comida na mesa. Sua alocação modesta está bem longe das artimanhas que alguns criadores de criptoativos têm tentado desde então.

Seguindo a pré-venda, foi um ano de desenvolvimento antes de a rede do Ethereum ir ao ar. Durante esse período, a equipe do Ethereum manteve contato próximo com sua crescente comunidade, liberando provas de conceitos (*proof-of-concept*) para a comunidade avaliar, organizando conferências, financiando projetos baseados no Ethereum e postando frequentes atualizações no blog[21]. Talvez tomando nota do Dogecoin, a equipe do Ethereum entendeu a importância da comunidade no suporte inicial para o seu sistema descentralizado. Embora arquiteturas blockchain sejam código frio, são redes sociais quentes.

Com o dinheiro levantado, a equipe do Ethereum também estava apta a testar a rede antes do lançamento de uma maneira que Satoshi e seu pequeno grupo de apoiadores não foram capazes. Começando no fim de 2014, e durante a primeira metade de 2015, a Ethereum Foundation encorajou testes de sua rede, tanto em programas de base de recompensa para bugs quanto em auditorias formais que envolviam empresas profissionais de segurança de software de terceiros[22]. O investidor inovador deve tomar nota dessa prática de testes, que também vimos no Zcash, como um indicador de quão a sério os desenvolvedores centrais levam a segurança em suas arquiteturas descentralizadas.

ETHEREUM COMO UMA PLATAFORMA PARA dAPPS

A rede do Ethereum, com seu blockchain subjacente, foi ao ar em 30 de julho de 2015. Embora muita energia de desenvolvimento tenha sido gasta na criação do software do Ethereum, essa foi a primeira vez que mineradores puderam se envolver, pois finalmente havia um blockchain para eles darem suporte. Antes desse lançamento, o Ethereum estava quase literalmente suspenso em ethers. Agora, a plataforma de descentralização do Ethereum estava aberta para negócios, servindo de base para hardwares e softwares para aplicações descentralizadas (dApps). Essas dApps podem ser pensadas como smart contracts complexos, e podem ser criadas por desenvolvedores independentes da equipe principal do Ethereum, alavancando o alcance da tecnologia.

Para explicar como uma dApp funciona, usaremos um exemplo da empresa Etherisc, que criou uma dApp para seguros de voo para uma conhecida conferência Ethereum. Esse seguro de voo foi adquirido por 31 dos participantes[23]. A Figura 5.1 mostra um diagrama simplificado. Usando o Ethereum, desenvolvedores podem simular fundos de seguro com séries de transações condicionais. O uso de tecnologia open source nesse processo, e rodá-la no computador mundial do Ethereum, permite que investidores comuns coloquem seu capital em um fundo de seguro para obter retornos de compradores de prêmios de seguro que estão procurando cobertura para determinados eventos. Todo mundo confia no sistema porque ele roda de forma livre e é automatizado pelo código.

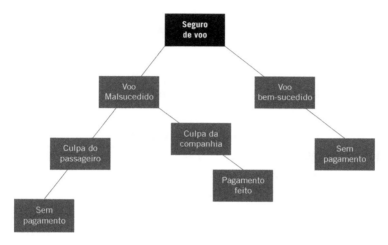

Figura 5.1 ■ dApp hipotética baseada em seguros de voo

BEM-VINDO À ERA DAS dAPPS E DOS CRIPTOTOKENS

Desde o lançamento do Ethereum, um fluxo quase sem fim de dApps foi lançado para rodar nele, muitos dos quais têm sua própria unidade nativa. Referimo-nos a muitas dessas unidades nativas de dApps como criptotokens, enquanto outros se referem a elas como *appcoins*. Uma dApp com seu próprio criptotoken nativo usará o ether como uma criptocommodity para pagar a rede do Ethereum para processar determinadas transações dApp. Embora muitas dApps usem um criptotoken, as unidades nativas de algumas dApps devem ser classificadas como uma criptocommodity sobreposta ao Ethereum, como o Golem, que visa ser um supercomputador para problemas intensivos de cálculo. A diferença se resume a se um recurso digital bruto está sendo fornecido (criptocommodity) ou se a dApp está fornecendo para o consumidor um bem ou serviço digital acabado (criptotoken).

A maioria dos criptotokens não tem suporte de seu próprio blockchain. Com frequência, esses criptotokens operam dentro de aplicações que são construídas no blockchain de uma criptocommodity, como o Ethereum. Para continuar com a analogia da Apple: as aplicações na App Store da Apple não precisam construir seus próprios sistemas operacionais, elas rodam no sistema operacional da Apple. Devido ao amplo sucesso do Ethereum, outros computadores mundiais descentralizados têm aparecido, como Dfinity, Lisk, Rootstock, Tezos, Waves, e outros que podem dar suporte a suas próprias dApps. Assim como muitos altcoins tentaram evoluir em cima do Bitcoin, essas plataformas são criptocommodities que visam melhorar em cima do projeto do Ethereum, dessa forma atraindo suas próprias dApps e criptotokens associados.

Uma lista completa das dApps do Ethereum pode ser vista e explorada aqui: http://dapps.ethercasts.com/ (em inglês). O código de muitas pode ser investigado integralmente aqui: https://live.ether.camp/contracts (em inglês). Examinaremos as mais (im)populares das dApps até agora, pois isso informará o investidor inovador sobre todas as dApps futuras e potenciais investimentos em criptotokens. Devemos notar que o desenvolvimento das dApps e as unidades nativas associadas têm sido uma das áreas de evolução mais rápida no espaço dos criptoativos, conforme vimos novas surgirem a cada semana durante a produção deste livro. Portanto, o leitor curioso deve tirar um tempo após esse capítulo para explorá-las mais a fundo, pois estamos apenas mostrando a ponta do iceberg nesta seção.

A ASCENSÃO E (DURA) QUEDA DA THE DAO

Significando *decentralized autonomous organization* (organização autônoma descentralizada), a The DAO era uma dApp complexa que programava um fundo de capital de risco descentralizado para rodar no Ethereum. Titulares da The DAO estariam aptos a votar quais projetos queriam apoiar, e se os desenvolvedores levantassem fundos o suficiente dos titulares da The DAO, eles receberiam os fundos necessários para construir seus projetos. Ao longo do tempo, investidores desses projetos seriam recompensados através de dividendos ou apreciação do serviço prestado.

A visão de uma organização autônoma descentralizada como a The DAO é mais ou menos como os veículos autônomos — considerando que as pessoas costumavam ter que dirigir os carros, eles cada vez mais podem se dirigir sozinhos. De maneira similar, considerando que pessoas costumavam ser necessárias para todos os aspectos dos processos de negócios, com frequência lidando com papelada, aprovação, orquestração, e daí em diante, uma organização autônoma descentralizada pode codificar muitos

CRIPTOCOMMODITIES E CRIPTOTOKENS   63

desses processos para que a empresa funcione melhor. Por mais empolgante que fosse o conceito, a The DAO foi quase a ruína do Ethereum.

Os criadores da The DAO realizaram uma tentativa de financiamento coletivo. Sua tentativa ultrapassou a quantia levantada pelo Ethereum por quase uma ordem de magnitude, estabelecendo o recorde da maior quantia já levantada dessa maneira: US$168 milhões[24]. O financiamento coletivo exigia que os investimentos fossem feitos em ether, e por causa disso, no fim do período do financiamento, a equipe da The DAO possuía 11,5 milhões de ethers, ou 15% de todos os ethers criados até então.

Embora o entusiamo e o interesse na The DAO fossem claros, alguns desenvolvedores estavam preocupados que ela não estivesse pronta para o horário nobre. Um artigo publicado por um grupo de cientistas da computação que examinou o funcionamento da The DAO expressou a preocupação de que havia grandes vulnerabilidades de segurança que ameaçavam seu lançamento pendente na rede do Ethereum. "A implementação atual pode permitir ataques com consequências severas", explicaram Dino Mak, Vlad Zamfir e Emin Gün Sirer[25].

Posteriormente, houve uma chamada para uma moratória na atividade em torno da The DAO até que as questões fossem satisfatoriamente analisadas[26]. No entanto, a chamada foi ignorada e em 28 de maio de 2016, o dia após o fim da venda coletiva, tokens na The DAO (DAOs) — que foram recebidos em troca pelos ethers investidos no financiamento coletivo — começaram a ser negociados em plataformas de negociação.

Menos de três semanas depois, em 17 de junho de 2016, foi conduzido um grande ataque à The DAO que ganhou o controle de 3,6 milhões de ethers, um terço da quantia que foi alocada para o projeto. O ataque não teve nada a ver com plataforma de negociação, como foi o caso do Mt. Gox e outros ataques amplamente divulgados relacionados ao Bitcoin. Em vez disso, a falha existia no software da The DAO. Esse software estava hospedado no blockchain do Ethereum, para todos verem, e precisava ser impecável[27]. No entanto, como críticos apontaram, o código estava longe de ser perfeito. Dada a escala dos ativos que a The DAO tinha levantado, havia um significativo incentivo para que hackers o invadissem. Como resultado, o maior financiamento coletivo do mundo e maior demonstração das capacidades do Ethereum se tornou um fracasso.

Buterin e aqueles envolvidos na The DAO e no Ethereum imediatamente começaram a analisar o ataque. A situação era problemática, entretanto, porque o Ethereum era um computador mundial descentralizado que fornecia a plataforma para dApps

64 CRIPTOATIVOS

rodarem. Porém, ele não prometia auditar e endossar cada aplicação. De maneira similar, enquanto a Apple pode examinar as aplicações que entram em sua App Store, ela não se responsabiliza por seu funcionamento interno. Os principais desenvolvedores do Ethereum estavam auxiliando a equipe da The DAO. Isso era análogo aos engenheiros da Apple ajudando a reparar uma aplicação malsucedida.

Nenhuma das opções para corrigir a situação era particularmente palatável. A solução primária foi soltar uma atualização de software para o Ethereum que removeria os fundos da conta do hacker dentro da The DAO, retornando-os para os titulares corretos. Conhecido como *hard fork*, o blockchain do Ethereum seria ligeiramente modificado para permitir aos investidores do projeto terem seus fundos de volta. Stephen Tual, fundador e COO da Slock.it, a maior empresa por trás da The DAO, explicou a correção da seguinte forma: "Em resumo, um *hard fork* vai recuperar todos os fundos roubados do atacante. Se você comprou tokens DAO, será transferido para um smart contract no qual poderá apenas recuperar fundos. Desde que nunca tenha gasto dinheiro na The DAO, nada foi perdido"[28].

No entanto, um *hard fork* iria na direção contrária ao que muitos nas comunidades Bitcoin e Ethereum sentiam ser o poder de um livro-razão descentralizado. Remover fundos à força de uma conta violava o conceito de imutabilidade. Isso era exacerbado pelo fato de que um conjunto centralizado de atores estava tomando a decisão. Muitos reclamaram dos riscos morais, e que isso poderia definir um precedente para o governo dos EUA ou outras entidades poderosas entrarem em cena e exigirem o mesmo do Ethereum para os seus próprios interesses. Foi uma dura decisão para todos os envolvidos, incluindo Buterin que, embora não estivesse diretamente na equipe desenvolvedora da The DAO, era um administrador.

Com a compreensão de ambos os lados do debate, Buterin apoiou a decisão de usar um *hard fork* por causa de sua visão de que a Ethereum ainda estava em um estágio de desenvolvimento e que uma lição como essa ajudaria a moldar a tecnologia no futuro. "Eu não acho que a maneira com a qual as coisas estão sendo feitas agora abra precedentes", disse ele[29]. No final, Buterin e boa parte da equipe da Ethereum usariam suas próprias habilidades técnicas para agressivamente corrigir a situação que a The DAO tinha criado[30].

Um *hard fork* não vem sem riscos e, infelizmente, o Ethereum pagaria um alto preço por sua decisão de ajudar a The DAO. Embora *hard forks* em geral sejam usados para melhorar uma arquitetura blockchain, eles são tipicamente empregados em situações nas quais a comunidade concorda plenamente com os benefícios da atualização para a arquitetura. A situação do Ethereum era diferente, pois muitos na comunidade se opunham a um *hard fork*. *Hard forks* controversos são perigosos, pois quando novas atualizações de software são liberadas para um blockchain sob a forma de um *hard fork*, há então dois sistemas operacionais diferentes. Embora os dois sistemas operacionais dividam um ancestral em comum, e nisso, um registro comum de transações, uma vez que o *hard fork* ocorre, os dois sistemas operacionais se dividem, assim como todos os seus blockchains, cada um com unidades nativas separadas. Embora muitas pessoas pensem "Ótimo, apenas dobrei meu dinheiro", um *hard fork* pode, frequentemente, acabar com o valor das unidades nativas nos dois blockchains separados, à medida que as pessoas se preocupam com uma separação contínua dentro de uma comunidade dividida (veja a Figura 5.2). Com dois blockchains separados, mineradores, desenvolvedores e empresas que criam aplicações e usuários devem decidir qual blockchain, e seu sistema operacional inerente, apoiar. Embora muitos inicialmente tenham considerado o hard fork um sucesso para o Ethereum, alguns grandes negociadores começaram a comprar tanto do ativo nativo da corrente com menos apoio quanto possível.

Em 23 de julho de 2016, o câmbio de criptoativos Poloniex listou essa nova marca de rede, chamada Ethereum Classic, com seu próprio nativo ether classic (ETC)[31]. Uma vez que um câmbio largamente usado como o Poloniex listou o ETC, um comércio livre foi criado para o ativo, e as pessoas rapidamente começaram a especular em cima de seu valor. Isso atraiu mais mineradores para apoiar o blockchain do Ethereum Classic, que continua a existir até hoje e, neste momento, tende a aproximadamente 5% do valor de rede da Ethereum[32].

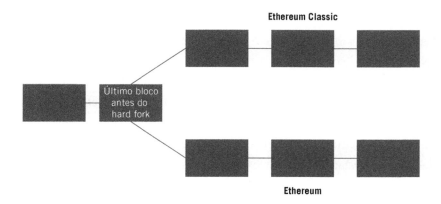

Figura 5.2 ■ A divisão do Ethereum como resultado do bug da The DAO

O site do Ethereum Classic define o criptoativo como "uma continuação do blockchain original do Ethereum — a versão clássica que preserva a história sem retoques; livre de interferência externa e de manipulações subjetivas de transações"[33].

Embora a The DAO possa ter sido um desastre, o conceito de organização autônoma descentralizada é generalizável, passada essa única instância. O investidor inovador deve esperar ver conceitos similares chegando ao mercado ao longo dos anos com seus próprios criptotokens e deve saber que nem todos os DAOs ou dApps com criptotokens são igualmente instáveis.

Por exemplo, uma seguradora completamente funcional e descentralizada, o Airbnb ou a Uber, todos guardam grandes promessas, e equipes desenvolvedoras estão trabalhando em casos de uso similares. Alguém pode pensar no Airbnb ou na Uber como um intermediário, conectando o consumidor e o fornecedor de um serviço, e então levando uma taxa de 20% a 30% por isso. Embora muitos comerciantes compreensivelmente reclamem de taxas de cartões de crédito de 2% a 3%, as "taxas de plataforma" do Airbnb e da Uber, e plataformas de serviços similares são absurdas. Muitos dos sistemas de criptotokens que estão imitando tais plataformas planejam recolher uma taxa que é uma ordem de magnitude menor, usando arquiteturas de blockchains subjacentes para facilitar a transferência descentralizada de valores e serviços. Muitos desses sistemas têm seus próprios criptotokens e vão rodar no Ethereum ou em uma plataforma parecida. Porém, alguns serão muito mais bem construídos que outros, e é improvável que o Ethereum, ou plataformas como ele, ajudem dApps em desastres futuros.

PLATAFORMAS DESCENTRALIZADAS PARA PREVER O FUTURO

Uma das dApps mais interessantes em desenvolvimento usa o blockchain do Ethereum para facilitar mercados preditivos. A empresa Augur almeja fornecer uma plataforma que permita aos usuários apostar nos resultados de qualquer evento, criando um mercado para as pessoas testarem suas previsões[34]. Daí o termo "mercado preditivo". Por exemplo, se alguém quisesse prever se Donald Trump ou Hillary Clinton ganharia a eleição presidencial americana de 2016, poderia ter usado a Augur para criar um mercado preditivo e apostar com os outros sobre o resultado (se o serviço estivesse de pé e funcionando na época).

A Augur usa um criptotoken, chamado Reputation (REP), para incentivar as pessoas a informarem os resultados dos eventos de forma verdadeira. Esses informantes

CRIPTOCOMMODITIES E CRIPTOTOKENS   67

são diferentes das pessoas que apostam no resultado dos eventos. O problema com um mercado preditivo descentralizado é que não há uma autoridade centralizada no resultado dos eventos. A Augur usa REPs para recompensar as pessoas que verdadeiramente informam e penalizar aquelas que mentem. A Augur explica:

> Espera-se daqueles que possuem Reputations informar precisamente o resultado de eventos aleatoriamente selecionados dentro da Augur a cada semana. Se os titulares falharem em informar com precisão o resultado de um evento, ou tentarem ser desonestos, o sistema da Augur redistribui a Reputation do mau informante para aqueles que informaram corretamente dentro do mesmo ciclo informativo[35].

A Augur conduziu seu próprio esforço de financiamento coletivo em 2015, vendendo 80% de um fornecimento fixo de 11 milhões de REPs. Assim, levantou mais de US$5 milhões para financiar a criação da plataforma. Brian Armstrong, CEO da Coinbase, que é uma das maiores empresas no setor de criptoativos, qualificou-a de "um projeto incrível com enorme potencial"[36]. Mesmo Vitalik Buterin reconheceu seu potencial quando a caracterizou como um "Uber do conhecimento"[37].

A Augur é um dos usos mais claros de criptotokens e seu sucesso potencial poderia preparar o terreno para ainda mais implementações de criptotokens no futuro. Um sistema de mercado preditivo similar, Gnosis, realizou uma venda coletiva em abril de 2017, levantando dinheiro em uma avaliação implícita de aproximadamente US$300 milhões.

UMA REDE CRESCENTE DE CRIPTOCOMMODITIES E CRIPTOTOKENS

Embora o Ethereum tenha uma robusta comunidade criando sobre ela, várias plataformas similares tomaram nota de seu sucesso. As já mencionadas Dfinity, Lisk, Rootstock, Tezos e Waves, neste momento, estão em diferentes estágios de desenvolvimento, de pré-vendas coletivas a já operantes no mundo, e oferecem suas próprias variações de um computador mundial descentralizado.

O Rootstock, similar ao Counterparty, pretende rodar no Bitcoin. O Rootstock é liderado por Sergio Lerner, que especializou-se em segurança informática durante maior parte de sua vida, e examinou muitos aspectos do código do Bitcoin quando chegou a ele. Agora, ele lidera uma equipe que está basicamente criando o Ethereum no Bitcoin, e o sistema será compatível com todas as dApps que rodam no Ethereum. Assim como o Ethereum tem o ether, o Rootstok terá sua própria moeda nativa chamada RSK.

Embora alguns suponham que o Rootstock vai competir significativamente com o Ethereum[38], acreditamos que os dois vão coexistir e fornecer uma redundância saudável. Ter dois ou mais computadores mundiais descentralizados amplamente reconhecidos nos quais rodar tornará as dApps mais resistentes a disrupções. Se uma rede estiver experimentando um problema sério, então uma dApp pode replicar seu estado em outra plataforma similar, e daí em diante processar todas as transações naquela plataforma. Ao passo que a transição provavelmente induziria uma angustiante volatilidade do mercado, tal opcionalidade significa que dApps não são presas às plataformas sobre as quais são criadas.

Por fim, correndo o risco de confundir o investidor inovador, devemos acrescentar que uma dApp pode usar várias criptocommodities simultaneamente, mas para propósitos infraestruturais diferentes. Por exemplo, uma dApp pode usar um sistema de armazenamento em nuvem descentralizado, como o Filecoin, para armazenar grandes quantidades de dados, e outra criptocommodity para largura de banda anonimizada, além de usar o Ethereum para processar determinadas operações.

Para tais plataformas avançadas, é mais importante para o investidor inovador monitorar o pensamento do desenvolvedor e o suporte dos mineradores. Ambos são vitais para o crescimento e a sobrevivência em longo prazo dessas plataformas. Desenvolvedores vão rapidamente iterar e corrigir bugs, enquanto mineradores fornecerão o hardware e os recursos necessários para proteger computacionalmente a plataforma. Já que esses são sistemas descentralizados operando no mundo, eles precisam ser rápidos e apropriadamente protegidos. Apenas então outros desenvolvedores criarão outras dApps sobre eles.

Agora que o investidor inovador tem a compreensão do que esses ativos são, gostaríamos de passar para o porquê esse investidor deve considerar incluí-los em seu portfólio de investimento. Embora os criptoativos estejam criando um futuro um tanto complexo e de rápida evolução, os pilares do investimento que resistiram ao teste do tempo ainda se aplicam. Retornar aos fundamentos da teoria do investimento permitirá aos investidores inovadores posicionar apropriadamente seus abrangentes portfólios para tirar vantagem do crescimento dos criptoativos de forma responsável.

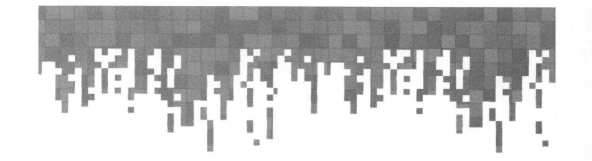

Parte II

POR QUÊ

Capítulo 6

A Importância do Gerenciamento de Portfólio e dos Ativos Alternativos

Eu (Jack) era colunista no MarketWatch.com em agosto de 2013 quando dei o salto lógico de adicionar bitcoins ao meu portfólio. Embora inicialmente fosse curiosidade, meu interesse no bitcoin tornou-se mais maduro e sério a cada mês que passava. Como escritor focado em aposentadoria, decidi que só poderia recomendar o ativo a outros se tivesse coragem de colocá-lo em meu próprio portfólio de aposentadoria.

Eu não apenas decidi investir em bitcoins, decidi posicionar a totalidade da alocação daquele ano do meu plano de aposentadoria simplificado (SEP) em bitcoins. Quando anunciei o que tinha feito em meu artigo "Bitcoins Fazem Parte do Seu Portfólio de Aposentadoria?"[1], criou-se um alvoroço online e na comunidade de planejamento financeiro. Meu trabalho ao longo dos anos discutiu de forma consistente a necessidade de ser prudente na tomada de decisões de investimento, construindo racionalmente portfólios que equilibrassem riscos e retornos.

Uma abordagem equilibrada de investimentos evoluiu da minha experiência como consultor financeiro. Venho de um contexto de trabalho não apenas dentro de empresas na comunidade financeira, mas também de quase uma década de trabalho direto com investidores assíduos que tentam atingir suas metas e objetivos financeiros. Estive em centenas de mesas com meus clientes e clientes em potencial explicando a minha crença de que seus sonhos pessoais de aposentadoria, ou de mandar os filhos para a faculdade, poderiam ser atingidos seguindo uma disciplina de poupança e alocação apropriada de ativos. Acredito no poder da construção de um portfólio prudente com base nas necessidades e riscos de cada cliente individual.

Para alguns, minha decisão de investir em bitcoins foi de encontro ao meu próprio conselho. Posso ter gerenciado portfólios de maneira prudente para mim e para os outros, mas meu interesse em novas tecnologias me familiarizou às críticas. Ao longo dos dias pontocom, fiz (e perdi) uma considerável quantia de dinheiro ao investir em empresas que voaram alto em termos de valorização apenas para se espatifar nas margens da realidade, pois elas eram um pouco mais do que fachadas de negócios. Estaria eu correndo atrás de um cenário similar com bitcoins? Até meu filho Eric, esclarecido em tecnologia e investimentos, inicialmente me criticou em relação ao bitcoin. "Existem essas coisas chamadas cédulas de dólar, pai. Fique com elas."[2]

No entanto, vi potencial real na moeda virtual. Ao longo dos meses que passei avaliando-a, analisei o bitcoin da mesma maneira que analisei todos os outros ativos que incluí no meu portfólio ou no de clientes, assim como fiz durante os últimos 30 anos. Considerei cuidadosamente e mensurei o comportamento do mercado de bitcoins (usando as ferramentas a seguir), para saber com qual monstro estava lidando. Ruminei qual porcentagem do meu portfólio poderia alocar responsavelmente nisso, com o objetivo global de alocar ativos sensíveis, dentre ações, obrigações e ativos alternativos. Então, investiguei os mecanismos para incluir bitcoins em uma conta de aposentadoria. O processo global de análise de um ativo foi o mesmo; fiz isso inúmeras vezes antes. A única diferença dessa vez foi que eram bitcoins.

TEORIA MODERNA DO PORTFÓLIO

Quando se avalia qualquer decisão de investimento, o ponto inicial sempre são os objetivos financeiros, o horizonte de tempo e a tolerância de risco do indivíduo. Os objetivos são para que os fundos serão usados, e o horizonte de tempo revela quando serão usados. A tolerância de risco precisa de um pouco mais de análise. Cada investidor tem uma tolerância única para os giros contínuos de valor em seu portfólio. Por exemplo, as pessoas perdem o sono quando seu portfólio flutua ou dormem durante os altos e baixos, sonhando com ganhos em longo prazo? Uma vez que objetivos, horizonte de tempo e tolerância de risco são determinados, é possível prosseguir no desenvolvimento de um portfólio de investimento que maximize os retornos, mantendo-se dentro dos limites desses parâmetros.

O vencedor do prêmio Nobel, Harry Max Markowitz, definiu uma abordagem para a construção de portfólios em 1952 que tem sido o modelo que a maior parte dos consultores e investidores seguem desde então. Seu trabalho vencedor do prêmio Nobel

A IMPORTÂNCIA DO GERENCIAMENTO DE PORTFÓLIO E DOS ATIVOS ALTERNATIVOS   73

criou a *teoria moderna do portfólio* (MPT, na sigla em inglês), que estabelece a construção de portfólios de investimento que maximizam os retornos esperados com base em um nível de risco específico. Seus esforços mostraram que retornos mais altos são atingidos correndo riscos mais altos, embora também reconheça o que ele chamou de *fronteira eficiente*, que define o máximo retorno possível esperado para um determinado nível de risco.

A chave para qualquer investidor que emprega a MPT é explicitamente considerar o risco. Embora risco não seja um pensamento agradável para pequenos investidores — muitos dos quais preferem sonhar com retornos de milhões de dólares livres de riscos —, não pode haver recompensa sem risco. A Comissão de Títulos e Câmbio (SEC) dos Estados Unidos, que regula os mercados de títulos, tem o seguinte conselho sobre riscos para investidores:

> Quando se trata de investir, risco e recompensa são indissociavelmente interligados. Você provavelmente já ouviu a frase "sem esforço, não há resultado". Essas palavras quase resumem a relação entre risco e recompensa. Não deixe ninguém dizer o contrário. Todos os investimentos envolvem algum grau de risco. Se você pretende comprar títulos — como ações, obrigações ou fundos mútuos — é importante entender, antes de investir, que é possível perder algum ou todo o dinheiro. A recompensa por correr o risco é o potencial de um maior retorno de investimento[3].

Trataremos das especificidades de quantificar o risco em breve, principalmente através de uma discussão sobre volatilidade. Da mesma forma, mergulharemos em como abordar retornos absolutos e retornos por unidade de volatilidade, ou razão risco-recompensa.

Embora seja vital entender os atributos individuais de cada ativo em um portfólio, a MPT vai além dos ativos individuais, enfatizando uma abordagem holística dos riscos e retornos do portfólio global. O mesmo pode ser dito de como um treinador aborda qualquer equipe. Compreender os pontos fortes e os pontos fracos de cada membro da equipe é importante, mas é mais importante compreender como os membros da equipe jogam juntos. Grandes equipes podem ser compostas de jogadores medianos, enquanto uma combinação desarticulada de ótimos jogadores pode formar equipes medianas.

A fronteira eficiente de Markowitz, que maximiza os retornos para um determinado nível de risco, é atingida pela combinação inteligente de ativos em um portfólio. Uma combinação perspicaz de ativos pode, na verdade, diminuir o risco do portfólio descer a um nível abaixo de um único ativo no portfólio (exceto os livres de riscos), que é uma das áreas na qual os criptoativos tornam-se particularmente notáveis. Voltaremos a como um investidor pode elaborar tal portfólio depois que traçarmos as três características centrais dos ativos individuais.

Desvio-Padrão

Desvio-padrão de retornos, ou a faixa na qual o preço de um ativo vai variar a partir de seu valor médio, é uma das formas de medição de risco mais comuns. Embora a abordagem de Markowitz deixe clara a necessidade do risco em um portfólio, a maioria dos investidores tem aversão ao risco em maior ou menor grau e, assim, devem ser levados pelo potencial de maior recompensa se quiserem aumentar o risco. Para ajudar com a ansiedade de risco, a MPT define-o quantitativamente, removendo muito da incerteza. Em geral, simplesmente estar bem informado permite aos investidores dormir melhor à noite.

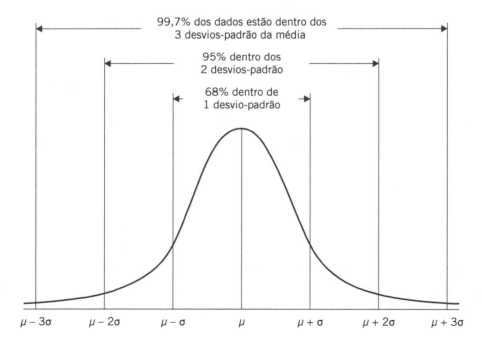

Figura 6.1 ■ Uma curva de sino do desvio-padrão

Fonte: https://www.spcforexcel.com/files/images/nd.gif

O desvio-padrão de retorno deriva da estatística de curvas de sino normais. Se o valor médio, ou média, de uma curva de sino for 10 e seu desvio-padrão for 5, então 68% do tempo uma entidade aleatoriamente escolhida da amostra cairá entre 5 e 15. Cinco é um desvio-padrão à esquerda de 10 e 15 é um desvio-padrão à direita de 10. Devido à maneira com a qual curvas normais trabalham, em 95% do tempo uma amostra aleatória cairá dentro de dois desvios-padrão da média, então entre 0 e 20 para o nosso exemplo. Isso é ilustrado na Figura 6.1.

Por exemplo, considere uma ação que tem um retorno esperado (médio) de 7% e um desvio-padrão de 5% de retornos esperados. Há uma probabilidade de 68% de que essa ação renda retornos entre 2% e 12% no próximo ano. Com um ativo menos agressivo, digamos, uma obrigação, que tem um retorno esperado de 4% e desvio-padrão de 1%, então em 68% do tempo pode se esperar que ela renda entre 3% e 5% no próximo ano. Há um potencial menor tanto para mais quanto para menos com a obrigação, enquanto a ação tem muito mais potencial para alguns ótimos anos, mas também o risco potencial de anos seriamente sombrios. Consequentemente, o desvio-padrão de retornos esperados informa aos investidores sobre a quantidade de risco que eles estão correndo se quiserem manter apenas aquele ativo.

Para uma visão mais holística, compare um portfólio com um desvio-padrão de retornos de 4% a outro que tenha um desvio-padrão de 8%. Se ambos os portfólios tiverem o mesmo retorno esperado de 7%, não seria uma decisão prudente investir no portfólio com maior volatilidade, pois ambos têm o mesmo retorno esperado. Assumir um nível mais alto de risco não tem benefícios nesta luz, e se um portfólio for construído de maneira imprudente, investidores podem acabar assumindo mais riscos do que serão compensados.

Índice de Sharpe

Similar aos conceitos por trás do MPT, o índice de Sharpe também foi criado por um vencedor do prêmio Nobel, William F. Sharpe. O índice de Sharpe difere-se do desvio-padrão de retornos na medida em que calibra os retornos por unidade de risco assumido. O índice divide o retorno médio esperado de um ativo (menos a taxa livre de risco) por seu desvio-padrão de retornos. Por exemplo, se o retorno esperado for de 8%, e o desvio-padrão de retorno for 5%, então seu índice de Sharpe é de 1,6. Quanto mais alto o índice de Sharpe, melhor um ativo está recompensando um investidor pelo risco associado. Um ativo com um índice de Sharpe negativo pune o investidor com retornos negativos e volatilidade.

CRIPTOATIVOS

Curiosamente, retornos absolutos são apenas metade da história para o índice de Sharpe. Um ativo com retornos absolutos mais baixos pode ter um índice de Sharpe mais alto que um ativo ambicioso que experimente volatilidade extrema. Por exemplo, considere um ativo de capital que tenha um retorno esperado de 12%, com uma volatilidade de 10%, versus uma obrigação com um retorno esperado de 5%, mas volatilidade de 3%. O primeiro tem um índice de Sharpe de 1,2, enquanto o último é de 1,67 (assumindo uma taxa livre de risco de 0%). O índice oferece um método matemático para comparar como ativos diferentes compensam o investidor pelo risco assumido, tornando obrigações e capitais, assuntos bastante distintos, mais comparáveis.

Correlação de Retornos e Fronteira Eficiente

Uma das inovações-chave da teoria moderna do portfólio foi mostrar que um ativo mais arriscado pode ser incluído em um portfólio, e se o seu comportamento diferir de maneira significativa de ativos preexistentes naquele portfólio, na verdade, ele diminui o risco global do portfólio. Como é possível um ativo de risco tornar um portfólio menos arriscado? A chave é a *correlação de retornos*.

A correlação simplesmente mede como ativos se movem em relação uns aos outros. As medições variam de um valor de +1 a –1. Se os ativos estiverem perfeitamente positivamente correlacionados, então movem-se em paralelo: se um subir 10%, o outro também sobe 10%, por uma pontuação de +1. Da mesma forma, se estiverem perfeitamente negativamente correlacionados em –1, então quando um subir 10%, o outro cairá 10%. Se houver zero correlação, então os ativos são completamente independentes, e como um ativo se comporta no mercado não tem impacto no outro.

Ações e obrigações são, com frequência, as principais ferramentas que consultores e investidores usam para reduzir o risco conforme tentam construir portfólios feitos de ativos com baixas correlações. Historicamente, ações e obrigações jogam de maneira diferente entre si. Quando a economia está forte e as ações estão, geralmente, subindo, o dinheiro escoa das obrigações à medida que investidores temem estar perdendo algo, fazendo com que os preços das obrigações caiam e as ações subam. Os investidores estão animados e, bem, com atitudes *arriscadas*. Quando os preços das ações enfraquecem, os investidores ficam preocupados com potenciais perdas, e o dinheiro flui das ações para a relativa segurança das obrigações, o que é conhecido como *flight to safety* [*voo para a segurança*]. Tais mercados *não arriscados* reduzem o preço das ações e fazem flutuar o preço das obrigações.

Os dois ativos movem-se em direções diferentes com base nas mesmas notícias. Eles agem quase como duas pessoas em uma gangorra. Esse equilíbrio histórico de risco entre ações e obrigações deve ser feito o mais precisamente possível, caso contrário, os balanços de mercados turbulentos, de um jeito ou de outro, terão impacto no portfólio do investidor inovador.

Combinar ativos que têm uma variedade de correlações torna possível criar um portfólio que possa atuar tanto em mercados em alta quanto em baixa. Só porque alguns jogadores estão se sentindo mal não significa que a equipe inteira tem que fracassar. Uma das joias da coroa do MPT de Markowitz é o seu conceito de fronteira eficiente, que indica onde um portfólio pode oferecer a melhor expectativa de retorno em seu nível de risco (veja a Figura 6.2). O uso desse conceito é válido para construir portfólios, pois ajuda a visualizar como alguns grupos de ativos não oferecerão retorno suficiente pelo risco assumido.

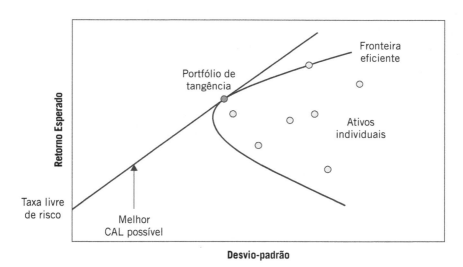

Figura 6.2 ■ A fronteira eficiente da teoria moderna do portfólio
Fonte: https://www.ways2wealth.com/Portals/0/Images/Efficient%20Frontier.jpg?ver=2016-03-14-220603-923

Na indústria dos serviços financeiros, as pessoas debatem risco de duas formas: sistemático e não sistemático. *Risco sistemático* é o risco inerente de investir em ativos sujeitos aos efeitos de eventos macroeconômicos — como crescimento do produto interno bruto (PIB) global, relações comerciais, guerras, e daí por diante. Ele também é conhecido como risco não diversificável, pois todos os ativos são afetados por ele.

Risco não sistemático, por outro lado, é o risco específico de cada investimento individual, como setor de mercado, gerenciamento, expansão de produto, exposição geográfica, e daí por diante. Ele também é conhecido como *risco específico da empresa* e pode ser neutralizado por um portfólio construído de forma inteligente.

O risco não sistemático pode ser mitigado pela construção de um portfólio de ativos que neutralize diferentes riscos específicos de empresas que podem impactar em um portfólio. Idealmente, o portfólio é criado para que quando um investimento for negativamente atingido por um evento específico, outro ativo possa potencialmente beneficiar-se do mesmo evento. Por exemplo, se uma taxa sobre as emissões de carbono for criada na indústria dos EUA, então as empresas que estão puramente envolvidas com extração de petróleo e carvão podem ser negativamente atingidas, enquanto empresas de energia solar podem disparar. Essa taxa do carbono não é um risco sistemático se não afetar o mercado como um todo. Em vez disso, é um risco não sistemático que influencia empresas específicas dentro dos mercados. Nesse caso, as ações da empresa de petróleo e da empresa de energia solar poderiam ser exemplos de ativos que experimentam uma correlação negativa de retornos nesse evento.

O que se aplica a ativos específicos dentro da mesma classe de ativos também se aplica entre as próprias classes de ativos. Se o risco não sistemático for completamente neutralizado pela construção de um portfólio de ativos e classes de ativos que tenham uma baixa correlação negativa de retornos, então esse portfólio será exposto apenas ao risco sistemático. A teoria moderna do portfólio dá um passo à frente afirmando que, em longo prazo, investidores serão recompensados *apenas* pelo risco sistemático que assumem e serão negativamente afetados em longo prazo se deixarem-se expostos ao risco não sistemático.

Com as ferramentas da MPT é possível construir um portfólio que permaneça dentro do perfil de risco de um investidor, embora ainda gerando retornos suficientes para atender metas e objetivos financeiros em longo prazo. O investidor inovador reconhece que o risco global de seu portfólio pode ser reduzido pela inclusão de ativos que não são correlacionados ao mercado de capitais tradicional, como o bitcoin e seus irmãos digitais.

ALOCAÇÃO TRADICIONAL DE ATIVOS

Por muitos anos, os modelos tradicionais de alocação de ativos focaram estritamente definir porcentagens de um portfólio em ações ou obrigações. Por exemplo, a

Associação Americana de Investidores Individuais oferece modelos simplificados para três tipos de investidores[4]:

- **Investidores agressivos:** 90% em ações diversificadas e 10% em renda fixa
- **Investidores moderados:** 70% em ações diversificadas e 30% em renda fixa
- **Investidores conservadores:** 50% em ações diversificadas e 50% em renda fixa

Esses três modelos simples podem ser usados por pessoas de diferentes idades que têm horizontes de tempo de investimento diferentes. Todo um conjunto de títulos pode ser incluído dentro de "ações diversificadas", e muitos mais na variedade de obrigações que podem ser usadas para "renda fixa". Por exemplo, os títulos podem ser considerados com base no tamanho da empresa, nas características de crescimento, na valorização, no tipo de setor, na exposição geográfica, e assim por diante. De forma similar, as obrigações podem incluir concessões governamentais ou corporativas, com durações, avaliações de crédito e incentivos fiscais variáveis.

A abordagem tradicional da alocação de ativos fracassou em 2008, quando os mercados financeiros entraram em colapso e os investidores descobriram que, mesmo se tivessem ações e obrigações em seus portfólios, todos cairiam juntos[5]. O investidor médio sentiu-se traído pelo modelo testado e aprovado de ações e obrigações jogando de forma não correlacionada. O colapso de 2008 tirou esses investidores de sua "canção de ninar econômica"[6]. Em um mundo crescentemente globalizado, no qual ativos do mercado de capitais estão mais estreitamente entrelaçados, estava ficando claro que os modelos de diversificação do século XX não funcionariam para investimentos no século XXI.

Embora o colapso de 2008 tenha sido sentido por quase todo mundo, logo veio à tona que algumas pessoas não apenas resistiram à tempestade, como também ganharam um dinheiro considerável aproveitando os fortes ventos da fortuna[7]. Gestores de fundos hedge que estavam operando em relativo sigilo agora estavam sendo chamados de novos "mestres do universo" por sua habilidade de evitar muitos dos prejuízos do colapso e, para alguns, de se aproveitarem enormemente dele.

A ASCENSÃO DOS INVESTIMENTOS ALTERNATIVOS

A crise financeira de 2008 fez com que muitos consultores financeiros e administradores de patrimônios avaliassem diferentes abordagens da construção de portfólios, além de apenas ações e obrigações. Os retornos obtidos nos fundos hedge durante a crise foram identificados como exemplos de veículos de investimentos não tradicionais e alternativos que ofereceram retornos positivos de desempenho (em alguns casos, drasticamente positivos).

John Paulson tornou-se o rosto dos bilionários dos fundos hedge que se beneficiaram com a crise quando foi revelado que ele, pessoalmente, tinha ganhado mais de US$1 bilhão de sua gestão de fundos, incluindo a *Paulson Advantage Plus Fund* (um fundo baseado em eventos). Este fundo, sozinho, ficou em primeiro lugar no período de 2006 a 2008, com um retorno anual de quase 63%. O igualmente bem-sucedido *James Simons's Renaissance Technologies Medallion Fund* teve um retorno de 80% em 2008. Tornar-se um gestor de fundos hedge virou moda entre os estudantes focados em negócios quando foi revelado que os 25 principais gestores de fundos hedge ganharam um total de US$22,3 bilhões em 2007 e US$11,6 bilhões em 2008[8].

Com números como esses, o mundo dos fundos hedge chamou a atenção da mídia. Os investidores questionaram se esses gestores tinham alguma coisa a ver com o colapso[9]. Eles queriam saber o que estavam fazendo de diferente e se era algo que eles poderiam fazer também.

Primeiro, vamos entender o que queremos dizer com um fundo de cobertura e como eles diferem entre si. É difícil aglomerar fundos hedge em um grupo, pois eles geralmente têm objetivos e abordagens de investimento diferentes. Historicamente, uma das maneiras mais fáceis de identificar fundos hedge é através de sua estrutura de taxas altas. Por exemplo, muitos fundos hedge operam sob um modelo 2 e 20 ou, às vezes, 3 e 30, no qual cobram uma taxa de gestão anual de 2% e levam 20% dos lucros de um ano. Outras características comuns incluem sua exclusividade e seu sigilo geral.

Antes da crise financeira de 2008, os investimentos alternativos, que os investidores que se beneficiavam do desempenho de fundos hedge usavam, eram tipicamente patrimônios líquidos ultra-altos com ativos investidos consideráveis, dado que, com frequência, o investimento mínimo era de US$1 milhão ou mais para entrada. Além disso, os investidores tinham que imobilizar seus fundos por longos períodos como parte do acordo com o gestor do fundo de cobertura.

Embora fundos mútuos ofereçam um plano que trace exatamente a abordagem e as classes de ativos a serem usadas, fundos hedge são frequentemente velados em sigilo. Eles podem anunciar publicamente uma ampla estratégia de investimento, mas as especificidades são, com frequência, suprimidas para preservar o seu tempero secreto. Gestores de fundos hedge exigem alta flexibilidade e tolerância de seus clientes.

Por exemplo, gestores de fundos hedge poderiam comprar imóveis ou tomar posse do que acreditam ser uma empresa subvalorizada (mantida de maneira pública ou privada). Se acreditarem que mudanças políticas futuras podem favorecer o petróleo, podem arrendar petroleiros ou fazer investimentos consideráveis em uma parceria petrolífera estrangeira. Eles também podem utilizar ativos como madeira, posições curtas em ações (significando que estão apostando na queda dos preços), derivativos de commodities e, sim, para sermos pertinentes ao assunto deste livro, bitcoins e outros criptoativos.

Mesmo com esta falta de transparência e liquidez, afluentes investidores correram para os fundos hedge para buscar o desempenho de gestores como Paulson, Simons e outros. Uma suposição implícita de gestores de fundos hedge era que eles precisavam ser abastados o suficiente para lidar com o alto risco, e com a natureza volátil associada à abordagem de um gestor de fundos hedge e dos ativos do fundo. Para o investidor típico, o alto comprometimento de ativos, a iliquidez e a falta de transparência mantinham os fundos hedge fora de seu alcance. Felizmente, a habilidade implícita de utilizar investimentos alternativos em qualquer portfólio não é tão complicada quanto muitos foram levados a pensar.

Investimentos Alternativos Definidos

Então, como se define um "investimento alternativo"?

Uma busca online e em dicionários apresentará ao leitor a percepção de que definir precisamente o termo é bastante complicado devido à ampla gama de investimentos inclusos, variando desde fundos hedge até títulos privados para investimentos diretos em recursos naturais, como ouro e madeira[10].

A realidade é que classificar investimentos alternativos pode ser um alvo móvel, pois as opções e tendências de investimento mudam ao longo do tempo. Muitos investidores podem já ter veículos de investimentos alternativos em seu portfólio sem especificamente referirem-se a eles como tal. Um investimento como um *exchange traded fund* (ETF), que especializa-se em estratégias de arbitragem ou contratos futuros, pode se parecer com qualquer outro ETF em um portfólio, mas poderia ser considerado um investimento alternativo[11]. Títulos físicos em ouro, prata, imóveis, coleções de arte ou empresas de propriedade pessoal, todos fazem parte do patrimônio líquido de alguém e poderiam também ser considerados investimentos alternativos.

Uma maneira mais atual e concisa de descrever um investimento alternativo é que ele é um ativo com suas próprias características econômicas únicas e baseadas em valor, que são distintas daquelas dos investimentos primários de ações e obrigações. Para um investidor, a principal preocupação é ter ativos que atuem de maneira não correlacionada a ações e obrigações — que têm historicamente constituído modelos de portfólios da maioria dos investidores — e muitos ativos alternativos se encaixam aí.

Se feitos adequadamente, quando o mercado global sofre um grave colapso como aconteceu em 2008, investimentos alternativos específicos dentro de portfólios podem não cair. Igualmente, em retomadas de mercados, esses mesmos ativos também podem ou não aumentar em valor; e podem perder valor, mas este é o custo da redução global de risco. Como uma pequena parte do portfólio global do investidor inovador, investimentos alternativos são uma maneira eficiente de equilibrar o risco e oferecer um amortecimento em caso de colapso de ações ou obrigações.

INVESTIMENTOS ALTERNATIVOS E O INVESTIDOR INOVADOR

O investidor inovador de hoje pode construir um portfólio de investimento e uma estratégia de alocação de ativos com uma clara compreensão de risco e recompensa, e a inclusão de investimentos alternativos pode ajudar. Isso não se perdeu em empresas de gestão de riquezas, que agora estão analisando mais agressivamente como investimentos alternativos podem ser usados para aumentar os retornos dos clientes.

Por exemplo, a Morgan Stanley definiu modelos de alocação de ativos para seus investidores com alto patrimônio líquido com ativos para investir abaixo de US$25 milhões; esses modelos recomendam 56% em ações, 19% em obrigações, 3% em dinheiro e 22% em alternativos. Para clientes com ativos para investir acima de US$25 milhões, a recomendação é de 50% em ações, 19% em obrigações, 3% em dinheiro e 28% em alternativos[12]. A Merrill Lynch recomendou modelos de alocação para seu cliente típico que incluam alternativos próximo ou acima de 20% em um portfólio[13].

Claramente, a inclusão de investimentos alternativos não deveria ser limitada a apenas investidores de alto patrimônio líquido. Historicamente, uma das maiores razões de investimentos alternativos não terem sido incorporados em portfólios de varejo é por causa de suas características de iliquidez. Muitos investidores de varejo não podem garantir que não precisarão acessar seus fundos por 10 anos, o que torna os alternativos fora de seu alcance. Isso, no entanto, está mudando.

Ao longo da última década, para fazer frente à necessidade de opções de investimento alternativo como uma maneira de oferecer diversificação e não correlação dos mercados de capitais tradicionais, empresas de gestão de riquezas têm criado mais opções de investimento para o investidor típico. A proliferação de ETFs levou à criação de investimentos líquidos em ativos alternativos, como ouro, recursos energéticos e imóveis, assim como maneiras de jogar com a volatilidade do mercado. Por causa da fácil acessibilidade desses produtos através dos mercados de capitais, esses e outros veículos encontraram seu caminho para entrar em portfólios de investidores e em listas de recomendações de vários consultores financeiros. O impacto disso foi visto em uma pesquisa de 2015 entre consultores financeiros que descobriram que tinham posicionado 73% de seus clientes em investimentos alternativos, e que quase três quartos dos consultores planejavam manter suas alocações atuais em investimentos alternativos[14].

A pesquisa também mostrou que, em termos de alocação de ativos, a maioria dos consultores estava recomendando uma variação de 6% a 15% do portfólio do cliente em alternativos. Uma porcentagem menor, mas significativa, de consultores recomendou 16% a 25% dos portfólios de seus clientes em alternativos.

O bitcoin e outros criptoativos são ativos alternativos que podem ser incorporados em portfólios bem diversificados com segurança e êxito para satisfazer essas recomendações de alocação de ativos[15]. Porém, toda alternativa de investimento tem seu único conjunto de características, e o investidor inovador precisa entendê-las.

O potencial do bitcoin e de outros criptoativos é tão grande que acreditamos que eles devam ser considerados uma classe de ativos por si só. Podemos facilmente vê-los sendo cada vez mais comumente usados em muitos portfólios inovadores. Explicaremos por que acreditamos que criptoativos serão incorporados de maneira crescente a portfólios de varejo convencionais, primeiro começando por uma exploração de como o risco, a recompensa e os perfis de risco-recompensa do bitcoin evoluíram ao longo de sua vida.

Capítulo 7

O Ativo Alternativo Mais Atraente do Século XXI

O bitcoin é o ativo alternativo mais empolgante do século XXI, e ele abriu o caminho para os seus irmãos digitais desfrutarem de sucesso similar. Neste capítulo, mergulharemos em como o bitcoin evoluiu como um ativo no contexto de retornos absolutos, volatilidade e correlações, concluindo com o modo como uma pequena alocação em bitcoins afetaria um portfólio ao longo de diferentes períodos de manutenção. Tendo em vista que o bitcoin pode revindicar o título de criptoativo mais antigo — dando-nos mais dados para investigar seu amadurecimento —, entender o seu comportamento longitudinal no mercado nos dará a oportunidade de ver como outros criptoativos podem evoluir ao longo do tempo.

A PRIMEIRA PRECIFICAÇÃO DO BITCOIN

Vamos voltar à primeira vez que um preço foi estabelecido para o bitcoin, em 5 de outubro de 2009, quando ele foi precificado em 1.309 bitcoins por dólar, ou 7/100 de um centavo de dólar por bitcoin. Um pequeno site chamado *New Liberty Standard* estabeleceu a taxa com base na quantidade de dinheiro necessário para eletricidade e aluguel para manter o computador que minerava bitcoins versus a quantidade de bitcoins que foi minerada de tal forma.

Se naquela época um investidor tivesse rastreado um dos poucos mineradores de bitcoins no mundo e oferecesse US$100 pelos 130.900 bitcoins implicados pela taxa de câmbio, agora esse investidor teria acumulado mais de US$100 milhões. Uma única nota de cem dólares convertida em um milhão de notas de cem dólares: teria sido um dos melhores investimentos de todos os tempos.

Porém, ter um *timing* tão impecável é um sonho distante para investidores. Quando eu (Jack) comecei a analisar o bitcoin em agosto de 2013[1], ele estava sendo negociado a US$135; já tinha tido uma apreciação significativa em relação à taxa de câmbio de 1.309 bitcoins por dólar. Ainda assim, decidi que não era tarde demais e, por fim, fiz o investimento.

Da mesma forma, eu (Chris) nem considerei investir em bitcoins quando ouvi falar deles pela primeira vez, em 2012. Na época em que comecei a considerar o bitcoin para o meu portfólio, no final de 2014, o preço já estava por volta de US$300, tendo aumentado 460 mil vezes em relação à taxa de câmbio inicial. Como Jack, eu também não achei que era tarde demais e me joguei. Embora o investidor inovador possa interpretar o preço atual do bitcoin como estando muito alto, considere, em vez disso, o que pode ser feito. Acreditamos que ainda são tempos iniciais para os criptoativos.

RETORNOS ABSOLUTOS

Para contextualizar o comportamento do bitcoin nos primeiros oito anos de sua vida, vamos compará-lo a outros investimentos populares tanto em ativos tradicionais quanto alternativos. Em termos de retornos absolutos, comparações em longo prazo entre o bitcoin e muitos outros ativos fazem muitos queixos caírem, mas é importante manter a *sensibilidade de desfecho* em mente. A sensibilidade de desfecho refere-se às datas de início e fim escolhidas para comparação, pois, ao longo do tempo, o valor de quase todos os ativos flutua consideravelmente. Escolher um ponto inicial baixo e um ponto final alto produzirá comparações drasticamente diferentes de um ponto inicial alto e um ponto final baixo.

Escolhemos 3 de janeiro de 2017 como ponto final de análise para este capítulo por marcar o aniversário de 8 anos do bitcoin. Embora tenhamos definido um ponto final fixo, temos a flexibilidade de escolher pontos iniciais diferentes (incluindo um dos picos mais notáveis do bitcoin no fim de 2013). Ilustrando pontos iniciais tanto altos quanto baixos, é possível mostrar a variedade de experiências que os investidores poderiam ter dependendo de quando compraram bitcoins pela primeira vez. Para aqueles preocupados com a escolha seletiva dos números, deve ser notado que em 3 de janeiro de 2017 o preço do bitcoin estava por volta de US$1 mil, enquanto, quando este livro estava nos estágios finais de edição, o bitcoin subiu para acima de US$3 mil. Apesar disso, ficamos com o preço de US$1 mil do bitcoin para a comparação a seguir em busca da honestidade intelectual.

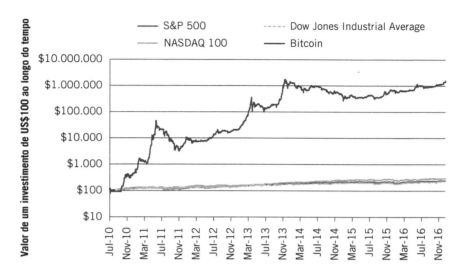

Figura 7.1 ■ O desempenho do bitcoin em comparação aos principais índices de ações dos EUA desde o início do Mt. Gox
Dados provenientes do Bloomberg e do CoinDesk

Para começar, examinamos os preços do bitcoin em mais longo prazo que temos, vindos de dados de taxas de troca confiáveis. A Figura 7.1 oferece uma comparação do bitcoin versus três dos mais importantes índices do mercado de ações: o S&P 500, o Dow Jones Industrial Average (DJIA) e o NASDAQ 100, respectivamente. Ela supõe que um investimento de US$100 foi feito em 19 de julho de 2010, alguns dias após a abertura para negócios do Mt. Gox, oferecendo os primeiros serviços de taxas de troca de bitcoins amplamente usados.

Esses amplos índices de mercado representam como os mercados de ações se saíram em média, com o S&P 500 representando aproximadamente 80% da cobertura da capitalização do mercado de títulos disponível dos EUA[2], o DJIA responsável por 30 das maiores ações dos EUA por capitalização de mercado[3] e o NASDAQ 100, pelas maiores empresas nacionais e internacionais em setores que incluem hardware e software de computador, telecomunicações e biotecnologia[4]. Note que o gráfico usa uma escala logarítmica para o eixo y para que os amplos índices de mercado possam ser vistos — em outras palavras, eles seriam invisíveis em escala linear.

Desde julho de 2010, os três índices amplos se saíram bem, com as ações dos EUA se recuperando de um mercado em baixa depois da crise financeira de 2008. Um investimento inicial de US$100 teria aumentado para US$242, US$231 e US$291, para o S&P 500, o DJIA e o NASDAQ 100, respectivamente. Embora os retornos do mercado de títulos tenham sido consideráveis, foram ofuscados pelo bitcoin, que se saiu fenomenalmente bem no mesmo período — um investimento inicial de US$100 aumentou para quase US$1,3 milhão no início de janeiro de 2017.

LINEAR VERSUS LOGARÍTMICO

Dois tipos de escalas são comumente usadas para representar mudanças no preço de ativos: linear e logarítmica. As escalas de preços lineares mostram mudanças de unidade não ajustadas no eixo y. Por exemplo, se o preço for em dólar, um aumento de valor de US$10 aparecerá da mesma forma, independentemente de o ativo ir de US$10 para US$20 ou de US$100 para US$110. As escalas logarítmicas ajustam o eixo y — em finanças, mais comumente por fatores de 10 — o que permite a comparação de aumentos *percentuais* no preço. Por exemplo, em um eixo y logarítmico, uma mudança de preço de US$10 para US$20 aparecerá de forma mais clara que uma mudança de US$100 para US$110, porque a primeira representa um aumento de 100% no preço, enquanto a última, um aumento de apenas 10%. O que apareceria da mesma forma na escala logarítmica, porém, é uma mudança de US$10 para US$20 e uma mudança de US$100 para US$200. Escalas de preços logarítmicas são úteis para comparar mudanças percentuais de preço ao longo do tempo, assim como para comprimir dados de valores amplamente diferentes em um único gráfico.

Podemos também comparar esses índices com o bitcoin calculando as taxas de crescimento anual compostas, ou a apreciação anual ano a ano. Nessa comparação, o mercado em baixa pós-crise está claro, pois a S&P 500 ofereceu quase 15% de retornos anuais compostos, 50% melhor que a média de 9,5% oferecida aos investidores nos 88 anos entre 1928 e 2016[5]. A Figura 7.2 mostra que, apesar do excelente desempenho dos mercados de ações dos EUA, o bitcoin foi um claro destaque nesse período de 80 anos, com retornos anuais compostos de 332%.

O ATIVO ALTERNATIVO MAIS ATRAENTE DO SÉCULO XXI

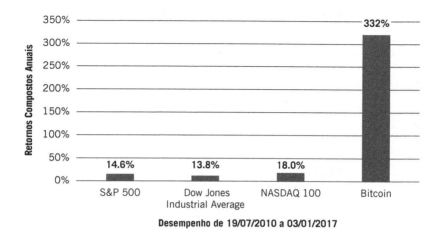

Figura 7.2 ■ Retornos anuais compostos do bitcoin versus os principais índices de ações dos EUA desde o início do Mt. Gox
Dados provenientes do Bloomberg e do CoinDesk

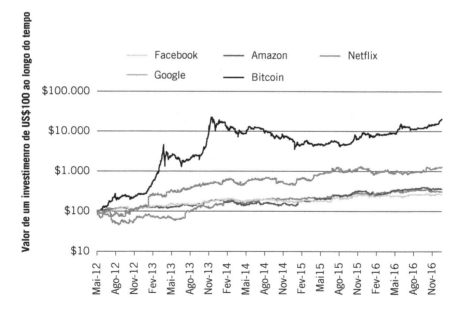

Figura 7.3 ■ Desempenho do bitcoin em comparação às ações FANG desde a IPO do Facebook
Dados provenientes do Bloomberg e do CoinDesk

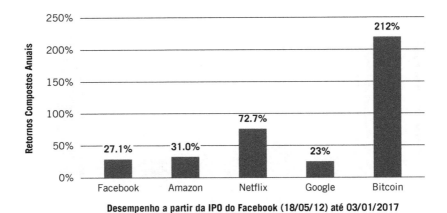

Figura 7.4 ■ Retornos anuais compostos do bitcoin versus as ações FANG desde a IPO do Facebook
Dados provenientes do Bloomberg e do CoinDesk

Em vez de comparar o bitcoin aos amplos índices de mercado, pode ser mais justo compará-lo às empresas de alto crescimento surfando em ondas parecidas de inovação tecnológica. As ações FANG do Facebook, Amazon, Netflix e Google foram as queridinhas de muitos analistas de tecnologia nos últimos anos, superando os amplos índices de mercado e ajudando a remodelar nosso mundo crescentemente digital. No entanto, como mostra a Figura 7.3, mesmo as ações FANG foram assustadoramente superadas pelo bitcoin desde a oferta pública inicial (IPO) do Facebook, em maio de 2012[6]. Mais uma vez, note que esse gráfico usa uma escala logarítmica para o eixo y.

Um investimento inicial de US$100 no dia em que o Facebook completou sua IPO teria virado US$306, US$352, US$1.276 e US$262 para Facebook, Amazon, Netflix e Google, respectivamente, na nossa data final de 3 de janeiro de 2017. Quando comparado a esses brilhantes nomes da tecnologia, o bitcoin teve um desempenho mais de uma ordem de magnitude melhor, com um investimento inicial de US$100 aumentando para US$20.133. Em uma base relativa, o bitcoin ofereceu uma apreciação de capital de 66, 57, 16 e 77 vezes em comparação às ações FANG, respectivamente, nesse período.

Para contextualizar melhor e tornar comparáveis os desempenhos das ações FANG e os índices de mercado amplo, novamente converteremos os retornos acima em uma taxa anual composta, como visto na Figura 7.4. Isso revela que os nomes da FANG ofereceram quase o dobro de retornos anuais em comparação aos amplos índices de mercado nos últimos anos, com a Netflix sendo o destaque do grupo. No entanto, quando comparados ao bitcoin, todos os outros investimentos empalidecem.

O ATIVO ALTERNATIVO MAIS ATRAENTE DO SÉCULO XXI 91

Lembre-se que, em janeiro de 2017, o valor de rede do bitcoin era de 1/20, 1/22, 1/3 e 1/33 em relação às ações FANG, respectivamente. Portanto, se o bitcoin crescer para um tamanho similar, ainda há muita oportunidade. Claramente, ainda são dias iniciais para o bitcoin, e dias mais iniciais ainda para os seus irmãos digitais.

Se os gráficos logarítmicos anteriores pareciam todos relativamente similares, é porque eles são. A ascensão do bitcoin ofuscou a de outros ativos, e isso está na escala logarítmica no eixo y. Se, em vez disso, o eixo y fosse linear, então todos os gráficos anteriores condensam-se na Figura 7.5, com a Netflix sendo o único nome que difere moderadamente do resto. Nós também incluímos ativos fora dos títulos dos EUA, incluindo obrigações e imóveis norte-americanos, ouro e petróleo[7]. Investidores em ouro e petróleo sofreram duplamente os efeitos, pois em 3 de janeiros de 2017, tinham perdido 30% e 40% de seu valor, respectivamente. Todos os outros ativos ofereceram retornos positivos desde a IPO do Facebook.

Nesse ponto, investidores inovadores podem se perguntar o que aconteceria se tivessem comprado bitcoins em sua origem ou na IPO do Facebook. Vamos direto ao ponto nessa questão, voltando a nossa discussão anterior sobre sensibilidade de desfecho e vendo o que poderia ter acontecido se um investidor tivesse escolhido o pior momento para comprar bitcoins: no pico de sua ascensão astronômica no final de 2013.

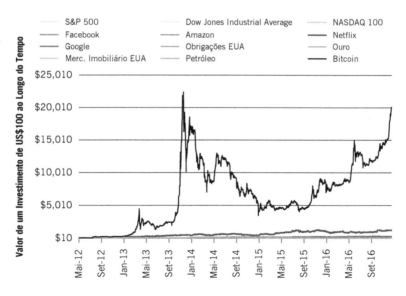

Figura 7.5 ■ Ascensão do bitcoin versus outras classes principais de ativos
Dados provenientes do Bloomberg e do CoinDesk

Cenário de Pior Caso para Retornos Absolutos: Comprando no Topo

No final de 2013, o valor de rede do bitcoin estava acima de US$10 bilhões, tornando-o um ativo consideravelmente passível de investimento para pequenos investidores, mesmo nos padrões de mercado de capitais. Em 29 de novembro de 2013, o bitcoin atingiu US$1.242, fazendo um bitcoin valer mais que uma onça de ouro[8].

Claramente, o bitcoin tinha crescido para longe de suas humildes origens. Se investidores inovadores tivessem comprado no seu preço máximo, seus retornos não teriam sido tão promissores quanto se tivessem comprado no lançamento do Mt. Gox ou na IPO do Facebook. Na verdade, eles teriam sofrido uma perda de 80% de valor ao longo do ano seguinte, antes de o bitcoin chegar ao ponto mais baixo, em janeiro de 2015, e iniciar uma longa e vagarosa subida às altas anteriores. Em 3 de janeiro de 2017, US$100 investidos em bitcoins em seu preço máximo preservariam apenas US$83, enquanto um instrumento de investimento com base nos índices S&P 500, DJIA ou NASDAQ 100 teriam crescido para US$133, US$133 e US$146, respectivamente (veja a Figura 7.6).

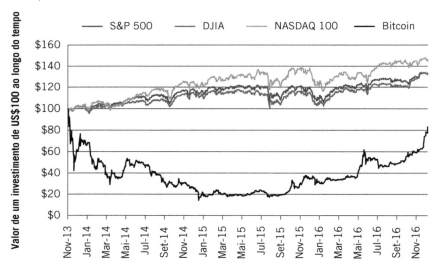

Figura 7.6 ■ Desempenho do bitcoin em comparação aos principais índices de ações dos EUA desde seu pico em novembro de 2013

Dados provenientes do Bloomberg e do CoinDesk

Um investidor que comprasse bitcoins em sua máxima, em 29 de novembro de 2013, em vez de uma das ações FANG, teria sofrido um diferencial ainda mais drástico nos retornos. Como mostra na Figura 7.7, a apreciação de capital oferecida pelo Facebook, Amazon, Netflix e Google teria sido de 3, 2,3, 2,9 e 1,8 vezes em comparação ao bitcoin durante o mesmo período. Embora investidores inovadores que tenham entrado no bitcoin logo após a IPO do Facebook tenham sido recompensados por sua decisão, se tivessem esperado um ano e meio estariam lidando com uma história completamente diferente.

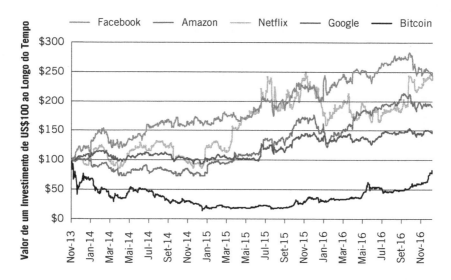

Figura 7.7 ■ Desempenho do bitcoin em comparação às ações FANG desde seu pico em novembro de 2013
Dados provenientes do Bloomberg e do CoinDesk

Nessa mesma máxima de preço, investidores inovadores que escolheram bitcoins em vez de um título de não participação patrimonial — como obrigações, imóveis, ouro ou petróleo — teriam ficado mais em paz com sua decisão (veja a Figura 7.8). O desempenho de commodities como ouro e petróleo esteve longe de ser brilhante desde novembro de 2013, e no período até janeiro de 2017, o bitcoin efetivamente ultrapassou o petróleo. O ambiente de baixa taxa de juros significava que as obrigações conservavam o capital do investidor, mas não o aumentava muito. Neste grupo, o mercado imobiliário dos EUA era o único investimento que se valorizava no mesmo nível que os mercados de títulos.

Até aqui, fornecemos uma visão dos melhores e piores retornos para o bitcoin em sua vida relativamente curta. Entretanto, ao longo deste livro, defenderemos a crença de que há muito mais potencial de valorização de preço ainda por vir, tanto para o bitcoin quanto para criptomoedas, criptocommodities e criptotokens selecionados.

A média do custo do dólar é um meio pelo qual o investidor inovador pode evitar sensibilidade extrema do ponto inicial do investimento. Em oposição a pegar um monte de dinheiro e jogar tudo em um investimento de uma vez, às vezes, convém ao investidor fazer uma média, empregando o capital em uma cadência medida. Fazendo isso, o investidor pode comprar no preço máximo, mas também estará comprando nos menores valores, por fim tirando a média de um bom preço se o investimento por trás tiver potencial de longo prazo para apreciação de capital.

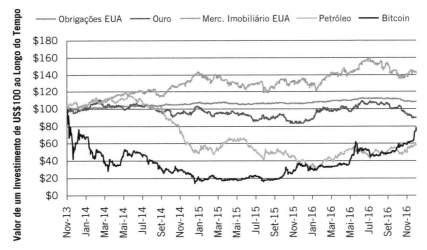

Figura 7.8 ■ Desempenho do bitcoin em comparação aos títulos de não participação patrimonial desde seu pico em novembro de 2013

Dados provenientes do Bloomberg e do CoinDesk

VOLATILIDADE

Embora retornos absolutos sejam frequentemente tópicos correntes de conversas, se não forem acompanhados de um exame de volatilidade, os investidores podem pagar excessivamente em risco por seus retornos. Em outras palavras, eles podem ser insuficientemente compensados pelo risco que estão assumindo. Nesse sentido, investidores inovadores devem se assegurar de que estão sendo recompensados pelo risco em seu portfólio.

POR QUE CRIPTOATIVOS SÃO TIPICAMENTE VOLÁTEIS QUANDO SÃO LANÇADOS

Em seu lançamento, criptoativos tendem a ser extremamente voláteis, pois estão em mercados pouco movimentados. Um mercado pouco movimentado refere-se ao tamanho do livro de ofertas, e um livro de ofertas refere-se à lista de compras e vendas em uma plataforma de negociação. Em outras palavras, é uma medida do número de pessoas querendo comprar e vender em qualquer momento. A Figura 7.9 é uma imagem de um livro de ofertas para o Ethereum (ether) no Poloniex, uma plataforma de negociação de criptoativos amplamente usado.

Cada oferta é uma linha em um livro de ofertas, então quanto mais ofertas houver, mais grosso é o livro. Se não houver muitas compras e vendas, então o livro de ofertas é fino. Dito isto, algumas ofertas também precisam ser em quantidades consideráveis. Se todas as ofertas consistirem em lances para comprar ou vender US$1 do ativo, não importa quantas ofertas há, este ainda será um livro de ofertas fino.

A finura do livro de ofertas também é referida como a liquidez do mercado. Se o mercado for altamente líquido, então há muitas ofertas, e muitas delas são, provavelmente, grandes. Nesse caso, o valor pode ser negociado facilmente. Se o mercado for ilíquido, ou pouco movimentado, então ocorrerão consideráveis oscilações de preço porque alguém tentando comprar (ou vender) muito do ativo preencherá todas as ofertas de venda (ou de compra) disponíveis, o que leva o preço a subir (ou a cair). Como resultado, em mercados não movimentados ou ilíquidos, quando há abundância de investidores eles podem impulsionar oscilações massivas para cima, assim como quando estão em baixa, um forte volume de vendas pode rapidamente levar o preço a cair.

Assim que os criptoativos são lançados, eles têm livros de ofertas relativamente finos, pois a base de investidores é tipicamente menor, as negociações são menos frequentes e as ofertas podem ser pequenas. Isso pode criar uma volatilidade do preço de um novo ativo. Porém, conforme as notícias sobre os méritos do ativo se espalham, o interesse aumenta com o volume de negociação. O livro de ofertas, normalmente, engordará, e a volatilidade, com frequência, diminuirá.

SELL ORDERS ⇌   Total: 150206.56067270 ETH

Price	ETH	BTC	Sum(BTC)
0.03925597	2.44831756	0.09611108	0.09611108
0.03931000	2.57143699	0.10108319	0.19719427
0.03934598	2.71571324	0.10685240	0.30404667
0.03934600	46.69610000	1.83730475	2.14135142
0.03935194	1.11721950	0.04396475	2.18531617
0.03935884	0.03658613	0.00143999	2.18675616
0.03935888	0.05124561	0.00201697	2.18877313
0.03936000	0.00759279	0.00029885	2.18907198
0.03936354	0.02166923	0.00085298	2.18992496
0.03936789	3.99400000	0.15723535	2.34716031
0.03937493	2.53968705	0.10000000	2.44716031
0.03937499	1.31578947	0.05180920	2.49896951
0.03937600	4.00000000	0.15750400	2.65647351
0.03937772	0.00787320	0.00031003	2.65678354
0.03938999	0.10000000	0.00393900	2.66072254
0.03939423	31.34523000	1.23482120	3.89554374

BUY ORDERS   Total: 4890.35481746 BTC

Price	ETH	BTC	Sum(BTC)
0.03921506	200.84120743	7.87600000	7.87600000
0.03921505	31.31858882	1.22816003	9.10416003
0.03921501	110.34850967	4.32731791	13.43147794
0.03921008	0.07651093	0.00300000	13.43447794
0.03920001	0.57891949	0.02269365	13.45717159
0.03920000	61.30574810	2.40318533	15.86035692
0.03919000	25.51020357	0.99974488	16.86010180
0.03918634	41.73830000	1.63557121	18.49567301
0.03918633	139.22513959	5.45572226	23.95139527
0.03918625	53.58570500	2.09982283	26.05121810
0.03915123	0.12770990	0.00500000	26.05621810
0.03911833	1.27817305	0.05000000	26.10621810
0.03910602	52.17290000	2.04027447	28.14649257
0.03910601	165.79400000	6.48354182	34.63003439
0.03910600	34.95830000	1.36707928	35.99711367
0.03910106	22.94100000	0.89701742	36.89413109

☐ Throttle Updates [1s ⬍]   ☐ Order Grouping [6 decimals ⬍]

Figura 7.9 ■ Livro de ofertas de compras (Buy Orders) e
vendas (Sell Orders) para o ether no Poloniex
Usado com permissão do Poloniex.com

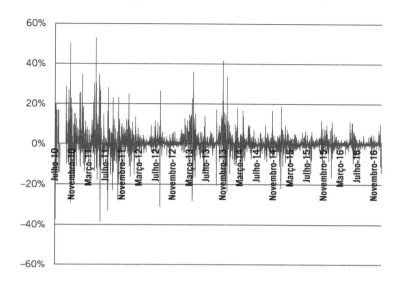

Figura 7.10 ■ Mudanças percentuais diárias do bitcoin desde o início do Mt. Gox
Dados provenientes do CoinDesk

Uma das maneiras mais fáceis de visualizar a volatilidade de um ativo é ver o quanto o seu preço muda diariamente ou, em outras palavras, as mudanças percentuais diárias de preço. Quanto maiores forem as mudanças percentuais de preço, mais volátil é o ativo. A Figura 7.10 ilustra as mudanças percentuais diárias de preço do bitcoin da época que o Mt. Gox abriu até 3 de janeiro de 2017.

O gráfico se parece com o que um sismômetro produziria ao medir movimentos do solo durante terremotos. Houve frequentes terremotos no início da história do bitcoin, com o seu preço variando em mais de 50% em um dia. Com o tempo, no entanto, o sismômetro do bitcoin registrou terremotos cada vez menores em seu preço. O bitcoin tornou-se mais popular e, portanto, mais amplamente negociado, então o seu mercado ficou mais líquido. Assim, quando muitas pessoas escolhem comprar ou vender, o mercado é capaz de absorver essas mudanças de forma muito mais suave.

Embora as mudanças percentuais diárias de preço do bitcoin tenham diminuído dramaticamente ao longo dos anos — trazendo-as ao patamar de muitas ações de crescimento de pequena capitalização —, ele ainda é um ativo volátil. Na Figura 7.11, compare a flutuação das mudanças percentuais de preço do bitcoin em 2016 às do Twitter e de um mercado robusto como a AT&T.

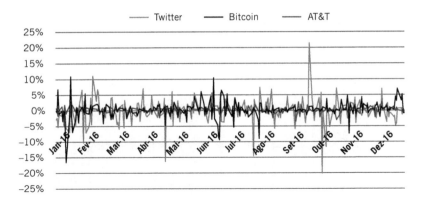

Figura 7.11 ■ Mudanças percentuais diárias de preço do bitcoin versus Twitter e AT&T em 2016
Dados provenientes do Bloomberg e do CoinDesk

O Twitter experimentou três dias em 2016 em que seu preço caiu mais de 15%, e um dia em que saltou mais de 20%. O bitcoin teve apenas dois dias em que seu preço subiu mais de 10% e apenas um dia em que caiu mais de 15%. A AT&T, a linha lenta e constante no meio, é uma empresa de US$250 bilhões que não se movimenta com quase nenhuma oscilação de preço.

A volatilidade mais comumente deriva do cálculo do desvio-padrão das mudanças percentuais diárias de preço. Quanto maior for este número, mais oscilações significativas um investidor pode esperar no preço de um ativo que detém e, dessa forma, mais arriscado é o ativo. A Figura 7.12 mostra o desvio-padrão das mudanças percentuais diárias de preço do bitcoin, do Twitter e da AT&T em 2016.

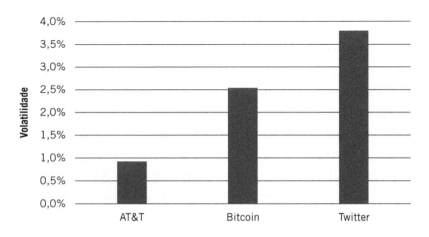

Figura 7.12 ■ Volatilidade do bitcoin, do Twitter e da AT&T em 2016
Dados provenientes do Bloomberg e do CoinDesk

O Twitter foi 50% mais volátil que o bitcoin em 2016, e o bitcoin foi quase três vezes mais volátil que a AT&T. O último é esperado, dado que o valor de rede do bitcoin é menos de 5% em relação ao mercado de capitalização da AT&T, e ele está por aí há menos de uma década, enquanto a AT&T existe há mais de um século.

Analisando as ações FANG, vemos um padrão interessante de volatilidade. Relembrando nossa discussão sobre a teoria moderna do portfólio, historicamente, os ativos mais voláteis, em geral, são aqueles com os maiores retornos. Essa relação entre risco (isto é, volatilidade) e recompensa é esperada: não há recompensa sem risco. Na Figura 7.13, vemos que a volatilidade do bitcoin foi a mais alta, com a Netflix vindo em segundo lugar; e esses dois ativos foram os que tiveram o melhor desempenho. Curiosamente, nesse período, os retornos anuais do bitcoin de 212% foram três vezes maiores que os 73% da Netflix, embora a volatilidade do bitcoin tenha sido apenas 35% maior que a da Netflix. Intuitivamente, parece que o bitcoin teve melhores características risco-recompensa em relação à Netflix. Da mesma forma, o Google, que teve o desempenho mais fraco das ações FANG, com 23% de retornos, também foi a que teve a volatilidade mais baixa, de 1,5%.

Como aprendemos no capítulo anterior, é muito fácil calcular diretamente a razão risco-recompensa de diferentes ativos. Parece que nesse período de tempo (IPO do Facebook a 3 de janeiro de 2017), o bitcoin teve a melhor razão risco-recompensa de todos esses ativos.

Mas, para ter certeza, vamos cruzar os números.

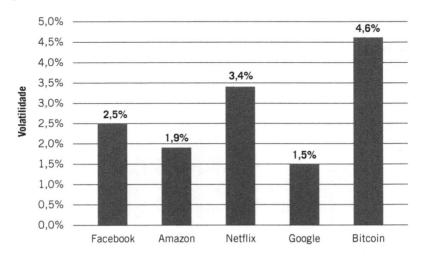

Figura 7.13 ■ Volatilidade do bitcoin e das ações FANG desde a IPO do Facebook
Dados provenientes do Bloomberg e do CoinDesk

ÍNDICE DE SHARPE

Retornos absolutos e volatilidade são importantes por si só, mas quando postos juntos, produzem o índice de Sharpe, que é uma métrica igualmente importante a ser considerada por investidores. Lembre-se de que dividindo os retornos absolutos[9] pela volatilidade, podemos calibrar os retornos pelos riscos assumidos. Quanto mais alto o índice de Sharpe, mais o ativo está recompensando os investidores pelo risco. Essa é uma métrica extremamente importante no contexto da teoria moderna do portfólio, pois enquanto um investidor agressivo pode salivar por retornos suculentos, o investidor inovador está igualmente ciente do risco necessário para alcançar esses retornos.

Como discutido no capítulo anterior, combinando retornos e volatilidade em uma métrica, podemos fazer uma comparação justa entre criptoativos e outros ativos tradicionais e alternativos. Atualmente, criptoativos, com frequência, apresentam uma volatilidade muito mais alta que outros ativos, e o índice de Sharpe permite entender essa volatilidade em termos de retornos obtidos.

Ainda é importante considerar a volatilidade fora do índice de Sharpe no contexto do horizonte de tempo do investidor. Embora alguns ativos voláteis tenham excelentes índices de Sharpe para longos períodos, aqueles investimentos podem não ser apropriados para alguém que precisa fazer um pagamento inicial de uma casa daqui a três meses.

Comparando o bitcoin às ações FANG, observamos que ele teve a volatilidade mais alta, mas também os retornos mais altos, de longe. Curiosamente, seu índice de Sharpe não foi apenas o mais alto, mas consideravelmente mais alto. O bitcoin compensou investidores duas vezes mais pelo risco assumido que o Facebook, e 40% melhor que a Netflix, sua concorrente mais próxima (veja a Figura 7.14).

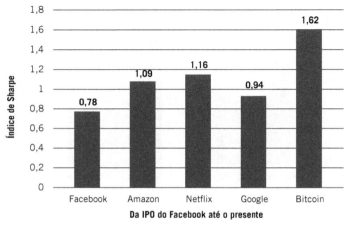

Figura 7.14 ■ O índice de Sharpe do bitcoin e das ações FANG desde a IPO do Facebook
Dados provenientes do Bloomberg e da CoinDesk

A comparação do índice de Sharpe do bitcoin e das quatro FANG claramente ilustra a importância de combinar retornos sólidos e baixa volatilidade. Embora os retornos anuais do Facebook tenham sido tímidos perto da Amazon e melhores que os do Google, sua volatilidade foi consideravelmente maior que ambas. Dessa forma, desde a sua IPO, o Facebook compensou investidores um pouco menos pelo risco assumido.

Como vimos na Figura 7.11, "Mudanças percentuais diárias de preço do bitcoin", as oscilações diárias do bitcoin foram consideravelmente atenuadas com o tempo, significando que sua volatilidade está menor. Entretanto, simultaneamente à redução da volatilidade, a apreciação anual do bitcoin também sossegou. Na Figura 7.15 vemos, mais uma vez, a relação entre risco e recompensa em ação, conforme vemos o índice de Sharpe em todos os anos completos, de 2011 a 2016.

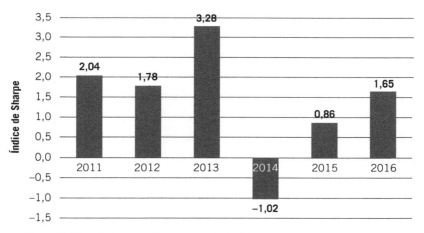

Figura 7.15 ■ Índices de Sharpe anuais do Bitcoin desde o início do Mt. Gox
Dados do CoinDesk

O ano de 2014 foi o único em que o bitcoin teve um índice de Sharpe negativo, quando perdeu 60% de seu valor do início ao fim do ano. Lembre-se de que 2014 foi o ano da dolorosa queda do bitcoin, de sua alta no fim de 2013 a sua baixa no início de 2015, com regulamentações chinesas, implosões do Mt. Gox e associações da Silk Road contaminando o preço do ativo[10]. Enquanto isso, 2016 foi o seu melhor ano de retorno ajustado ao risco desde 2013. Analisando a comparação entre 2013 e 2016, é notável que o índice de Sharpe de 2013 tenha sido apenas o dobro do de 2016, embora os retornos do bitcoin em 2013 tenham sido muito maiores, como mostrado na Figura 7.16.

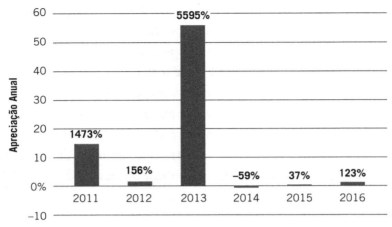

Figura 7.16 ■ Apreciação anual do bitcoin
Dados do CoinDesk

Com a apreciação de capital 45 vezes maior em 2013 em relação a 2016, seria razoável esperar que o bitcoin em 2013 tivesse um índice de Sharpe muitas vezes maior que em 2016. Porém, é aí que tanto a volatilidade diária quanto a maneira como o índice de Sharpe é calculado entram em jogo[11]. Primeiro, a volatilidade em 2013 era o triplo de 2016, o que sugere que os investidores estavam assumindo três vezes mais riscos em 2013 que em 2016. Isso possibilitou que 2016 tivesse retornos muito mais baixos, mas ainda tivesse uma razão risco-recompensa na mesma faixa que 2013. Segundo, o índice de Sharpe é calculado usando a média de retornos semanais, não a apreciação de capital total ao longo do ano.

O índice de Sharpe também é revelador na comparação do bitcoin aos índices mais amplos de mercado do S&P 500, do DJIA e do NASDAQ 100. Já sabemos que estes índices tiveram retornos anuais menores que o bitcoin e que as ações FANG, mas também tiveram uma volatilidade mais baixa por serem feitos de cestas de ações diversificadas, e a diversificação ajuda a reduzir a volatilidade. Além disso, esses índices são compostos de grandes nomes do mercado de capitalização[12], especialmente o DJIA. Como vimos com a AT&T, muitas dessas ações de grande capitalização estão por aí há muito tempo, e são relativamente estáveis em comparação aos dinâmicos nomes da tecnologia. A Figura 7.17 mostra uma comparação do índice de Sharpe do bitcoin com os três índices amplos de mercado mencionados anteriormente, usando o mesmo período que usamos na comparação dos retornos absolutos desses ativos: 19 de julho de 2010 a 3 de janeiro de 2017.

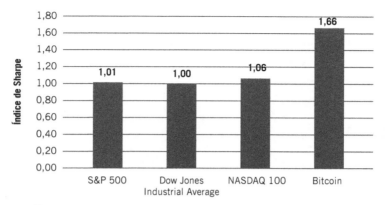

Figura 7.17 ■ O índice de Sharpe do bitcoin em comparação aos maiores índices de ações dos EUA desde o início do Mt. Gox

Dados provenientes do Bloomberg e do CoinDesk

Mais uma vez, esse gráfico revela como os retornos absolutos são atenuados pela volatilidade quando se calcula o índice de Sharpe. Embora o índice de Sharpe do bitcoin seja aproximadamente 60% mais alto que os três índices amplos de mercado, ele está longe de seus retornos absolutos, que foram aproximadamente 20% mais altos que os índices amplos de mercado em uma base anual durante o mesmo período.

Na Figura 7.18, comparamos o índice de Sharpe do bitcoin em 2016 aos índices de mercado amplo. Por ser 2016 o ano com a volatilidade mais baixa para o bitcoin (na faixa de ações de pequena a média capitalização), este é o período mais apropriado para compará-la a títulos. O que é mais surpreendente é que o índice de Sharpe do bitcoin em 2016 foi quase tão alto quanto o seu índice de Sharpe global desde o lançamento do Mt. Gox, a primeira plataforma de negociação de criptomoedas que deu acesso ao bitcoin a investidores tradicionais (1,65 para 2016 versus 1,66 desde o Mt. Gox).

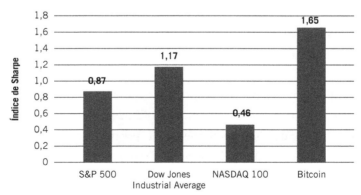

Figura 7.18 ■ O índice de Sharpe do bitcoin comparado aos principais índices de ações dos EUA em 2016

Dados provenientes do Bloomberg e do CoinDesk

Algumas pessoas estão dispostas a pensar que os melhores anos para ser investidor do bitcoin já passaram. Porém, ao observar o índice de Sharpe, 2016 teve retornos ajustados ao risco que foram tão bons quanto aqueles de um investidor que comprou bitcoins assim que o grande público teve oportunidade para fazê-lo.

CORRELAÇÃO

A diversificação é alcançada pela seleção de uma variedade de ativos que tenham correlação de baixa a negativa. Um grupo de ações é inerentemente mais diversificado que uma única ação e, dessa forma, a volatilidade deve ser mais baixa.

Criptoativos têm uma correlação próxima a zero com outros ativos de mercado de capitalização. A melhor explicação para isto é que criptoativos são tão novos que muitos investidores de mercados de capitalização não jogam no mesmo grupo de ativos. Assim, criptoativos não estão dançando no mesmo ritmo de informação que os ativos de mercados de capitalização tradicionais, pelo menos, não ainda.

Coeficiente de Correlação	Efeitos da Diversificação no Risco
+1,0	Nenhuma redução do risco é possível
+0,5	Uma redução moderada do risco é possível
0	Uma redução relevante do risco é possível
−0,5	Maior parte do risco pode ser eliminado
−1,0	Todo o risco pode ser eliminado

Figura 7.19 ■ O coeficiente de correlação e os efeitos da diversificação no risco
Fonte: *A Random Walk Down Wall Street*, Burton G. Malkiel, 2015

A Figura 7.19 mostra claramente que se um ativo tem correlação zero com outros ativos no portfólio, então uma "redução considerável do risco é possível". Em termos quantitativos, a redução do risco pode ser vista como uma diminuição da volatilidade do portfólio.

Se um ativo apenas reduz o risco do portfólio global por ter uma correlação negativa com os outros ativos, então ele não precisa oferecer retornos absolutos superiores para aumentar o índice de risco-recompensa do portfólio global. Já que o índice de Sharpe são os retornos divididos pelo risco, se o risco diminuir, então o denominador diminui, tornando o índice de Sharpe mais alto. Os retornos não precisam mudar.

No entanto, é possível incluir um ativo em um portfólio que tanto diminua o risco quanto aumente os retornos. Encontrar ativos que possam fazer isso é raro e é quase como burlar as leis de risco-recompensa. Afinal, já aprendemos que quanto mais recompensador o ativo, provavelmente mais arriscado ele é. Todavia, com portfólios, não estamos falando de um único ativo, mas de um grupo deles. A chave para reduzir os riscos e aumentar os retornos é a maneira como um novo ativo se comporta em um grupo preexistente de ativos em um portfólio.

CRIPTOATIVOS COMO A BALA DE PRATA DA DIVERSIFICAÇÃO

A maioria das pessoas esperaria, razoavelmente, que ao adicionar bitcoins ao seu portfólio os retornos absolutos aumentariam, mas isso também tornaria o portfólio consideravelmente mais arriscado (mais volátil). Porém, é importante lembrar que a propensão do bitcoin em direção à volatilidade mostrou-se real no início de sua vida, quando o volume era baixo (magro). Em contraste, os últimos anos foram mais heterogêneos: a volatilidade do bitcoin abrandou, embora ainda conserve uma baixa correlação com outros ativos. Em alguns anos, o bitcoin até ofereceu a combinação mágica e elusiva mencionada anteriormente, de aumento dos retornos e diminuição do risco dentro de um portfólio.

A questão é como a correlação de baixa a negativa do bitcoin com outros ativos de mercados de capitalização teria afetado a volatilidade de um portfólio no qual fosse incluído. Para executar nossa análise, usaremos a definição de *investidor moderado*, estabelecida pela Associação Americana de Investidores Individuais (AAII)[13]. Pela AAII, um investidor moderado aloca 70% em ações e 30% em obrigações, um modelo comum de alocação de ativos. O investidor inovador também pode ser moderado e diversificar, além de ações e obrigações, em ativos alternativos, como o bitcoin. Investidores inovadores, porém moderados, interessados em bitcoins, poderiam fazê-lo pegando uma pequena parte de seu portfólio de títulos, digamos, 1%, e comprando bitcoins. Dessa maneira, o perfil geral de risco é mantido, pois títulos são mais arriscados que obrigações e, assim, mudar de um ativo arriscado para outro ativo arriscado torna-se um ajuste razoável.

Construímos um modelo para simular como um portfólio com 70% em títulos e 30% em obrigações se comportaria em comparação a um portfólio com 1% em bitcoins, 69% em títulos e 30% em obrigações. Para os títulos, usamos o índice S&P 500, e para as obrigações, usamos um índice de obrigações amplas baseadas nos EUA conhecido como *Bloomberg Barclays U.S. Aggregate Bond Index*.

Fizemos o cálculo usando o reequilíbrio trimestral para manter a meta percentual original. Conforme os ativos sobem e descem ao longo do tempo, seus percentuais em um portfólio mudam. É uma prática comum reavaliar a cada trimestre e fazer pequenas transações de compra e venda para redefinir as metas percentuais. Por exemplo, um investidor que comprou uma posição de 1% em bitcoins há quatro anos teria uma gritante alocação de 32% no início de 2017, como mostrado na Figura 7.20. A diferença entre 1% e 32% de alocação em um portfólio cria um perfil de risco drasticamente diferente e, provavelmente, não apropriado para todos. Daí a importância do reequilíbrio.

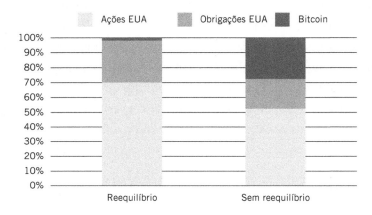

Figura 7.20 ■ O efeito do reequilíbrio versus o não reequilíbrio em um portfólio
Dados provenientes do Bloomberg e do CoinDesk

E se o investidor inovador tivesse empregado 1% de seu capital de títulos em bitcoins no início de 2013, pico de 2013 e início de 2015, feito o reequilíbrio trimestral e esperado até a nossa data final designada de 3 de janeiro de 2017? Curiosamente, embora um investimento de 1% em qualquer ativo possa parecer insignificante, quando investido em bitcoins, os resultados foram indiscutíveis.

No início de 2013, o bitcoin estava por volta de US$10 uma moeda, e ainda havia os tumultuosos 2013 e 2014 pela frente. Como resultado, não foi surpresa quando houve um aumento nos retornos absolutos do portfólio e na volatilidade. Como pode ser visto na Figura 7.21, os retornos anuais compostos se mostraram superiores com uma alocação de 1% em bitcoins e a volatilidade foi 4% mais alta. Nesse caso, a volatilidade valeu a pena, pois o portfólio de bitcoins teve um índice de Sharpe 22% maior, oferecendo mais retorno pelo risco assumido (note que os cálculos de comparação no texto foram feitos usando números não arredondados, enquanto as tabelas mostram número arredondados).

Para destacar a relevância de retornos anuais compostos 3,2% mais altos em um período de quatro anos, observamos os resultados finais. Se ambos os portfólios começaram em US$100 mil, o portfólio de bitcoins de melhor desempenho teria acumulado aproximadamente US$170 mil, enquanto aquele sem bitcoins teria atingido apenas US$150 mil, uma diferença de US$20 mil em quatro anos.

Agora vem o teste real do bitcoin: se um investidor tivesse decidido empregar uma alocação de 1% em bitcoins em seu pico de 29 de novembro de 2013 e tivesse esperado até o início de 2017, o que teria acontecido? Seria razoável esperar que mesmo uma alocação de 1% em bitcoins teria posto um freio nos retornos do portfólio e também diminuído o índice de Sharpe. Porém, é aqui que o poder do reequilíbrio e a média do custo do dólar entram em ação. Um investidor teria encarado um ano de preços escorregadios (2014) antes de aproveitar dois anos de preços crescentes (2015 e 2016). Fazendo o reequilíbrio trimestral, o investidor teria incluído bitcoins gradualmente à porção de bitcoins do portfólio para compensar a porcentagem continuamente mais baixa devido ao seu preço em queda. De fato, a média do custo do dólar do investidor estaria caindo. Como resultado, os retornos anuais compostos desse período seriam aproximadamente iguais para os dois portfólios. Mais surpreendente, o portfólio com bitcoins teria tido uma volatilidade menor! O poder da diversificação está se tornando evidente, e isso leva a um índice de Sharpe ligeiramente superior para o investidor que manteve bitcoins como uma posição de 1% em seu portfólio durante esse período (veja a Figura 7.22).

Período de Retenção de Quatro Anos (Janeiro de 2013 a Janeiro de 2017)

Métrica	Caso Base	1% Títulos —> Bitcoin
Volatilidade Semanal	1,13%	1,18%
Índice de Sharpe	1,28	1,57
Retornos Anuais Compostos	10,8%	14,0%

Figura 7.21 ■ Desempenho comparativo de um portfólio de
quatro anos com e sem 1% de alocação em bitcoins
Dados provenientes do Bloomberg e do CoinDesk

Período de Retenção de Três Anos (29 de novembro de 2013 a janeiro de 2017)

Métrica	Caso Base	1% Títulos —> Bitcoin
Volatilidade Semanal	1,17%	1,16%
Índice de Sharpe	0,89	0,90
Retornos Anuais Compostos	7,5%	7,6%

Figura 7.22 ■ Desempenho comparativo de um portfólio desde
novembro de 2013 com e sem 1% de alocação em bitcoins
Dados provenientes do Bloomberg e do CoinDesk

Porém, é o período de dois anos entre 2015 e 2017 que realmente brilha. Mostrado na Figura 7.23, o portfólio com uma alocação de 1% em bitcoins teria sido menos volátil, ao passo que aumentaria os retornos compostos anuais em 0,6%, por fim, produzindo um índice de Sharpe 14% melhor. Agindo na selva, investidores inovadores teriam experimentado as alegrias de um ativo de ouro que diminuiu a volatilidade *e* aumentou os retornos quando incluído em seus portfólios, oferecendo um duplo estímulo ao índice de Sharpe.

Período de Retenção de Dois Anos (janeiro de 2015 a janeiro de 2017)

Métrica	Caso Base	1% Títulos —> Bitcoin
Volatilidade Semanal	1,24%	1,22%
Índice de Sharpe	0,54	0,61
Retornos Anuais Compostos	4,7%	5,3%

Figura 7.23 ■ Desempenho comparativo de um portfólio de
dois anos com e sem uma alocação de 1% em bitcoins
Dados provenientes do Bloomberg e do CoinDesk

No capítulo anterior, exploramos o uso necessário de ferramentas, como a teoria moderna do portfólio e a alocação de ativos, para construir um portfólio de investimentos eficaz e para identificar opções de investimento apropriadas e atraentes para o investidor inovador. Neste capítulo, observamos o bitcoin através das lentes da teoria moderna do portfólio como um investimento ao longo do tempo. Os próximos capítulos abordarão as características mais amplas do bitcoin e de seus irmãos digitais como uma classe de ativos inteiramente nova com a qual os mercados de capitais devem contar.

Capítulo 8

Definindo Criptoativos como uma Nova Classe de Ativos

Até agora, cobrimos o nascimento do Bitcoin, a ascensão do blockchain como tecnologia de propósito geral, uma breve história dos criptoativos em geral, as chaves para o gerenciamento de portfólio e como o bitcoin teria se saído no contexto da teoria moderna do portfólio em seus primeiros oito anos de vida. O que o investidor inovador precisa agora é de um quadro para entender os padrões gerais a serem esperados de todos os criptoativos à frente. Para estabelecer as bases para este quadro, precisamos primeiro definir que tipo de ativo é um criptoativo.

O bitcoin e seus irmãos digitais serão definidos como commodities, como a Comissão de Negociação de Contratos Futuros de Commodities parece acreditar[1]? Ou seria melhor pensar neles como propriedades, como o *Internal Revenue Service* (Serviço de Arrecadação Interno) americano estabeleceu[2]? A Comissão de Títulos e Câmbio (SEC) dos Estados Unidos até agora não conseguiu determinar uma classificação específica para todos os criptoativos, embora em julho de 2017 tenha liberado um relatório detalhando como alguns criptoativos podem ser classificados como títulos, com o exemplo mais notável sendo o The DAO[3].

Embora seja uma enorme validação para os criptoativos que agências reguladores estejam trabalhando para oferecer clareza na classificação de pelo menos alguns deles, a maioria das leis estabelecidas sofrem do mesmo mal: as agências estão olhando os criptoativos com as lentes do passado.

O que complica ainda mais a situação é que nem todos os criptoativos são iguais. Assim como há diversos títulos, com analistas que segmentam empresas dependendo de sua capitalização no mercado, setor ou geografia, também há diversos criptoativos.

Bitcoin, litecoin, monero, dash e zcash cumprem as três definições de uma moeda: servir como meio de troca, armazenamento de valor e unidade de conta. Porém, como vimos, muitos outros criptoativos funcionam como commodities digitais, ou cripto-commodities. Essas criptocommodities incluem ether, storj, sia e golem. Entretanto, há uma infinidade de criptotokens para aplicações específicas para o usuário final, como augur, steem, singularDTV ou gamecredits. Além disso, todos os criptoativos estão vivos graças ao código que muda com base na evolução dos casos de uso e no valor acrescentado que os desenvolvedores centrais open source sentem que seu crip-toativo preenche melhor.

Como uma agência reguladora pode esperar pôr um criptoativo em uma categoria que tem séculos de idade, quando estes ativos estão se redefinindo e quebrando seus próprios limites de tantos em tantos anos, se não de tantos em tantos meses?

Não pode.

O ponto não é criticar reguladoras, mas mostrar como é difícil classificar uma novíssima classe de ativos, especialmente quando é a primeira classe de ativos nativos digitais que o mundo já viu.

O QUE É UMA CLASSE DE ATIVOS, AFINAL?

Enquanto algumas pessoas aceitem que títulos e obrigações são as duas maiores classes de investimento de ativos, e outras aceitem que fundos do mercado monetário, mercado imobiliário, metais preciosos e moedas são outras classes de ativos comumente usadas[4], poucas se incomodam em entender que significa uma classe de ativos, em primeiro lugar.

Robert Greer, vice-presidente da Daiwa Securities, escreveu *What Is an Asset Class, Anyway?* ("O que é uma classe de ativos, afinal?"[5], um artigo seminal sobre a definição de classe de ativos na edição de 1997 do *The Journal of Portfolio Management)*. De acordo com Greer:

> Uma classe de ativos é um conjunto de ativos que sustentam alguma similari-dade econômica fundamental entre si, e que têm características que os distin-guem de outros ativos que não são parte desta classe.

Ainda confuso. Greer, então, define três superclasses de ativos:

- Ativos de capital
- Ativos de consumo/transformáveis
- Ativos de armazenamento de valor

Greer diz o seguinte sobre como identificar cada superclasse (grifos nossos):

Ativos de capital

Uma coisa todos esses ativos de capital têm em comum. **Um ativo de capital deve ser razoavelmente valorizado com base no valor presente líquido de seus retornos esperados.** Dessa forma, todo o resto sendo igual (o que nunca é), um ativo de capital financeiro (como uma ação ou uma obrigação) reduz em valor conforme a taxa de desconto do investidor aumenta, ou sobe conforme esta taxa diminui. Essa característica econômica une a superclasse dos ativos de capital.

Ativos de consumo/transformáveis (C/T)

Você pode consumi-los. Você pode transformá-los em outra classe de ativos. Eles têm valor econômico. Mas não produzem um fluxo de valor contínuo [...]. A implicação profunda dessa distinção é que os ativos C/T, não sendo capitais por natureza, não podem ser valorizados usando uma análise de valor presente líquido. Isso torna-os, de fato, economicamente distintos da superclasse dos ativos de capital. **Ativos C/T devem ser valorizados com mais frequência com base nas características particulares de oferta e demanda de seu mercado específico.**

Ativos de armazenamento de valor

A última superclasse de ativos não pode ser consumida, nem gerar renda. Entretanto, eles têm valor; são ativos de armazenamento de valor. Um exemplo são as obras de arte [...]. Um exemplo mais amplo e relevante é a categoria de moeda, seja nacional ou estrangeira [...] ativos de armazenamento de valor podem servir de refúgio em períodos incertos (moeda americana) ou oferecer diversificação de moedas ao portfólio. (Nota dos autores: ele não define como precificá-los).

As superclasses de Greer não são precisas, alguns ativos podem se encaixar em dois campos. Por exemplo, metais preciosos são ativos C/T e de armazenamento de valor. São usados nos circuitos de eletrônicos ou transformados em ornamentos decorativos (ativos C/T), e também são mantidos apenas como barras de valor, não destinados ao consumo ou a transformações de qualquer tipo (ativo de armazenamento de valor).

Obviamente, criptoativos caem no domínio de C/T, pois têm utilidade e são consumidos digitalmente. Por exemplo, desenvolvedores usam ethers para ter acesso ao computador mundial do Ethereum, no qual podem executar operações em *smart contracts* armazenados no blockchain do Ethereum. Assim, ethers são consumidos na operação de um computador mundial. Então, há o "interesse", o combustível da publicidade, que está levando à criação de mercados de interesse baseados em blockchains. O Steemit é uma plataforma de mídia social com o ativo nativo steem, que recompensa criadores de conteúdo e curadores. O Steem cria um sistema econômico que recompensa criadores por conteúdos novos e de qualidade, pois este conteúdo melhora a plataforma, assim aumentando o valor do steem.

Embora muitos criptoativos sejam precificados pelas dinâmicas de oferta e demanda nos mercados, similar a ativos C/T mais tradicionais, para alguns detentores de bitcoins — como para detentores de barras de ouro — eles são apenas um armazenamento de valor. Outros investidores usam criptoativos além do bitcoin de maneira similar, segurando o ativo na esperança que ele se valorize ao longo do tempo. Portanto, alguém pode considerar que criptoativos são como metais preciosos, assim pertencendo a duas superclasses de ativos.

De acordo com Greer, abaixo dessas superclasses, há classes. E dentro das classes, há *subclasses*. Essas classificações podem ajudar investidores inovadores a entender as diferentes maneiras nas quais seus investimentos se relacionam uns aos outros e permitem diversificar melhor seus portfólios.

Por exemplo, dentro da superclasse de ativos de capital há a classe de *títulos*, e dentro da classe de títulos há subclasses como *valores de alta capitalização* e *crescimentos de pequena capitalização*. Criptoativos são uma classe que recai entre as superclasses de C/T e de armazenamento de valor. Dentro da classe dos criptoativos, há as subclasses de criptomoedas, criptocommodities e criptotokens.

ETFS (FUNDOS COTADOS EM BOLSA) E FUNDOS MÚTUOS SÃO INVÓLUCROS, NÃO CLASSES DE ATIVOS

Deve-se notar que, quando falamos de classes de ativos, não estamos falando também do contexto do veículo de investimento que pode "alojar" o ativo subjacente, seja este veículo um fundo mútuo, um ETF ou uma conta separadamente gerenciada. Com o crescimento da engenharia financeira e da securitização de quase todo ativo — e, especialmente, com o crescimento da popularidade dos ETFs — é possível achar todo tipo de ativo, em algum ponto, abrigado em um ETF. Por exemplo, ETFs para bitcoins e ethers já estão sendo regulamentados pela SEC. Para o propósito de nossa definição de classes de ativos, distinguiremos a classe de ativos da forma na qual são negociados.

Traçar a separação entre classes de ativos não é tarefa fácil. Greer nos dá um ponto sólido para distinguir ativos, a similaridade econômica, mas deixa o resto para as "características que os tornam distintos". Revisamos a literatura acadêmica mais a fundo para cristalizar a diferença entre classes de ativos. Muita da reflexão neste capítulo veio da colaboração entre a ARK Invest e o Coinbase em 2015 e 2016, quando as duas empresas primeiro afirmaram que o bitcoin estava se assemelhando a uma nova classe de ativos[6].

PRINCIPAIS DIFERENCIAIS ENTRE CLASSES DE ATIVOS

Em nossa análise das características econômicas, descobrimos que as principais diferenças vêm da governança, do cronograma de fornecimento, dos casos de uso e da base de valor. Além de similaridades econômicas, as classes de ativos também tendem a ter liquidez e perfis de volume de negociação parecidos. Lembre-se de que o perfil de liquidez refere-se a quão grande é o livro de ofertas dos mercados, enquanto o volume de negociação diz respeito a quanto é negociado diariamente. Por fim, classes de ativos diferem-se por seu comportamento no mercado, sendo que os mais importantes incluem risco, recompensa e correlação com outros ativos.

Existe um padrão geral de ativos que pertencem à mesma classe comportando-se de maneira similar. Embora cada único ativo em uma classe vá se comportar de maneira ligeiramente diferente dos outros, eles se assemelham mais entre si do que se assemelham a ativos de outras classes.

Ativos novos dentro de uma classe vão diferenciar seu comportamento de ativos mais antigos na mesma classe. Diferenças em maturidade são particularmente relevantes para os criptoativos, com seus ativos mais antigos tendo apenas oito anos e os recém-nascidos chegando em uma cadência semanal.

No momento, criptoativos são melhor descritos como uma classe emergente. Suas características econômicas de governança, cronograma de fornecimento, casos de uso e base de valor são relativamente fixadas desde a gênese de qualquer criptoativo em particular. O que mudará mais com o tempo são o perfil de liquidez e as características de mercado conforme esses criptoativos amadurecem. O restante deste capítulo focará as características econômicas dos criptoativos, enquanto o próximo, mergulhará na progressão dos perfis de liquidez e das características de mercado de diferentes criptoativos ao longo do tempo e como essas tendências se comparam a outros ativos.

CARACTERÍSTICAS ECONÔMICAS DE UMA CLASSE DE ATIVOS

Para o investidor inovador, avaliar criptoativos exige análise similar a quaisquer outros ativos. O ponto inicial é reconhecer e identificar essas características econômicas que os qualificam como sua própria classe de ativos. Acreditamos que isso pode ser feito avaliando-os com base em quatro critérios.

Como São Governados?

Assim como os países são governados, também são os ativos. Normalmente, há três camadas de governança para ativos de todos os tipos: os compradores do ativo, os detentores do ativo e o(s) órgão(s) regulador(es) que supervisionam o comportamento de compradores e detentores.

Por exemplo, um título típico é gerenciado pela empresa por trás dele, pelos acionistas da empresa e pela SEC como um supervisor regulatório.

Commodities de energia e seus derivativos associados, como petróleo e gás natural, são seguramente mais complexos. A governança dos compradores é, em geral, muito mais dispersa e global por natureza, assim como são os detentores de commodities físicas. Para os derivativos financeiros dessas commodities, nos EUA, a Comissão de Negociação de Contratos Futuros de Commodities (CFTC) oferece uma camada de coesão regulatória, quanto a SEC tem o mesmo papel que os ETFs, os fundos mútuos e outras estruturas de fundo que são compostas por esses ativos.

Moedas, uma classe de ativos um tanto controversa, também têm um perfil único de governança. Primeiro, um banco central controla sua distribuição, enquanto a população, os negócios globais e os credores internacionais frequentemente ditam a taxa de câmbio e o uso da moeda (embora uma nação controladora possa manipular esses cenários). Órgãos regulatórios variam em cada país, e há órgãos reguladores internacionais, como o Fundo Monetário Internacional, para o caso da moeda de um país cair em águas turbulentas.

Criptoativos aderem a um modelo de governança do século XXI exclusivo em relação a todas as outras classes de ativos e largamente inspirado pelo movimento de software open source. Os compradores do ativo e casos de uso associados têm três vertentes. Primeiro, um grupo de talentosos desenvolvedores de software decide criar o protocolo do blockchain ou a aplicação distribuída que utiliza um ativo nativo. Esses desenvolvedores aderem a um modelo de contribuição aberta, o que significa que, com o tempo, qualquer novo desenvolvedor pode entrar na equipe de desenvolvimento por mérito.

Porém, os desenvolvedores não são os únicos responsáveis por providenciar um criptoativo; eles apenas fornecem o código. As pessoas que possuem e mantêm os computadores que rodam o código — os mineradores — também têm a palavra no seu desenvolvimento, pois têm que baixar novas atualizações de software. Os desenvolvedores não podem forçar os mineradores a atualizarem o software. Em vez disso, devem convencê-los de que faz sentido para a saúde global do blockchain, e para a saúde econômica do minerador fazê-lo[7].

Além disso de desenvolvedores e mineradores, há um terceiro nível de governança entre os compradores: as empresas que oferecem serviços que fazem a ponte entre o criptoativo e o grande público. Essas empresas geralmente empregam alguns dos principais desenvolvedores, mas mesmo se não empregarem, podem impor uma influência significativa sobre o sistema se forem uma grande força por trás da adoção do usuário.

Depois dos três grupos de compradores, há os detentores ou os usuários finais que compram o criptoativo com propósitos de investimento ou para ganhar acesso à utilidade da arquitetura blockchain por trás dele. Esses usuários oferecem constantes feedbacks a desenvolvedores, mineradores e empresas, cujo interesse é ouvir, pois se os usuários pararem de usar o criptoativo, então a demanda diminuirá e o preço, também. Assim, os compradores são constantemente responsabilizados pelos usuários.

Por último, há um horizonte regulatório emergente para os criptoativos. No entanto, reguladoras ainda estão considerando exatamente como querem lidar com essa classe de ativos emergente.

Qual o Cronograma de Fornecimento?

O cronograma de fornecimento de um ativo pode ser influenciado por suas três camadas de governança, mas os compradores geralmente têm mais peso. Por exemplo, com títulos, há uma emissão inicial de ações por meio de uma oferta pública inicial (IPO). A IPO ajuda a direção da empresa por trás das ações a levantar dinheiro nos mercados de capitalização e ter uma exposição mais ampla da marca da empresa. A empresa pode continuar emitindo ações, por meio de compensação baseada em ações ou ofertas secundárias, mas se o fizerem em grandes quantidades, seus investidores podem se rebelar, pois sua participação na empresa estaria se diluindo.

Obrigações, por outro lado, são marcadamente diferentes de ações. Uma vez que uma empresa, o governo ou outra entidade emite uma obrigação, ela é um crédito sobre um montante fixo de débito. Não há negociação sobre o débito, exceto no caso de descumprimento. A mesma entidade pode emitir mais obrigações depois, mas a menos que essa emissão seja um indicador de dificuldades econômicas, geralmente uma emissão de obrigações *follow-on* terá pouco efeito sobre um conjunto anterior de obrigações emitidas.

Dependendo da commodity de energia, pode haver diversos cronogramas de fornecimento, embora quase todos sejam calibrados para equilibrar a oferta e a demanda do mercado e para evitar saturações que prejudiquem todos os compradores. Por exemplo, com o petróleo, há a famosa Organização dos Países Exportadores de Petróleo (OPEP), que tem um controle considerável sobre os níveis de fornecimento de petróleo.

Os bancos centrais que controlam o fornecimento de moedas têm ainda mais controle que a OPEP. Como o mundo testemunhou desde a crise financeira de 2008 e 2009, um banco central pode escolher emitir quanto dinheiro quanto quiser sob a forma de atenuação quantitativa. Isso é feito com mais frequência através de operações de mercado aberto, como a compra de volta obrigações emitidas pelo governo e outros ativos para injetar dinheiro na economia. A atividade do banco central pode levar a aumentos drásticos no fornecimento de moedas fiduciárias, como vimos com a moeda americana. A Figura 8.1 mostra uma comparação dos cronogramas de fornecimento do bitcoin, do dólar e do ouro[8].

Metais preciosos, há muito, têm sido valorizados por sua escassez e seu apelo estético, embora, como metais, sejam amplamente inferiores a outros metais mais comuns. Sua maleabilidade torna o seu uso impossível para suporte estrutural, pois podem ser facilmente deformados. Porém, devido a sua escassez e, agora, a sua aceitação quase universal como forma de beleza, são considerados um armazenamento de valor relativamente seguro. Note também que a Figura 8.1 revela que o fornecimento de ouro está em um cronograma inflacionário. Em outras palavras, a cada ano, mais ouro é retirado do solo em relação ao ano anterior, para a surpresa de muitos entusiastas do ouro.

Criptoativos, como o ouro, em geral são construídos para ter seu fornecimento escasso. Muitos serão ainda mais escassos que ouro e outros metais preciosos. O cronograma de fornecimento de criptoativos geralmente é medido matematicamente e configurado no código na gênese do protocolo ou da aplicação distribuída que o baseia.

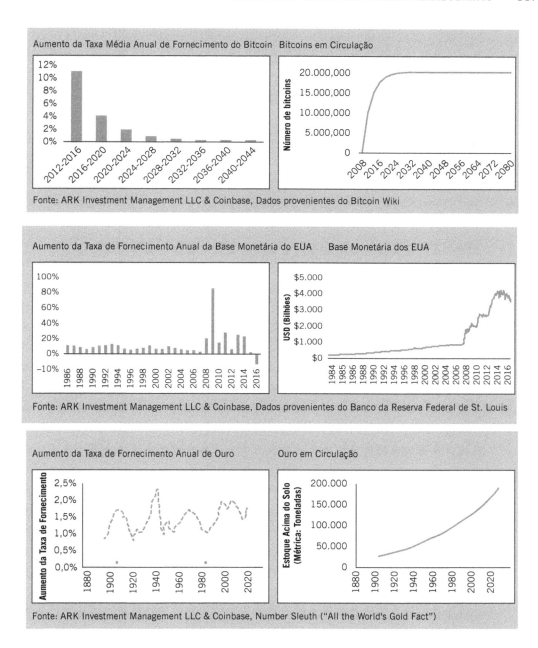

Figura 8.1 ■ Comparação do cronograma de fornecimento do bitcoin, do dólar americano e do ouro

O bitcoin será emitida até um máximo de 21 milhões de unidades em 2140, e chegará aí cortando a taxa de inflação de fornecimento a cada quatro anos. Atualmente, o cronograma de fornecimento está em 4% ao ano; em 2020, será reduzido para 2% ao ano e em 2024, cairá para 1% ao ano. Como discutido anteriormente, Satoshi criou o sistema dessa forma porque, inicialmente, precisava lançar o suporte para o Bitcoin, o que fez emitindo grandes quantidades da moeda para os primeiros colaboradores. Conforme o Bitcoin amadureceu, o valor de seu ativo nativo subiu, o que significa que menos bitcoins tiveram que ser emitidos para continuar a motivar as pessoas a contribuir. Agora que o Bitcoin tem mais de oito anos, ele oferece grande utilidade para o mundo além do investimento, o que incita a demanda. Com o tempo, praticamente nenhum bitcoin será emitido, mas o objetivo é que a rede seja tão grande então que todos os colaboradores serão suficientemente pagos através de comissões por transação, como com a Visa ou a MasterCard.

Muitos outros criptoativos seguem um modelo similar de emissão matemática, embora as taxas exatas sejam muito diferentes. Por exemplo, o Ethereum inicialmente planejou emitir 18 milhões de ethers por ano, em caráter perpétuo. O pensamento era que, conforme a base por trás do ether crescesse, esses 18 milhões de unidades se tornariam, crescentemente, uma pequena porcentagem da base monetária. A equipe do Ethereum está atualmente repensando essa estratégia de emissão devido a uma mudança intencional em seu mecanismo de consenso. Escolher mudar o cronograma de fornecimento de um criptoativo do plano na hora do lançamento é mais uma exceção do que a norma, embora, como a classe de ativos ainda é nova, não nos surpreende tal experimentação.

A equipe do Steemit seguiu uma política monetária muito mais complicada em sua plataforma, composta por steem (STEEM), steem power (SP) e steem dollars (SMD). A equipe fundadora inicialmente escolheu o STEEM para aumentar o fornecimento em 100% ao ano. Embora tenham incorporado uma inovação que reduziria o total de unidades em circulação periodicamente dividindo-o para combater números escandalosamente altos, eles rapidamente descobriram que mesmo essa modificação não seria suficiente para evitar a taxa de inflação insustentavelmente alta e a desvalorização da plataforma. Eles também escolheram modificar sua política monetária pós-concepção.

O Steemit é um exemplo do porquê investidores inovadores devem analisar a política monetária de uma plataforma para se assegurar de que ela faz sentido economicamente e evitar ser pego em uma situação similar à da bolha do STEEM, que detalharemos no Capítulo 10. Conforme cada criptoativo individual amadurece, esperamos que a política monetária se solidifique dentro de sua intenção matematicamente medida.

Como São Usados?

A governança e os cronogramas de fornecimento têm um papel importante nos casos de uso de um ativo. Para títulos e obrigações, os casos de uso são evidentes. Títulos permitem a uma empresa levantar capital dos mercados de capitalização através da emissão de ações, enquanto obrigações permitem levantar capital através da emissão de dívidas. Moedas também são claras em seus casos de uso, servindo como meio de troca, armazenamento de valor e unidade de conta.

É com as commodities que os casos de uso podem se tornar mais diversos. Os casos de uso para metais e agentes semicondutores mudam conforme a tecnologia progride. Por exemplo, o silício já foi um elemento esquecido, mas com a era dos semicondutores, tornou-se vital, possivelmente fazendo com que o vale mais inovativo do mundo ganhasse seu nome (embora não haja silício físico para ser retirado do solo lá).

Criptoativos podem se equiparar ao silício. Entraram em cena devido à ascensão da tecnologia, e seus casos de uso aumentarão e mudarão conforme a tecnologia evolui. Atualmente, o bitcoin é o mais evidente, com seu caso de uso sendo o de uma moeda global descentralizada. O ether é mais flexível, pois desenvolvedores usam-no como combustível computacional dentro de um computador mundial descentralizado. O augur facilita a previsão de mercados em um sistema descentralizado, economicamente recompensando (ou punindo) indivíduos por contar a verdade (ou mentiras).

Então há os mercados comerciais, que negociam 24 horas por dia, 7 dias por semana, 365 dias por ano. Estes mercados globais e eternamente abertos também diferenciam criptoativos dos outros ativos discutidos aqui.

Em resumo, os casos de uso para criptoativos são mais dinâmicos que para qualquer classe de ativos preexistente. Além disso, já que foram trazidos ao mundo e controlados por softwares open source, não há limites para sua capacidade de evolução.

Qual a Base de Valor?

Como Greer mencionou em sua definição de superclasses, ativos de capital como títulos e obrigações são valorizados com base no valor presente líquido (VPL) de todos os fluxos de caixa futuros. Com valor presente líquido, Greer refere-se à ideia de que um dólar amanhã vale menos que um dólar hoje. Por exemplo, se um investidor puser

US$100 em uma poupança e tiver um retorno anual de 5% (nos dias de ouro), então em um ano aqueles US$100 valerão US$105. Dessa forma, investidores querem os US$100 hoje ou os US$105 daqui a um ano, mas não querem os US$100 daqui a um ano, ou terão, efetivamente, perdido dinheiro.

Ativos C/T são precificados pelas dinâmicas de oferta e demanda do mercado, assim como são os ativos de armazenamento de valor líquido, como moedas. Porém, deve ser notado, para moedas, que a governança da nação emissora pode interferir na taxa de câmbio, e daí, na base de valor da moeda. Ativos de valor, como obras de arte, são os mais difíceis e subjetivos para avaliar pois, em geral, a beleza está nos olhos de quem vê.

Criptoativos têm dois condutores para sua base de valor: utilidade e especulação.

Unidades digitais de bitcoins não existem além de resultados de transações não utilizadas — ou créditos — no blockchain do bitcoin. Assim, uma porção significativa da base de valor é o que o blockchain por trás permite aos usuários dos ativos fazer; em outras palavras, a utilidade de valor do bitcoin.

Utilidade de valor refere-se a para quê o blockchain subjacente é usado e, assim, qual é a demanda para o seu ativo. Por exemplo, o blockchain do bitcoin é usado para transacionar bitcoins; portanto, muito do valor é induzido pela demanda para usar bitcoins como meio de troca. Da mesma forma, o bitcoin pode ser usado como armazenamento de valor, então uma porcentagem do bitcoin em circulação é reivindicada para este caso de uso. Todos esses casos de uso temporariamente amarram o bitcoin, tirando-o do fornecimento de bitcoins em circulação. Quanto mais pessoas quiserem usar bitcoins, mais terão que pagar para ter acesso a eles.

Acima da utilidade de valor, há o valor especulativo para um criptoativo. Já que todos os criptoativos têm menos de uma década de vida, ainda há muito a ver em relação a como cada um vai se desenvolver, e é aí que o valor especulativo entra em cena.

O valor especulativo é influenciado pelas pessoas que tentam prever o quão amplamente usado será um criptoativo no futuro. É similar a empresas recém negociadas publicamente, para as quais muito de seu valor de mercado é baseado no que os investidores esperam da empresa no futuro. Como resultado, o múltiplo de vendas no qual a empresa é avaliada é muito maior que o múltiplo de vendas no qual uma empresa mais madura será negociada. Por exemplo, uma empresa jovem e de crescimento rápido com US$100 milhões em receita pode valer US$1 bilhão, enquanto uma empresa muito mais antiga que cresce pouco pode ter US$500 milhões em vendas e também valer US$1 bilhão. Para essas duas empresas, a mais jovem tem maior especulação dos investidores sobre o fluxo de caixa futuro da empresa, fomentada por quanto ela vale, enquanto para a empresa mais atinga, investidores valorizam-na de forma muito mais próxima de sua situação de receita atual, pois sabem mais ou menos o que ganharão indo em frente.

Com criptoativos, muito do valor especulativo pode ser derivado da equipe desenvolvedora. As pessoas têm mais fé que um criptoativo será amplamente adotado se for criado por uma equipe desenvolvedora talentosa e focada. Além disso, se a equipe tiver uma grande visão para o uso disseminado do criptoativo, então pode aumentar o valor especulativo do ativo.

Figura 8.2 ■ Comparação do preço do bitcoin com a sua utilidade de valor
Fonte: https://medium.com/@PanteraCapital/bitcoin-continues-exponential-growth-in-2016-blockchain-letter-february-2017-9445c7d9e5a2 (em inglês)

Conforme cada criptoativo amadurece, isso convergirá em sua utilidade de valor. Neste momento, o bitcoin é o mais avançado na transição do suporte do preço especulativo ao suporte do preço de utilidade, pois está em cena há mais tempo e as pessoas estão usando-o regularmente para seus casos de uso de utilidade previstos. Por exemplo, em 2016, US$100 mil em bitcoins foram transacionados a cada minuto, o que cria uma demanda real para a utilidade do ativo além de sua demanda de negociação. Uma grande ilusão do suporte de preço do bitcoin estar crescentemente ligado à utilidade veio da Pantera Capital, uma respeitada empresa de investimentos exclusivamente focada em criptoativos e tecnologia. Na Figura 8.2, podemos ver que em novembro de 2013, o valor especulativo do bitcoin disparou além de seu valor de utilidade, o que é representado aqui pelas transações por dia usando o blockchain do Bitcoin (CAGR é a taxa composta de crescimento anual).

O valor especulativo diminui conforme um criptoativo amadurece, pois há menos especulação em relação aos mercados futuros nos quais o criptoativo entrará. Isso significa que as pessoas entenderão mais claramente qual demanda para o ativo parece estar indo em frente. Quanto mais jovem o criptoativo, mais seu valor será induzido pelo valor especulativo, como mostrado na Figura 8.3. Enquanto esperamos os criptoativos se fortalecerem em seus casos de uso primários ao longo do tempo, especialmente conforme se tornam grandes sistemas que suportam quantias significativas de valor, sua natureza open source abre a possibilidade de que serão puxados a buscar novos casos de uso tangenciais, o que, novamente, pode adicionar valor especulativo ao ativo.

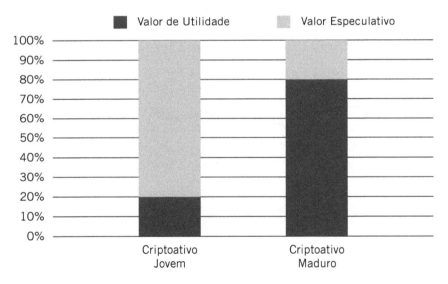

Figura 8.3 ■ O amadurecimento de um criptoativo do valor especulativo ao valor de utilidade

É difícil estimar valor especulativo em mercados jovens, e pode ser perigoso brincar com ele, pois, em geral, apenas alguns poucos investidores têm uma boa base para o futuro do valor do ativo, enquanto o resto segue o movimento do mercado.

Benjamim Graham usa um exemplo famoso em seu clássico livro sobre investimento, *O investidor inteligente*, no qual personifica o mercado como Sr. Mercado, que é propenso a oscilações de humor entre sombrio e entusiasmado. Quando o Sr. Mercado está sombrio, ele joga ativos para todo lado, avariando seu valor abaixo de seu valor de utilidade. Quando o Sr. Mercado está entusiasmado, pagará quase qualquer preço por ativos, levando-os a um preço bem acima de seu valor de utilidade, com grandes prêmios especulativos. O Sr. Mercado é uma representação ficcional do movimento das massas, e Graham sugere que investidores façam seu trabalho fundamental no ativo e daí ignorem as mudanças de humor do Sr. Mercado. Falando no Sr. Mercado, vamos discutir como o comportamento de mercado de criptoativos evolui com o tempo.

Capítulo 9

A Evolução do Comportamento de Mercado dos Criptoativos

No capítulo anterior, discutimos o que diferencia as classes de ativos umas das outras. Identificamos as características econômicas, a liquidez e perfis de volume de negociação e o comportamento de mercado como diferenciadores centrais. As características econômicas cobertas no Capítulo 8 são muito bem definidas no lançamento de um ativo, embora quaisquer características econômicas determinadas do criptoativo possam evoluir mais que as de uma ação, e certamente mais que as de uma obrigação, dada a natureza de seu software open source.

Indiscutivelmente, a liquidez e os perfis de volume de negociação, com o comportamento de mercado de uma classe de ativos — e exemplos individuais dentro de uma classe de ativos —, amadurecem consideravelmente com o tempo. Por exemplo, em 1602, quando a Companhia Holandesa das Índias Orientais tornou-se a primeira empresa a emitir ações[1], as cotas eram extremamente ilíquidas. Na primeira emissão, não existia nem mercado de ações, e era esperado que compradores mantivessem as cotas por 21 anos, período de tempo concedido à companhia pelo estatuto da Holanda para negociações na Ásia. Entretanto, alguns investidores queriam vender suas cotas, talvez para liquidar débitos, e então um mercado informal para as ações (o primeiríssimo mercado de ações) desenvolveu-se na Casa das Índias Orientais de Amsterdã. Conforme mais empresas de títulos de capital coletivo foram fundadas, este local informal cresceu, e foi formalizado depois como a Bolsa de Valores de Amsterdã, a mais antiga bolsa de valores "moderna" do mundo[2]. Apesar de a estrutura das cotas da Companhia Holandesa das Índias Orientais não ter mudado muito, sua liquidez de mercado e seu volume de negociação mudou consideravelmente.

De maneira similar, quando o bitcoin, o primeiro criptoativo, então criptoanálogo à Companhia Holandesa das Índias Orientais, foi "emitido" através do processo de mineração, não havia mercado para transacioná-lo ou negociá-lo. Durante grande parte de 2009, não houve quase nenhuma transação de bitcoins, embora um novo lote de 50 bitcoins fosse cunhado a cada 10 minutos. Apenas em outubro de 2009 foi registrada a primeira transação de bitcoins para o dólar americano: 5.050 bitcoins por US$5,02, pagos via PayPal[3]. Essa transação foi enviada por um dos primeiros proselitistas do bitcoin, Martti Malmi, para um indivíduo usando o nome *NewLibertyStandard*, que estava tentando estabelecer o primeiro espaço consistente de troca do mundo entre bitcoins e o dólar americano[4].

Dizer que isso foi uma troca no sentido da palavra que conhecemos hoje seria um exagero. A tentativa de *NewLibertyStandard* de criar um espaço de troca para o bitcoin foi esparsamente ocupada e ilíquida, embora a ideia estivesse lá. Apenas no verão de 2010, um formidável espaço de troca surgiu. Em resumo, os mercados de bitcoins levaram tempo para serem desenvolvidos, assim como para ações ou qualquer outra classe de ativos.

O ativo pode permanecer o mesmo, mas o funcionamento dos mercados em torno dele e a maneira como o ativo muda de mãos pode variar consideravelmente. Por exemplo, atualmente, os mercados de obrigações estão passando por mudanças significativas, pois uma quantidade surpreendente de negociações de obrigações ainda são feitas em um "mercado de voz e papel", no qual negociações são feitas por instituições ligando umas para as outras e papel tangível é processado. Isso torna o mercado de obrigações mais ilíquido e nebuloso que o mercado de ações, no qual a maioria das transações é feita quase inteiramente de maneira eletrônica. Com a crescente onda de digitalização, os mercados de obrigações estão se tornando crescentemente líquidos e transparentes. O mesmo pode ser dito sobre mercados de commodities, arte, vinhos finos e daí em diante.

Os criptoativos têm uma vantagem inerente em sua liquidez e perfil de volume de negociação, porque são nativos digitais. Como nativos digitais, os criptoativos não têm forma física, e podem ser movidos tão rapidamente quanto a internet pode mover os 1s e os 0s que transferem a propriedade. A rapidez com a qual criptoativos podem ser movidos separa-os de outras classes de ativos — especialmente ativos alternativos, como arte, mercado imobiliário e vinho finos —, e deve permitir mais mercados líquidos muito mais cedo no desenvolvimento de sua história.

Correlações entre ativos também são relevantes na evolução de uma classe de ativos. Lembre-se do Capítulo 6, que a correlação refere-se aos preços dos ativos movendo-se juntos. Com a globalização dos mercados, correlações cresceram largamente, pois economias nacionais estão sempre atreladas. Muitos ainda correm para o ouro em períodos de risco, quando querem algo seguro em relação à mentalidade de negociação nos mercados de obrigações e títulos.

Em abril de 2017, o valor agregado de rede para os criptoativos era tão pequeno em uma base relativa, armazenando menos de US$30 bilhões em valor, que ainda foi preciso penetrar em grupos de investidores de capital mais tradicionais. Embora esteja crescendo em um ritmo incrível, a separação entre mercados de criptoativos e grupos de investidores de capitais tradicionais ainda é o cenário mais comum. Como resultado, os criptoativos atualmente têm uma correlação pequena com ativos tradicionais. Porém, cada vez mais vemos sinais de correlação entre o bitcoin e mercados de capitais mais amplos (seja correlação positiva ou negativa), o que faz sentido, pois o bitcoin é o criptoativo mais bem estabelecido, e provavelmente será o primeiro no qual investidores tradicionais se aventurarão.

Com o tempo, esperamos correlações crescentes (mais uma vez, positivas ou negativas) entre criptoativos e outras classes de ativos, conforme a sobreposição de entidades que usam esses investimentos cresce. A transição de uma classe de ativos emergente para uma classe de ativos madura envolve ser aceita pelos mercados de capital mais amplos.

É crucial para o investidor inovador entender a liquidez e os perfis de volume de negociação dos criptoativos e como eles mudam conforme amadurecem. Dados o status e a estabilidade do bitcoin, começaremos aqui. Então, para comparação, puxaremos exemplos relevantes de outros principais criptoativos por mercado de capitalização, como ether, dash, ripple, monero e litecoin.

A LIQUIDEZ E O PERFIL DE VOLUME DE NEGOCIAÇÃO DO BITCOIN

A liquidez do bitcoin aumentou drasticamente com o tempo, e o número de plataformas de negociação cresceu apenas a partir do Mt. Gox, em julho de 2010, para mais de 40 no início de 2017[5]. Da mesma forma, os livros de ofertas de plataformas de negociação individuais amadureceram. Por exemplo, considere que no primeiro dia que o Mt. Gox negociou bitcoins, apenas 20 foram negociadas, em um valor total de 99 centavos. No dia de abertura, o Mt. Gox tinha um livro de ofertas extremamente fino. Agora, sites como o Bitcoinity.org oferecem métricas como "Difusão de 100

BTC [%]", mostrando o quanto o preço do bitcoin se movimentaria em diferentes plataformas de negociação se 100 bitcoins fossem comprados[6].

Bitcoin exchanges

	Name	Rank	Volume [BTC]	Spread [%]	Spread 10 BTC[%]	Spread 100 BTC [%] ▲	Volatility (stddev)	Trades per minute
1	lakeBTC	189	83,761	0.13	0.17	0.25	1.44	6.66
2	Bitfinex	6,025	425,505	0.03	0.11	0.54	1.56	6.53
3	Gemini	777	72,553	0.05	0.12	0.66	1.24	1.22
4	ItBit	3,060	73,374	0.10	0.25	0.77	1.30	0.94
5	Bitstamp	3,627	195,757	0.08	0.20	0.93	1.57	4.09
6	GDAX	1,766	159,044	0.03	0.19	1.02	1.42	9.09
7	BTC-e	2,195	160,654	0.13	0.45	1.26	1.81	8.40
8	Bit-x	698	97,547	0.43	0.68	1.45	2.33	2.22
9	Kraken	796	59,676	0.19	0.41	1.77	1.81	1.56

Figura 9.1 ■ Comparando o efeito que a compra de 100 bitcoins tem nos preços em diferentes câmbios
Fonte: Reprodução de captura de tela do Bitcoinity.org

Na Figura 9.1, vemos que há cinco bolsas nos quais posicionar uma negociação de 100 bitcoins (na época, valendo aproximadamente US$100 mil) não movimentaria o preço mais que 1% — e isso era apenas para os livros de ofertas dominados pelo dólar americano. Como pode ser visto na aba superior direita, qualquer um pode comparar livros de ofertas para diferentes pares de moedas, como yuan chinês, iene, euro, entre outras.

Uma maior liquidez é criada a partir de mais atividades de negociação, pois há mais pessoas comprando e vendendo bitcoins. Os volumes de negociações globais cresceram exponencialmente desde a abertura do Mt. Gox[7]. Em 5 de janeiro de 2017, a atividade de negociação do bitcoin bateu mais de US$11 bilhões e o bitcoin chegou a US$1 mil a moeda pela segunda vez em sua história (veja a Figura 9.2).

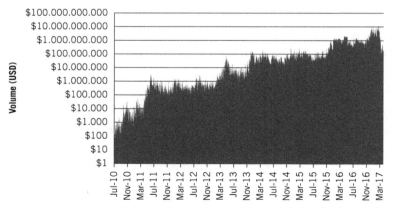

Figura 9.2 ■ Histórico do volume de negociação do bitcoin
Dados provenientes do CryptoCompare

Assim como a negociação de títulos evoluiu de um local informal em Amsterdã para a negociação de centenas de bilhões de dólares diariamente em câmbios por todo o mundo, o bitcoin também evoluiu. Agora temos dezenas de câmbios negociando globalmente centenas de milhões a bilhões de dólares diariamente. Esse aumento no volume de negociação é em função do interesse crescente, que levou ao amadurecimento de mercados de bitcoins.

A EVOLUÇÃO DOS VOLUMES DE NEGOCIAÇÃO DE CRIPTOATIVOS

Outros criptoativos mostram tendências similares conforme amadurecem, mas por serem mais jovens que o bitcoin, sua variabilidade em volume e liquidez é maior. Por exemplo, em 2016, o Monero experimentou um aumento considerável em notoriedade — muito porque seus recursos de privacidade começaram a ser utilizados por um mercado negro muito conhecido[8] —, o que fez disparar sua média de volume de negociação. Em dezembro de 2015, o volume diário para o ativo era de US$27.300, mas em dezembro de 2016 era de US$3,25 milhões, um aumento muito superior a cem vezes. O preço do ativo havia aumentado mais de 20 vezes no mesmo período, mas claramente, grande parte foi devido ao crescente interesse e à atividade de negociação do ativo. A Figura 9.3 mostra o histórico do volume de negociação do monero.

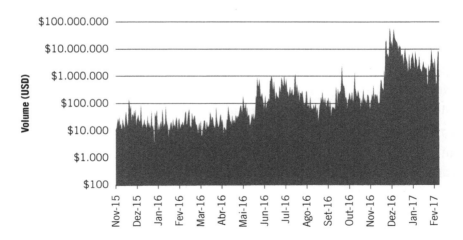

Figura 9.3 ■ Histórico de volume de negociação do monero
Dados provenientes do CryptoCompare

Em graus variados, ether, dash, litecoin, ripple e outros criptoativos mostraram aumentos parecidos no volume de negociação conforme amadureciam. Muitos criptoativos experimentarão esse crescimento significativo nos volumes de negociações após uma apreciação considerável dos preços, pois um ativo em ascensão chama a atenção de mais investidores e negociadores. Tal padrão é facilmente visível no monero na Figura 9.3. No entanto, uma vez que o criptoativo sossega em uma faixa de preço, seu volume de negociação, em geral, também sossegará em uma nova faixa. Alguns negociadores de criptoativos procurarão aumentos de volume como um indicador inicial de que o interesse está crescendo e de que uma mudança no preço do ativo pode estar no horizonte.

Independentemente de se os negociadores estão certos ou não, interesse, volume de negociação e liquidez de mercado crescentes apontam o amadurecimento de um criptoativo. Se sustentados, todos esses são bons indicadores de saúde para o investidor inovador prestar atenção. Se, no entanto, o aumento no volume de negociação parecer muito exorbitante e houver poucas informações sobre o porquê, então há razão para ficar atento. Como cobriremos nos próximos dois capítulos sobre especulação, às vezes, volumes que aumentam muito e muito rápido podem ser um sinal de manipulação ou de mercados superaquecidos.

O IMPACTO REGULATÓRIO NA LIQUIDEZ DE MERCADO

Embora o investidor inovador possa, em geral, esperar que ativos com valor real amadureçam e cresçam em liquidez e negociações ao longo do tempo, fatores externos que impactam mercados podem reduzir significativamente o volume de negociação. Os investidores tornam-se inconstantes e, às vezes, a regulação pode, forçosamente, acabar com o entusiasmo excessivo. O que ajuda um ativo nesses períodos difíceis é a diversidade e a profundidade dos pares de troca e negociações oferecidas globalmente.

Em 6 de janeiro de 2017, um dia após o bitcoin atingir o volume de negociação mais alto de todos os tempos, de US$11 bilhões em um dia, e ultrapassar a marca de US$1 mil a moeda pela segunda vez em sua vida, o Banco Popular da China (PBC) anunciou que estava analisando negociações de bitcoins em plataformas de negociação chinesas[9]. Pouco depois, o PBC decretou novas regulamentações para a negociação de bitcoins em câmbios do país, incluindo a redução da margem de negociação, a exigência de comissões sobre negociações e a necessidade de protocolos mais vigorosos antilavagem de dinheiro e "conheça seu cliente". Todas essas exigências eram compreensíveis e ajudaram a legitimar o bitcoin, mas levaram a uma queda notável no volume de negociação chinês, que durante boa parte de 2016 ainda era mais de 90% dos volumes de negociação do mundo em bitcoins[10].

A China era responsável por mais de 90% de todo o volume de negociação no mundo, e agora o PBC estava impondo restrições a essa atividade. A situação era estranhamente similar ao incidente do fim de 2013, quando o PBC lançou novos regulamentos depois de o bitcoin ultrapassar a marca de US$1 mil pela primeira vez[11]. O preço do bitcoin despencou, então, e continuou a cair por mais de um ano; muitos temeram que o mesmo acontecesse depois da ação do PBC em 2017. Embora o preço tenha caído precipitadamente no início, dentro de um mês ele havia se recuperado, e em pouco tempo voltaria às altas de sempre. Essa foi uma reação muito diferente de 2013.

A resiliência do preço do bitcoin em 2017, comparada ao impacto no preço em 2013, revela uma lição valiosa para o investidor inovador sobre a importância dos volumes de negociação, da diversidade de câmbio e da diversidade dos pares. Em dezembro de 2013, a média dos volumes de negociação era de US$60 milhões, enquanto, em dezembro de 2016, a média era de US$4,1 bilhões. Logo, havia uma profundidade de mercado significativamente maior no anúncio do PBC em 2017 do que havia em 2013. Além disso, em 2013 a negociação de bitcoins ocorria em um número muito mais limitado de câmbios (a maior atividade era no Mt. Gox). A diversidade nos pares de moedas não era nem de perto tão robusta, tanto para moedas fiduciárias quanto para outros criptoativos.

Em 2017, o bitcoin conseguiu se recuperar rapidamente porque a liquidez de mercado, a diversidade de câmbios e a opcionalidade de pares de negociação chegaram com força. Como resultado, quando o PBC anunciou seu regulamento, muitos outros investidores e negociadores fora da China aproveitaram a deixa, o que levou a uma inversão no mercado de ações de moedas fiduciárias usadas para negociar bitcoins, como mostrado na Figura 9.4. A porcentagem de yuans chineses no mercado de ações caiu de mais de 90% para menos de 10%.

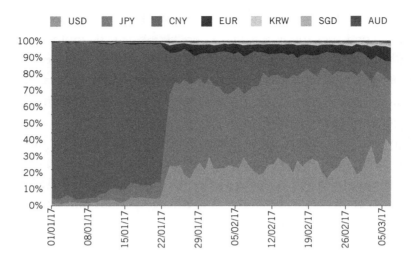

Figura 9.4 ■ Cota do volume de negociação do bitcoin em vários pares de moeda, com destaque para a queda da cota de yuans chineses em janeiro de 2017
Dados provenientes do CryptoCompare

O crescimento na negociação de dólares e ienes por bitcoins foi dramático depois de 22 de janeiro de 2017. Os negociadores de bitcoin não foram abalados pelas regulações chinesas por muito tempo, e o aumento dos investimentos nos Estados Unidos e no Japão preencheu o vácuo e sustentou o preço do bitcoin.

A DIVERSIDADE DE PARES DE NEGOCIAÇÃO COMO SINAL DE MATURIDADE PARA CRIPTOATIVOS

Equilibrar a diversidade de plataformas e os pares de negociação é importante para a robustez de qualquer ativo, incluindo criptoativos. Aprendendo com a confiança do bitcoin em pouquíssimas moedas e câmbios logo no início de sua vida, podemos agora seguir para a diversidade de pares de negociação de outros criptoativos, especialmente em relação a pares de moedas fiduciárias.

Pares de moedas fiduciárias são particularmente importantes porque exigem uma integração significativa com infraestruturas financeiras preexistentes. Devido aos altos níveis de conformidade exigidos, apenas um pequeno número de câmbios de criptoativos oferecem a capacidade de aceitar moedas fiduciárias ou conectar-se às contas bancárias dos investidores. Esses câmbios, como Bitstamp, GDAX, itBit, Gemini, Kraken e alguns outros, estão hesitantes em oferecer acesso a todos os criptoativos, pois não querem encorajar a negociação daqueles que não são reconhecidos. Devido a sua cautela, é um selo de aprovação para um criptoativo ser adicionado às suas plataformas.

O ether do Ethereum oferece um estudo sobre como câmbios que incluem um criptoativo podem aumentar a diversidade dos pares de negociação usados para comprar o ativo. Se nossa hipótese sobre a importância de moedas fiduciárias na negociação de criptoativos se sustentar, então conforme um ativo amadurece e se legitima, ele deve ter maior diversidade em seus pares de negociação, com crescimento particularmente forte em moedas fiduciárias usadas para comprar o ativo.

Esse certamente tem sido o caso com o ether. Na Figura 9.5, podemos ver que, ao longo de 2016, a diversidade nos pares de negociação usados para comprá-lo aumentou significativamente. O dólar, em particular, mostrou força, e moedas fiduciárias, em geral, cresceram de menos de 10% do volume de negociação do ether na primavera de 2016 para quase 50% na primavera de 2017.

Encorajamos o investidor inovador a monitorar o crescimento da diversidade de pares de negociação como uma maneira de verificar a crescente robustez e o amadurecimento de um único criptoativo dentro da classe de ativos mais ampla. O CryptoCompare.com é uma boa ferramenta para identificar essas tendências.

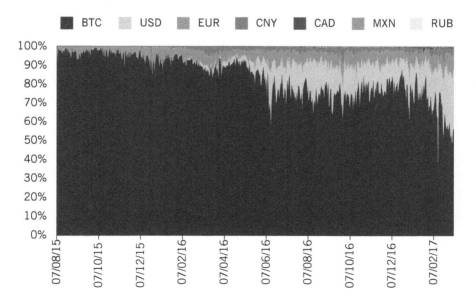

Figura 9.5 ■ O aumento na diversidade de pares de negociação do ether e o uso de acessos fiduciários
Dados provenientes do CryptoCompare

REDUÇÃO DA VOLATILIDADE CONFORME UM CRIPTOATIVO AMADURECE

Maiores volumes de negociações, liquidez, diversidade de câmbios e dos pares de negociações, todos levam a mais resiliência no mercado. O criptoativo está mais apto a absorver choques sem oscilações de preço severas — ou, pelo menos, com oscilações de preços que estão diminuindo em severidade ao longo do tempo —, o que se traduz na redução da volatilidade.

Devemos esperar ver uma volatilidade decrescente em criptoativos quando traçamos essa volatilidade ao longo do tempo. Como já cobrimos a volatilidade decrescente do bitcoin no Capítulo 7, exibiremos outros criptoativos aqui. As Figuras 9.6, 9.7 e 9.8 mostram a volatilidade do ether, do ripple e do monero ao longo do tempo. As figuras a seguir foram feitas usando dados do CryptoCompare, que oferece gráficos similares para outros criptoativos[12].

Dessas tendências, podemos inferir que essa volatilidade em declínio é um resultado do maior amadurecimento no mercado. Certamente, a tendência não é uma linha reta, e há consideráveis obstáculos no caminho. Por exemplo, o monero teve um pico de volatilidade no fim de 2016 porque experimentou um significativo aumento de preço. Isso mostra que a volatilidade não é apenas associada a um preço em queda, mas também a preços em disparada. A tendência geral, contudo, é de redução na volatilidade (embora não mostrados nas figuras a seguir, o segundo e o terceiro trimestres de 2017 foram bastante voláteis para os criptoativos, enfatizando que aquela volatilidade decrescente não se desdobrará em uma linha reta).

Figura 9.6 ■ A queda diária da volatilidade do ether
Dados provenientes do CryptoCompare

A EVOLUÇÃO DO COMPORTAMENTO DE MERCADO DOS CRIPTOATIVOS   135

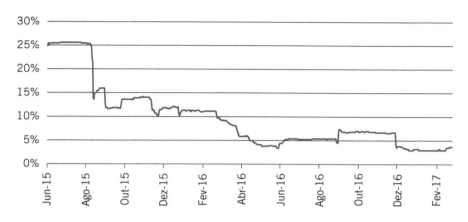

Figura 9.7 ■ A queda diária da volatilidade do ripple
Dados provenientes do CryptoCompare

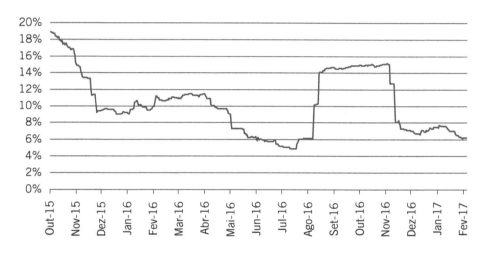

Figura 9.8 ■ A queda diária da volatilidade do monero
Dados provenientes do CryptoCompare

Na Figura 9.9, comparamos a volatilidade do bitcoin, do ether e do dash desde o fim de 2015. O bitcoin tem a volatilidade mais baixa porque seus mercados são os mais líquidos e ele tem a maior diversidade de suporte de diferentes câmbios e pares de negociação de ativos. Embora o bitcoin tenha sustentado sua baixa volatilidade, o ether diminuiu consideravelmente, e o dash variou bastante. Incluímos o dash pois supomos que ele continuará a ter problemas com volatilidade ao longo do tempo. Embora esteja ganhando aceitação, o que deve diminuir sua volatilidade, sua arquitetura de software cria um problema de liquidez, exigindo *masternodes* (entidades similares aos mineradores, mas exclusivos da arquitetura do Dash) para bloquear uma grande quantidade do dash em circulação. Tal exigência impede a liquidez dos mercados do dash, assim tornando os mercados mais propensos à volatilidade.

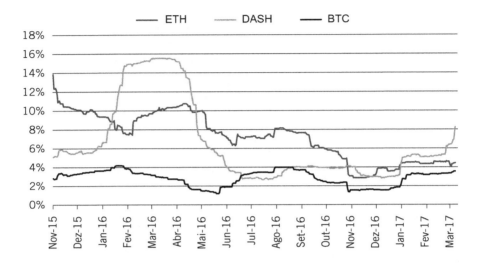

Figura 9.9 ■ Volatilidade diária do bitcoin, do dash e do ether
Dados provenientes do CryptoCompare

Curiosamente, só porque um ativo tem um rápido aumento de preço não significa que isso vá acontecer de maneira volátil. Por exemplo, ao longo de 2016, o bitcoin mais que dobrou de preço, mas caiu em volatilidade. Seus ganhos diários e perdas ocasionais foram próximos o suficiente da média para não serem registrados como excessivamente voláteis. Tal comportamento pode indicar que grandes negociadores estão tomando posição em um ativo; com frequência, eles estimam o quanto estão movimentando o preço de um ativo e asseguram-se não o fazer tão acima de uma determinada porcentagem. Dessa maneira, a volatilidade é minimizada e uma grande posição é lentamente atenuada ao longo de uma série de dias, semanas ou meses.

Conforme esses ativos amadurecem e sua volatilidade diminui, lembre-se de que isso pode ajudar a aumentar o índice de Sharpe. Lembre-se de que já que o índice de Sharpe é a divisão dos retornos absolutos[13] pela volatilidade, se a volatilidade diminui, então os retornos não precisam ser estupendamente bons para que o índice de Sharpe ainda seja um destaque.

COMPORTAMENTO DE MERCADO: CORRELAÇÕES

Conforme uma classe de ativos começa a emergir, ela não será correlacionada aos mercados de capitais mais amplos porque não há muita sobreposição entre adotantes iniciais do ativo e investidores do mercado de capitalização mais amplo. Isso é exatamente o que vimos com o bitcoin quando ele foi inventado e era conhecido apenas por um pequeno grupo central de desenvolvedores e adotantes (veja a Figura 9.10).

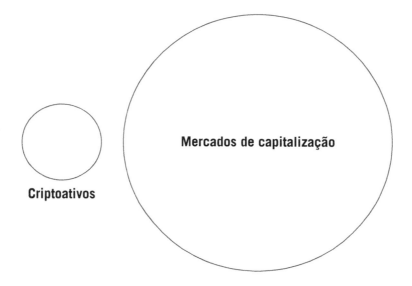

Figura 9.10 ■ Criptoativos como uma classe de ativos emergente

Na época, com uma sobreposição mínima entre o bitcoin e os investidores do mercado de capitalização, a correlação do bitcoin com outras classes de ativos comuns estava perto de zero; eventos que movimentaram os mercados de capitais mais amplos não tiveram efeito no bitcoin, e vice-versa (veja a Figura 9.11).

Conforme o uso do bitcoin cresceu, sua fama acompanhou. Agora, ele é rotineiramente discutido em publicações como *Wall Street Journal*, *New York Times* e *Forbes* quase toda semana. Como resultado, não apenas ele se tornou parte da discussão, também tornou-se um veículo de investimento para um público maior dentro dos mercados de capitais mais amplos[14]. Uma representação gráfica do alcance aumentado dos criptoativos pode ser vista na Figura 9.12.

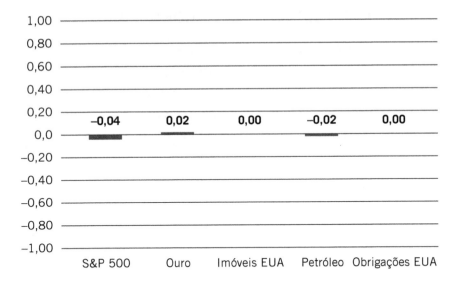

Figura 9.11 ■ A média da correlação contínua do bitcoin com outros grandes ativos em 30 dias, de janeiro de 2011 a janeiro de 2017

Dados provenientes do Bloomberg e do CoinDesk

Figura 9.12 ■ Criptoativos como uma classe de ativos madura

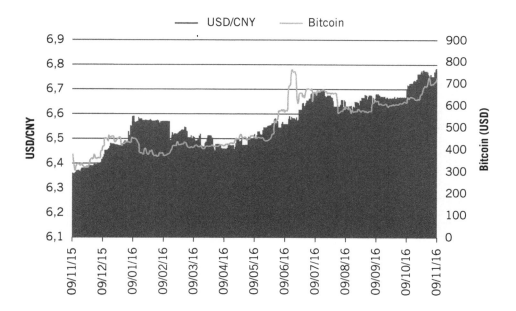

Figura 9.13 ■ Histórico do preço do bitcoin em relação à desvalorização do yuan chinês

Fonte: https://www.washingtonpost.com/news/wonk/wp/2017/01/03/why-bitcoin-just-had-an-amazing-year/?utm_term=.64a6cfdf7398

A crescente aceitação do bitcoin entre investidores de mercados de capitais explica por que aumentaram as notícias de que ele poderia ser prejudicial para outros mercados, como o Brexit, a surpreendente vitória de Trump nas eleições nos Estados Unidos e a desvalorização do yuan chinês[15]. Apesar das muitas intervenções do PBC, cidadãos chineses usaram bitcoins para se proteger contra a erosão no valor de sua moeda nacional. A Figura 9.13 tem a chave para inferir tal comportamento. Do lado esquerdo da figura, o eixo y mostra o número de yuans chineses necessários para comprar um dólar. Conforme este número cresce, o valor do yuan chinês diminui, pois mais yuans são necessários para comprar um dólar. Do lado direito, o preço do bitcoin é mostrado. Conforme diminui o valor do yuan, o preço do bitcoin aumenta. Tal correlação implica a propensão das pessoas a comprar bitcoins para se proteger de uma maior desvalorização do yuan.

Embora esperemos ver o bitcoin tornar-se crescentemente correlacionado — seja positivamente ou negativamente — com outras classes de ativos amplamente usadas, conforme novos criptoativos nascem, provavelmente terão uma correlação de baixa a zero com outros mercados de capitais mais amplos. No melhor dos casos, o que mostrarão será alguma forma de correlação com o bitcoin, por ser da mesma classe de ativos. Deve ser esperado que exemplos dentro de uma classe de ativos se movimentarão da mesma forma. Por exemplo, levando à decisão sobre o ETF do Winklevoss bitcoin em 10 de março de 2017, o bitcoin tornou-se crescentemente correlacionado ao litecoin (veja a Figura 9.14).

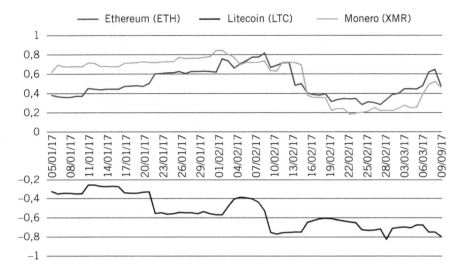

Figura 9.14 ■ Correlação do bitcoin com o ether, o litecoin e o monero, levando à rejeição da SEC do ETF do Winklevoss
Dados provenientes do CryptoCompare

Já que o litecoin é um derivativo próximo do bitcoin, investidores provavelmente se preocupam se as pessoas rotacionariam do litecoin para o bitcoin se o ETF do bitcoin for aprovado. O ether e o monero, por outro lado, são criptoativos consideravelmente diferentes e, portanto, mantidos como um complemento ao bitcoin em um criptoportfólio. Como o bitcoin subiu e desceu, estes ativos também. Isso reforça a necessidade do investidor inovador se informar sobre as características específicas desses ativos e reconhecer onde correlações podem ou não ocorrer.

Esperamos ver mais dessa tendência de correlação em jogo. No melhor dos casos, criptoativos mais novos mostrarão um comportamento amarrado ao bitcoin e seus irmãos, seja positivamente ou negativamente. Então, conforme o criptoativo cresce, o mesmo ocorrerá com sua concentração de capital, e muito em breve isso vai se sobrepor a ativos mais tradicionais, fortalecendo a sua relação de preço com os mercados de capitais mais amplos.

Embora estejamos vendo o amadurecimento desses ativos e maiores sobreposições a outros, é justo considerar o bitcoin e os criptoativos como estando em seus estágios iniciais. Ainda há uma falta de compreensão da parte de muitos investidores. Investidores inovadores podem ser mais escolados nesse tópico que a maioria, mas eles encontrarão aqueles que veem criptoativos como um veículo especulativo *pump-and-dump*, ou pior. Os próximos dois capítulos analisarão esses argumentos, pondo os criptoativos no contexto histórico de bolhas de investimento, fraudes e especulação passados.

Capítulo 10

A Especulação das Massas e o Pensamento "Dessa Vez é Diferente"

No seu caminho rumo ao amadurecimento, o preço do bitcoin experimentou altas eufóricas e quedas devastadoras, como muitos criptoativos. Uma das reclamações mais comuns entre o bitcoin e os opositores dos criptoativos é que essas flutuações são conduzidas pela natureza selvagem dos mercados, sugerindo que os criptoativos sejam uma estranha nova espécie em que não se pode confiar. Embora cada criptoativo e seus mercados associados estejam em níveis variados de maturidade, associar o comportamento selvagem como exclusivo dos mercados de criptoativos é, no melhor dos casos, enganoso.

Títulos, que muitos consideram ser transacionados nos mercados mais transparentes, eficientes e justos do mundo, tiveram alguns séculos iniciais tortuosos. Sim, séculos. Não apenas estiveram propensos à especulação em massa, conforme as pessoas corriam para comprar e vender com base em histórias de ascensão majoritariamente fabricadas, mas muitas vezes os mercados eram manipulados contra os participantes. Aspectos enganosos, manipulação de preços de cotas, contabilidade falsa e emissão de cotas em papel forjadas, todas levaram a perdas[1]. A realidade é que alguns dos mercados mais confiáveis do mundo hoje tiveram primórdios selvagens.

Examinando os exemplos mais famosos de mercados que deram errado, especificamente a sequência de eventos, o investidor inovador fica melhor informado pela história para proteger riquezas presentes e futuras. Quando padrões reaparecem, é uma boa hora para sair da reta, ou pelo menos reavaliar sua estratégia de investimento. Esse pensamento é prudente em relação a qualquer investimento, incluindo uma empreitada nos criptoativos.

Esses exemplos também mostram que os criptoativos não estão passando por dores de crescimento bizarras exclusivas deles. Em vez disso, estão experimentando o mesmo processo evolutivo que novas classes de ativos de mais de centenas de anos passaram conforme amadureciam.

Embora a maneira com a qual os mercados tornam-se perigosos para investidores mude ao longo do tempo e, com frequência, torne-se menos insidiosa conforme o ativo e seus mercados associados amadurecem, o potencial desestabilizador dos mercados nunca desaparece. Boa parte do mundo aprendeu essa lição durante a crise financeira de 2008.

Em geral, categorizamos cinco padrões principais que levam mercados à desestabilização:

- A especulação das massas
- "Dessa vez é diferente"
- Esquemas Ponzi
- Informações enganosas de emissores de ativos
- Conversão

Os dois primeiros serão detalhados neste capítulo, enquanto os últimos três, reservaremos para o próximo. Além dos exemplos históricos de décadas passadas, também daremos exemplos de como esses padrões se manifestaram em mercados de criptoativos.

A ESPECULAÇÃO DAS MASSAS

Embora seja malfalada, a especulação por si só não é uma coisa ruim. Por milênios, a especulação tem sido parte integrante de mercados e negociações, com as evidências mais antigas datando da Roma do século II A.C.[2]. A raiz da palavra especular vem do latim *specular*, que significa "espiar, assistir, observar, examinar, explorar"[3]. Especuladores são profundamente focados no movimento do mercado, observando suas oscilações e tomando ações de acordo.

Especuladores, em geral, diferenciam-se de investidores pela duração na qual pretendem manter os ativos. Eles não compram um ativo com a intenção de mantê-lo por anos. Em vez disso, compram-no por um breve período antes de vendê-lo, provavelmente, para o próximo especulador. Às vezes, fazem isso para capitalizar sobre informações em curto prazo que acreditam que movimentarão o mercado; outras vezes, fazem isso porque esperam surfar na crista do mercado, independentemente de seus fundamentos. Em resumo, eles tentam se aproveitar do passeio na montanha-russa.

A ESPECULAÇÃO DAS MASSAS E O PENSAMENTO "DESSA VEZ É DIFERENTE"   145

Em comparação, o investidor inovador diligentemente analisa os fundamentos de valor para investir, e abandona aquele investimento quando os mercados não parecem mais racionais.

Em nossa visão, não importa o investimento, é essencial discernir quando alguém está investindo e quando está especulando. Benjamin Graham e David Dodd tentaram definir a diferença entre investir e especular em seu livro *Security Analysis*[4]: "Uma operação de investimento é aquela que, após análise detalhada, promete a segurança do valor principal e um retorno satisfatório. Operações que não atendem a essas exigências são especulativas."

No seu livro *O Investidor Inteligente*[5], Graham reconheceu que a especulação estaria sempre presente no mundo dos investimentos, mas viu uma necessidade de distinguir a especulação "boa" da "má"[6]. Ele escreveu: "Há a especulação inteligente, assim como há o investimento inteligente. Mas há muitas maneiras nas quais a especulação pode ser estúpida."

Embora especuladores tenham sido desprezados com frequência, talvez tenham sido mais celebremente criticados por Franklin D. Roosevelt em seu discurso inaugural em 4 de março de 1933. Como os EUA estavam sofrendo com a Grande Depressão, que muitos atribuíram à quebra da bolsa de 1929, havia um grande ressentimento contra os especuladores. Toda crise ama um bode expiatório. Em seu discurso, Roosevelt chamou-os de "cambistas" para invocar julgamentos religiosos:

> Primeiramente, isto é porque comandantes do câmbio de bens da humanidade falharam, com sua própria teimosia e sua própria incompetência, admitiram seu fracasso e abdicaram. As práticas dos cambistas inescrupulosos são reveladas na corte da opinião pública, rejeitadas pelos corações e mentes dos homens.
>
> É verdade que tentaram, mas seus esforços foram lançados no padrão de uma tradição ultrapassada. Confrontados com a insuficiência de crédito, eles propuseram apenas o empréstimo de mais dinheiro. Despojados da tentação do lucro pela qual induziram nosso povo a seguir sua falsa liderança, eles recorreram a exortações, implorando chorosamente por sua confiança restabelecida. Eles conhecem apenas as regras de uma geração de oportunistas. Não têm visão, e quando não há visão, pessoas perecem.
>
> Os cambistas fugiram de seus altos assentos no templo de nossa civilização. Devemos agora restabelecer as verdades ancestrais naquele templo. A medida do restabelecimento encontra-se na extensão na qual aplicamos valores mais nobres que o mero lucro monetário[7].

Embora o julgamento de Roosevelt seja compreensível, realidades do mercado mostram que a especulação tem seu lugar no mundo dos investimentos. Especuladores, com frequência, se lançam em oportunidades mais rápido que um investidor típico o faz, o que inicia o processo de precificação de uma nova informação no valor de um ativo. Buscando lucrar com a oportunidade, especuladores ajudam a conduzir a busca entre compradores e vendedores para um acordo mútuo sobre o preço. Quando a escassez de um ativo está no horizonte, sejam commodities de energia ou hardware eletrônico, especuladores rapidamente mandarão para cima o preço daquele bem. Como resultado, mais fornecedores são atraídos para o mercado, acelerando o alívio da escassez na economia clássica de oferta e demanda.

Quando se trata de inovação, como a introdução de ferrovias, automóveis ou a internet, a especulação serviu para alocar dinheiro para o rápido desenvolvimento das infraestruturas necessárias para dar suporte a essas inovações radicais. Especuladores são aqueles na busca por novas informações. Embora a especulação geralmente termine com um excesso de fornecimento porque muito dinheiro, em algum momento, foi despejado na inovação, o excesso é frequentemente temporário. A chegada e a implementação de quantidades generosas de capital podem levar a um excesso de capacidade, mas conforme a inovação ganha adeptos em massa nas décadas seguintes, a abundância de infraestrutura se mostra útil. Esse foi o caso com o rápido desenvolvimento das ferrovias na Europa em meados do século XVII e com os desdobramentos dos cabos de fibra ótica para dar suporte à internet nos anos 1990.

Especuladores individuais, ou pequenos grupos deles, em geral, não desestabilizam os mercados. É quando os grupos tornam-se massas que as ramificações negativas são construídas. Nesse sentido, a crítica não deve ser tão direcionada à especulação, mas ao comportamento da massa que domina os mercados de capitalização.

A teoria das massas foi lançada por Gustave Le Bon, cujo trabalho mais famoso foi *Psicologia das Multidões*. Em seu último livro, *Psicologia das Revoluções*, Le Bon escreveu:

> O homem, como parte de uma multitude, é um ser muito diferente do mesmo homem como um indivíduo isolado. Sua individualidade consciente desaparece na personalidade inconsciente da massa [...] Entre outras características da massa, devemos notar sua infinita credulidade e exagerada sensibilidade, sua visão restrita e sua incapacidade de responder às influências da razão. Afirmação, propagação, repetição e prestígio constituem quase os únicos meios de persuadi-la. Realidade e experiência não têm efeito sobre ela[8].

Essas características são perigosas no contexto de um mercado. A credulidade, ou para sermos mais diretos, a ingenuidade, leva as massas a prontamente acreditar no que é dito, seja por especuladores companheiros ou pela gestão por trás de diferentes ativos que chegam ao mercado.

A credulidade é, em geral, o que atrai especuladores individuais para as massas, e uma vez lá, eles ficam presos dentro de uma mentalidade de grupo. As quatro características de persuasão que Le Bon menciona apenas pioram a situação: a *afirmação* leva os crédulos a acreditar com mais força em suas estratégias quando o mercado continua a subir, e esse pensamento se espalha como uma *epidemia*. Esse padrão é *repetido*, de novo e de novo, conforme especuladores perseguem os retornos como o mais *prestigioso* dos ativos. Infelizmente, quando o mercado vira e o prestígio vai embora, a epidemia do terror se espalha de forma igualmente rápida pela massa especulativa.

Tulipomania

O exemplo mais famoso de especulação em massa de uma commodity aconteceu na República Holandesa nos anos 1630. Como com a maioria dos períodos de especulação em massa, o momento estava certo. Com os mercadores abastecendo o comércio, os holandeses aproveitavam os salários mais altos da Europa, a inovação financeira estava no ar, e o dinheiro estava correndo solto. As cotas da Companhia Holandesa das Índias Orientais estavam recompensando enormemente investidores por seus investimentos[9]. Alimentados pelo entusiasmo, cidadãos ricos despejavam dinheiro em propriedades, levando a um mercado imobiliário robusto. A apreciação contínua dos valores dos ativos criou um excesso de riqueza para financiar compras adicionais de ativos, estabelecendo um ciclo de resposta positivo dentro do território da bolha de ativos[10].

Embora a riqueza tenha semeado o solo para uma bolha de ativos, inicialmente nem todo mundo podia participar. As cotas da Companhia Holandesa eram caras e ilíquidas, tornando-as inacessíveis a todos, com exceção dos ricos, e o mesmo ocorreu com as propriedades valorizadas.

Uma tulipa, por outro lado, era bem mais acessível. Contudo, devido a uma peculiaridade da natureza, uma tulipa acessível tinha o potencial de se transformar em uma que poderia tornar seu dono rico. Um vírus transmitido por pulgões transformava tulipas de cores sólidas em uma valiosa variedade variegada, com faixas de tonalidades mais claras em meio às cores mais escuras, lembrando chamas[11]. A causa de tal variegação não era conhecida na época e, então, ela se prestou à especulação, conforme pessoas tentaram prever quais tulipas desenvolveriam a coloração única.

Do outro lado da transformação, no entanto, estava a morte, pois o vírus, uma hora ou outra, matava a tulipa. Assim, especuladores passavam as tulipas para lá e para cá como batatas quentes, na esperança de poderem vendê-las ao próximo especulador por um preço mais alto, até que a última pessoa ficasse com a reclamação sobre uma tulipa morta.

As tulipas prometeram valor desde sua introdução na Europa, em meados do século XVI, mas foi apenas em 1634, e com a dispersão do vírus, que os preços subiram exponencialmente, causando o que é comumente referido como tulipomania. O que começou com pequenos grupos tornou-se massas de especuladores, conforme pessoas de outros países foram atraídas para os mercados holandeses de tulipas após ouvirem histórias de grandes riquezas sendo obtidas. Enquanto isso, os experientes abstiveram-se de participar ou afastaram-se do mercado de tulipas, como explicado por Chancellor:

> Os ricos colecionadores amadores de bulbos, que há muito mostravam prontidão em pagar enormes somas por variedades mais raras, abstiveram-se de seu costume conforme os preços começaram a disparar, enquanto os grandes mercadores de Amsterdã continuaram a investir seu lucro comercial em moradias, ações da Companhia Holandesa ou notas de câmbio — para eles, as tulipas permaneciam meramente uma expressão de riqueza, não um meio para este fim[12].

Já que boa parte da vida da tulipa é passada como um bulbo, e não como uma flor, ela se presta a um mercado de futuros, o que os holandeses chamaram de *windhandel*, ou comércio de vento[13]. Um mercado de futuros é quando um comprador e um vendedor acordam sobre o preço futuro de um bem. Quando a época específica chega, o comprador deve pagar ao vendedor o montante acordado.

Entretanto, naqueles dias, esperar pelo tempo acordado não era rápido o suficiente para as massas de especuladores. Os próprios contratos futuros das tulipas eram negociados, às vezes, até 10 vezes por dia[14]. Considerando que essas negociações eram feitas de pessoa para pessoa, 10 vezes por dia representava um mercado líquido e frenético.

Com os mercados futuros, o valor das tulipas poderia ser ainda mais abstrato. As pessoas não precisavam se preocupar realmente com sua entrega — apenas tinham que se assegurar de que podiam vender o contrato por um valor mais alto do que pagaram por sua compra. Enquanto o frenesi com as tulipas foi se construindo por alguns anos, a mania chegou ao pico durante o inverno do fim de 1636 e início de

A ESPECULAÇÃO DAS MASSAS E O PENSAMENTO "DESSA VEZ É DIFERENTE"

1637, quando os bulbos de tulipas ainda dormiam no solo. Assim, o período de maior especulação durante a tulipomania não foi acompanhado de uma única tulipa florescente mudando de mãos[15].

Dois fatores tornaram a massa especulativa ainda pior. De acordo com um estudo na *The Economist*, oficiais do governo estavam, eles próprios, em ação e se movimentaram para transformar os contratos futuros em opções. O resultado foi que:

> Investidores que compraram o direito de comprar tulipas no futuro não eram mais obrigados a comprá-las. Se o preço de mercado não estivesse alto o suficiente para o seu gosto, eles poderiam pagar uma pequena multa e cancelar o contrato. O equilíbrio entre risco e recompensa no mercado de tulipas estava massivamente inclinado a favor do investidor. O resultado inevitável foi um enorme aumento dos preços das opções de tulipas[16].

O segundo fator foi que muita da negociação começou a ser financiada por notas de crédito pessoal. Assim, não apenas os bulbos não estavam mudando de mãos, também não havia dinheiro físico. As transações eram feitas sobre simples promessas de entrega do dinheiro no futuro.

Deve estar claro para o investidor inovador que a ilusão de valor aqui era criada pelo frenesi de uma massa. Como Chancellor aponta, "nos últimos estágios da mania, a fusão do *windhandel* com cartas de crédito criou a perfeita simetria da insubstancialidade: a maioria das transações foi de bulbos de tulipas que nunca poderiam ser entregues pois não existiam, e foram pagas com notas de créditos que nunca poderiam ser honradas pois o dinheiro não estava lá".

Crédito barato com frequência alimenta bolhas de ativos, como visto com a bolha imobiliária que levou à crise financeira de 2008. De forma similar, bolhas de criptoativos podem ser criadas usando margens extremas em alguns câmbios, nos quais investidores estão efetivamente apostando com dinheiro que não têm.

De volta às tulipas. Naquela época, o florim servia como moeda na República Holandesa. Dinheiro de papel não existia; em vez disso, metais que possuíam valor real eram usados. Cada florim continha 0,027 onças de ouro. Assim, 37 florins tinham uma onça de ouro, e 592 florins continham uma libra de ouro. A maior quantia registrada paga por uma tulipa foi 5.200 florins, ou o equivalente a quase nove libras de ouro[17]. Naquela época, um ano médio de trabalho rendia de 200 a 400 florins, e moradias modestas poderiam ser compradas por 300 florins. A tulipa que atingiu nove libras de ouro valia o equivalente a 18 moradias modestas: especuladores estavam pagando por uma única tulipa o que levariam mais de uma década para saldar, e com dinheiro que não tinham.

Tudo veio abaixo em fevereiro de 1637. A primavera se aproximava, e as tulipas logo floresceriam. As datas contratuais logo exigiriam a conversão das notas de crédito em dinheiro real. Os mercadores que dirigiam a máquina econômica seguiam largamente indiferentes, pois "continuavam a investir seu lucro comercial em moradias, ações da Companhia Holandesa ou notas de câmbio"[18]. Enquanto a riqueza desses mercadores foi o que levou as massas a ansiar por riquezas similares, eles sairiam ilesos da quebra que causaram. A quebra não detonou uma recessão na economia, o que foi uma graça salvadora da tulipomania.

Era gente comum, com menos experiência em investimento, que foi varrida pela loucura da massa, que foi a mais atingida. O resultado foram brigas sobre o montante devido por contrato. Um pouco mais de um ano após a explosão da bolha, o governo holandês interveio para declarar que os contratos poderiam ser liquidados por 3,5% de seu valor inicial. Embora fosse uma melhoria considerável em relação ao pagamento do contrato completo, 3,5% da tulipa mais cara ainda exigiria um ano de trabalho para alguns cidadãos desafortunados.

A Especulação das Massas Chega aos Criptoativos

Como com a tulipomania, os criptoativos são vulneráveis à especulação das massas. Isso é especialmente verdadeiro conforme as pessoas se fixam nos retornos incríveis que alguns dos primeiros investidores em bitcoins desfrutaram e esperam que a última criptomoeda, criptocommodity ou criptotoken torne-os ricos também.

Porém, lembre-se de que apenas porque o entusiasmo desenfreado de uma massa leva um ativo a altas excessivas não significa que o próprio ativo esteja distorcido. As tulipas ainda são apreciadas e vendidas em todo o mundo. Como vimos com a explosão tecnológica e da telecomunicação, havia joias como a Amazon e a Salesforce que recompensariam seus pacientes investidores espetacularmente por muitos anos. Os investidores que se queimaram foram aqueles que compraram porque todo mundo estava comprando, e então venderam porque todo mundo estava vendendo. A melhor maneira de evitar se queimar dessa forma é fazer toda a diligência necessária e ter um plano de investimento ao qual aderir. Se a urgência para comprar o ativo é porque todo mundo está comprando e ele continua subindo, estão é melhor se afastar de qualquer consideração sobre esse investimento. Bolhas especulativas são particularmente perigosas quando não há proposição de valor subjacente em longo prazo para o ativo. Nesses casos, é tão ruim quanto apostar (ou pior, pois há uma ilusão de valor).

Às vezes, ouvimos investidores céticos alertarem sobre os perigos do bitcoin. Nout Wellink, ex-presidente do Banco Central Holandês, é famoso por dizer "Isso é pior do que a tulipomania. Pelo menos então se ganhava uma tulipa, agora não se ganha nada"[19]. Embora entendamos que pode ser difícil para alguns compreender que algo sem forma física possa ter valor, nessa altura de sua vida, o bitcoin não poderia estar mais longe das tulipas.

A chave para entender o valor do bitcoin é reconhecer que ele tem utilidade como *Money-over-Internet-Protocol* (MoIP) — permitindo-lhe movimentar enormes quantias de valor para qualquer um em qualquer lugar do mundo, em uma questão de minutos —, o que norteia a demanda por ele para além de mera especulação. Embora tulipas tenham seu apelo estético, é um exagero discutir que sua utilidade se equipara com o MoIP na era digital. É importante investigar a utilidade por trás de qualquer outro criptoativo que o investidor inovador possa estar considerando.

Dito isso, o bitcoin teve períodos nos quais as massas momentaneamente dominaram os mercados. Vale a pena examinar esses períodos e aprender com eles, e é importante notar que o bitcoin sempre se recuperou desses períodos de especulação em massa, um grande diferenciador das tulipas. Houve seis períodos nos últimos oito anos nos quais a massa controlou o mercado do bitcoin. O investidor inovador notará que o poder das massas de movimentar os mercados do bitcoin foi moderado ao longo do tempo. Incluímos esse mergulho no passado especulativo do bitcoin para ajudar a esclarecer uma futura análise de criptoativos conforme eles chegam ao mercado e, inevitavelmente, são arrastados para períodos de especulação em massa.

As Bolhas do Bitcoin

Quando o Mt. Gox foi estabelecido, o bitcoin finalmente se tornou acessível para o público geral. Antes disso, titulares de bitcoins, em sua maioria, eram profissionais da computação e da criptografia, adquirindo bitcoins pela função de fazer rodar os computadores que davam suporte à rede. A Figura 10.1 mostra o preço da ação do bitcoin em uma escala logarítmica desde o início do Mt. Gox. Lembre-se de que gráficos em escala logarítmica são bons para mostrar a apreciação percentual do preço de um ativo no tempo. Em uma escala linear, os primeiros anos de apreciação do preço do bitcoin seriam menos evidentes.

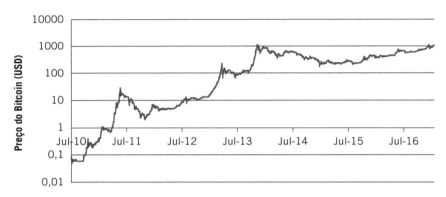

Figura 10.1 ■ O preço do bitcoin do Mt. Gox até o início de 2017
Dados provenientes do CoinDesk

O que é imediatamente aparente é a apreciação do preço do bitcoin no ano seguinte à abertura do Mt. Gox. Quando ele foi aberto, o bitcoin valia menos de US$0,10, e apenas um ano depois, valia mais de US$10. Embora US$10 não pareça muito, considere que no período de um ano, o bitcoin cresceu mais de 100 vezes, o que significa que um investimento de US$100 se transformaria em US$1 mil.

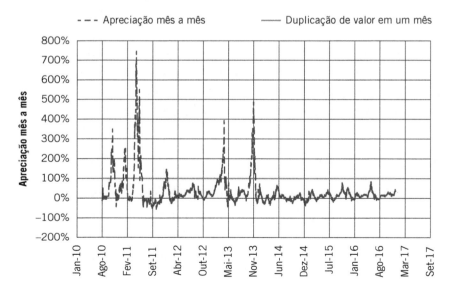

Figura 10.2 ■ Histórico do bitcoin de duplicação de preço no período de um mês
Dados provenientes do CoinDesk

Uma outra ajuda significativa foi em novembro de 2013, quando o bitcoin fez seu infame percurso até o preço de US$1 mil por moeda pela primeira vez. Embora muitas pessoas novas no setor acreditassem que fosse a primeira bolha do bitcoin, na verdade, houve muitas bolhas antes disso. A Figura 10.2 mostra a mudança na porcentagem do preço do bitcoin em períodos de 30 dias, ou o que é conhecido como apreciação mês a mês. Fica claro que o bitcoin experimentou seis períodos de um mês em que dobrou de preço.

Três dessas duplicações ocorreram no ano seguinte à abertura do Mt. Gox. A última escalada durante este período foi a mais fenomenal, quando em 13 de maio de 2011 o preço subiu mais de 700% acima do mês anterior. Embora tenha havido fatores correspondentes para essas altas no preço, de modo geral, elas foram alimentadas pelo acesso de mais usuários do público geral ao bitcoin através do Mt. Gox. Pequenas informações formaram uma bola de neve que tomou o mercado de assalto.

Para entender como essas bolhas se desdobraram, é útil quantificar certos aspectos. Primeiro, definiremos um *ciclo de bolha do bitcoin* como sendo identificável no primeiro dia em que o preço do bitcoin dobrou em relação ao seu preço de 30 dias antes. A bolha termina quando o preço para de cair em relação ao mês anterior, firmando os ganhos mês a mês por três dias seguidos. Essas bolhas são visíveis no gráfico de preço do bitcoin na Figura 10.3.

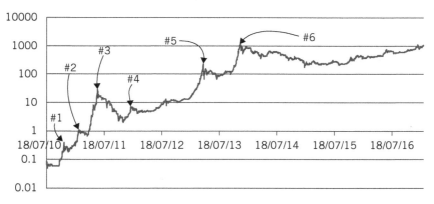

Figura 10.3 ■ Bolhas de preço do bitcoin
Dados provenientes do CoinDesk

As bolhas de preços depois do lançamento do Mt. Gox culminaram nos seguintes preços nas seguintes datas:

- 6 de novembro de 2010: US$0,39
- 9 de fevereiro de 2011: US$1,09

- 8 de junho de 2011: US$29,60
- 8 de janeiro de 2012: US$7,11
- 9 de abril de 2013: US$230
- 4 de dezembro de 2013: US$1.147

Claramente, os períodos de tempo logo após o lançamento do Mt. Gox foram particularmente animadores, mas também, por vezes, angustiantes. Do outro lado de todo pico há um perigoso vale, e os investidores de bitcoins nessas bolhas não estavam livres. Dentro do período definido como uma bolha bitcoin, o declínio médio do preço de pico ao preço de vale foi de 63%. As bolhas que chegaram ao pico em junho de 2011 e dezembro de 2013 foram particularmente devastadoras, com perdas de 93% e 85%, respectivamente.

Mais insidioso que a natureza precipitada das perdas é como elas se desdobraram em comparação às altas. Altas acentuadas são frequentemente caracterizadas pela exuberância do investidor, rapidamente subindo conforme cada vez mais gente se dispõe a ingressar no mercado. As quedas, por outro lado, são um constante martírio. O padrão é qualitativamente visível na Figura 10.3, pois a subida até o pico de uma bolha é como um foguete decolando, enquanto a queda é mais como um paraquedas planando em direção ao chão.

É importante que o investidor inovador tenha em mente a duração mais longa das quedas, em oposição às subidas, pois, às vezes, pode parecer que a queda do pico de uma bolha nunca terminará. Investidores imaturos tipicamente amargarão a derrota quando não conseguirem suportar mais perdas. Infelizmente, esses últimos gritos de rendição são, com frequência, quando um mercado em baixa está se preparando para virar.

A Bolha do Steemit

Um grande número de criptoativos além do bitcoin passou por subidas estratosféricas similares, alimentadas pela especulação das massas, e quedas correspondentes. Um exemplo foi no meio de 2016, quando a nova arquitetura blockchain Steemit chamou a atenção de todo o mundo. Sua premissa era oferecer uma plataforma de publicações e de blogs na qual autores que escrevessem bons artigos e postagens eram recompensados por leitores com o criptoativo steem. O Steemit serviu como um tipo de Reddit descentralizado, misturado a toques do site de blogs Medium. A arquitetura era apoiada por uma política de fluxo monetário entre mineradores, criadores de conteúdo, curadores de conteúdo, entre outros; complicada, porém inovadora.

Em 1º de julho de 2016, o valor total de rede do Steemit estava por volta de US$16 milhões. Duas semanas depois, estava por volta de US$350 milhões, um crescimento de mais de 20 vezes[20]. Mudanças de preço tão rápidas são quase sempre alimentadas por especulação em massa, e não por crescimento fundamental. O comportamento muda devagar, e muitos dos casos de uso impulsionados por criptoativos exigirão que o público geral se adapte a essas novas plataformas. Especuladores, por outro lado, movimentam-se rapidamente.

Como mostrado na Figura 10.4, o preço do steem, em termos de bitcoin, cairia de seu pico de meados de julho em 94% três meses depois, e em 97% no fim do ano. Isso não significa que a plataforma é ruim. Pelo contrário, mostra como a especulação e a animação sobres seus prospectos alimentou uma alta e uma baixa de preço acentuadas.

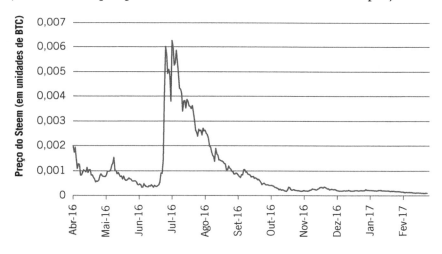

Figura 10.4 ■ Bolha de preço alimentada pela especulação do Steemit
Dados provenientes do CryptoCompare

A Bolha do Zcash

Uma das ascensões e quedas mais meteóricas foi a implantação, em outubro de 2016, da nova criptomoeda focada em privacidade, o zcash (ZEC). Poucas criptomoedas foram tão esperadas quanto esta, e merecidamente, devido a sua forte equipe desenvolvedora. Vitalik Buterin, do Ethereum, era consultor e descreveu que o Zcash oferecia as "vantagens de usar um blockchain público, embora ainda se assegurando de que suas informações privadas estivessem protegidas"[21]. Duas conceituadas firmas de investimento de criptoativos, Pantera Capital e Digital Currency Group, também estavam envolvidas com o Zcash. A tecnologia Zcash focava a vertical centrada em privacidade que o monero e o dash ocupavam, ambos os quais estavam no top 10 de criptomoedas em termos de valor de rede quando o zcash foi lançado. O entusiasmo era palpável.

Parte integrante da bolha de preço subsequente foi como a equipe do Zcash estruturou a emissão de zcash. Como discutimos no Capítulo 5, eles escolheram seguir um modelo de emissão similar ao do bitcoin, o que significava que no lançamento de seu blockchain haveria zero unidades de zcash em circulação. A partir de zero unidades em circulação, todas as unidades seriam emitidas organicamente por mineradores competindo para adicionar blocos ao blockchain do Zcash, e sendo pagos com os zcash recém-cunhados por meio de transações baseadas em moeda. A equipe do Zcash implementou mais um ajuste, conhecido como *slow-start*, que limitaria o tamanho inicial das transações baseadas em moeda[22] aos mineradores. O *slow-start* foi concebido como um recurso de segurança em caso de haver algum bug do código do Zcash. Este modelo prudente era marcadamente diferente do modelo de venda coletiva que muitas criptomoedas vinham perseguindo (o que será discutido mais a fundo no Capítulo 16), mas também limitou drasticamente o fornecimento inicial.

O frenesi do Zcash foi mais alimentado pelo recente aumento da popularidade de negociações futuras de criptoativos. Um câmbio conhecido como BitMEX começou a oferecer futuros antes do lançamento do zcash, o que levou ao pico de 10 bitcoins por zcash[23].

A combinação de fornecimento inicial limitado com demanda generalizada levou à clássica escassez de fornecimento, o que impulsionou o preço do zcash. No primeiro dia de negociações, a moeda momentaneamente atingiu um preço de 3.300 bitcoins, ou mais de US$2 milhões por zcash, no Poloniex[24]. Em dois dias, ele tinha caído para 1 bitcoin por zcash, ou aproximadamente US$48[25]. Embora o zcash tenha se estabilizado desde então e continue a ser uma grande promessa como um criptoativo, seu início atribulado foi causado por especulação em massa.

Palavras de Alerta ao Investidor Inovador Tentado por Bolhas

Robert Shiller, escritor, professor e vencedor do prêmio Nobel, definiu uma bolha como "uma epidemia social que envolve expectativas extravagantes para o futuro"[26]. Falamos muito sobre expectativas para o futuro dos criptoativos.

Porém, também acreditamos que os investidores inovadores devem se fundamentar no senso comum para identificar investimentos adequados e não adequados, e precisam reconhecer quando existem oportunidades de compra e quando a loucura das massa assumiu o controle. Quando um criptoativo está em disparada, pode ser difícil resistir à urgência de embarcar e viajar no foguete. Porém, o momento pode ser precário, e detectar o fim da bolha não é fácil. Na época em que a bolha está estourando e a especulação das massas se virou contra si mesma, muitas vezes é tarde demais. Alan Greenspan encapsulou bem a ideia: "É possível detectar uma bolha. Elas são óbvias em cada aspecto. Mas é impossível para a maioria dos participantes no mercado saírem quando ela explode. Toda bolha, por definição, esvazia"[27].

"DESSA VEZ É DIFERENTE"

Quando mercados de ativos são tomados pela especulação em massa e os preços atingem um território sem volta, um refrão comum é muito ouvido: "Dessa vez é diferente." Tipicamente, a lógica é que os mercados evoluíram de anos mais primitivos, e inovações de engenharia financeira levaram a mercados robustos incapazes de quebrar. Constantemente, essa tese foi refutada por subsequentes quebras de mercado. Em seu conceituado livro *This Time Is Different: Eight Centuries of Financial Folly* (sem publicação no Brasil), Carmen Reinhart e Kenneth Rogoff entregam um *tour de force* de 300 páginas para provar que dessa vez nunca é diferente.

Eles descrevem como o pensamento "dessa vez é diferente" foi usado para justificar a sustentabilidade de mercados jubilantes antes da quebra de 1929, que levou à Grande Depressão. Defensores do pensamento "dessa vez é diferente" alegaram que ciclos de negócios foram curados com a criação do Sistema de Reserva Federal norte-americano [equivalente ao Banco Central no Brasil], em 1913. O pensamento era que o Sistema de Reserva Federal poderia usar política monetária para estimular economias quando a produção e o consumo estivessem debilitados, e poderia atuar nos mercados quando eles mostrassem sinais de superaquecimento. Outros apontavam o crescente livre comércio, o declínio da inflação e os métodos científicos sendo aplicados ao gerenciamento corporativo, que estavam levando a uma produção e níveis de inventário mais precisas[28].

Em 16 de outubro de 1929, Irving Fisher, economista de Yale, declarou na edição da *New York Times*: "Preços de ações chegaram ao que parece um platô permanentemente alto"[29]. Sua proclamação seria a pior sugestão sobre ações da história pois, oito dias depois, o mercado caiu em 11%. Em 28 de outubro, ele cairia mais 13%, e em 29 de outubro, mais 12%. Um mês depois dessa declaração ser impressa no *New York Times*, Fisher faliu e a Dow Jones perdeu quase metade do seu valor antes da quebra[30].

Um pensamento similar caracterizou a explosão tecnológica e de telecomunicações no fim dos anos 1990 e início dos anos 2000. Como bem descrito por Chancellor:

> O mercado em alta dos anos 1990 foi acompanhado pelo reaparecimento de uma ideologia da nova era similar àquela dos anos 1920. Conhecida como "novo paradigma" ou "economia Goldilocks" (como o mingau no conto de fadas, não estava nem muito quente nem muito frio), a teoria sugeria que o controle da inflação pelo Sistema de Reserva Federal, a diminuição do deficit federal, a abertura dos mercados globais, a restruturação dos EUA corporativos e o uso disseminado de tecnologia da informação para controlar níveis de inventários de ações se combinaram para eliminar o ciclo de negócios. Ponto a ponto, era uma reiteração da filosofia da nova era dos dias de Irving Fisher[31].

Como nos anos 1920, nos anos 1990, analistas de ações e gerentes de investimentos racionalizaram os mercados caros alegando que métodos antigos para avaliar empresas não se aplicavam mais. Havia novos métodos que justificavam os preços exorbitantes[32].

Os Mesmos Padrões Persistem

A ideia de avaliação que abordaremos nos próximos capítulos é particularmente desafiadora para criptoativos. Sendo uma nova classe de ativos, não podem ser avaliados como empresas são, e embora avaliá-los com base em características de oferta e demanda, como as commodities, tenha alguma validade, não é o suficiente. Como resultado, prevemos que, conforme o espaço cresce, e provavelmente a níveis vertiginosos, novamente ouviremos o refrão de que métodos antigos de avaliação não se aplicam mais. Quando o investidor inovador ouvir esse refrão, será importante estar alerta e examinar se o novo método de avaliação realmente faz sentido.

Ao longo deste livro, tentamos manter a mensagem de que o investidor inovador pode ser de uma nova classe de investidores, assim como criptoativos são uma nova classe de ativos. Porém, também lembramos o leitor das lições a serem aprendidas com o passado, ferramentas de portfólio testadas pelo tempo e análises de ativos. Ignorar essas importantes lições levará as pessoas à armadilha do pensamento de que não apenas as coisas são diferentes dessa vez, mas que elas também são diferentes dos outros investidores.

Geralmente, essas armadilhas seguem um padrão: inicialmente, pode haver suporte para a apreciação de preço subjacente, como com a maioria das inovações fundamentais. Mas essa apreciação de preço e a história por trás dela podem se tornar uma profecia autorrealizável. As pessoas serão seduzidas por histórias de seus amigos e família fazendo dinheiro fácil, mesmo quando sabem pouco sobre o que estão comprando. Em tempos como estes (como na tulipomania), muitos aderem ao ideal do "grande idiota": pessoas podem fazer dinheiro desde que consigam vender o ativo por um preço mais alto para um idiota maior que elas. Um indicador-chave da insustentabilidade da especulação das massas é quando participantes novos e sem experiência se reproduzem nos mercados.

As bolhas são tipicamente pioradas pelo crédito barato, pois instituições financeiras oferecem aos especuladores os meios para pegar empréstimos, para poder comprar mais do ativo do que poderiam com dinheiro na mão. Nesse sentido, as instituições financeiras aderem à bolha especulativa pois veem a oportunidade de ganhar dinheiro, assim como as instituições em torno delas estão ganhando dinheiro com empréstimos a especuladores frenéticos. Tanto especuladores individuais quanto instituições financeiras que oferecem crédito fácil caem no buraco da teoria das massas e se convencem de que "dessa vez é diferente".

Para piorar as coisas, quando os mercados estão superaquecendo, é geralmente quando emissores de ativos enganosos, operadores Ponzi e manipuladores de mercado entram em jogo. Por essa razão, falaremos desses três temas no próximo capítulo.

Capítulo 11

"É Apenas um Esquema Ponzi, Não É?"

O exemplo da tulipomania e eventos similares devem lembrar o investidor inovador de que bolhas podem surgir de forma rápida e violenta, em especial para criptoativos. Esses padrões têm se repetido nas bolhas bitcoin, no crescimento estratosférico do steem no verão e na corrida pós-lançamento do zcash. Dada a natureza emergente dos mercados de criptoativos, é importante reconhecer que há menos regulação (alguns diriam que nenhuma) nesse espaço e, portanto, um mau comportamento pode persistir por mais tempo do que persistiria em mercados mais maduros.

Conforme a atividade cresce nos mercados do bitcoin e de outros criptoativos, investidores devem enxergar além da loucura da massa e reconhecer que há maus agentes que procuram vítimas fáceis nesses mercados jovens. O crescimento de novos criptoativos e de produtos de novos investimentos em torno deles criam um mercado que evolui rapidamente no qual criminosos financeiros podem aproveitar para lucrar, especialmente se o investidor inovador não agir com a devida diligência. Este capítulo focará esquemas Ponzi, que enganam emissores de ativos, e o monopólio de mercados (também conhecido como esquemas *pump and dump*).

Como mencionamos, aqueles que não têm compreensão do bitcoin e dos criptoativos com frequência expressam seu desdém e ignorância com a declaração: "É apenas um esquema Ponzi." Então vamos começar por ele.

ESQUEMA PONZI

Esquema Ponzi, também chamado esquema de pirâmide, é o tipo mais perigoso de ativo enganoso. Embora tenha ganhado seu nome de Charles Ponzi, um italiano que viveu entre 1882 e 1949, ele existe desde antes de Ponzi, ele só o tornou famoso.

A ideia é simples: novos investidores pagam investidores antigos. Contanto que haja novos investidores o suficiente, investidores antigos continuarão a ser fartamente recompensados. Por exemplo, se um operador de um esquema Ponzi oferecesse retornos de 20% em perpetuidade, alguns investidores seriam ludibriados a inicialmente acreditar no operador. Vamos chamar este de "Grupo A" de investidores. O operador encorajaria os investidores do Grupo A a contar para os amigos, que se tornariam o Grupo B de investidores ainda mais novos. O dinheiro que os investidores do Grupo B investiram pagaria os 20% de retorno prometidos ao Grupo A de investidores que os trouxeram para o esquema. Daí, o Grupo A e o Grupo B chamariam o Grupo C, dizendo ao Grupo C sobre este produto de investimento incrivelmente fácil e recompensador. O capital do Grupo C pagaria os Grupos A e B, e então o ciclo Ponzi continuaria indefinidamente até que não houvesse novos investidores o suficiente para sustentá-lo. Tragicamente, os investidores muitas vezes não percebem que estão ludibriando uns aos outros e que é o operador do esquema Ponzi quem se dá bem.

Antes de chegar aos criptoativos, vamos observar como esquemas Ponzi se saíram com ativos tradicionais.

Muitos pensam em obrigações como um investimento seguro, com fluxos de caixa estáveis. Se forem emitidas por um governo, então também têm total apoio do governo. Como veremos em breve, obrigações nem sempre foram seguras, e no que foi rotulado como o primeiro boom de mercado emergente, muitas obrigações acabaram sendo esquemas Ponzi[1].

Por quase um século depois das bolhas de títulos trazidas pela Companhia do Mississippi[2] e pelos Esquema dos Mares do Sul[3] (cobriremos as negociações questionáveis dessas empresas na próxima seção), investidores britânicos se fixaram em obrigações emitidas pelo governo[4]. Durante as guerras napoleônicas, de 1803 a 1815, o governo britânico emitiu mais de 400 milhões de libras em obrigações, oferecendo muitas oportunidades a investidores de obrigações. Porém, uma vez que a paz reinou novamente, o governo britânico tinha menos necessidade de fazer empréstimos e, assim, o oferecimento de obrigações do governo encolheu[5].

"É APENAS UM ESQUEMA PONZI, NÃO É?"

Aproximadamente ao mesmo tempo, a América do Sul estava em um processo de rebelião contra a Espanha, o que levou à criação de novos países com necessidade de capital para construir sua infraestrutura e unir-se ao mundo desenvolvido. Um jornal inglês declarou: "Podemos satisfazer as mais brilhantes esperanças dessas Repúblicas do Sul. Elas entraram em um percurso de melhorias sem fim. E [...] em breve atingirão o conhecimento, a liberdade e a civilização dos Estados mais felizes da Europa"[6].

A oportunidade de ganhar dinheiro era o foco de investidores britânicos famintos, e ela foi alimentada por histórias de como a inovação britânica poderia fazer dessas regiões potências econômicas, e que lendárias minas de ouro e prata estavam à disposição.

Investidores acabaram despejando milhões nesses empréstimos exóticos e de alto rendimento, com pouca ou nenhuma informação sobre onde o dinheiro pararia. Na maior parte, obrigações foram emitidas repetidamente para países amigos, como Chile, Colômbia e Peru, com as emissões mais novas pagando as emissões mais antigas, em um clássico financiamento Ponzi. Como colocado por Chancellor em seu livro, *Devil Take the Hindmost: A History of Financial Speculation* [sem publicação no Brasil]:

> O pagamento de juros a partir do capital, também conhecido como "financiamento Ponzi", criou uma ilusão de viabilidade, embora nenhum dinheiro tenha sido realmente mandado da América do Sul para saldar os empréstimos (aos quais deve ser acrescentado que os países mutuários receberam apenas uma ínfima fração das somas totais pelas quais foram contratados)[7].

Em outras palavras, não apenas muito pouco do dinheiro levantado na Europa chegou à América do Sul para o seu propósito planejado como pouco ou nenhum dinheiro foi enviado de volta da América do Sul para a Europa para pagar os dividendos das obrigações prometidas. Em um exemplo famoso, não havia nem a possibilidade de pagamento, pois as obrigações escoaram para um país imaginário chamado Poyais. As obrigações poyaisianas permanecem as únicas obrigações emitidas na Bolsa de Valores de Londres para um país fictício.

Como todos os financiamentos Ponzi, a bolha de empréstimos sul-americana teve que explodir, o que aconteceu em 1826. Todos os países sul-americanos recém-fundados descumpriram seus débitos, com exceção do Brasil, no que ficou conhecida como "A Primeira Crise de Débitos Latino-Americana"[8]. Não apenas essa bolha afetou investidores europeus, ela também afetou a América do Sul durante décadas, possivelmente até hoje, pois a região foi prejudicada por uma contínua inadimplência. Por exemplo, o Chile, a Colômbia e o Peru gastaram 27,5%, 36,2% e 40,2% de suas vidas soberanas em descumprimento ou reescalonamentos de dívidas, nunca conseguindo escapar do precedente inicial que foi definido[9].

O Mito Ponzi do Bitcoin

Críticas sobre o bitcoin e os criptoativos serem esquemas Ponzi têm circulado desde que o bitcoin chegou às telas dos radares dos investidores[10]. No entanto, essa crítica é profundamente desinformada, e o Banco Mundial concorda conosco. Em um relatório de 2014, ele declara:

> Ao contrário da opinião generalizada, o Bitcoin não é um Ponzi deliberado. E há pouco a aprender tratando-o como tal. O valor principal do Bitcoin pode, em retrospecto, acabar sendo lições que ele ensina a bancos centrais sobre as perspectivas das moedas eletrônicas e como melhorar a eficiência e cortar custos de transição[11].

Esquemas Ponzi históricos exigem uma autoridade central para esconder os fatos e prometer um determinado retorno percentual anual. O bitcoin não tem nenhum dos dois. O sistema é descentralizado, e os fatos são visíveis. As pessoas podem vender a qualquer momento, e o fazem, e não há garantia de retorno para ninguém. Na verdade, muitos defensores antigos do espaço alertam as pessoas a não investir mais dinheiro do que estão dispostas a perder. Qualquer bom operador de Ponzi nunca diria isso.

Como Identificar um Esquema Ponzi Disfarçado de Criptoativo

O esquema Ponzi é uma estrutura específica e facilmente identificável que não é aplicável ao Bitcoin, mas poderia ser para alguns criptoativos fraudulentos. Embora um verdadeiro criptoativo inovador e sua arquitetura associada exijam um esforço heroico de codificação de desenvolvedores talentosos, pelo fato de o software ser open source, ele pode ser baixado e duplicado. A partir daí, um novo criptoativo pode ser emitido envolvido em um marketing sagaz. Se o investidor inovador não agir com a devida diligência no código que o embasa ou ler outras fontes confiáveis que o tenham feito, então é possível ser vítima de um esquema Ponzi.

Um novo criptoativo chamado OneCoin foi recebido com muito interesse devido a sua promessa de oferecer retorno garantido aos investidores. Quando as palavras

"É APENAS UM ESQUEMA PONZI, NÃO É?" 165

"retorno garantido" aparecem, o investidor inovador deve sempre ver uma bandeira vermelha instantânea. Todos os investidores inovadores devem sempre ser dissuadidos por um investimento que alegue garantia (embora anuidades ou outros investimentos apoiados por seguros possam se qualificar assim).

Milhões de dólares foram despejados no OneCoin, cuja tecnologia ia contra os valores da comunidade de criptoativos: seu software não era open source (talvez por medo de que desenvolvedores vissem os buracos no projeto) e ele não era baseado em um livro-razão público, então nenhuma transação poderia ser rastreada[12].

A comunidade respondeu relatando que o OneCoin era um esquema Ponzi. Um dos melhores artigos sobre o tópico, que teve quase 300 mil visualizações e mais de mil comentários, disse em alto e bom som: "Comprador, Cuidado! A Revelação Ponzi Definitiva do OneCoin"[13]. A Bitcoin Foundation sueca também assumiu a liderança, alertando que o OneCoin era uma "pirâmide" e uma "fraude". A Autoridade de Conduta Financeira do Reino Unido também alertou investidores sobre o OneCoin[14]. A ação rápida revelou a força de uma comunidade open source e autorreguladora na busca pela verdade.

Para alertar investidores sobre esquemas Ponzi, como o OneCoin, a SEC lançou uma nota intitulada "Alerta ao Investidor: Esquemas Ponzi Usando Moedas Virtuais". A nota alertava que criptoativos poderiam ser uma maneira fácil para enganadores disfarçarem esquemas de pirâmide[15]. Investidores ainda devem considerar esse alerta, não pensando apenas no bitcoin como uma farsa, mas reconhecendo que farsas podem se disfarçar de criptoativos. Aqui estão algumas das maneiras mais básicas para reconhecer um esquema Ponzi:

- Retornos consistentes demais;
- Estruturas de comissões e estratégias complexas e/ou secretas;
- Dificuldade para receber pagamentos;
- Vem de alguém com alguma afinidade compartilhada.

Assim como os investidores ludibriados pelo encanto das obrigações latino-americanas deveriam ter sido mais cuidadosos, o investidor inovador precisa estar atento a questões de novos criptoativos que não cheiram bem.

Iremos mais fundo nas estratégias de verificação em relação aos criptoativos nos últimos capítulos, mas há dois "testes de cheiro" bons para começar. Primeiro, faça uma rápida pesquisa no Google por "_____ é uma fraude?". Se nada surgir, verifique se o código do projeto é open source. Isso pode ser efetuado fazendo uma busca por "_____ GitHub", pois a maioria desses projetos usa GitHub como plataforma

INFORMAÇÕES ENGANOSAS DE EMISSORES DE ATIVOS

colaborativa. Se nada surgir com sinais do código no GitHub, então, provavelmente o criptoativo não é open source, o que imediatamente sinaliza que ele e seu investimento devem ser evitados.

INFORMAÇÕES ENGANOSAS DE EMISSORES DE ATIVOS

Esquemas Ponzi são uma forma particularmente perversa de informações enganosas de emissores de ativos. Porém, às vezes, a maneira pela qual emissores enganam investidores é mais sutil. Como mercados amadurecem com o tempo, há mais regulação sobre quais informações emissores de ativos devem oferecer e por quem essas informações devem ser verificadas e auditadas. Com criptoativos, no entanto, esses padrões ainda não foram determinados. Para ter uma ideia do que emissores de ativos enganosos podem criar, examinaremos um exemplo dos mercados de títulos iniciais.

Aproximadamente 80 anos depois da tulipomania, no começo do século XVIII, surgiu o primeiro mercado forte internacional[16]. Iniciado por entidades de renome, como a Companhia do Mississippi, de John Law, na França, e a Companhia dos Mares do Sul, de John Blunt, na Inglaterra, os mercados de títulos foram atingidos por um frenesi amplamente alimentado pela duplicidade. Tanto a Companhia do Mississippi quanto a Companhia dos Mares do Sul tinham estruturas complexas e eram pesadamente comercializadas como buscas para estabelecer uma presença e explorar o comércio nas florescentes Américas, embora tenham tido apenas um sucesso mínimo na empreitada. Tanto Blunt quanto Law usavam engenharia financeira elaborada e não comprovada para elevar o preço das ações de suas companhias a todo custo.

O esquema de Law era particularmente intrincado e perigoso, e envolveu o controle do primeiro banco central da França, além da Companhia do Mississippi, que era a maior empresa do país. Law conquistou seu poder financeiro na França com promessas de resolver os infortúnios financeiros do país, que eram graves: o governo estava à beira de sua terceira falência em menos de um século. Parte do esquema de Law envolvia emitir cotas na Companhia do Mississippi, recursos que eram então usados para pagar a dívida nacional. Isso dependia de inflacionar artificialmente o preço da cota da Companhia do Mississippi, da qual ele era também o maior acionista. Tal pressão e vasto controle permitiram a Law manipular acionistas a acreditar que as probabilidades da empresa eram ótimas. A empresa estava encarregada de preparar as colônias para negociações no território da Louisiana, que abrangia o equivalente a quase um quarto dos Estados Unidos atualmente, com Nova Orleans destinada a ser seu ponto central. Para recrutar colonizadores para desenvolver a área e lançar as fundações de negociações que levariam a lucros futuros, ele compartilhou "visões promissoras da colônia como um verdadeiro jardim do Éden, habitado por selvagens gentis, ávidos a fornecer uma cornucópia de bens exóticos para embarcar para a França".

As promessas de Law atraíram tanto investidores quanto colonizadores, mas os sonhos sobre os quais ele falava eram ilusões, sem perspectiva de lucros em um prazo próximo e, portanto, com pouca base para o aumento dos preços das cotas da Companhia do Mississippi. Quando os colonizadores chegaram no território da Louisiana, o que encontraram "foi um pântano escaldante infestado de insetos. Em um ano, 80% deles tinha morrido de fome ou de doenças tropicais, como febre amarela".

Enquanto isso, Law lidava com outros experimentos de política monetária para sustentar as cotas de sua empresa e pagar a dívida nacional, como dobrar o fornecimento de dinheiro de papel na França em um pouco mais de um ano. Law aumentou seu poderio a um ponto no qual "era como se um homem estivesse, simultaneamente, dirigindo todas as quinhentas maiores corporações dos EUA, o Tesouro dos EUA e o Sistema de Reserva Federal"[17].

JOHN LAW: ASSASSINO CONDENADO E JOGADOR COMPULSIVO

Teria sido bom para os franceses investigar melhor os antecedentes de John Law antes de entregar a ele o controle das finanças do país. Se tivessem agido com a devida diligência, teriam descoberto que ele era um jogador compulsivo e assassino condenado. Na década de 1690, ele escapou da prisão em Londres — onde esperava por um sentença de morte — e fugiu para Amsterdã. Na época, Amsterdã era pioneira em novas estruturas de mercado, tendo como brilhantes exemplos a negociação de ações na Companhia Holandesa das Índias Orientais e o estabelecimento do primeiro banco central do mundo. Law estudou esses sistemas de perto, o que deu a ele o conhecimento necessário para criar seu elaborado esquema na França[18]. O investidor inovador deve ser sábio para aprender com o erro da França e sempre tirar um tempo para investigar os antecedentes dos desenvolvedores e consultores de criptoativos antes de pôr dinheiro nos ativos que eles criam. Felizmente, hoje é bem fácil encontrar informações sobre quase todo mundo em buscas no Google.

Embora Law tenha ludibriado investidores e oficiais do governo francês por alguns anos, por volta de meados de 1720 ficou claro que sua engenharia financeira era insustentável. As perdas de acionistas eram brutais, pois a Companhia do Mississippi cairia 90% em valor no fim de 1720, levando à indignação popular e à piora dos infortúnios financeiros da França. As manobras de Law impediram o desenvolvimento financeiro da França por gerações, pois sua população permaneceu apreensiva com o uso de dinheiro de papel e mercados de ações, assim perdendo o lado positivo que veio com a inovação responsável dos mercados.

A melhor descrição da grande Companhia do Mississippi de Law foi em um cartum que dizia:

> Esta é a prodigiosa terra do Mississippi,
> Famosa por suas negociações de cotas,
> Que, por engano e desonesta conduta,
> Dilapidou incontáveis tesouros.
> Embora homens venerem as cotas,
> Elas são vento, fumaça e mais nada.[19]

Criptoativos Enganosos

Umas das ações mais importantes que investidores inovadores podem tomar para se proteger dos trapaceiros é fazer o seu dever de casa sobre os antecedentes das principais partes envolvidas em um criptoativo, especialmente se ele tiver sido recém-lançado. Se pouca coisa for encontrada sobre os personagens envolvidos, é um mau sinal imediato, pois significa que os criadores não querem ser identificados ou responsabilizados pelo que acontece com um ativo.

Depois, analise os materiais que os membros da equipe do criptoativo criaram. Se seu site, artigo ou outros materiais estiverem cheios de erros de digitação, de formatação ou qualquer outra coisa que demonstre falta de cuidado, então também considere como um alerta. Uma equipe que não se importa o bastante com se apresentar bem, provavelmente não se importa com enganar investidores.

Muitas conversas e muito fluxo de informação ocorrem no Reddit, no Twitter, em canais no Slack, e daí em diante, não nas bem cuidadas páginas de sites de tecnologia e investimento. A falta de informação facilmente acessível e de padronização de informações necessárias são vulnerabilidades no espaço criptoativo. É por essa razão, afinal, que você está lendo este livro.

A LINHA TÊNUE ENTRE TRAPAÇA E ERRO

O dash, uma moeda que ascendeu à fama no fim de 2016 e início de 2017 devido ao seu aumento de preço estratosférico, teve o que muitos chamariam de uma emissão enganosa. Nas primeiras 24 horas de vida da moeda, mais de 1,9 milhão de dashes foram cunhados, o que não era parte do plano original. Embora o fundador do Dash tenha fornecido explicações — principalmente porque isso foi causado por um bug inesperado no software —, uma inquietação que muitos ainda guardam é que a equipe do Dash teria ludibriado novos investidores[20]. Em março de 2017, aquelas 24 primeiras horas ainda representavam quase 30% das moedas em circulação.

Essa é uma situação na qual o investidor inovador deve discernir a diferença entre uma trapaça e um erro honesto. Acreditamos que a distribuição inicial do Dash poderia ter sido corrigida, assim como o fez seu criptoativo competidor em anonimidade, Monero, quando foi separado do Bytecoin para resolver uma distribuição injusta de moedas. A equipe do Dash poderia ter se relançado para assegurar uma distribuição inicial justa. Dito isto, o Dash trabalhou para superar seu início atribulado e, no começo de abril de 2017, era um dos top 4 criptoativos em valor de rede[21]. O ativo é sustentado por algumas inovações interessantes, e sua equipe navegou com sucesso até uma posição de crescente aceitação do público geral.

As afirmações enganosas nem precisam vir dos progenitores dos criptoativos; podem vir de pessoas que afirmam gerenciar ativos para investidores. Vimos muitas ofertas de investimentos fraudulentos que pretendem pegar o dinheiro de investidores e posicioná-lo em fundos de criptoativos que oferecerão retornos "garantidos". Por exemplo, há um site, *Bitcoin Mutual Fund* ("Fundo Mútuo Bitcoin"), que promete oferecer retornos de 700% em intervalos de períodos de 2 horas a 48 horas, dependendo da quantidade de dinheiro investido[22]. O site está cheio de erros ortográficos e gramaticais no texto, o que fornece outro sinal, além dos retornos garantidos. Esse é o equivalente à pantanosa Louisiana de Law.

CONVERSÃO

Converter um mercado refere-se a quando um ou mais investidores trabalham para levar o preço de um ativo significativamente para cima ou para baixo. No espaço criptoativo, eles são, em geral, chamados de esquemas *"pump and dump"* (impulsionar e largar), nos quais grupos vagamente coordenados trabalham para impulsionar o preço de um criptoativo, explorando o comportamento das massas, antes de rapidamente vender para obter seus lucros. Como com outros exemplos neste capítulo, a conversão não é novidade na história dos mercados.

Em 1869, Jay Gould, que era um protótipo de "Barão Ladrão" e um dos homens mais vilipendiados da América do século XIX[23], decidiu que queria converter o mercado do ouro[24]. Converter o mercado do ouro era uma proposta particularmente perigosa na época, pois o ouro era a moeda oficial de câmbio internacional, e o valor do ouro nos Estados Unidos era largamente ditado pelo governo federal.

Quando Ulysses S. Grant tornou-se presidente dos EUA, em março de 1869, o país ainda estava lidando com as consequências da Guerra Civil, que havia terminado quatro anos antes[25]. Um dos maiores problemas era a dívida nacional que o país tinha acumulado lutando a guerra, o que levou muitos a duvidar da credibilidade do governo. Para restaurar a fé, uma das primeiras ações de Grant foi assinar uma lei que declarava que o governo federal compraria de volta as obrigações dos EUA em "ouro ou seus equivalentes"[26]. Se o governo comprasse as obrigações com ouro, o fornecimento de ouro no mercado aumentaria, significando que o seu preço cairia. O ouro rapidamente caiu para US$130 uma onça, seu ponto mais baixo desde 1862[27].

O ouro foi valorizado por civilizações por centenas de séculos, e para um investidor sagaz, uma queda no preço tipicamente significa que é hora de comprar. Gould não estava satisfeito, no entanto, em comprar ouro e mantê-lo pacientemente até conseguir vender por um preço mais alto e ter um lucro mais robusto. Ele tinha segundas intenções para a alta do ouro. Ele acreditava que isso causaria a desvalorização da moeda, o que criaria uma explosão de exportações que beneficiaria a Erie Railroad[28], uma empresa com a qual ele estava intimamente envolvido. Além disso, havia a oportunidade clara de se beneficiar comprando por pouco e vendendo por muito.

Sabendo que o governo federal poderia controlar o preço do ouro com suas operações abertas de mercado, Gould elaborou um plano para convencer Grant e, assim, o governo federal, a não vender o ouro que pretendia vender. Já que as reservas federais de ouro eram de aproximadamente US$100 milhões, que era mais do que a quantidade de ouro em circulação, Gould corretamente percebeu que controlar o governo federal significava controlar o preço do ouro nos mercados americanos[29]. Se pudesse convencer o governo a não vender seu ouro, então haveria menos fornecimento no mercado, dessa forma, elevando os preços. O preço subiria ainda mais se Gould livremente comprasse-o e vendesse-o sem se preocupar com uma liquidação do governo.

Gould descobriu o peão que precisava em Abel Corbin, que estava envolvido com política e era casado com a irmã de Grant, Jennie. Gould ficou amigo de Corbin e, com a persuasão extra de um suborno, capturou o aliado que precisava para influenciar as operações abertas de mercado do governo. Corbin primeiro usou sua influência política para nomear o General Daniel Butterfield ao posto de Subtesoureiro dos EUA em Nova York. Butterfield foi instruído a alertar Corbin sobre quaisquer vendas de ouro do governo com antecedência, o que protegeria Gould de ser surpreendido por quaisquer ações governamentais[30]. Foi prometido tanto a Corbin quanto a Butterfield US$1,5 milhão como pagamento no esquema, alinhando seus interesses com os de Gould[31]

Mais importante que Butterfield, durante o verão de 1869, Corbin ganhou a confiança do presidente com o objetivo único de convencê-lo a deixar de vender ouro. Corbin também teve sucesso em fazer Gould e Grant conversarem em reuniões sociais, permitindo a Gould oferecer sua complexa lógica de que um preço crescente do ouro seria benéfico para a nação[32]. Corbin finalmente obteve sucesso, tendo a palavra de Grant, em 2 de setembro, de que ele planejava parar as vendas de ouro durante o mês[33].

Gould estocou ouro durante agosto, em antecipação ao seu veredito favorável e, quando recebeu a notícia, acelerou o trabalho. Ele conseguiu um rico aliado, Jay Fisk, com quem já havia realizado outras façanhas ilegais no mercado. Com a adição dos fundos de Fisk, Gould jogou ainda mais dinheiro no mercado do ouro, elevando seu preço[34].

No meio de setembro, no entanto, os comparsas deram sua cartada. Primeiro, eles tentaram subornar o secretário particular do presidente e, quando falharam, Corbin escreveu uma carta para Grant verificando se o presidente planejava continuar com sua estratégia de não vender ouro durante o mês. Quando recebeu a carta, em 19 de setembro, Grant suspeitou de jogo sujo e instruiu sua esposa a escrever para a Sra. Corbin para convencer seu marido a evitar a manobra[35].

Como já esperado, o Sr. Corbin estava apreensivo de que Grant estivesse apanhando o fio da meada. Observando a situação, Gould sabia que não poderia mais depender de Grant para manter o ouro da nação. Sob a cobertura da continuidade de compra de Fisk, Gould começou a descarregar o ouro que tinha adquirido.

172 CRIPTOATIVOS

Embora o *Gold Exchange* (câmbio de ouro) tenha subido continuamente ao longo de setembro, em 24 de setembro de 1869, ele chegou ao pico e cairia na "Black Friday de Jay Gould". Gould havia empregado uma dúzia de corretores para continuar vendendo seu ouro silenciosamente, enquanto seu parceiro, Fisk, empurrava o mercado do ouro para US\$160, um aumento de 20% em relação a sua queda mais cedo naquele ano. Pouco depois, os corretores de Butterfield começaram a vender ouro, o que alertou aqueles no câmbio de que o governo federal estava, provavelmente, para começar uma venda. Efetivamente uma hora depois de o ouro atingir US\$160, uma ordem veio do governo federal para vender US\$4 milhões em ouro. Enquanto Gould e Fisk silenciosamente escapavam da bolsa, o pânico se seguiu, como detalhado por Chencellor: "As rápidas flutuações faliram milhares de acionistas de margem, multidões se formaram na Broad Street e fora do escritório de corretagem de Gould, e tropas foram postas em alerta para entrar no distrito financeiro"[36].

Como na maioria das situações de pânico, o contágio se espalhou a partir do Gold Exchange. Por causa da conversão de mercado de Gould, os preços das ações caíram em 20%, várias exportações agrícolas caíram 50% em valor e a economia nacional foi desestabilizada por muitos meses[37]. Gould saiu com um belo lucro de US\$11 milhões do desastre e impune de acusações legais[38]. É muito comum que atores como Gould escapem ilesos do caos que criam, o que então permite-lhes seguir com suas manobras em outros mercados.

Nos mercados de criptoativos, personagens brincando com preços de ativos geralmente ofuscam sua identidade atrás do véu da internet, o que, infelizmente, facilita ainda mais que escapem. Muitas vezes, eles miram em ativos pequenos e relativamente desconhecidos, o que torna importante para o investidor inovador que se aventura nesses pequenos mercados prestar atenção particular aos detalhes desses ativos e aos personagens associados a eles.

Além do Gold Exchange, em 1869, exemplos de conversão de mercados de commodities continuaram a emergir. Em 1980, os irmãos Hunt, que receberam bilhões de seu rico pai magnata do petróleo, tentaram converter o mercado da prata. Com os níveis de inflação começando o ano em 14%, um dos níveis mais altos já registrados[39], os irmãos acreditavam que a prata se tornaria um paraíso contra a inflação da mesma maneira que o ouro foi, e pretendiam possuir o quanto fosse possível dela. Usando os mercados de commodities e influência, os irmãos rapidamente acumularam US\$4,5 bilhões em prata (muito disso sendo levado para a Suíça em aviões especialmente projetados sob guarda armada)[40], empurrando o preço para quase US\$50 por onça.

Finalmente, o governo dos EUA teve que intervir para evitar mais manipulações, o que, por fim, arruinou o esquema e a fortuna dos irmãos, pois a prata caiu de volta para US\$11 por onça em 27 de março de 1980[41].

Outros exemplos notáveis de conversão de mercados revelam que essa vulnerabilidade estende-se a outras classes de ativos:

- Em 1929, mais de cem empresas listadas na Bolsa de Valores de Nova York foram manipuladas[42];
- De abril de 1987 a março de 1989, a Bolsa de Valores de Tóquio estimou que uma a cada dez empresas listadas em sua plataforma foi manipulada[43];
- Em meados de 1991, a Salomon Brothers foi pega tentando manipular o Tesouro norte-americano, amplamente considerado como um dos instrumentos de investimento mais seguros do mundo[44];
- Em meados da década de 1990, Yasuo Hamanaka impulsionou o preço do cobre no London Metals Exchange em mais de 75%, para US\$3.200 e foi recompensado com uma sentença de sete anos de prisão.

Impulsionar, Largar e Converter Criptoativos

Criptoativos que têm valores de rede pequenos são particularmente suscetíveis à conversão de seus mercados. Por exemplo, no início de abril de 2017, os 200 menores criptoativos tinham mercados de menos de US\$20 mil. Dessa forma, um mau agente poderia chegar com US\$10 mil e comprar metade desses ativos em circulação. Esta aumentada pressão para comprar elevaria o preço do ativo, o que tende a atrair a curiosidade de outros. Se vários especuladores estiverem em uma conspiração, então trabalharão juntos para subir o preço desses pequenos criptoativos, enquanto espalham o engodo em diferentes plataformas de mídias sociais (um tuíte ou dois de um "influenciador" é suficiente).

A intenção é atrair especuladores inadvertidos para morder a isca e comprar o ativo com base no que eles pensam que é um interesse de mercado genuíno. O investidor inovador que age com a devida diligência nunca compraria com base apenas no interesse de mercado, e por uma boa razão. Os conspiradores trabalharão lentamente para sair de suas posições, enquanto a inércia do entusiasmo leva mais especuladores inadvertidos a continuar comprando, como vimos com Gould. Esses *pumps-and-dumps*, ou P&Ds, estão, infelizmente, tornando-se comuns em criptoativos menores.

Também é importante considerar a conversão nas vendas coletivas, especialmente se a equipe fundadora tenha dado a si mesma uma porção significativa dos ativos. Apesar de que vendas coletivas serão detalhadas no Capítulo 16, a informação-chave para agora é que se a equipe fundadora der para si mesma muitos dos ativos em circulação, então ela tem um poder imenso sobre o preço de mercado do criptoativo e isso é potencialmente preocupante.

O controle sobre o fornecimento de ativos vai além de vendas coletivas e fundadores, pois pode ser propagado aos mineradores ou outras entidades exigidas para dar suporte a um criptoativo. É aí que se torna importante considerar a política monetária de um criptoativo. Por exemplo, uma das preocupações com o Dash é que ele criou uma estrutura de fornecimento propensa à conversão. Além dos mineradores, no Dash há entidades chamadas *masternodes*, que também são controladas por pessoas ou grupos de pessoas. Os *masternodes* têm um papel essencial em executar transações quase instantâneas e anônimas com o Dash. Porém, como mecanismo de segurança, a entidade precisa vincular pelo menos mil dashes para ser um *masternode*[45]. Vincular é uma palavra sofisticada para segurar, mas é um termo comumente usado no espaço criptoativo para insinuar que aqueles ativos não podem se mover. Se o *masternode* mover aqueles dashes vinculados e, posteriormente, segurar menos que mil dashes, então, aquela pessoa ou grupo não pode mais ser um *masternode*.

Dado que havia mais de 4 mil *masternodes* em março de 2017, isso significa que 4 milhões de dashes estão vinculados, ou ilíquidos. Com apenas pouco mais de 7 milhões de dashes disponíveis no mercado, esses 4 milhões significam que aproximadamente 60% do fornecimento não está disponível. Adicione a esses os quase 2 milhões de dashes que foram minerados nas primeiras 24 horas, e isso sugere que 6 milhões dos 7 milhões de dashes disponíveis provavelmente estão sob o controle de jogadores poderosos no meio, deixando apenas 15% dos dashes remanescentes em mercados de fluxo livre.

Possivelmente, a situação está apenas piorando, pois *masternodes* recebem 45% da recompensa de cada bloco, o que significa que, do novo fornecimento de dashes, eles estão recebendo quase 50%. Já que já possuem 60% do fornecimento em circulação, isso dá aos masternodes uma capacidade significativa, e já que possuem muitos dashes, incentivo, para converter o mercado.

O investidor inovador precisa examinar cuidadosamente os cronogramas de fornecimento e para quem os criptoativos recém-cunhados estão sendo emitidos. Felizmente, uma vez que o blockchain está no ar, por ser um livro fiscal distribuído e transparente, é fácil ver os endereços dos balanços. Muitas vezes, há sites que mostra-

"É APENAS UM ESQUEMA PONZI, NÃO É?" 175

rão a quantidade que os principais endereços possuem, como o *Bitcoin Rich List*[46]. Para o Bitcoin, dois endereços possuem, entre si, 227.618 bitcoins, ou aproximadamente 1,4% do total em circulação. Outros 116 endereços possuem um total de 2,87 milhões de bitcoins, ou 19% do total em circulação, o que é considerável. Diferente do dash, no entanto, esses detentores não estão necessariamente recebendo quase metade dos bitcoins recém-cunhados e, assim, sua capacidade de empurrar o preço para cima é menor. Por último, deve ser notado que uma única pessoa pode ter vários endereços bitcoin, então cada endereço não é necessariamente uma entidade distinta.

• • •

Em resumo, há muitas armadilhas no negócio, seja especulação em massa, emissores de ativos enganosos, finanças Ponzi ou conversão, com muito disso justificado pelo pensamento "dessa vez é diferente". No entanto, essas não são novas armadilhas — elas existem há séculos e em todas as classes de ativos. A melhor maneira para o investidor inovador evitar essas ciladas ao considerar criptoativos em seu portfólio é agir com a devida diligência nas questões básicas e ignorar os caprichos das massas. Compreender quais questões fundamentais são mais importantes para o crescimento em longo prazo nos leva ao próximo capítulo, com um quadro para a análise de criptoativos.

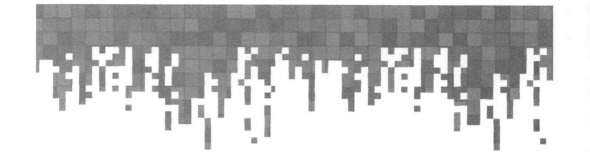

Parte III

COMO

Capítulo 12

Análise Fundamental e um Quadro de Avaliação para Criptoativos

Com a consciência de que muitas armadilhas podem ser preparadas para investidores em mercados emergentes, é hora de desenvolver um quadro para os investidores inovadores avaliarem um criptoativo para o seu portfólio. Cada criptoativo é diferente, assim como metas, objetivos, e perfis de risco de cada investidor. Portanto, embora este capítulo vá oferecer um ponto de partida, ele não é abrangente. Também não é uma consultoria de investimento. Já que este espaço se move na velocidade da luz, não é nossa intenção dizer "compre isso, venda aquilo". Lembre-se, no processo de escrita deste livro, vimos o valor de rede agregado de criptoativos pular de aproximadamente US$10 bilhões para mais ou menos US$100 bilhões, e centenas de novos criptoativos chegarem ao mercado[1].

Investidores precisam julgar por si mesmos o que fazer. Nosso objetivo é oferecer uma base para o que procurar quando for começar a analisar criptoativos. Então, usando o conhecimento dos capítulos anteriores, como começar a contemplar se um criptoativo específico se encaixa em seu perfil de risco e estratégia geral de investimento, e se vai ajudá-lo a atingir suas metas e seus objetivos financeiros.

No Capítulo 15, discutiremos produtos de investimento que assumem a maior parte do peso operacional do investidor. Se alguém quer se expor a esta nova classe de ativos, mas não quer ficar tenso o tempo todo, um crescente número de opções de investimento está sendo disponibilizado, como gestores de criptoativos e veículos publicamente negociados, como o *Bitcoin Investment Trust* (Fundo de Investimentos Bitcoin).

Mesmo com esses produtos, investidores inovadores precisarão conhecer o suficiente para fazer as perguntas certas e se assegurar de que o veículo no qual estão pondo seu suado dinheiro é um investimento adequado.

Felizmente, muitas das mesmas ferramentas para avaliar qualquer investimento também podem ser usadas com criptoativos. A análise fundamental revelará se um investimento vale uma alocação de capital em longo prazo, enquanto a análise técnica ajudará nos momentos de compras e vendas. Muito foi escrito sobre essas duas escolas de pensamento de investimento e elas são, muitas vezes, mostradas como diametralmente opostas[2]. Acreditamos que podem ser usadas juntas, especialmente se os investidores inovadores quiserem estar ativamente envolvidos com seus portfólios.

A análise fundamental envolve observar os fatores de valor intrínseco de um ativo. Por exemplo, com ações, a análise fundamental envolve a avaliação da saúde operacional da empresa através do exame atento de sua declaração de rendimentos, seu balancete e sua demonstração de fluxo de caixa, ao mesmo tempo pondo esses fatores no contexto de sua visão e exposição macroeconômica em longo prazo. Métricas como preço para ganhos, preço para vendas, valor do livro e rentabilidade dos capitais são obtidas através da análise fundamental para determinar o valor de uma companhia e compará-la a seus pares.

A análise fundamental pode ser um processo demorado que requer acesso aos dados mais recentes, não apenas de uma empresa, mas também porque ela está relacionada a uma indústria e a uma economia global. Muitas vezes, um investidor, ou mesmo um consultor financeiro, dependerá de analistas para processar esses números para oferecer uma percepção sobre esses ativos relevantes. Em mercados de capitalização tradicionais, há toda uma indústria baseada nesse processo, conhecido como pesquisa *sell-side* (vendedora). Atualmente, não há nada assim para criptoativos, e isso exigirá que investidores inovadores esquadrinhem os detalhes por si mesmos ou contem com os líderes de pensamento no setor. Faremos o nosso melhor para armar os investidores com recursos para fazer essa análise, para que eles não se assustem com a tarefa.

Como diz respeito a avaliar criptoativos, o processo de condução de uma análise fundamental é diferente do de ações, pois criptoativos não são empresas. Os ativos podem ter sido criados por uma empresa ou um grupo de indivíduos, e a compreensão dessa empresa ou desses indivíduos é vital, mas os próprios criptoativos devem ser avaliados mais como commodities, com mercados precificados pelo equilíbrio de oferta e demanda.

Neste capítulo, discutiremos a aplicação da análise fundamental às características básicas de um criptoativo. Isso inclui examinar:

- Whitepaper;
- Margem de descentralização;
- Valorização;
- Comunidade e desenvolvedores;
- Relação com os irmãos digitais;
- Modelo de emissão.

No próximo capítulo, focaremos a aplicação da análise fundamental à saúde contínua da rede desses ativos, incluindo métricas de mineradores, desenvolvedores, empresas e usuários. Juntos, esses conceitos elementares e de rede geram uma abordagem de análise fundamental única para os criptoativos, o que ajudará o investidor inovador a tomar decisões de investimento bem informadas. Fecharemos estes capítulos sobre quadro geral incluindo uma avaliação de como uma análise técnica pode ser usada para benefícios futuros, especificamente, para identificar momentos adequados para investir ou liquidar.

POR ONDE COMEÇAR: O WHITEPAPER

Já que criptoativos são sustentados por um código open source, com comunidades transparentes e acessíveis, em geral, há muitas informações disponíveis sobre um ativo. Qualquer criptoativo que se preze tem um whitepaper originário. Um whitepaper é um documento que, muitas vezes, é usado nos negócios para esboçar uma proposta, geralmente escrito por um líder de pensamento ou alguém conhecedor do tópico. Como diz respeito a criptoativos, um whitepaper é a pedra fundamental, delineando o problema que o ativo aborda, onde o ativo se enquadra no panorama competitivo e quais são os detalhes técnicos.

Satoshi esboçou o Bitcoin em seu whitepaper, e desde então a maioria dos criadores de criptoativos seguiram o mesmo processo. Alguns desses artigos podem ser altamente técnicos, embora, em último caso, uma leitura atenta da introdução e da conclusão seja valiosa. Whitepapers podem, com frequência, ser encontrados no site criado para o criptoativo.

> ## A IMPRECISÃO NÃO É SUA AMIGA
>
> Um whitepaper de um criptoativo pode incluir muitas informações técnicas e ser difícil de ler por completo. Muitas vezes, a equipe que desenvolve o criptoativo terá um site com uma breve descrição do que o ativo pretende fazer e como ele pretende fazer isso. Mesmo que nem tudo descrito seja compreendido, se a descrição não for específica ou parecer intencionalmente vaga, pode ser um sinal para evitar o ativo. Investidores devem sentir-se confortáveis para explicar brevemente o ativo de alguma maneira para algum amigo que pode ou não ser familiarizado com o assunto. Se o investidor não conseguir fazer isso, então pode ser indicado considerar um criptoativo diferente.

MARGEM DE DESCENTRALIZAÇÃO

Ao ler um artigo técnico, a primeira pergunta a se fazer é: qual problema ele resolve? Em outras palavras, há uma razão para esse criptoativo e sua arquitetura associada existirem em uma maneira descentralizada? Há muitos serviços digitais em nosso mundo, então este tem um benefício inerente para ser disponibilizado de uma forma distribuída, segura e igualitária? Chamamos isso de *margem de descentralização*. Como posto sem rodeios por Vitalik Buterin: "Os projetos realmente devem se assegurar de ter boas respostas para 'por que usar um blockchain'"[3].

Vários projetos baseados em criptoativos são focados em redes sociais, como o Steemit[4] e o Yours[5], o último usando litecoins. Embora admiremos esses projetos, também perguntamos: essas redes e seus ativos associados ganharão tração com competidores como o Reddit e o Facebook? Da mesma forma, um serviço de criptoativos chamado Swarm City[6] (anteriormente, Arcade City) tem como objetivo descentralizar a Uber, que já é um serviço altamente eficiente. Qual margem o descentralizado Swarm City terá sobre a centralizada Uber?

No caso do Steemit e do Yours, entendemos que criadores de conteúdo serão diretamente compensados. Isso pode atrair mais conteúdo de qualidade para a plataforma, o que, por sua vez, impulsionará mais uso. No caso do Swarm City, os motoristas não estarão perdendo de 20% a 30% de cada tarifa para um serviço centralizado, então, com o tempo, mais motoristas podem vir para a plataforma. Conforme mais motoristas vêm para a plataforma, pode haver uma maior disponibilidade de carros Swarm City e, portanto, o serviço pode ser mais vantajoso para o usuário final. Assim como com o Steemit e o Yours, um maior volume de fornecedores e consumidores aumenta o valor da plataforma ao longo do tempo.

Porém, esses fatores são suficientes para ganhar tração sobre o Reddit, o Facebook e a Uber em longo prazo? O investidor inovador deve experimentar pensar de forma parecida para quaisquer criptoativos que estiver considerando e se convencer de que sua arquitetura associada oferecerá valor em longo prazo, e não está apenas surfando em uma onda de exagero[7] com a intenção de ganhar fundos enquanto fornece pouco valor ao longo do tempo.

O PODER DA IDADE: O EFEITO LINDY

O *efeito Lindy* é frequentemente usado para avaliar o potencial de expectativa de vida de tecnologias. Diferente de pessoas, para as quais quanto mais se vive, provavelmente mais próxima está a morte, quanto mais um tecnologia vive, menor a probabilidade de ela morrer logo. A razão é que tecnologias constroem dinâmicas e, ao longo do tempo, muitas outras tecnologias são construídas em torno delas, o que continua a impulsionar apoio subjacente. As tecnologias mais importantes tornam-se difíceis de controlar em nossas vidas diárias, ou pelo menos, grudam em uma escala de décadas. Mesmo culturalmente, levará tempo até que a tecnologia caia fundo na obsolescência.

O mesmo se aplica a criptoativos. O criptoativo mais longevo, o bitcoin, agora tem todo um sistema de desenvolvedores, empresas e usuários de hardware e software para crescer a sua volta. Essencialmente, ele criou sua própria economia e, embora uma criptomoeda maior possa lentamente ganhar espaço, seria uma batalha penosa dada a forte base que o bitcoin já ganhou.

Por outro lado, um criptoativo recém-lançado é pouco conhecido, tornando a comunidade que dá apoio a ele muito mais frágil. Se uma grande falha for exposta, ou o criptoativo passar por alguma outra forma de pressão, a comunidade pode rapidamente se dispersar. Muitos membros podem mover o apoio para outros criptoativos, enquanto outros podem tentar de novo, lançando um criptoativo ligeiramente alterado, aplicando as lições aprendidas. Em outras palavras, com um novo criptoativo há muito menos custo irrecuperável, o que facilita para que outras pessoas o abandonem e procurem outra coisa. Para um

> bom exemplo de quão rápido um novo criptoativo pode ascender e cair, lembre-se do que aconteceu com o The DAO.
>
> No entanto, se um criptoativo tiver um forte engajamento da comunidade e atingir o sucesso desde cedo, ele pode criar uma sólida base que pode ser benéfica ao longo do tempo. O Ethereum parece ser um bom exemplo. O desaparecimento do The DAO impactou significativamente o Ethereum (sobre o qual o The DAO foi construído), mas através da liderança e do envolvimento da comunidade as principais questões foram enfrentadas, e em abril de 2017 o Ethereum estava firme como o segundo maior criptoativo em termos de valor de rede[8].

ENTENDENDO A AVALIAÇÃO DE UM CRIPTOATIVO

Uma das questões mais comuns é: o que dá valor a um criptoativo? Afinal, esses ativos não têm manifestação física. Já que nasceram de softwares, o valor é derivado da comunidade e do mercado que naturalmente se desenvolvem em torno do ativo. De forma ampla, há dois tipos de valor que a comunidade põe em qualquer tipo de criptoativo: valor de utilidade e valor especulativo.

Valor de Utilidade e Valor Especulativo

Valor de utilidade refere-se ao uso do criptoativo para ganhar acesso ao recurso digital que sua arquitetura oferece, e é ditado pelas características de oferta e demanda. Para o bitcoin, sua utilidade é que ele pode, de forma segura, rápida e eficiente, transferir valores para qualquer um, em qualquer lugar do mundo. Só é preciso digitar o endereço bitcoin da pessoa e clicar em enviar, uma funcionalidade que todas as plataformas de negociação e carteiras oferecem (as quais cobriremos no Capítulo 14). A utilidade do Bitcoin de enviar valores usando a internet é similar ao Skype, que pode, de forma segura, rápida e eficiente, transmitir voz e imagem a qualquer um, em qualquer lugar do mundo.

O investidor inovador pode dizer "OK, entendo que o bitcoin pode ter utilidade como MoIP, assim como o Skype tem utilidade como VoIP, mas como isso se traduz no valor US$1 mil por uma moeda bitcoin?" O valor de utilidade do Bitcoin pode ser determinado avaliando quantos bitcoins são necessários para que ele satisfaça a economia virtual à qual dá suporte. Para entender conceitualmente como o bitcoin tem

ANÁLISE FUNDAMENTAL E UM QUADRO DE AVALIAÇÃO PARA CRIPTOATIVOS

valor, usaremos alguns exemplos simplificados. Daí, o investidor inovador pode usar essa estrutura para mergulhar mais fundo nas avaliações.

Vamos começar com um negociante brasileiro hipotético que quer comprar US$100 mil em aço de um fabricante chinês. Embora esse negociante seja hipotético, a adoção do bitcoin pelos negociantes da América Latina tem sido bem documentada[9]. O negociante quer usar bitcoins, pois isso permitirá transferir esse dinheiro dentro de uma hora, em oposição a esperar uma semana ou mais. Dessa forma, o negociante brasileiro compra US$100 mil em bitcoins e envia-os ao fabricante chinês. Enquanto o fabricante aguarda essa transação ser incorporada ao blockchain do Bitcoin, esses bitcoins estão congelados, temporariamente fora do fornecimento disponível de bitcoins.

Agora imagine que há outros 99.999 negociantes esperando para fazer a mesma coisa. No total, entre todos esses negociantes, há uma demanda por US$10 bilhões em bitcoins (100 mil pessoas querendo enviar US$100 mil cada), simplesmente porque é mais conveniente para movimentar dinheiro entre o Brasil e a China do que quaisquer outros métodos de pagamento disponíveis. Uma demanda de US$10 bilhões com bitcoins sendo negociados a US$1 mil converte-se em 10 milhões de moedas sendo temporariamente congeladas e tiradas do fornecimento disponível de bitcoins.

Mas, considere que uma quantidade significativa de bitcoins também está sendo retida por investidores. Esses investidores não planejam vender seus bitcoins por algum tempo porque estão especulando que, devido a sua utilidade como MoIP, a demanda continuará a crescer, logo, seu valor também aumentará. Hoje, os mil principais endereços gravados no blockchain do Bitcoin possuem aproximadamente 5,5 milhões de bitcoins, ou US$5,5 bilhões, pelo preço de US$1 mil a moeda[10]. Isso significa que, em média, cada um desses endereços possui US$5,5 milhões em bitcoins, e é justo presumir que esses balanços não são aqueles de negociantes esperando suas transações serem completadas. Em vez disso, esses provavelmente são balanços de bitcoins que entidades estão segurando para longo prazo com base em qual elas pensam que será o valor de utilidade futuro do bitcoin. O valor de utilidade futuro pode ser pensado como valor especulativo e, por causa desse valor especulativo, investidores estão mantendo 5,5 milhões de bitcoins fora do fornecimento.

No início de abril de 2017, havia apenas um pouco mais de 16 milhões de bitcoins em circulação. Entre negociantes internacionais precisando de 10 milhões de bitcoins e 5,5 milhões de bitcoins mantidos pelos mil principais investidores, há apenas aproximadamente 500 mil bitcoins livres para as pessoas usarem. Um mercado naturalmente se desenvolve para esses bitcoins, pois talvez outro investidor queira "comprar e manter" 5 bitcoins, ou um negociante queira enviar US$100 mil em bitcoins para o México. Já que essas pessoas precisam comprar esses bitcoins de outra pessoa, essa outra pessoa precisa ser convencida a desobrigar esses bitcoins, e então uma negociação se inicia. Em uma escala mais ampla, todas essas negociações ocorrem em plataformas de negociação ao redor do mundo, e um mercado para avaliar o bitcoin é criado.

Se a demanda continuar a subir para o bitcoin, então, com um cronograma de fornecimento deflacionário, seu preço (ou velocidade) também subirá. Porém, em um certo ponto, alguns investidores podem escolher abandonar seus investimentos porque sentem que o bitcoin atingiu o seu valor máximo. Em outras palavras, esses investidores não sentem mais que o bitcoin tenha qualquer valor especulativo e, em vez disso, seu preço é mantido apenas pelo valor de utilidade atual. Apenas com o valor de utilidade, não há razão para que o investidor continue a manter o ativo, pois ele atingiu seu potencial máximo e, provavelmente, não valorizará mais. Para executar o cálculo que pode levar um investidor a acreditar que o valor máximo do bitcoin foi atingido, precisamos introduzir mais dois conceitos: a velocidade do dinheiro e a aplicação de descontos.

Velocidade no Contexto de Avaliação

O conceito de velocidade é uma ferramenta necessária para entender a oportunidade que existe para o crescimento do valor do bitcoin conforme ele supre mais necessidades ao redor do mundo. A velocidade é usada para explicar a rotatividade das moedas fiduciárias, e é descrita sucintamente pelo Banco de Reserva Federal de St. Louis:

> A velocidade do dinheiro é a frequência na qual uma unidade da moeda é usada para comprar bens e serviços produzidos internamente em um determinado período de tempo. Em outras palavras, é o número de vezes que um dólar é gasto para comprar bens e serviços por unidade de tempo. Se a velocidade do dinheiro estiver aumentando, então mais transações estão ocorrendo entre indivíduos em uma economia[11].

A velocidade de uma moeda é calculada pela divisão do Produto Interno Bruto (PIB) para um determinado período pelo total de fornecimento de dinheiro. Por exemplo, se o PIB for US$20 trilhões, mas há apenas US$5 trilhões em dólares disponíveis, então aquele dinheiro precisa girar quatro vezes, ou ter a velocidade de quatro, para atender a demanda em um determinado ano. Atualmente, a velocidade da moeda americana é de aproximadamente 5[12].

ANÁLISE FUNDAMENTAL E UM QUADRO DE AVALIAÇÃO PARA CRIPTOATIVOS 187

Para o bitcoin, em vez de observar os "bens e serviços produzidos internamente" que ele comprará em um período, o investidor inovador deve observar os bens e serviços produzidos internacionalmente que ele comprará. O mercado de remessas global — atualmente dominado por empresas que oferecem a capacidade para pessoas enviarem dinheiro umas às outras internacionalmente — é um exemplo facilmente compreensível de um serviço dentro do qual o bitcoin poderia ser usado.

Aproximadamente US$500 bilhões são enviados anualmente através de remessas de mercado. Presumindo que o bitcoin prestou serviço para esse mercado todo, então para descobrir o valor de um bitcoin, seria necessário presumir sua velocidade. Digamos que a velocidade do bitcoin seja 5, similar à do dólar americano. Então, dividir aqueles US$500 bilhões pela velocidade de 5 renderia um valor total de bitcoin de US$100 bilhões. Se, neste ponto, estivéssemos no máximo de 21 milhões de bitcoins, e este for o único uso para o bitcoin, então aqueles US$100 bilhões divididos por 21 milhões de unidades renderiam um valor por bitcoin de US$4.762.

Claramente, esse é um exemplo excessivamente simplista, pois o bitcoin não servirá a todo o mercado de remessas. Em vez disso, há necessidades que devem ser hipotéticas sobre a porcentagem do mercado de remessas que o bitcoin servirá. Vamos assumir que ele servirá 20%, então cada bitcoin precisará armazenar US$952 para atender sua demanda dentro do mercado de remessa descrito (US$952 = $4.762 × 20%).

É importante frisar, os casos de uso para o bitcoin são cumulativos, assim como os valores demandados. Por exemplo, o mercado financeiro global do ouro vale US$2,4 trilhões[13], então se o bitcoin tirasse uma cota de 10% desse mercado, seria necessário armazenar um valor total de US$240 bilhões. Agora, manter o bitcoin como ouro digital tem uma velocidade de 1, pois ele não está girando: está apenas sendo mantido a cada ano. Em outras palavras, não há necessidade de dividir o valor que deve ser armazenado pela velocidade, como tivemos que fazer com as remessas. Portanto, em um estado estável de 21 milhões de unidades de bitcoin em circulação, cada unidade de bitcoin precisaria armazenar US$11.430 em valor para atender à demanda de 10% do mercado do ouro passíveis de investimento (US$11.430 = US$240B / 21M).

Se cada bitcoin precisa valer US$952 para servir 20% do mercado de remessas e US$11.430 para servir sua demanda como ouro digital, então, no total, ele precisa valer US$12.382. Não há limite para o número de casos de uso que podem ser incluídos nesse processo, mas o extremamente trabalhoso é descobrir a porcentagem da cota de mercado que o bitcoin, por fim, preencherá, e qual será sua velocidade em cada caso de uso.

Da mesma forma, note que nesse exemplo usamos a hipótese de um estado estável do fornecimento de bitcoins em 21 milhões de unidades, o qual não será atingido até 2140. Ao tentar recompor o valor fundamental de um criptoativo, é importante considerar o horizonte temporal e as unidades daquele criptoativo que estarão disponíveis naquele momento, pois alguns ativos podem ter taxas de inflação extremamente altas inicialmente.

Aplicação de Descontos no Contexto de Avaliação

O próximo conceito necessário para determinar o valor presente de um bitcoin é a aplicação de descontos de valores futuros no presente. Por exemplo, se você depositar US$100 em uma conta bancária que renda uma taxa composta anual de 5%, então, em um ano, você terá US$105. Em dois anos, você terá US$110,25, pois ganha 5% em cima dos seus US$105. Dessa forma, você quer os US$100 agora ou os US$110,25 em dois anos — os dois valem o mesmo para você.

Analistas usam o método da aplicação de descontos para descobrir quanto devem pagar por algo agora se houver expectativa de um valor maior no futuro. A aplicação de descontos é, simplesmente, o reverso da acumulação de juros. Por exemplo, nesse caso, se US$110,25 forem divididos por 1,05 uma vez, e então divididos pelo mesmo novamente, renderão US$100. Em outras palavras, US$110,25 são divididos por $(1,05)^2$ para voltar para US$100, em oposição a multiplicar US$100 por $(1,05)^2$ para resultar em US$110,25. Tal método pode ser aplicado a períodos muito mais longos também. Por exemplo, se alguém oferecesse para o investidor inovador US$150 em 10 anos ou US$100 agora, então, se houvesse uma maneira perfeitamente segura de ganhar 5%, o investidor inovador deveria aceitar os US$100 agora porque US$150 divididos por $(1,05^{10})$ é igual a US$92 hoje.

Usando os conceitos de oferta e demanda, velocidade e aplicação de descontos, é possível descobrir qual valor o bitcoin deveria ter hoje, presumindo que ele vai servir a certos propósitos de utilidade daqui a 10 anos. No entanto, é muito mais fácil falar do que fazer, pois isso envolve descobrir os tamanhos dos mercados no futuro, a porcentagem da cota que o bitcoin levará, a qual velocidade estará o bitcoin e quanto seria uma taxa de desconto adequada. A taxa de desconto deve ser uma função do risco, que para um criptoativo, muitas vezes, é de 30% ou mais. Isso é mais que o dobro das taxas de desconto comuns para ações arriscadas[14].

FORNECIMENTO

	2014A	2015E	2016E	2017E	2018E	2019E	2020E	2021E	2022E	2023E	2024E	2025E
Total de Bitcoins em Circulação (Fim do Ano)	13.125.000	15.000.000	16.025.000	16.656.000	7.287.000	17.918.000	18.410.000	18.725.000	19.041.000	19.357.000	19.687.500	20.343.750
% do total		71,43%	76,31%	79,31%	82,32%	85,32%	87,67%	89,17%	90,67%	92,18%	93,75%	96,88%
Mantido em Investimentos ou Inativo %	50%	50%	48%	46%	44%	42%	41%	39%	38%	36%	35%	33%
Mantido como Capital de Giro %	50%	50%	52%	54%	56%	58%	60%	61%	63%	64%	66%	67%
Bitcoins Disponíveis para Transações	6.562.500	7.500.000	8.333.000	8.994.240	9.680.720	10.392.440	10.953.950	11.422.250	11.900.625	12.388.480	12.895.313	13.562.568

DEMANDA

US$ Bilhões

	2014A	2015E	2016E	2017E	2018E	2019E	2020E	2021E	2022E	2023E	2024E	2025E
Pagamentos Online	1.500	1.725	1.984	2.281	2.624	3.017	3.379	3.785	4.239	4.747	5.317	5.955
Remessas	435	457	480	504	529	555	583	612	643	675	709	744
Microtransações	540	567	595	625	656	689	724	760	798	838	880	924
Sem Banco	4.305	4.435	4.568	4.705	4.846	4.991	5.141	5.295	5.454	5.618	5.786	5.960
Outros	1.829	1.902	1.978	2.057	2.140	2.225	2.314	2.407	2.503	2.603	2.707	2.816
Taxas de Crescimento												
Pagamentos Online		15%	15%	15%	15%	15%	12%	12%	12%	12%	12%	12%
Remessas		5%	5%	5%	5%	5%	5%	5%	5%	5%	5%	5%
Microtransações		5%	5%	5%	5%	5%	5%	5%	5%	5%	5%	5%
Sem Banco		3%	3%	3%	3%	3%	3%	3%	3%	3%	3%	3%
Outros		4%	4%	4%	4%	4%	4%	4%	4%	4%	4%	4%
Cota Bitcoin												
Pagamentos Online	0,02%	0,04%	0,08%	0,17%	0,34%	0,67%	1,35%	2,70%	5,39%	7,00%	9,00%	10,00%
Remessas	0,01%	0,03%	0,09%	0,27%	0,54%	1,08%	2,16%	4,32%	8,64%	17,28%	18,50%	20,00%
Microtransações	0,01%	0,03%	0,09%	0,27%	0,54%	1,08%	2,16%	4,32%	8,64%	17,28%	18,50%	20,00%
Sem Banco	0,001%	0,003%	0,01%	0,03%	0,08%	0,24%	0,73%	1,46%	2,92%	5,83%	7,50%	10,00%
Outros	0,01%	0,02%	0,04%	0,08%	0,16%	0,32%	0,64%	1,28%	2,56%	5,12%	7,50%	10,00%
Capacidade Suportada pelo Bitcoin												
Pagamentos Online	US$ 0,32	US$ 0,7	US$ 1,7	US$ 3,8	US$ 8,8	US$ 20,3	US$ 45,6	US$ 102,1	US$ 228,6	US$ 332,3	US$ 478,5	US$ 595,5
Remessas	US$ 0,04	US$ 0,1	US$ 0,4	US$ 1,4	US$ 2,9	US$ 6,0	US$ 12,6	US$ 26,4	US$ 55,5	US$ 116,6	US$ 131,1	US$ 148,8
Microtransações	US$ 0,05	US$ 0,2	US$ 0,5	US$ 1,7	US$ 3,5	US$ 7,4	US$ 15,6	US$ 32,8	US$ 68,9	US$ 144,8	US$ 162,7	US$ 184,7
Sem Banco	US$ 0,04	US$ 0,1	US$ 0,4	US$ 1,3	US$ 3,9	US$ 12,1	US$ 37,5	US$ 77,2	US$ 159,0	US$ 327,6	US$ 434,0	US$ 596,0
Outros	US$ 0,18	US$ 0,4	US$ 0,8	US$ 1,6	US$ 3,4	US$ 7,1	US$ 14,8	US$ 30,8	US$ 64,1	US$ 133,3	US$ 203,1	US$ 281,6
Total	US$ 0,64	US$ 1,5	US$ 3,8	US$ 9,8	US$ 22,6	US$ 53,0	US$ 126,1	US$ 269,3	US$ 576,2	US$ 1.054,6	US$ 1.409,4	US$ 1.806,6
Velocidade Anual Presumida												
Pagamentos Online	12	12	12	12	12	12	12	12	12	12	12	12
Remessas	12	12	12	12	12	12	12	12	12	12	12	12
Microtransações	12	12	12	12	12	12	12	12	12	12	12	12
Sem Banco	6	6	6	6	6	6	6	6	6	6	6	6
Outros	6	6	6	6	6	6	6	6	6	6	6	6
Base Monetária Bitcoin Exigida												
Pagamentos Online	US$ 0,03	US$ 0,06	US$ 0,14	US$ 0,32	US$ 0,74	US$ 1,69	US$ 3,80	US$ 8,50	US$ 19,05	US$ 27,69	US$ 39,88	US$ 49,63
Remessas	US$ 0,00	US$ 0,01	US$ 0,04	US$ 0,11	US$ 0,24	US$ 0,50	US$ 1,05	US$ 2,20	US$ 4,63	US$ 9,72	US$ 10,92	US$ 12,40
Microtransações	US$ 0,00	US$ 0,01	US$ 0,04	US$ 0,14	US$ 0,30	US$ 0,62	US$ 1,30	US$ 2,74	US$ 5,74	US$ 12,06	US$ 13,56	US$ 15,39
Sem Banco	US$ 0,01	US$ 0,02	US$ 0,07	US$ 0,23	US$ 0,71	US$ 2,21	US$ 6,81	US$ 14,04	US$ 28,92	US$ 59,57	US$ 78,90	US$ 108,36
Outros	US$ 0,03	US$ 0,07	US$ 0,14	US$ 0,30	US$ 0,62	US$ 1,29	US$ 2,69	US$ 5,60	US$ 11,65	US$ 24,23	US$ 36,92	US$ 51,19
Base Monetária BTC Total Exigida	US$ 0,08	US$ 0,18	US$ 0,44	US$ 1,10	US$ 2,61	US$ 6,31	US$ 15,66	US$ 33,08	US$ 69,99	US$ 133,28	US$ 180,18	US$ 236,97

VALORIZAÇÃO

			1	2	3	4	5	6	7	8	9	10
Base Monetária Bitcoin Exigida / Bitcoins Disponíveis para Transações	US$12	US$24	US$53	US$123	US$269	US$608	US$1.429	US$2.896	US$5.881	US$10.758	US$13.973	US$17.473
Preço BTC	US$462	04/11/2015										
Excesso de Valor Baseado em Demandas Futuras	US$450											
Preço $USD/BTC	US$604		<= valor presente do preço por BTC exigido para dar suporte ao nível esperado de atividade econômica em 2025									
Taxa de Desconto	40%											

Figura 12.1 ■ Uma avaliação fundamental do bitcoin ao longo de 10 anos (Fonte: Gil Luria, Diretor de Pesquisa na D.A. Davidson & Co.)

Se pegarmos o valor hipotético do bitcoin de US$12.382, e presumir que ele atingirá esse valor de utilidade em 10 anos, então, com uma taxa de desconto de 30%, isso significa que o valor presente de cada bitcoin é de US$898 por bitcoin [US$898 = US$12.380 / (1.3^{10})]. Logo, a um preço atual de US$1 mil por bitcoin, o ativo estaria *supervalorizado*, pois investidores estariam pagando demais por ele a US$1 mil, quando ele realmente deveria valer apenas US$898, dadas as expectativas futuras.

Agora, esse modelo tem muitas suposições e falhas, e um refrão comum para tais modelos é "*lixo dentro, lixo fora*". Por exemplo, damos apenas dois casos de uso potenciais, não tínhamos justificativa para a porcentagem da cota de mercado que o bitcoin levaria e, para derivar o preço original de US$12.382, supomos que 21 milhões de bitcoins estariam disponíveis. Na realidade, estaríamos aproximadamente em 95% do caminho para 21 milhões de bitcoins em circulação em 10 anos, novamente destacando a importância de considerar o fornecimento futuro de um criptoativo indo fundo nos valores fundamentais. É fácil manipular modelos para mostrar que um ativo está subvalorizado ou supervalorizado, mas esses modelos não são, contudo, úteis para dar aos investidores algum suporte sobre o que estão pagando.

Mesmo para o investidor inovador mais diligente, avaliar potenciais criptoativos não é uma tarefa agradável. No entanto, assim como há um enorme negócio de venda de pesquisa em avaliação de ações, também haverá um negócio para avaliar criptoativos. Já houve relatos sobre, como aqueles de Spencer Bogart, na Needham & Company, assim como Gil Luria, na Wedbush, que observam o valor fundamental do bitcoin. A Figura 12.1 mostra um relatório de avaliação fundamental que Gil preparou sobre o bitcoin em julho de 2015, para dar alguma ideia do quão complexos esses modelos podem se tornar.

As avaliações que esses analistas produzem podem ser úteis para o investidor inovador, mas não devem ser consideradas sentenças absolutas sobre a verdade. Lembre-se, "lixo dentro, lixo fora". Suspeitamos que, em oposição à permanência da exclusividade desses relatórios, como atualmente é o caso de muita da pesquisa em títulos e obrigações, muitos desses relatórios vão se tornar open source e amplamente acessíveis a todos os níveis de investidores alinhados com o espírito dos criptoativos.

CONHECER A COMUNIDADE E OS DESENVOLVEDORES

Depois que a análise de avaliação é feita ou, em último caso, o valor atual é contemplado, a melhor coisa que um investidor inovador pode fazer é conhecer e entender os desenvolvedores do criptoativo e a comunidade que o cerca. Como tecnologias peer-

-to-peer, todos os criptoativos têm redes sociais. Grupos no Reddit, no Twitter, e no Slack são canais valiosos de informações, embora nós hesitemos em dar mais orientações que isso, pois cada comunidade é diferente, e canais de comunicação estão sempre mudando. Outro recurso extremamente valioso e, muitas vezes, pouco apreciado ou desconhecido, são grupos no Meetup.com (em inglês).

Para conhecer melhor a comunidade, considere alguns pontos-chave. O quão comprometida é a equipe desenvolvedora e quais são os seus antecedentes? Ela trabalhou em um criptoativo anterior e, nesse processo, refinou suas ideias para que agora queira lançar outro? Por exemplo, pode ser similar ao que aconteceu com Vitalik Buterin, em sua decisão de abandonar o Bitcoin e começar o Ethereum, que era algo fundamentalmente novo. Ou há algo mais sombrio acontecendo? Se algum dos desenvolvedores tiver um histórico questionável, especialmente em relação ao envolvimento no lançamento suspeito de criptoativos passados, então atue com extrema cautela. Lembre-se de John Law. Informações sobre os principais membros por trás de um criptoativo podem ser encontradas em buscas no Google, no LinkedIn e no Twitter, assim como gastando tempo em fóruns relacionados a esses ativos (eles são bons, pelo menos, para dar algumas risadas). Se não conseguir encontrar informações sobre os desenvolvedores, ou eles forem abertamente anônimos, então é um sinal vermelho, pois não há responsabilização se as coisas derem errado.

RELAÇÃO COM SEUS IRMÃOS DIGITAIS

Depois, o investidor inovador deve perguntar: como o criptoativo está relacionado aos seus antecessores? É uma divisão de outra moeda? Se sim, quais aspectos foram mudados, e por que essas mudanças justificam um ativo completamente novo? Um argumento frequente dos *Bitcoin Maximalists* — pessoas que acreditam que o bitcoin será o único criptoativo que sobreviverá — usam é que todos os outros criptoativos apresentam recursos que o Bitcoin um dia vai absorver. Há algum mérito nesse ponto, pois as raízes open source do Bitcoin o tornam flexível, mas não é, de forma alguma, a visão que lhe atribuímos. Encorajamos, no entanto, que investidores inovadores ponham seu chapéu de Bitcoin Maximalist toda vez que analisarem um novo criptoativo, pois isso força que perguntas importantes sejam feitas.

Esperamos ver um número crescente de criptoativos que são construídos na plataforma de outro ativo, que é uma consideração importante no cenário dos irmãos digitais. Como cobrimos no Capítulo 5, o Ethereum, que definimos como uma criptocommodity, é uma plataforma comum para dApps e seus criptotokens associados.

Se essa relação é melhor ou pior, depende da situação. No DAOsastre, o The DAO teve um impacto significativamente negativo no Ethereum. Por outro lado, a criação e implementação bem-sucedidas de criptotokens, como o Augur ou o SingularDTV, que também foram construídos no Ethereum, podem ter um impacto positivo em todos os ativos envolvidos. Conforme o Ethereum cresce como plataforma para outros criptoativos, será importante ficar atento à qualidade dos dApps que são construídos sobre ele, e a como a equipe do Ethereum leva sua relação com esses dApps. Se o Ethereum crescer o suficiente, em algum momento podem existir aqueles que se chamarão Ethereum Maximalists!

MODELO DE EMISSÃO

É extremamente importante considerar o aumento da taxa de fornecimento atual e contínua. Se um criptoativo tiver uma alta taxa de emissão de fornecimento, como o bitcoin tinha em seus dias iniciais, isso pode corroer o valor do ativo se sua utilidade não estiver crescendo alinhada às expectativas. O fornecimento total planejado do ativo também é essencial para que as unidades individuais do criptoativo preservem seu valor ao longo do tempo. Se unidades demais forem, por fim, emitidas, isso pode corroer o valor do ativo no futuro.

Depois, considere se a distribuição é justa. Lembre-se de que um *premine* (quando os ativos são minerados antes de a rede estar amplamente disponível, como foi o caso do bytecoin) ou um *instamine* (quando muitos dos ativos são minerados no começo, como foi o caso do dash) são, ambos, maus sinais, pois os ativos e o poder serão acumulados para poucos, em oposição a serem amplamente distribuídos, alinhados ao espírito igualitário.

Embora esse comentário sobre *premines* e *instamines* possa parecer muito simplista, a realidade é que pode haver razões apropriadas para diferentes modelos de emissão. Modelos de emissão estão evoluindo conforme desenvolvedores vasculham a *criptoeconomia* de lançar criptoativos para dar suporte a redes descentralizadas. Como com bancos centrais e economia tradicional, as pessoas estão sentindo o caminho em direção ao que funciona. Além disso, o modelo de emissão de criptoativos está sempre sujeito a mudar. Por exemplo, o Ethereum começou com um modelo de plano de emissão, mas está decidindo sair com outro alguns anos depois do lançamento[15]. Tais mudanças no modelo de emissão podem ocorrer para outros ativos, ou impactar aqueles que estão significativamente presos à rede Ethereum.

Embora tenhamos coberto em detalhe alguns modelos de emissão, como os do Bitcoin e do Monero, o aspecto mais importante é que o modelo de emissão se adapte ao caso de uso. Com o Dogecoin, vimos que seriam necessárias muitas unidades em circulação para que ele funcionasse como um serviço de gorjetas, o que justifica que ele, atualmente, tenha mais de 100 bilhões de unidades em circulação, uma quantidade consideravelmente maior que o Bitcoin. Com tantas pessoas recorrendo ao bitcoin como ouro 2.0, um modelo de emissão como o do Dogecoin seria uma ideia terrível.

• • •

A próxima via para buscar informações, muitas vezes, depende da maturidade do criptoativo. Para o Bitcoin, são mais de oito anos de conversa e escrita sobre tentativas e tribulações do ativo, além de constantes melhoras no código por trás dele. Para o Ethereum, há claramente menos informações, pois ele foi anunciado cinco anos depois de a rede Bitcoin estar de pé e funcionando. Muitos criptoativos, especialmente na vertical do criptotoken, são ainda mais novos que o Ethereum.

A criação de novos criptoativos está ocorrendo em um passo crescente (alguns diriam alarmante). Os novos lançamentos são aqueles que exigem mais diligência. Alertamos todos, exceto os investidores inovadores mais experientes, sobre se aventurar nesses ativos mais arriscados. Dedicamos um capítulo inteiro, o Capítulo 16, à história e à análise de criptoativos sendo lançados de 2017 para frente.

No próximo capítulo, analisaremos a saúde de rede dos criptoativos, o que também pode ser pensado como os fundamentos operacionais. Fundamentos operacionais são as métricas que mostram um criptoativo com uma arquitetura em funcionamento ganhando tração e atingindo o seu potencial. Já que esses fundamentos podem influenciar o preço também, concluiremos o capítulo com uma discussão de técnicas de mercado para identificar as melhores oportunidades para comprar, vender ou negociar um criptoativo.

Capítulo 13

Saúde Operacional de Redes de Criptoativos e Análise Técnica

Um criptoativo já em operação oferece uma riqueza de informações que podem ser usadas para criar em cima das informações básicas que discutimos no último capítulo. Tais informações nos levam aos fundamentos operacionais: aqueles aspectos de um criptoativo que revelam como ele está funcionando diariamente e anualmente no mundo real.

Recorde como descrevemos inicialmente a arquitetura blockchain como uma pilha de hardware, software, aplicações e usuários. Métricas específicas podem ser analisadas a partir de cada uma dessas quatro camadas, que revelarão o crescimento contínuo de um criptoativo em operação, ou a falta dele. Para um criptoativo saudável e próspero, a única lei universal é que essas métricas devem estar crescendo. Se um criptoativo está em seus primeiros dias e não está crescendo, seu futuro provavelmente não será brilhante.

Descreveremos em detalhes os fundamentos operacionais de cada uma das quatro camadas. Fecharemos o capítulo com uma discussão prática da análise técnica e como o investidor inovador pode usar essas ferramentas para ajudar no momento certo de compras e vendas de criptoativos.

MINERADORES

Um dos indicadores mais importantes, mas frequentemente negligenciados, da saúde contínua de um criptoativo é o suporte do sistema de segurança subjacente. Para sistemas baseados em prova de trabalho, como Bitcoin, Ethereum[1], Litecoin, Monero e muitos outros, a segurança é função de vários mineradores e sua potência computacional (ou *hash*) combinada.

Já que mineradores são aqueles que validam transações e constroem o blockchain do ativo, sua potência computacional combinada precisa ser robusta o suficiente para combater invasores que desejam enganar a rede processando transações inválidas. A única maneira pela qual invasores podem processar transações inválidas é se possuírem metade da potência computacional da rede, então é crucial que nenhuma entidade exceda 50% de posse. Se ocorrer, ela pode executar o chamado *ataque 51%*, no qual transações inválidas são processadas. Isso envolve gastar dinheiro que ela não tem, e arruinaria a confiança no criptoativo. A melhor maneira de prevenir a ocorrência desse ataque é ter computadores em número suficiente dando suporte ao blockchain em uma topografia globalmente descentralizada de modo que nenhuma entidade pudesse ter esperanças de comprar computadores suficientes para levar a maioria da cota.

Comprar e manter esses computadores custa muito, e mineradores não estão voluntariando o seu tempo e dinheiro por altruísmo. Pelo contrário, mais computadores só são adicionados à rede quando mais entidades veem oportunidade de lucrar com isso. Em outras palavras, mineradores são puramente indivíduos economicamente racionais — mercenários da potência computacional —, e seu lucro é largamente impulsionado pelo valor de um criptoativo, assim como pelas taxas de transação. Assim, quanto mais o preço sobe, mais transações são processadas, e maior a probabilidade de novos computadores serem adicionados para ajudar no suporte e na segurança da rede[2]. Por sua vez, quanto maior for o suporte de hardware para a rede, mais pessoas confiarão em sua segurança, desse modo levando mais pessoas a comprar e usar o ativo.

Um ciclo de reforço claramente positivo garante que quanto mais o ativo cresce, mais seguro se torna — como deve ser. A segurança deve ser diferente para uma loja de penhores com US$3 mil no caixa, em comparação a uma filial da Wells Fargo com US$2 milhões no cofre. O mesmo ocorre com a segurança de um criptoativo com um valor de rede de US$300 mil versus de US$3 bilhões.

Taxas de Hash como um Sinal de Segurança

Uma maneira de determinar a segurança relativa de um criptoativo é através da taxa de hash. A taxa de hash de um criptoativo representa a potência combinada dos computadores mineradores conectados à rede. Por exemplo, as Figuras 13.1 e 13.2 mostram as taxas de hash do Bitcoin e do Ethereum ao longo do tempo, ambos os quais mostram características de hipercrescimento.

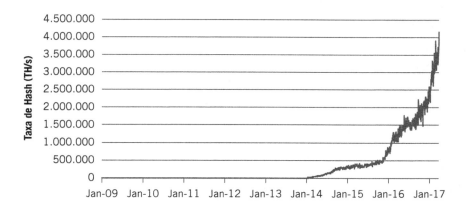

Figura 13.1 ■ Aumento da taxa de hash do Bitcoin desde sua origem

Dados provenientes do Blockchain.info

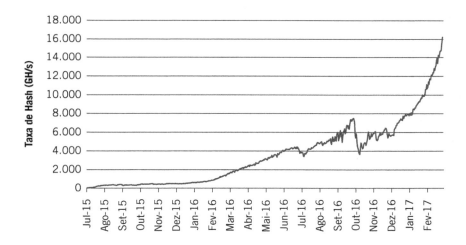

Figura 13.2 ■ Aumento da taxa de hash do Ethereum desde sua origem

Dados provenientes do Etherscan.io

Em março de 2017, a taxa de hash do Bitcoin cresceu 3 vezes em relação a março de 2016, enquanto a taxa de hash do Ethereum cresceu 10 vezes. Embora o Ethereum esteja experimentando um crescimento rápido, o que pode ser considerado como um sinal de que mais mineradores estão entusiasmados com seus potenciais lucros com o suporte ao Ethereum, ele também está crescendo a uma taxa de hash inicial menor que o Bitcoin.

Correndo o risco de sermos repetitivos, uma maior taxa de hash significa que mais computadores estão sendo adicionados para dar suporte à rede, o que significa maior segurança. Isso geralmente só acontece se o valor do criptoativo e suas transações associadas estiverem crescendo, pois mineradores são indivíduos motivados pelo lucro. Embora a taxa de hash muitas vezes siga o preço, às vezes, o preço pode seguir a taxa de hash. Isso acontece em situações nas quais mineradores esperam boas coisas do ativo no futuro, assim, proativamente conectam máquinas para ajudar a proteger a rede. Isso ajuda a transmitir confiança e, talvez, as boas notícias esperadas também tenham viajado o mercado, então o preço começa a subir.

Uma vez confirmado o crescimento da taxa de hash, frequentemente a melhor maneira de comparar a segurança relativa de criptoativos é através do cálculo do equipamento que protege a rede. Usar o valor do dólar ajuda, pois isso nos dá uma ideia do quanto um mau agente precisaria gastar para recriar a rede, que é o que o agente precisaria para lançar um ataque de 51%.

Em março de 2017, uma máquina mineradora de Bitcoin que produzia 14 terahash por segundo (TH/s) poderia ser comprada por US$2.300. A ideia de TH/s pode ser pensada como similar à velocidade do relógio de um computador pessoal, que muitas vezes é medido em gigahertz (GHz) e, da mesma forma, representa o número de vezes que uma máquina pode executar instruções por segundo. Seriam necessárias 286 mil máquinas com os supracitados 14 TH/s para produzir 4 milhões de TH/s, que era a taxa de hash da rede Bitcoin na época. Dessa forma, a rede do Bitcoin poderia ser recriada a um gasto de US$660 milhões, que daria a um invasor o controle de 50% da rede. Sim, 50%, porque se a taxa de hash começasse em 100 e um invasor comprasse o suficiente para recriá-la (100), então a taxa de hash dobraria para 200, ponto no qual o invasor teria uma cota de 50%.

A rede de mineração do Ethereum, por outro lado, é menos desenvolvida por ser um ecossistema mais jovem que armazena menos valor. Em março de 2017, uma máquina de mineração de 230 megahash por segundo poderia ser comprada por US$4.195[3], e seriam necessárias 70 mil dessas máquinas para recriar a taxa de hash do Ethereum, totalizando US$294 milhões em valor. Além disso, porque o Ethereum tem o suporte de GPUs, e não de ASICs, as máquinas podem ser mais facilmente construídas pouco a pouco por um amador com um baixo orçamento.

Usando US$660 milhões para o Bitcoin e US$294 milhões para o Ethereum, embora os valores de rede dos dois criptoativos sejam, respectivamente, US$17,1 bilhões e

US$4,7 bilhões, temos uma faixa de 3,9 centavos a 6,3 centavos de capital investido por dólar protegido pela rede. Essa faixa é uma boa base para o investidor inovador usar para outros criptoativos para assegurar que eles estão protegidos com um nível similar de capital gasto como Bitcoin e Ethereum, que são os dois ativos melhor protegidos no ecossistema blockchain.

CUIDADO AO COMPARAR TAXAS DE HASH DIRETAMENTE ENTRE CRIPTOATIVOS

Embora possa inicialmente parecer lógico, muitas vezes não é apropriado comparar diretamente a taxa de hash de diferentes criptoativos para julgar sua segurança relativa, pois o tipo de máquinas que fornecem a taxa de hash pode variar entre diferentes blockchains, como também o seu custo. Como cobrimos nos Capítulos 4 e 5, diferentes arquiteturas de blockchain usam diferentes funções hash no processo de consenso. Diferentes funções hash estão disponíveis para diferentes tipos de chips, sejam CPUs, GPUs ou ASICs, e esses chips vêm em computadores que variam em custo. Por exemplo, o Bitcoin é minerado com ASICs, que produzem a mais alta taxa hash por dólar gasto, enquanto o Ethereum é minerado majoritariamente com GPUs. Assim, US$1 mil comprarão mais taxa de hash para um computador Bitcoin do que para um computador Ethereum, e é esse valor do dólar que é importante para impedir invasores de tentar recriar a rede. Dessa forma, embora em março de 2017 a taxa de hash do Bitcoin de 4 milhões TH/s tenha sido tecnicamente 250 mil vezes mais alta que a taxa de 16 mil GH/s do Ethereum, isso não significava que o Bitcoin fosse 250 mil vezes mais seguro que o Ethereum.

Ativos Descentralizados Devem Ter Mineradores Descentralizados

Em geral, a taxa de hash é importante, mas a sua descentralização também. Afinal, se a taxa de hash for extremamente alta, mas 75% dela for controlada por uma única entidade, então este não é um sistema descentralizado. Na verdade, é um sistema altamente centralizado e, assim, vulnerável aos caprichos desta única entidade. Se o criptoativo for vulnerável aos caprichos de uma única entidade ou pequena oligarquia, então aquela pessoa, ou pequeno grupo, poderia escolher executar um ataque 51% em algum ponto, seja para esmagar o valor do ativo (um ataque kamikaze malicioso), seja para tentar lucrar por gastar dinheiro que eles não têm. Tal risco deve ser considerado e evitado.

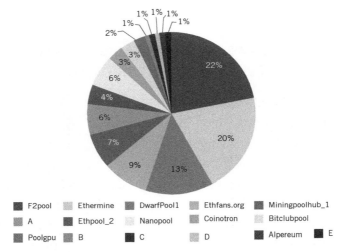

Figura 13.3 ■ Distribuição da taxa de hash do Ethereum

Dados provenientes do Etherscan.io

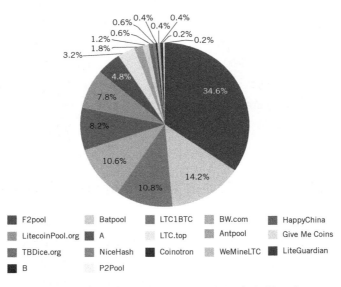

Figura 13.4 ■ Distribuição da taxa de hash do Litecoin

Dados provenientes do https://www.litecoinpool.org/pools

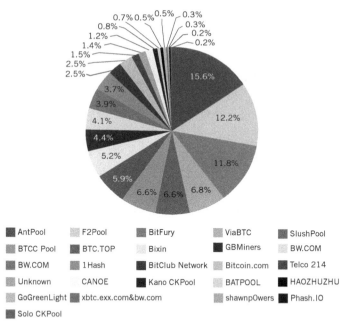

Figura 13.5 ■ Distribuição da taxa de hash do Bitcoin

Dados provenientes do https://blockchain.info/pools

As Figuras 13.3, 13.4 e 13.5 são gráficos que mostram a distribuição da taxa de hash entre mineradores para o Ethereum, o Litecoin e o Bitcoin em março de 2017.

É visível que o Litecoin é o mais centralizado, enquanto o Bitcoin é o mais descentralizado. Uma maneira de quantificar a descentralização é o Índice de Herfindahl (HHI), que é uma métrica para medir a competição e a concentração do mercado[4]. Por exemplo, o Departamento de Justiça dos EUA usa o HHI para examinar potenciais fusões e aquisições, para avaliar como elas podem influenciar a centralização da indústria[5]. A métrica é calculada pegando a porcentagem da cota de mercado de cada entidade, elevando ao quadrado cada cota de mercado e somando esses quadrados antes de multiplicá-los por 10 mil.

Por exemplo, um sistema que tem dois integrantes com 50% da cota de mercado cada teria um HHI de 5 mil, pois $(0,5^2) + (,5^2) = 0,5$ e $0,5 \times 10.000 = 5.000$. Para o HHI, qualquer coisa abaixo de 1.500 qualifica o mercado como competitivo; qualquer coisa entre 1.500 e 2.500, como um mercado moderadamente concentrado, e qualquer coisa acima de 2.500, como um mercado altamente concentrado[6].

Redes blockchain nunca devem ser classificadas como um mercado altamente concentrado e, idealmente, devem sempre cair na categoria de mercado competitivo.

Quanto mais concentrado é um mercado, mais próxima pode estar uma única entidade de obter a maioria da cota de potência computacional e executar um ataque de 51%. A Figura 13.6 mostra que tanto o Bitcoin quanto o Ethereum se qualificam como mercados competitivos, enquanto o Litecoin é um mercado moderadamente concentrado[7].

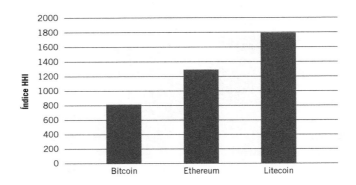

Figura 13.6 ■ A saúde dos ecossistemas de mineração do Bitcoin, do Ethereum e do Litecoin com base no HHI
Dados provenientes do Etherscan.io, do litecoinpool.org e do Blockchain.info

A centralização dos mineradores em diferentes redes blockchain varia ao longo do tempo, dependendo de quanto crescimento o criptoativo experimenta e da evolução da infraestrutura computacional para sustentá-lo. Por exemplo, a Figura 13.7 é um gráfico do índice HHI do Bitcoin ao longo tempo.

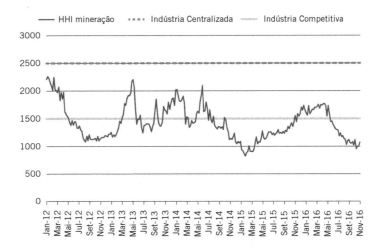

Figura 13.7 ■ HHI do Bitcoin ao longo do tempo
Dados provenientes de Andrew Geyl

Por vezes, o Bitcoin foi um mercado moderadamente concentrado, assim como a mineração do Litecoin é um mercado moderadamente concentrado atualmente. O Litecoin reconhece o impacto que grandes grupos de mineração podem ter na saúde de seu ecossistema e na qualidade de sua moeda. Neste ponto, os desenvolvedores do Litecoin instituíram uma campanha de conscientização chamada "*Spread the Hashes*" ("Disseminem os Hashes"), para que aqueles que mineram litecoins considerem disseminar suas atividades de mineração[8]. A campanha recomenda que os computadores litecoin minerem com uma variedade de grupos de mineração, em vez de se concentrarem apenas em um.

Distribuição Geográfica de Mineradores

Além da taxa de hash e do seu percentual de distribuição de posse, também é importante saber o quão geograficamente distribuídos estão os computadores que mantêm o blockchain de um criptoativo. Afinal, se os mineradores de um criptoativo estiverem todos em um único país, então o criptoativo pode estar à mercê do governo daquela nação. Isso oferece uma visão macroeconômica que deve ser incorporada a nossa análise fundamental desses ativos.

Muito se fala sobre quantas das maiores firmas de mineração têm instalações na China ou na Islândia[9], onde o custo da eletricidade é baixo. Porém, observando todos os nós Bitcoin (locais onde o software do Bitcoin foi baixado e o blockchain do Bitcoin está sendo mantido), fica mais clara a localização de onde a atividade global está concentrada. A Figura 13.8 mostra a distribuição dos nós Bitcoin[10] em uma base global.

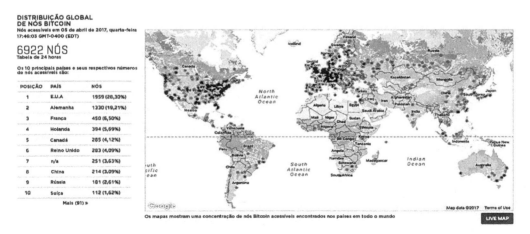

Figura 13.8 ■ Distribuição de nós Bitcoin em abril de 2017

Fonte: https://bitnodes.21.co/

CRIPTOATIVOS

As pessoas geralmente se confundem ao ver a Figura 13.8, pois os Estados Unidos e a Alemanha têm a maioria dos nós Bitcoin, enquanto a China está mais abaixo na lista, o que, pelo valor nominal, parece contradizer a ideia de que maioria dos mineradores estão na China. Nem todos os nós são feitos da mesma forma. Um único nó pode ter um grande número de computadores mineradores por trás, capturando, assim, uma grande porcentagem da taxa de hash global da rede, enquanto outro nó pode ter um único computador minerador dando suporte, equivalendo a uma minúscula fração da taxa de hash do Bitcoin. Um nó é meramente um ponto de conexão à rede, e eles se distinguem drasticamente na potência computacional com a qual contribuem. Dessa forma, a combinação da distribuição geográfica do nó e a concentração de taxa de hash entre os nós oferece um cenário mais completo da descentralização do hardware que dá suporte a um criptoativo.

DESENVOLVEDORES DE SOFTWARE

William Mougayar, autor de *The Business Blockchain* (sem publicação no Brasil), escreveu extensivamente sobre como identificar e avaliar empreitadas blockchain e resume sucintamente a importância dos desenvolvedores: "antes dos usuários poderem confiar no protocolo, eles precisam confiar nas pessoas que o criaram"[11]. Como abordamos no capítulo anterior, investigue as qualificações prévias dos principais desenvolvedores o quanto for possível.

Embora o pedigree inicial dos desenvolvedores seja importante, o seu compromisso em longo prazo também é. Desenvolvedores não devem criar um protocolo e simplesmente ir embora. Esses sistemas são feitos de software open source, que deve evoluir com o tempo para permanecer seguro e relevante. Se ninguém estiver mantendo o software, duas coisas acontecerão: um, bugs serão encontrados e explorados por maus agentes. Dois, sem desenvolvedores o suficiente, o software vai estagnar e, por fim, perder para projetos mais atraentes.

Desenvolvedores têm seu próprio efeito na rede: quanto mais desenvolvedores inteligentes estiverem trabalhando em um projeto, mais útil e intrigante esse projeto se torna para outros desenvolvedores. Esses desenvolvedores são, então, atraídos para o projeto, e um círculo de reforço positivo é criado. Por outro lado, se os desenvolvedores estiverem abandonando um projeto, então ele logo se torna cada vez menos interessante para outros desenvolvedores, por fim não sobrando ninguém para comandar o navio do software. Sem ninguém no comando, empresas e usuários que contavam com ele também desertarão, tudo isso derrubando o valor do criptoativo.

Embora a atividade do desenvolvedor seja incrivelmente importante, ela também é notavelmente difícil de quantificar com precisão. A maioria dos projetos de criptoativos são armazenados e orquestrados através do GitHub, que tem seu próprio conjunto de gráficos de atividade de desenvolvedores. Os gráficos incluem categorias como colaboradores, compromissos, frequência do código, *punch card* (memória) e rede, embora muitos deles não tenham dados relevantes. Por exemplo, apesar de um gráfico poder ser visto em colaborações, às vezes mais contribuições podem ser um fator negativo se forem associadas a um grande bug encontrado no software e desenvolvedores correndo para resolvê-lo. Além disso, cada criptoativo é composto de muitos projetos diferentes, o que dificulta ter uma visão ampla no GitHub.

Como solução, o CryptoCompare procurou mesclar a atividade de desenvolvedores e as métricas para facilitar a comparação de diferentes criptoativos. A Figura 13.9 é um gráfico com uma métrica que o CryptoCompare criou chamada *Code Repository Points*[12] (Pontos de Repositório de Código), que é explicado: "os pontos do Repositório de Código são concedidos da seguinte forma: 1 para uma estrela, 2 para uma divisão (alguém que tenta criar uma cópia, ou apenas brincar com o código) e 3 para cada inscrito."

Estrela é quando alguém marca um código com uma estrela no GitHub, algo que os usuários fazem para marcar o código e mostrar consideração por ele[13]. Explicamos divisões no Capítulo 5 sobre o DAOsastre, mas neste exemplo uma divisão é uma boa coisa. Ela se refere a uma situação na qual novos desenvolvedores dividiram o código do criptoativo para fazer experimentos com ele. Lembre-se de que foi assim que o Litecoin, o Dash e o Zcash foram criados a partir do Bitcoin: desenvolvedores dividiram o código do Bitcoin, modificaram-no e então relançaram o software com funcionalidades diferentes. Inscritos refere-se às pessoas que querem estar ativamente envolvidas com o código. Em resumo, quanto mais pontos de repositório de código, maior atividade de desenvolvedores ocorreu em torno do código do criptoativo.

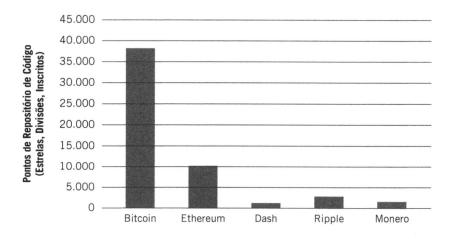

Figura 13.9 ■ Pontos de repositório de código para diferentes criptoativos (29 de março de 2017)
Dados provenientes do CryptoCompare

No entanto, o que é injusto sobre essa métrica é que o bitcoin está por aí há mais de oito anos, enquanto outros criptoativos existem há uma fração desse tempo. A padronização da quantidade de tempo que os criptoativos ficaram em construção produz o gráfico na Figura 13.10[14].

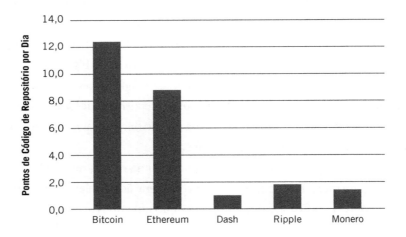

Figura 13.10 ■ Frequência da atividade de desenvolvedores para diferentes criptoativos (29 de março de 2017)
Dados provenientes do CryptoCompare

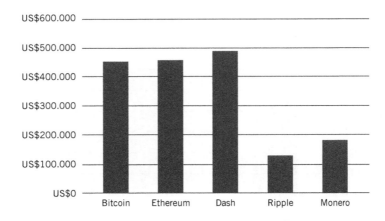

Figura 13.11 ■ Valor do dólar por ponto de repositório de código para diferentes criptoativos (29 de março de 2017)
Dados provenientes do CryptoCompare

Ao usar essa medida padronizada para a atividade dos desenvolvedores, fica claro que o Bitcoin e o Ethereum são dois projetos de destaque. Com o Dash como base, os desenvolvedores do Ripple são 80% mais ativos, e os desenvolvedores do Monero, 40% mais ativos. Porém, aí surge a frase "você recebe o que você paga". Com valores de rede de US$17,1 bilhões para o Bitcoin e US$4,7 bilhões para o Ethereum, faz sentido que os seus desenvolvedores sejam tão ativos. Sua atividade claramente construiu uma plataforma valiosa que atrai várias pessoas. Com o Dash, o Ripple e o Monero com valores de rede de US$600 milhões, US$360 milhões e US$280 milhões respectivamente, é compreensível que eles não tenham uma base desenvolvedora tão ampla e ativa.

Para calibrar o valor de rede, na Figura 13.11, pegamos o valor de rede total de um criptoativo e o dividimos pelos pontos cumulativos do repositório, a ideia sendo que uma determinada quantidade de trabalho entrou na criação de cada criptoativo, impondo a pergunta: "Qual é o valor do dólar por ponto de repositório?" Quanto maior esse número, mais cada ponto de repositório é valorizado e, potencialmente, supervalorizado.

Usando essa metodologia, em março de 2017, o Dash era a arquitetura criptoativa mais valorizada pelo mercado, pois as pessoas estavam pagando aproximadamente US$500 mil por ponto de repositório, embora isso não signifique que vai permanecer assim. Curiosamente, o Bitcoin e o Ethereum estão muito próximos, enquanto o Ripple e o Monero parecem ter os desenvolvedores menos valorizados.

Outro bom site para monitorar a atividade geral dos desenvolvedores é o OpenHub[15]. Por exemplo, o OpenHub mostra o número de linhas de código que foram escritas para um projeto, como mostrado na Figura 13.12.

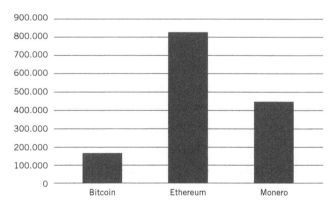

Figura 13.12 ■ Linhas de código escritas para o Bitcoin, o Ethereum e o Monero como mostrado pelo OpenHub

Dados provenientes do OpenHub

Capital de Risco Blockchain
Investimentos de Risco Bitcoin: Coin Desk

Fechamento	Empresa	Classificação	Dimensão (US$m)	Fundo Cumulativo (US$m)	Etapa	Investidores
9-Fev-2017	Coinfirm	"RegTech" (Tecnologia de Regulação)	0,7	0,7	Seed	Luma Ventures
7-Fev-2017	Hashed Health	Infraestrutura	1,85	1,85	N/A	Martin Ventures, Fenbushi Capital
31-Jan-2017	Storj	Infraestrutura	0,1	0,1	Seed	Utah Governor's Office of Economic Development (GOED)
30-Jan-2017	Bitfury	Infraestrutura	30	90	Série D	Credit China FinTech Holdings
30-Jan-2017	Bitpesa	Processador de Pagamentos	23,5	3,6	Série A	Draper VC, Greycroft LLC, Digital Currency Group, Pantera Capital Management, Blockchain Capital, Zephyr Acorn, FuturePerfectVC e BnkToTheFuture
24-Jan-2017	Cambridge Blockchain	Infraestrutura	2	2	Seed	Partech Ventures, Digital Currency Group
19-Jan-2017	CoolBitX	Carteira	0,2	0,2	Seed	Midana Capital
17-Jan-2017	SatoshiPay	Serviços Financeiros	0,68	1,07	N/A	Blue Star Capital
17-Jan-2017	NeuFund	Capital de Risco	2	2	Série A	Atlantic Labs, Klaas Kersting
11-Jan-2017	Qtum	Serviços Financeiros	1	1	Seed	Anthony Di Iorio, Star Xu, Xiaolai Li, Bo Shen
4-Jan-2017	Blockstack	Infraestrutura	4	5,3	Série A	Union Sqauare Ventures, Lux Capital, Naval Ravikant, Digital Currency Group, Compound, Version One, Kal Vepuri e Rising Tide
3-Jan-2017	Bitpagos	Serviços Financeiros	1,9	0,9	Série A	Huiyin Blockchain Ventures Boost VC, Digital Currency Group e Draper VC

Figura 13.13 ■ Investimentos de capital de risco no blockchain como monitorado através do CoinDesk

Fonte: CoinDesk

Ter mais linhas de código não é necessariamente melhor para um ativo. Às vezes, o oposto é verdadeiro e menos é mais, porque um ótimo desenvolvedor pode escrever o mesmo programa com a metade das linhas que um desenvolvedor medíocre precisaria. O Bitcoin, o Ethereum e o Monero são bem diferentes, então é difícil compará-los diretamente. O Bitcoin deseja ser minimalista, enquanto o Monero adicionou a funcionalidade de privacidade e o Ethereum é o mais caro em alcance. Mais importante, todos os três estão classificados como *Very High Activity* (Altíssima Atividade) na métrica de atividade do OpenHub.

Embora essas métricas de atividade de desenvolvedores não sejam de forma alguma autoritárias, elas dão uma ideia do que procurar quando explorar o comprometimento e a atividade de desenvolvedores por trás de um criptoativo.

SUPORTE DA EMPRESA

Similar à dificuldade de avaliar o suporte de desenvolvedores é avaliar o suporte de empresas a um criptoativo. Sites como SpendBitcoins.com[16] informam aos visitantes quantos lugares aceitam um criptoativo específico; uma métrica importante para criptomoedas, mas nem tanto para criptocommodities e criptotokens.

Uma abordagem diferente é monitorar o número de empresas que dão suporte a uma criptomoeda, o que pode ser feito rastreando os investimentos de capital de risco. O CoinDesk fornece algumas dessas informações, como visto na Figura 13.13. No entanto, como abordaremos no Capítulo 16, sobre ICOs, a tendência nesse espaço é se afastar de financiamentos de risco em direção a financiamentos coletivos.

Ter um visão longitudinal de como as empresas estão dando suporte a um criptoativo ao longo do tempo é mais importante do que um único retrato. Uma das melhores métricas que encontramos como aproximação para o suporte de uma companhia é o número de plataformas de negociação que dão suporte a um criptoativo. Conforme um criptoativo ganha maior legitimidade e suporte, um crescente número de plataformas de negociação o assume. Como mencionado no Capítulo 9, as últimas plataformas de negociação a incluir criptoativos são as mais reconhecidas, como Bitstamp, GDAX e Gemini. Essas plataformas de negociação têm marcas fortes e relações com órgãos reguladores que precisam proteger, então não darão suporte a um criptoativo até que ele tenha passado por uma minuciosa verificação tecnológica e baseada em mercado. Uma busca simples no Google é suficiente para discernir quais plataformas de negociação dão suporte a quais criptoativos. Agregadores de volume, como o CoinMarketCap, também dão uma ideia de quais plataformas de negociação dão suporte a quais moedas[17].

Outro bom indicador da crescente aceitação de um criptoativo e sua crescente oferta por plataformas de negociação altamente reconhecidas é a quantidade de moedas fiduciárias usadas para comprá-lo. Como também mencionado no Capítulo 9, nos primeiros dias de um criptoativo na lista, a maioria do volume geralmente vai para o bitcoin, o que significa que compras e vendas são feitas em bitcoin, não em dólares ou euros. Conforme os criptoativos crescem em diversidade, eles também aumentam em pares de negociação com moedas fiduciárias, como mostrado com o ether do Ethereum na Figura 13.14.

No período de um ano entre março de 2016 e março de 2017, o ether foi de ser negociado em 12% do tempo com moedas fiduciárias para 50% do tempo. Isso é um bom sinal de amadurecimento de um ativo, e mostra-o ganhando reconhecimento e aceitação mais amplos.

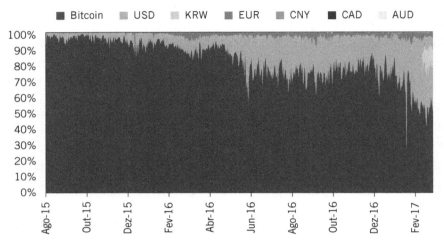

Figura 13.14 ■ Crescimento da diversidade de pares de moeda do ether
Dados provenientes do CryptoCompare

ADOÇÃO DOS USUÁRIOS

Várias métricas podem avaliar o estado e a taxa de adoção geral. Focaremos aquelas que mostram a tração das pessoas usando o criptoativo para sua utilização principal. As métricas básicas são:

- Número de usuários;
- Número de transações propagadas no blockchain;
- Valor do dólar dessas transações;
- Métrica de avaliação, que é o valor da rede de um criptoativo dividido por seu volume diário de transações em dólar.

Incluímos exemplos dessas métricas para o Bitcoin e o Ethereum. Deve-se notar que muitos desses números não são facilmente acessíveis para os outros criptoativos, pois eles ainda estão em seus dias iniciais e, dessa forma, os dados ainda não foram extraídos e apresentados de uma maneira facilmente digerível. Mesmo para o Ethereum, algumas métricas não são facilmente acessíveis como são para o Bitcoin. Dois dos melhores recursos de dados para o Bitcoin e o Ethereum, respectivamente, são a seção de gráficos do Blockchain.info[18] e a seção de gráficos do Etherscan[19], e supomos que outros criptoativos terão serviços similares construídos para extrair e visualizar dados de seus blockchains.

Número de Usuários

A Figura 13.15 mostra o número de usuários de carteiras para o Blockchain.info, um provedor líder de carteiras bitcoin (uma carteira é onde os usuários de bitcoin armazenam as chaves para acessar seus bitcoins). Claramente, ter mais usuários com carteiras que podem manter um criptoativo é bom para aquele ativo: mais usuários, mais uso, mais aceitação. Embora o gráfico mostre uma tendência exponencial, há alguns inconvenientes nessa métrica. Primeiro, ela mostra apenas o crescimento dos usuários de carteiras do Blockchain.info, mas existem muitos outros provedores de carteiras. Por exemplo, em março de 2017, o Coinbase tinha 14,2 milhões de carteiras, o mesmo nível que o Blockchain.info. Segundo, um indivíduo pode ter mais de uma carteira, então, alguns desses números podem ser devido a usuários criando várias carteiras, uma falha que se estende a outros provedores de carteiras e suas métricas também.

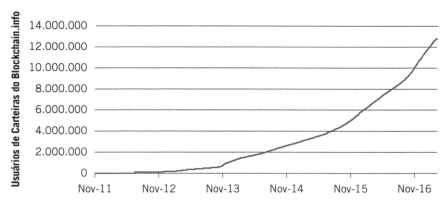

Figura 13.15 ■ Usuários de carteiras do Blockchain.info ao longo do tempo
Dados provenientes do Blockchain.info

Willy Woo, um colaborador do Coindesk.com, utilizou o Google Trends para avaliar as buscas feitas no Google pelo termo "BTC USD". Ele queria fazer isso como "um indicador eficiente do crescimento e do engajamento do bitcoin ao longo do tempo"[20]. Em outras palavras, ele queria usar essa métrica para determinar o crescimento dos usuários do bitcoin. A Figura 13.16 mostra a tendência desse termo de busca ao longo do tempo. Woo indica que os picos "estão alinhados às bolhas de preço, períodos nos quais mais usuários se dirigem à internet para checar o valor de seu patrimônio". Woo parte do princípio que o usuário do bitcoin verifica o preço todos os dias, então ele acredita que o gráfico ajuda a identificar o número de usuários de bitcoins.

Se assumirmos isso como verdade, então a análise de Woo indica a duplicação dos usuários de bitcoin a cada ano e uma ordem de magnitude de crescimento a cada 3,375 anos. Ele chama esta de Lei de Woo, em homenagem à Lei de Moore[21] (que é famosa por prever que a densidade da fabricação de transistores por polegada quadrada dobraria a cada dezoito meses). Será interessante ver como a Lei de Woo se mantém com o tempo.

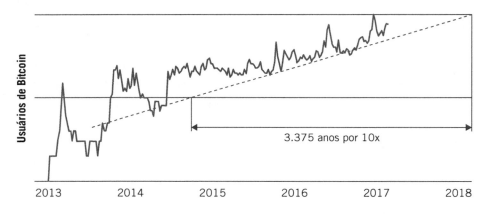

Figura 13.16 ■ A Lei de Woo em ação: os usuários de bitcoin dobram a cada 12 meses
Fonte: http://www.coindesk.com/using-google-trends-estimate-bitcoins-user-growth/

Considere também o número de endereços em um blockchain. Para o Bitcoin, um endereço é para onde os bitcoins são enviados e, assim, quanto mais endereços, mais locais estão mantendo bitcoins. Porém, uma empresa como o Coinbase pode ter apenas alguns endereços, que servem para armazenar bitcoins para milhões de usuários. Dessa forma, embora essa métrica mostre uma bela tendência para cima e para a direita, é apenas parte da imagem.

A Figura 13.17 mostra o hipercrescimento da conta de endereço exclusivo do Ethereum. No Ethereum, um endereço pode tanto armazenar um balanço de ethers, como o Bitcoin, ou armazenar um *smart contract*. Ambos denotam um aumento no uso.

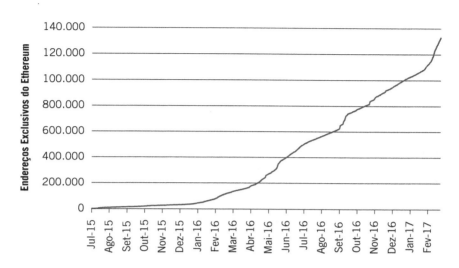

Figura 13.17 ■ O crescimento dos endereços exclusivos do Ethereum
Dados provenientes do Etherscan.io

Número de Transações

As Figuras 13.18 e 13.19 mostram o número de transações usando os blockchains do Bitcoin e do Ethereum, respectivamente. Os números crescentes são sinais saudáveis para os blockchains e seus criptoativos associados. Essa informação para o bitcoin pode ser acessada no Blockchain.info[22] e, para o ether, no Blockchain.info[23].

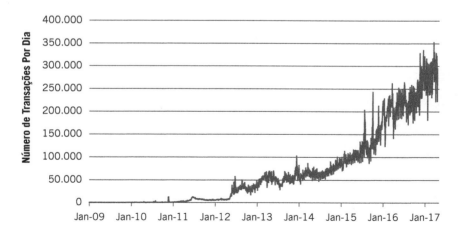

Figura 13.18 ■ Número de transações por dia usando o blockchain do Bitcoin
Dados provenientes do Blockchain.info

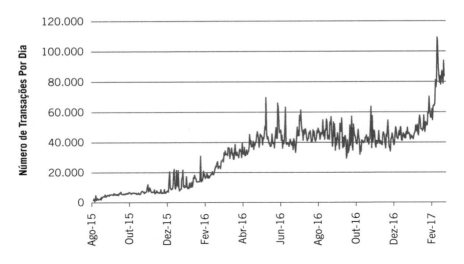

Figura 13.19 ■ Número de transações por dia usando o blockchain do Ethereum
Dados provenientes do Etherscan.io

Valor do Dólar das Transações

Embora o número de transações seja uma métrica importante, ele não diz nada sobre o valor monetário dessas transações. A Figura 13.20 mostra os números para o bitcoin. No primeiro trimestre de 2017, o Bitcoin estava processando mais de US$270 milhões por dia, o que se traduz em US$188 mil por minuto, ou US$3.100 por segundo[24].

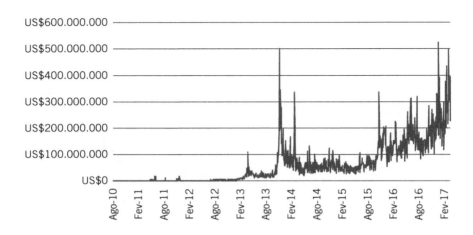

Figura 13.20 ■ Volume estimado de transações por dia usando o blockchain do Bitcoin
Dados provenientes do Blockchain.info

Um Potencial Método de Avaliação

Assim como os métodos de avaliação para títulos evoluíram com os anos, os métodos para avaliar criptoativos também crescerão ao longo do tempo. Um método de avaliação que estamos considerando é calibrar quanto o mercado deseja pagar pela utilidade transacional de um blockchain. Para obter essa informação, dividimos o valor da rede de um criptoativo por seu volume diário de transação. Se o valor de rede superar o volume transacional desse ativo, então esse índice aumentará, o que pode implicar que o preço do ativo superou sua utilidade. Chamamos isso de cripto "índice PL" (Índice Preço/Lucro), inspirados pelo índice comum usado para títulos. Para criptoativos, frisamos que o denominador da avaliação devem ser os volumes de transação, e não os ganhos, pois eles não são empresas com fluxos de caixa.

Deve-se assumir que o preço eficiente para um ativo indicaria a firmeza do valor de rede para o volume de transações do ativo. O volume transacional crescente de um ativo deveria ser atingido por um aumento similar no valor desse ativo. Oscilações para cima no preço sem oscilações similares no volume de transações poderiam indicar um superaquecimento do mercado e, assim, a supervalorização de um ativo.

Com o tempo, o mercado provavelmente encontrará uma média feliz para esse índice, assim como os mercados de títulos encontram uma média feliz para os índices de preço de vendas ou de preço de ganhos. Os criptoativos, incluindo o bitcoin, ainda são muito jovens e têm pouquíssimos dados de mercado para dizer exatamente onde esse índice de equilíbrio se estabilizará. Dito isso, observando a Figura 13.21, parece que o bitcoin tem uma base confortável quando o seu valor de rede é 50 vezes o seu volume transacional diário. Manter um preço que preserve o índice próximo de 50 poderia indicar que o ativo está sendo precificado de forma justa, e grandes oscilações além dessa faixa podem ser sinal de tendências de alta ou de baixa.

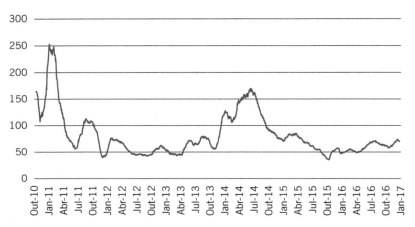

Figura 13.21 ■ Valor de rede do Bitcoin dividido pelo volume estimado de transações (média móvel de 30 dias)
Dados provenientes do Blockchain.info

RESUMO DOS FUNDAMENTOS OPERACIONAIS

O processo de executar a análise fundamental em uma classe de ativos, como os criptoativos, está em seus estágios iniciais. Tanto quanto possível, tentamos utilizar o rigor e a profundidade através de muitas das ferramentas que analistas de títulos usaram ao longo dos anos para criar as métricas úteis que oferecemos nesses dois capítulos. Obviamente, o estudo de títulos e de criptoativos é fundamentalmente diferente. Ainda assim, tentamos criar recursos e abordagens para esse tipo de análise que podem se manter ao longo do tempo conforme os criptoativos continuam a crescer e amadurecer. Também sabemos que à medida que mais dados são criados, novas tendências são identificadas e mais analistas entram no espaço criptoativo, muitos dos recursos que utilizamos aqui podem ser substituídos por ferramentas cada vez mais elaboradas e exatas.

Esperamos ter oferecido aos investidores inovadores ferramentas para fazer a pesquisa e a avaliação necessárias desses ativos, como fariam com qualquer outro investimento em seu portfólio. Assim como esse capítulo ajudará a armar o investidor inovador, gostaríamos de vê-lo fornecer aos futuros analistas de criptoativos as ferramentas para continuar construindo modelos de análise fundamental mais robustos.

ANÁLISE TÉCNICA DE CRIPTOATIVOS

A análise técnica vem com suas próprias ferramentas e métricas. Embora a análise fundamental seja diferente para criptoativos e outras classes de ativos, a análise técnica é praticamente a mesma. A análise técnica é simplesmente a avaliação da movimentação do preço e do volume de um ativo ao longo do tempo para ajudar em momentos de compras e vendas. É claro, não é um método garantido para encontrar o "momento certo" para comprar ou vender, mas a análise técnica tem se tornado uma ferramenta poderosa que os negociadores de bitcoins e de outros criptoativos usam para entender o momento do mercado. A análise técnica é melhor usada em conjunto com a análise fundamental para identificar investimentos apropriados e quando fazê-los. Aqui, oferecemos alguns gráficos básicos e considerações que o investidor inovador pode usar.

Suporte e Resistência

Traçar as linhas de suporte e resistência da movimentação de preço de um ativo ao longo do tempo é uma ferramenta testada e comprovada de análise técnica. A Figura 13.22 mostra a movimentação do preço do bitcoin ao longo do ano de 2015, um período no qual ele oscilou dentro de uma *faixa de negociação* previsível. Na Figura 13.22, a linha de cima é chamada linha de resistência, indicando um preço que o bitcoin está tendo problemas para bater. Muitas vezes, essas linhas podem ser números de peso psicológico, nesse caso, a marca de US$300. Quando o preço do bitcoin atinge US$300, mostra uma tendência a recuperar-se rápido de volta a sua faixa de negociação. No reverso da resistência, está o suporte, que mostra um preço que o bitcoin não quer violar, nesse caso, US$200. Cada vez que o bitcoin se aproxima da linha de suporte, ele se recupera e volta a sua faixa de negociação, e a única vez que ele bate esse suporte, rapidamente passa acima dele de novo.

Note que enquanto essa faixa pode ser um guia útil, um ativo nem sempre permanece vinculado à faixa. Por exemplo, no final da faixa representada, o preço parece estar explodindo para formar um novo preço mais alto e uma nova faixa de negociação. Para muitos analistas técnicos, tal explosão, acompanhada pelo alto volume de negociação, é um sinal para comprar, pois significa que algo notável aconteceu para empurrar o mercado para avaliar o ativo mais ricamente. Muitas vezes, linhas de resistência anteriores se tornarão linhas de suporte se o ativo rompeu a linha de resistência de maneira convincente e permanecer elevado. Da mesma forma, uma linha de suporte anterior pode se tornar um ponto de resistência se o ativo despencar de seu suporte anterior e ficar abaixo dessa linha.

Figura 13.22 ■ Linhas de suporte e resistência para o bitcoin em 2015
Dados provenientes do CoinDesk

Essa simples ilustração das linhas de suporte e resistência é expandida em recursos de análise técnica detalhados disponíveis online, incluindo o trabalho de Brian Beamish, do *The Rational Investor*[25], entre outros.

Média Móvel Simples

Uma das ferramentas mais comuns para analistas técnicos é a média móvel simples, ou MMS, que estabiliza a tendência de preço de um ativo ao longo de um período.

MMS são fornecidas pela maioria dos sites de gráficos e, como o nome sugere, o cálculo é simples. Ela simplesmente traça o preço médio de um ativo ao longo de um período de tempo, e esse período pode ser de dias, semanas ou meses. É chamada uma média móvel porque a cada novo dia há uma nova média, que inclui o preço do dia mais recente, enquanto abandona o preço mais antigo. Assim, a média move-se com o tempo. Médias comuns incluem médias móveis de 50 dias, 100 dias e 200 dias, assim como médias de mais longo prazo, como médias móveis de 200 semanas para observar tendências em escalas de tempo mais amplas. MMS podem indicar pontos de suporte e resistência e, quando usadas juntas, podem indicar mudanças na dinâmica. O Cryptocompare.com afirma:

> Em geral, médias móveis são usadas em conjunto entre si para detectar inversões de tendências e mudanças na dinâmica. Por exemplo, quando uma MMS de curto prazo está abaixo de uma MMS de longo prazo e, então, a ultrapassa — foi identificada uma mudança favorável na dinâmica, que é um sinal de compra[26].

A Figura 13.23 mostra o preço do bitcoin do lançamento do Mt. Gox, em julho de 2010, até o fim de 2012, com as MMS de 50 e 200 dias. Note que uma média não começa até que tenham passado dias o suficiente para o primeiro ponto ser traçado. Para a afirmação do CryptoCompare, na primavera de 2012, a MMS de 50 dias transpassou a MMS de 200 dias, e ficou acima dela, indicando uma dinâmica positiva. De forma inversa, se uma média em curto prazo despenca abaixo de uma média de longo prazo é sinal de recessão, pois o preço do ativo está caindo rapidamente e é comumente referido como *death cross* (cruz da morte). Tal comportamento pôde ser visto no outono de 2011, quando a média móvel de 50 dias caiu abaixo da média móvel de 200 dias.

Figura 13.23 ■ Médias Móveis Simples nos primeiros dias do bitcoin
Dados provenientes do CoinDesk

Preste Atenção ao Volume

Por causa dos níveis variáveis de negociação que ocorrem com criptoativos, é importante para o investidor inovador prestar atenção ao volume de negociação de um ativo. Para um criptoativo jovem, é comum ver altas ou baixas de preço com pouco volume. Isso indica que o livro de negociações é fino e, assim, que o ativo está suscetível a oscilações violentas de preço. Incluindo uma análise de volume, essas oscilações de preço podem indicar uma tendência sustentada ou uma movimentação temporária. Como Charles Bovaird aponta em seu texto sobre Análise Técnica para o Coindesk.com:

> Negociadores de bitcoin devem ter em mente que o volume tem um papel importante na avaliação de tendências de preço. Altos volumes apontam para fortes tendências de preço, enquanto baixos volumes indicam tendências mais fracas. Em geral, preços em alta coincidem com volumes crescentes. Se os preços do bitcoin experimentarem um tendência de alta, mas os movimentos de alta da moeda ocorrerem em meio a um volume fraco, isso pode significar que a tendência está perdendo o gás e pode acabar logo[27].

Da mesma forma, um preço em queda com volume crescentemente forte indica capitulação, pois os negociantes estão correndo para as saídas, ao passo que um preço em queda com baixo volume é menos preocupante.

Lembre-se, a maioria dos criptoativos ainda está em estágio inicial e, dessa forma, os gráficos técnicos desses ativos não terão o mesmo histórico que ativos de prazos mais longos, como o bitcoin. Você encontrará muitos exemplos de criptoativos mais novos experimentando oscilações de preço violentas após a sua criação, mas ao longo do tempo, esses ativos mais jovens começam a seguir as regras da análise técnica. Isso é um sinal de que esses ativos estão amadurecendo e, assim, sendo seguidos por um grupo de negociantes mais amplo. Isso indica que eles podem ser analisados e avaliados de forma mais completa usando análise técnica, permitindo ao investidor inovador melhor prever o mercado e identificar oportunidades de compra e venda.

* * *

Investidores inovadores devem examinar independentemente o bitcoin e outros criptoativos, evitando a tentação de comprar ou vender simplesmente porque todo mundo está fazendo isso. Há uma crescente abundância de informações e dados online sobre cada um desses ativos, e se os investidores não conseguirem encontrar dados suficientes sobre um ativo para fazer a análise necessária, provavelmente, é um sinal de que este deve ser um investimento a evitar. Vamos chamar isso de Lei de Burniske-Tatar.

Uma vez que o investidor inovador fez as análises fundamental e técnica necessárias, o próximo passo é apertar o gatilho e realmente fazer o investimento. Nos próximos capítulos, apresentaremos a vasta, e ainda crescente, gama de oportunidades para investidores ganharem acesso ao bitcoin e a outros criptoativos.

Capítulo 14

Investindo Diretamente em Criptoativos: Mineração, Plataformas de Negociação e Carteiras

Hoje, investidores têm muitos caminhos para comprar bitcoins e outros criptoativos. As opções continuarão a evoluir, mas amplamente, há duas considerações principais: como adquirir criptoativos e como armazená-los. Como os criptoativos são instrumentos digitais ao portador, são diferentes de outros investimentos, que são mantidos por um tutor centralizado. Por exemplo, independentemente de qual plataforma um investidor usa para comprar ações, há uma entidade custodiante centralizado que está "guardando" os ativos e monitorando o balanço do investidor[1]. Com criptoativos, o investidor inovador pode optar por uma situação similar ou pode ter total autonomia e controle do armazenamento. O caminho escolhido depende do que o investidor inovador mais valoriza e, como muito na vida, sempre há prós e contras.

MINERAÇÃO

Uma breve história da evolução da mineração é necessária para que o investidor inovador possa entender melhor o estado atual dos negócios para o bitcoin e outros criptoativos. Daí, é mais fácil decidir se este caminho de aquisição é apropriado. Mesmo para aqueles que não têm interesse em serem, eles próprios, mineradores, é útil ter uma compreensão mais profunda pois, para muitos criptoativos, a mineração é o meio para a emissão de fornecimento e o sistema de segurança por trás das transações.

Quando a rede do Bitcoin foi lançada, em janeiro de 2009, a mineração era o único método para adquirir bitcoins, e Satoshi Nakamoto e Hal Finney eram os dois principais mineradores[2]. Como discutimos, novos bitcoins são cunhados através do processo de verificação e confirmação de transações no blockchain do Bitcoin, a orquestração do que é uma grande parte do software que Satoshi criou. Dessa forma, a criação descentralizada da moeda em quantidades controladas é assegurada, o que, antes do bitcoin, não tinha sido concretizado em escala global.

O processo de mineração do bitcoin é um ciclo contínuo que mistura algumas partes de dados juntos em busca de um resultado que atenda a um nível de dificuldade predeterminado, principalmente o número de 0s com os quais o resultado começa. Chamamos esse resultado de *golden hash*. Lembre-se de que uma função hash pega os dados — por exemplo, o texto nessa sentença — e mistura-os em uma string de comprimento fixo de dígitos alfanuméricos. Embora o resultado de uma função hash seja sempre de comprimento fixo, os caracteres dentro dela são imprevisíveis e, portanto, mudar uma parte dos dados na entrada pode mudar drasticamente o resultado. Esse é chamado um *golden hash* porque ele concede o privilégio de o bloco de transações daquele minerador ser anexado ao blockchain do Bitcoin. Como recompensa, aquele minerador é pago em uma *coinbase transaction*, que é a primeira transação do bloco. Atualmente, essa transação entrega 12,5 bitcoins ao minerador sortudo.

Os computadores envolvidos no processo de mineração do Bitcoin pegam quatro partes de dados: uma mistura das transações para aquele bloco, a mistura (identificadora) do bloco anterior[3], a hora e um número aleatório chamado *nonce*. Computadores diferentes na rede pegam essas quatro variáveis e variam o nonce, talvez começando com um nonce igual a 0, então passando para 1, depois para 2, na esperança de que, mudando essa única variável, o resultado da mistura atenda à exigência necessária do número de zeros iniciais. Quanto mais nonces o minerador puder testar, mais chances de encontrar um golden hash que atenda à exigência. A taxa na qual novos nonces podem ser testados é chamada a *taxa de hash*; é o número de vezes por segundo que um computador pode rodar essas quatro variáveis em uma função hash e derivar uma nova mistura.

Qualquer um com um computador pode se conectar à rede Bitcoin, baixar os blocos anteriores, monitorar novas transações e misturar os dados necessários em busca do golden hash. Tal arquitetura aberta é um dos pontos mais fortes do Bitcoin. Embora possa soar como um jeito fácil de ganhar bitcoins, agora é incrivelmente difícil. Desde o lançamento do Bitcoin, não apenas o número de computadores minerando-o aumentou, mas os tipos de computadores usados evoluiu significantemente.

INVESTINDO DIRETAMENTE EM CRIPTOATIVOS: MINERAÇÃO, PLATAFORMAS DE NEGOCIAÇÃO E CARTEIRAS

Inicialmente, computadores na rede analisavam as misturas usando sua unidade de processamento central (CPU), que é o chip básico responsável pelo funcionamento de nossos computadores. A mineração com este método monopolizava os recursos do computador. E, embora um CPU seja ótimo em multitarefas, não é o chip mais eficiente para executar a mesma tarefa várias vezes, que é exatamente o que envolvia a busca pelo golden hash.

Teoricamente, um chip melhor para mineração é a unidade de processamento gráfico (GPU). Como o nome sugere, GPUs são usados para gerar os gráficos que aparecem nas telas, mas também são amplamente usados agora em aplicações de aprendizado de máquina. GPUs são substancialmente unidades de processamento paralelas, o que significa que podem rodar cálculos parecidos em paralelo, pois têm de centenas a milhares de unidades de miniprocessamento, em oposição aos CPUs, que têm apenas algumas unidades de processamento[4].

Embora as pequenas unidades dentro de um GPU não consigam executar a ampla gama de operações abstratas que um CPU consegue, são boas o suficiente para misturar os dados. Já que há centenas ou mais desses núcleos, de forma agregada, um chip GPU pode fazer muito mais tentativas de golden hash por segundo que um chip CPU.

Porém, para usar GPUs, uma nova versão do software do Bitcoin precisou ser criada para que pudesse instruir um GPU sobre o processo, e escrever esse código levou tempo. Ele foi finalmente lançado no verão de 2010, depois de Jeff Garzik ter oferecido uma recompensa de 10 mil bitcoins aos criadores — uma operação de mineração conhecida como *puddinpop* — para deixar o software em código aberto para que todos o utilizem[5]. Embora ele possa não ter esperado que o preço subisse tanto nos anos seguintes, a doação de Garzik agora totaliza mais de US$10 milhões.

Embora GPUs tenham sido uma grande melhora em relação aos CPUs, mais duas iterações de tecnologia ocorreram para produzir um chip mais eficiente para o palpite mais rápido sobre golden hashes. Primeiro, vieram as matrizes de portas de campo programáveis (FPGA), um chip provisório, antes que o avô de todos eles aparecesse: os circuitos integrados de aplicações específicas (ASICs). Como o nome sugere, ASICs são para aplicações específicas, o que significa que o hardware físico deve ser projetado e produzido com a aplicação em mente. CPUs, GPUs e FPGAs podem ser comprados genericamente e, com a engenharia apropriada, ser aplicados a um propósito depois da compra. A estrutura física dos ASICs, por outro lado, precisa ser gravada no chip na fábrica de produção de semicondutores.

Projetar e produzir um chip tão específico exige um investimento inicial significativo, e só quando a rede do Bitcoin se tornou grande o suficiente e o bitcoin, valioso o suficiente, que uma empresa pôde perseguir essa oportunidade. O primeiro computador, ou equipamento de mineração, com chips ASICs que foram especificamente produzidos para o processo foi conectado em janeiro de 2013[6]. Atualmente, ASICs de topo de linha têm uma taxa de hash de 14 TH/s, o que significa que essas máquinas analisam os dados e fornecem uma mistura 14 trilhões de vezes por segundo[7].

Coletivamente, quanto mais computadores ligados à rede do Bitcoin, maiores as chances de um deles descobrir um golden hash. Sem qualquer ajuste, mais computadores poderiam aumentar a taxa de fornecimento de novos bitcoins, levando a uma inflação de fornecimento descontrolada. Por essa razão, Satoshi criou, dentro do software do Bitcoin, a regra de que quanto mais potência computacional fosse adicionada à rede, mais seria difícil encontrar o golden hash, aumentando o número de zeros exigidos para começar a mistura. Esse ajuste é feito a cada 2.018 blocos, ou a cada duas semanas, com o objetivo de que os mineradores encontrem o golden hash a cada 10 minutos, controlando, assim, a taxa na qual novos bitcoins são cunhados. Como resultado, cada vez mais pessoas estão competindo por recompensas cada vez menores, o que, embora ainda seja rentável para mineradores profissionais, é altamente fora de alcance para amadores do Bitcoin. Para uma perspectiva, a potência computacional combinada da rede do Bitcoin é mais de 100 mil vezes mais rápida que os 500 principais supercomputadores do mundo combinados[8].

A Mineração Além do Bitcoin

Enquanto a força da rede de mineração do Bitcoin é lendária, muitos outros criptoativos são menos intimidadores. Caso seja essa a tendência, a mineração em redes como Ethereum, Zcash e outras ainda está aberta a amadores entusiasmados e dedicados, e nenhuma dessas redes é dominada por ASICs (ainda)[9]. Aliás, lembre-se de que um dos ajustes frequentes que os ativos posteriores fizeram foi bloquear o algoritmo de hashing para combater a centralização de mineradores. Por esta razão, ether, zcash e muitos outros criptoativos são majoritariamente cunhados com GPUs. Conforme esses ativos aumentam de valor, no entanto, suas redes de mineração tornam-se mais competitivas porque o lucro potencial de ser pago no ativo nativo torna-se mais desejável. Conceitualmente, redes de mineração são uma competição perfeita e, embora as margens cresçam, novos participantes inundarão a rede até que o equilíbrio seja, mais uma vez, atingido. Assim, quanto maior o valor do ativo, mais dinheiro os mineradores fazem, o que atrai novos mineradores ao ecossistema, dessa forma aumentando a segurança da rede. É um círculo virtuoso que assegura que quanto maior o valor de rede de um criptoativo, mais segurança há para apoiá-lo.

Seja do Bitcoin, do Ethereum ou do Zcash, muitos mineradores entram em grupos de mineração, o que significa que eles se conectam a outros mineradores e, coletivamente, o grupo contribui com sua potência de mistura para encontrar golden hashes. O grupo, então, divide os lucros, com diferentes modelos de divisão[10]. Um único minerador pode encontrar apenas um único bloco uma vez por mês, ou pior. Como parte de um grupo, mineradores conseguem um fluxo de renda mais previsível.

Há alguns custos principais da mineração: equipamento, espaço físico necessário para as máquinas, eletricidade e trabalho. Para o Bitcoin, dispositivos de mineração dedicada estão disponíveis, como aqueles do Antminer e Avalon, e a métrica-chave a buscar é a eficiência da máquina. Em outras palavras, quantas misturas são geradas para uma determinada quantidade de potência, expressa na razão watts por gigahash (W/GH). Para ajudar a entender melhor esses cálculos de custos, recorra a sites de cálculo de rentabilidade de mineração, como o CoinWarz[11].

Grupos de Mineração Baseados em Nuvem

Investidores inovadores podem considerar um serviço de grupo de mineração baseado em nuvem. Aqui, um investidor adere a um grupo de mineração existente e compartilha das recompensas de seus esforços de mineração. Não há necessidade de possuir e manter hardware dedicado, assim como softwares baseados em nuvem, como o Saleforce, não exigem manter toda a retaguarda do hardware. Os investidores simplesmente compram uma cota da potência de processamento oferecida pelos esforços de mineração executados em um centro de dados remoto.

São necessárias diligência e pesquisa minuciosas antes de aderir a um serviço de grupo de mineração baseado em nuvem, pois tem ocorrido uma razoável cota de fraudes e esquemas. Um estudo de esquemas baseados no Bitcoin dos professores Marie Vasek e Tyler Moore, do SMU, incluiu descobertas de que várias operações de mineração baseadas em nuvem eram esquemas Ponzi, que "recebiam pagamentos de 'investidores', mas nunca entregavam o produto". Sua pesquisa até identificou esquemas de mineração específicos: "O Active Mining e o Ice Drill são operações que levantavam dinheiro para, supostamente, produzir ASICs e dividir os lucros, mas nunca entregá-los. AsicMiningEquipment.com e Dragon-Miner.com são sites fraudulentos de e-commerce de mineração"[12].

Antes de investir em um grupo de mineração baseado em nuvem, faça uma pesquisa sobre o potencial investimento. Se parecer bom demais para ser verdade, provavelmente é mesmo. Verifique se a operação tem um local físico, uma lista dos equipamentos existentes e um histórico dos projetos passados. O Genesis Mining é um dos maiores serviços de grupos de mineração de bitcoins baseados em nuvem[13]. Está em funcionamento desde 2013 e oferece mineração em bitcoin, litecoin, zcash e ether[14]. Em seu site, há imagens e vídeos de seus centros de dados; muitos são na Islândia, onde os custos de eletricidade são baixos devido a sua potência geotermal.

Proof-of-Stake

Fora a prova de trabalho (PoW), outros mecanismos de consenso existem, como a *proof-of-stake* (PoS; prova de aposta). A proof-of-stake pode ser pensada como uma forma alternativa de mineração, que não exige um monte de hardware e eletricidade, mas exige que pessoas ponham sua reputação e ativos em risco para ajudar a validar transações. Logisticamente, a proof-of-stake exige que validadores de transações "apostem" (stake) em um balanço do criptoativo e, então, atestem a validade das transações nos blocos. Como o nome sugere, "provando que têm algo em jogo", os validadores são incentivados a serem honestos.

Muitas vezes, esses sistemas oferecem uma taxa de juros, como 5%, que recompensa os validadores que arriscaram seus ativos para ajudar no processo de validação de transações. Também há híbridos de ecossistemas de mineração de prova de trabalho e de proof-of-stake e outras variações, mas a prova de trabalho é o mecanismo de consenso mais bem comprovado, e a maioria dos criptoativos o utilizam. Porém, o Ethereum potencialmente mudará para proof-of-stake no início de 2018[15], pois é mais eficiente da perspectiva de energia e, dessa forma, muitos afirmam que é mais expansível. Quando o Ethereum mudar de prova de trabalho para proof-of-stake, será a maior prova da viabilidade desse mecanismo de consenso para assegurar redes de criptoativos em larga escala.

CÂMBIOS DE CRIPTOATIVOS E MESAS OTC

Uma vez que bitcoins e outros criptoativos são cunhados, os mineradores podem trocá-los por outros criptoativos ou pela moeda fiduciária de sua escolha. Para tal, o minerador precisa vender o criptoativo para outra pessoa, seja *over-the-counter* (OTC; no mercadão de balcão) ou através de uma plataforma de negociação.

Muitos mineradores, e grandes investidores, escolhem serviços OTC, como aqueles oferecidos pelo Cumberland Mining, pelo Genesis Trading ou pelo itBit. OTC não é exatamente uma plataforma de negociação, pois as ordens de compras e vendas não estão à vista. Em vez disso, uma entidade, como os serviços anteriormente mencionados, que combina grandes compras com grandes vendas, o que permite que grandes negociações sejam feitas sem movimentar livros de ofertas dentro de uma plataforma de negociação. OTC é um caminho em potencial para investidores inovadores certificados que desejam movimentar grandes quantidades de capital.

A maioria dos investidores, no entanto, adquire criptoativos em câmbios. Dependendo das plataformas de negociação, é possível conectar à conta no banco, ao cartão de crédito ou depositar bitcoins. Negociar criptoativos mais novos, com frequência, exige que o investidor já tenha bitcoins, pois as plataformas de negociação que oferecem esses criptoativos, muitas vezes, não têm moedas fiduciárias acessíveis.

Durante o tumultuado início do bitcoin, quando ele era o único criptoativo que existia, várias plataformas de negociação abriram e, posteriormente, fecharam, e as razões, muitas vezes, não eram boas: dificuldades financeiras, ataques, atividades criminosas e ações de várias autoridades reguladoras, para mencionar algumas[16]. É importante reconhecer que, nos primeiros dias do bitcoin, não havia infraestrutura de negociação, e já que ele ainda estava em sua infância, as pessoas tentando oferecer serviços de negociação frequentemente não estavam equipadas para tal.

A primeira plataforma de negociação registrada foi semeada com uma transferência de 5.050 bitcoins por US$5,02, e acabou sendo fechada alguns meses depois devido à falta de interesse[17]. O Mt. Gox foi o primeiro câmbio *popular*, mas levava duas semanas para liberar uma conta de usuário e, inicialmente, a moeda fiduciária precisava ser transferida para o Japão. No entanto, conforme os ativos e a tecnologia por trás deles amadureceram, também o fizeram os meios para comprá-los e vendê-los. Para este fim, hoje, várias plataformas de negociação de qualidade estão disponíveis para investidores procurando ganhar e transacionar mais de 800 criptoativos que existem atualmente[18].

Algumas das plataformas de negociação mais populares no ocidente incluem Bitstamp, Bittrex, Global Digital Asset Exchange (GDAX), Gemini, itBit, Kraken e Poloniex. BTCC, OKCoin e Huobi dominam a China, mas também oferecem serviços em outras localidades geográficas. Há plataformas de negociação de países específicos, como o Bitso, no México, o Unocoin, na Índia, o Mercado Bitcoin, no Brasil e o BitBay, na Polônia[19].

Para decidir qual plataforma de negociação usar, um compromisso-chave precisa ser considerado: segurança versus acesso. Segurança é autoexplicativo. Por acesso, referimo-nos à diversidade de criptoativos ofertados. As plataformas de negociação mais reguladas, como Bitstamp, GDAX e Gemini, oferecem menos criptoativos, pois eles esperam para se assegurar de que um ativo já passou de um certo nível de maturidade antes de adicioná-lo à sua plataforma. Outras plataformas de negociação, como o Poloniex ou o Bittrex, adicionam ativos muito mais cedo, então negociadores mais agressivos ou aventureiros tendem a usar essas plataformas. Não apenas essas plataformas de negociação não têm as mesmas proteções ao consumidor preparadas, mas os ativos que oferecem são muito mais propensos a violentas oscilações de preço. Plataformas de negociação como o Bitfinex e o Kraken oferecem uma mistura de segurança, aderência regulatória e acesso. Não estamos desencorajando o uso de quaisquer dessas plataformas de negociação. Tudo depende do equilíbrio entre segurança e acesso que o investidor inovador busca.

Para entender melhor um pouco da paranoia em torno da segurança e da confiabilidade de plataformas de negociação, é importante saber que, ao longo do tempo, plataformas de negociação têm sido um ponto fraco, pois são repositórios centralizados de criptoativos, o que torna-os alvos de ataques. Diferente de assaltos a banco, que exigem força física e põem as vidas dos ladrões em risco, roubos de criptoativos de uma plataforma de negociação podem ser realizados sem (relativamente) sujar as mãos, de qualquer lugar do mundo. Além da habilidade de roubar ativos à distância, a natureza irreversível das transações de criptoativos torna-os ainda mais sedutores para os invasores. Se alguém roubar um cartão de crédito ou invadir uma conta de um banco, a instituição associada pode reverter as transações. Com criptoativos, não há intermediário central para vir ao resgate.

O CUSTO OCULTO DOS ESTORNOS

Estornos ocorrem quando um cliente entra em disputa sobre uma cobrança no cartão de crédito e essa cobrança é revertida. Muitas vezes, quando a cobrança é revertida, é o comerciante que leva o prejuízo. Processar e investigar esses estornos incorre em um custo para a empresa de cartão de crédito, que é cobrado como taxas para o comerciante. Devido a esses custos extras, comerciantes podem precisar ajustar os preços para se proteger de disputas sobre cobranças tanto legítimas quanto ilegítimas.

Transações de criptoativos são irreversíveis; portanto, estornos são impossíveis. Embora uma transação irreversível possa soar assustadora, na verdade, ela beneficia a eficiência do sistema em geral. Com estornos de cartões de crédito, todo mundo precisa arcar com o custo, enquanto com criptoativos, apenas aqueles que são descuidados arcam com o custo.

Muitos alegam que plataformas de negociação invadidas são prova de que criptoativos são inseguros, mas isso mostra uma incompreensão fundamental da arquitetura do software. Lembre-se das quatro camadas de qualquer ecossistema que discutimos no Capítulo 2: hardware descentralizado, software de criptoativos, aplicações e usuários. É a terceira camada, aplicações, que é visada pela maioria dos ataques. Assim, é uma plataforma de negociação, que é uma aplicação que roda em cima do software do criptoativo, que é atacado. A mesma analogia pode ser usada para as aplicações que rodam nos sistemas operacionais da Apple. Só porque um dos aplicativos é invadido não significa que o sistema operacional ou o hardware por trás da Apple sejam inseguros.

Entendendo que são as aplicações e as plataformas de negociação que usam e negociam criptoativos que são mais suscetíveis a ataques, é ainda mais importante que o investidor inovador seja diligente na decisão de que plataforma de negociação usar. O seguinte deve ser levado em consideração:

Qual É a Reputação da Plataforma de Negociação?

A melhor maneira de verificar reputações é investigando a gestão, os investidores de capital de risco e as aprovações regulatórias. Busque sites respeitáveis para ver o que estão falando sobre as plataformas de negociação. Há frequentes reclamações de clientes? Em particular, pesquise se a plataforma de negociação foi vítima de ataques ou se teve problemas com negócios no passado. Isso pode ser fácil, basta digitar o nome da plataforma de negociação e a palavra "ataque" no Google. Por exemplo, "Bitfinex ataque". Embora ter sido atacado seja uma preocupação, considere quais mudanças as plataformas de negociação fizeram desde qualquer falha de segurança. Uma outra boa coisa a notar é onde a plataforma de negociação fica fisicamente localizado. Se essa informação não estiver disponível, provavelmente, é melhor evitá-lo.

Quais Criptoativos Estão Disponíveis para Negociação?

Para investidores que buscam ativos específicos, certifique-se de que a plataforma de negociação oferece negociações no criptoativo desejado. É crucial entender que plataformas de negociação com um grande número de criptoativos estão em maior risco operacional. Eles tipicamente agem com menos diligência nesses ativos e assim passam esse risco e responsabilidade para o investidor.

Funções Extras São Oferecidas, Como Derivativos ou Negociação com Margem?

Como com a variedade de criptoativos, as plataformas de negociação também se diferenciam pelas funções que oferecem. Alguns fornecem produtos derivativos, como contratos futuros, enquanto outros se especializam em derivativos de boutique. Por exemplo, uma oferta de derivativo de boutique pelo BitMEX seria uma opção se o ETF do Winklevoss fosse aprovado pela SEC em março de 2017. Da mesma forma, negociação com margem é outra funcionalidade a analisar, e nem todas as negociações com margem são feitas da mesma forma. Algumas plataformas de negociação oferecem níveis extremos de negociação com margem, como de 30 para 1, enquanto outros são muito mais reservados, como de 3 para 1. Também referida como alavancagem, a negociação com margem de 30 para 1 significa que um investidor só precisa sacrificar US$1 mil para negociar com US$30 mil em dinheiro. Embora os ganhos possam ser astronômicos, as perdas também podem, e o mesmo se aplica aos derivativos. Algumas plataformas de negociação "socializam perdas" para *leverages* que dão errado, pois não há outra forma na qual os produtos possam ser oferecidos[20]. Socializar perdas significa que todos os investidores na plataforma de negociação arcam com uma perda pela imprudência de alguns.

Quais Mecanismos de Financiamento Estão Disponíveis para Abrir uma Conta?

Mecanismos de financiamento ditarão se o investidor inovador pode usar o serviço, para começar. Investidores que já possuem bitcoins têm mais opções, pois as plataformas de negociação aceitarão uma transferência direta de bitcoins que permitirá a negociação imediata dos criptoativos oferecidos pela plataforma. Financiar uma conta com moeda fiduciária, em geral, exige ligações com contas bancárias ou cartões de crédito. Eles exigem um processo de abertura de conta mais extenso, que pode se prolongar por vários dias e se deparar com restrições locais. Quando fornecer informações sobre contas bancárias a uma plataforma de negociação, é especialmente importante ter feito uma pesquisa sobre se essa entidade garante a segurança. Fornecer informações bancárias para qualquer entidade financeira online não deve ser encarado de forma leviana.

O Serviço É Geograficamente Restrito?

Algumas plataformas de negociação são restritas pela geografia e, dessa forma, exigirão um endereço para acessar determinados aspectos de seus serviços. Isso é particularmente relevante para os residentes em Nova York, onde a BitLicense tornou consideravelmente mais difícil a operação de startups de criptoativos. A BitLicense foi uma regulação estabelecida em 2015 que exigia que empresas que se relacionavam com criptoativos passassem por um longo e caro processo para operar em Nova York, o que levou a maioria das startups de criptoativos a interromper as operações no estado.

Quais São as Exigências KYC e AML?

As regulações *know your client* (KYC; conheça o seu cliente) e *anti-money laundering* (AML; antilavagem de dinheiro) são crescentemente obrigatórias para plataformas de negociação de criptoativos nos Estados Unidos, e foram criadas para protegê-los de atividades ilegais ou fraudulentas. Ao abrir uma conta, considere a quantidade de informações pessoais necessárias. Plataformas de negociação como Bitstamp, GDAX e Gemini têm sido proativos em trabalhar com reguladoras para exigir informações mais detalhadas sobre os consumidores que se cadastram em uma conta. Tais informações podem atrasar a abertura da conta, muitas vezes, em alguns dias. Aqueles que sentirem que a privacidade é um benefício dos criptoativos, que são supranacionais por natureza, devem evitar plataformas de negociação que exigem esse nível de documentação. Em geral, um nível mais alto de regulação pode beneficiar as proteções do investidor como consumidor e assegurar a estabilidade de uma plataforma de negociação[21].

A Plataforma de Negociação Oferece Seguro?

Conforme o uso de plataformas de negociação de bitcoins e criptoativos cresceu, também houve aumento dos planos de seguro para plataformas de negociação. Uma seguradora do tipo é a Mitsui Sumitomo Insurance, que oferece proteção de perdas para várias plataformas de negociação[22]. Outras seguradoras estão planejando entrar nesse espaço também, e é benéfico para investidores inovadores pesquisar se a plataforma de negociação escolhida tem esse seguro. O Coinbase foi umas das primeiras empresas a oferecer seguros para os títulos bitcoin de seus clientes, o que inclui os bitcoins no GDAX, o câmbio que ele opera[23]. Em parte, o Coinbase é capaz de assegurar os bitcoins de seus clientes, pois mantém menos de 2% dos fundos dos clientes online; o resto está em segurança no armazenamento offline[24].

HOT WALLET VERSUS COLD STORAGE

Vamos fazer a distinção entre *hot wallets* (carteiras quentes) e *cold storage* (armazenamento frio), e por que é importante entender ambos. Aquisição e armazenamento de criptoativos são duas considerações separadas. Enquanto plataformas de negociação, por definição, armazenam os ativos que negociam, esse nem sempre é o lugar mais seguro para armazenar o ativo em longo prazo.

Os criptoativos são armazenados em uma *hot wallet* ou em *cold storage*. O *hot* (quente) em *hot wallet* refere-se à conexão com a internet. Uma carteira é quente quando pode ser diretamente acessada através da internet ou em uma máquina que tenha conexão com a internet. Se o investidor inovador puder acessar seus criptoativos diretamente de um navegador web, ou por uma aplicação móvel ou no desktop em uma máquina, e essa máquina estiver conectada à internet, então é uma hot wallet.

Cold storage, por outro lado, significa que a máquina que armazena o criptoativo não está conectada à internet. Nesse caso, um invasor teria que roubar fisicamente a máquina para ter acesso aos criptoativos. Alguns métodos exigem que essa máquina nunca tenha se conectado à internet. Nenhuma vez. Embora possa parecer extremo, é a melhor prática para empresas que armazenam grandes quantidades de criptoativos. Não é necessário para todos, apenas para os investidores mais preocupados com segurança.

Mas o que significa armazenar um criptoativo? Significa armazenar a chave privada que permite que o titular envie o criptoativo a outro titular de uma chave privada. Uma chave privada é apenas uma string de dígitos que destranca um cofre digital. A chave privada permite ao titular daquela chave provar matematicamente para a rede que é o dono do criptoativo e pode fazer com ele o que quiser[25]. Essa chave digital pode ser guardada em uma *hot wallet* ou em *cold storage*, e há uma variedade de serviços que oferecem tal armazenamento.

Tanto para armazenamento *hot* quanto *cold*, há duas opções entre as quais o investidor inovador pode escolher para controlar a chave privada, criando um quadrante de quatro opções no total (veja a Figura 14.1). A maioria das plataformas de negociação, por exemplo, cuida da chave privada para o cliente, então tudo o que ele precisa fazer é se conectar a plataforma de negociação como faria com qualquer site. Serviços como o Coinbase oferecem *cold storage* no qual uma terceira parte ainda controla a chave privada. Em situações nas quais uma terceira parte controla a chave privada, com frequência, o serviço não tem uma chave privada para os ativos de cada cliente. Em vez disso, o serviço terá algumas chaves privadas que protegem um enorme número de ativos de clientes, e essas chaves são guardadas com muito cuidado.

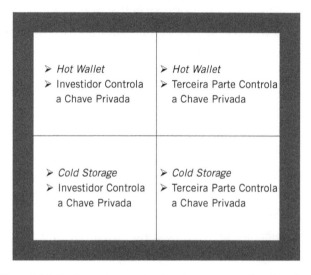

Figura 14.1 ■ Os quatro quadrantes de segurança de criptoativos

Se o investidor inovador estiver relutante em confiar em uma terceira parte, a outra opção é ter controle direto sobre as chaves privadas. Embora venha com seus próprios riscos, como perder a chave privada, se os devidos cuidados forem tomados, isso assegura a autonomia e põe a segurança diretamente nas mãos do proprietário.

CUSTÓDIA VIA PLATAFORMAS DE NEGOCIAÇÃO

Por definição, as plataformas de negociação devem armazenar os criptoativos de um cliente, o que é mais comumente feito tomando conta das chaves privadas. Vamos repetir, várias plataformas de negociação não têm chaves privadas separadas para diferentes clientes. A plataforma de negociação tem suas próprias chaves privadas para os criptoativos pelos quais é responsável no respectivo blockchain, e tem livros internos que registram os balanços dos clientes. Com o tempo, essas distinções de segurança têm se mostrado críticas. Para uma compreensão mais clara, cobriremos alguns grandes ataques que ocorreram em plataformas de negociação de bitcoins que armazenavam 100% de seus bitcoins em *hot wallets*.

Vamos começar com o infame Mt. Gox. Embora essa plataforma de negociação tenha feito muito para expandir o uso e o reconhecimento do bitcoin pelo mundo, ele chegou ao seu fim no começo de 2014[26], quando a companhia declarou falência depois do sumiço de US$450 milhões[27] em títulos bitcoins de clientes. Apesar de a empresa ter sido pioneira em oferecer a investidores e entusiastas a oportunidade de ter acesso mais fácil ao bitcoin, o Mt. Gox também tinha uma gestão fraca envolvida com uma classe de ativos que ainda estava em sua infância — nunca uma boa combinação.

Jed McCaleb era o dono original do Mt. Gox. Logo cedo ele aprendeu que combinar compradores e vendedores de bitcoins era mais difícil do que ele imaginava quando chuvas de centenas de milhares de dólares começaram a cair. McCaleb vendeu o site, e sua crescente atividade, para Mark Karpeles, que era conhecido em salas de bate-papo como MagicalTux e gostava de postar vídeos de gatinhos. Para o seu crédito, Karpeles reescreveu o site para atender ao crescente interesse e atividade, e sobreviveu aos primeiros dias, quando outras plataformas de negociação de bitcoin rapidamente fecharam[28].

Embora tenha exibido algum nível de competência em codificação, Karpeles logo se viu abaixo do nível quando se tratava de negócios. Ele não estava investindo no crescimento de sua empresa, e seu conhecimento em código logo mostrou falhas também. Uma empresa de tecnologia mais experiente teria implementado um ambiente de testes e uma versão de controle do software para o seu código, que era a espinha dorsal da operação do Mt. Gox. Karpeles não fez nenhum dos dois, e todas as mudanças de código eram dirigidas diretamente por ele, o que criou gargalos quando mudanças eram rapidamente necessárias.

Embora Karpeles tenha sido negligente com muitas facetas do negócio do Mt. Gox, ele entendia a diferença entre o armazenamento *hot* e *cold* do bitcoin. Ele se encarregou das chaves privadas para os bitcoins que a plataforma de negociação armazenava. Depois de uma invasão em 2011, Karpeles decidiu mover a maioria dos bitcoins para *cold storage*, offline, o que exigiu que ele anotasse as chaves privadas e guardasse-as em segurança em cofres em Tóquio, onde a empresa se localizava. Isso exigiu uma grande quantidade de papelada e contabilidade, o que claramente não era um ponto forte de Karpeles[29]. Embora as chaves estivessem em *cold storage*, Karpeles alega que um invasor o manipulou por meio de um bug de maleabilidade no centro do software do Bitcoin[30]. Embora as alegações de Karpeles tenham sido questionadas pela comunidade bitcoin, não se pode negar que a razão principal para esse ataque foi devida à carente higiene de segurança, com fracos protocolos operacionais, efetuada pela empresa para a movimentação dos bitcoins. Tal negligência custou aos investidores US$450 milhões em bitcoins.

Mais recentemente, um ataque a plataforma de negociação do Bitfinex custou aos investidores US$72 milhões[31]. O ataque foi resultado do armazenamento de 100% dos ativos dos seus clientes em *hot wallets*. Há debates sobre por que o Bitfinex fez isso. Possivelmente, foi por razões de liquidez, pois o Bitfinex é uma das plataformas de negociação mais líquidas e ativas, ou pode ter sido resultado de regulamentações implementadas. Antes da invasão, o Bitfinex tinha acordado com a CFTC US$75 mil primeiramente, pois seu *cold storage* de bitcoins ia de encontro às regulações da CFTC. A movimentação para alocar todos os ativos dos clientes em *hot wallets* é citada por muitos como decorrente da multa e das regulamentações da CFTC[32]. De qualquer forma, esse ataque mostrou que não importam os protocolos de segurança implementados, *hot wallets* são sempre mais inseguras do que o *cold storage* executado de forma apropriada porque elas podem ser acessadas à distância por qualquer um com conexão à internet. Apenas uma invasão física permitiria a um ladrão ter acesso aos ativos em *cold storage*.

Na época da invasão ao Mt. Gox, o bitcoin e a tecnologia por trás dele ainda estavam em sua infância e experimentavam as dores do crescimento, como qualquer outra tecnologia. O famoso investidor de risco Fred Wilson escreveu, logo após o incidente: "estamos testemunhando o amadurecimento de um setor e parte disso serão, inevitavelmente, falhas, quebras e outros problemas. Quase todas as tecnologias que eu vi ganharem adoção em massa passaram por esse tipo de dor de crescimento"[33]. Inovadores e adeptos iniciais de quaisquer tecnologias estão assumindo riscos, mas as plataformas de negociação estão se profissionalizando ao longo do tempo. O Mt. Gox não existe mais; o Bitfinex se reestruturou e está entrando na dança. Esses ataques ensinaram lições não apenas para as plataformas de negociação de criptoativos novos ou já existentes, mas para os clientes também.

Os câmbios que correm mais riscos de serem atacados são aqueles que têm a maior quantidade de ativos em *hot wallets*. O *cold storage* pode impactar a capacidade de acesso rápido aos ativos, mas o que perde-se em acessibilidade, ganha-se em segurança.

O MUNDO DAS CARTEIRAS DE CRIPTOATIVOS

Armazenar criptoativos em um câmbio pode nem sempre ser a opção mais segura. O risco é mais baixo para aqueles câmbios que têm seguro, que mantêm a maioria de seus ativos em *cold storage*, e empregam outras medidas de segurança de ponta, como testes de penetração e auditorias regulares. Para outros câmbios, o risco deve ser tolerado apenas se o investidor inovador estiver negociando regularmente e fazendo uso das capacidades do câmbio, como a oferta de novos criptoativos. Se não estiverem negociando regularmente, investidores devem considerar uma das seguintes opções para armazenar seus ativos de forma segura.

Em termos gerais, há cinco tipos de carteira: web (nuvem), desktop, móvel, hardware e papel. Por questões de brevidade, usaremos bitcoin para ilustrar esses exemplos, pois ele oferece a estrutura necessária para analisar opções similares para outros criptoativos.

O melhor recurso para aprender mais sobre diferentes tipos de carteiras de bitcoins é o bitcoin.org[34], e incluímos fontes de informações adicionais na seção de Recursos deste livro. Note que conforme o interesse e o acesso a mais criptoativos continuam a crescer, a lista de carteiras para proteger esses ativos crescerá também.

Carteiras Web

A maioria das carteiras web não é muito diferente de câmbios. As chaves, muitas vezes, estão fora do controle do investidor e nas mãos de uma terceira parte centralizada. Se a terceira parte não empregar as técnicas de segurança apropriadas, então os criptoativos podem estar em risco. Como com um câmbio, a carteira web pode ser acessada de qualquer lugar, o que é um dos maiores benefícios. Carteiras web populares incluem o Blockchain.info e o Coinbase[35]. Algumas carteiras web fornecem a opção de controlar a chave privada, o que transforma-as em uma carteira desktop compacta (abordada a seguir) que pode ser acessada remotamente.

Um recurso crescentemente predominante em carteiras web é o *cofre*. Um cofre retarda o processo de saque de qualquer criptoativo para que o titular tenha tempo de negar qualquer tentativa de saque. Esta é, primeiramente, uma tática para deter invasores que possam ter comprometido a senha do usuário e esteja tentando mover os criptoativos para outro endereço. O Coinbase tem o serviço de cofre mais conhecido dentro de sua carteira web.

COFRES DE CRIPTOATIVOS

Um dos ótimos recursos do Coinbase é que ele permite a um cliente manter um balanço facilmente acessível de bitcoins, assim como uma forma mais ilíquida, mas altamente segura, de armazenamento conhecido como o seu Cofre. Embora alocar balanços de bitcoins no Cofre aumente a segurança, ele exige uma autenticação de duas etapas e tempo de espera antes de saques. Isso significa que mover fundos do Cofre leva 48 horas. A dupla funcionalidade do Coinbase é como ter uma conta corrente e uma poupança em um banco. Os bitcoins que os investidores precisam acessar rapidamente podem ser mantidos em uma conta Coinbase regular (a conta corrente) e, para segurança adicional, os outros bitcoins podem ser mantidos em uma conta Cofre (a poupança).

Carteiras Desktop

Com uma carteira desktop, as chaves privadas são armazenadas diretamente no computador no qual o software foi baixado. O usuário tem total controle, e ninguém mais pode perder, gastar ou enviar seus bitcoins. Há dois tipos de carteiras bitcoin: uma *cliente completo* e uma *cliente compacto*. Quando dizemos cliente, é simplesmente em referência à funcionalidade da aplicação software que está rodando no computador. Um cliente completo é um aplicação software mais intensiva, enquanto um cliente compacto oferece uma abordagem mais simples ao armazenamento de bitcoins.

Nos primeiros dias do Bitcoin, havia apenas a carteira associada ao software de Satoshi, que agora é referida como Bitcoin Core. Essa carteira é cliente completo, o que significa que ela exige o download completo do blockchain no Bitcoin e, assim, uma banda larga substancial e espaço de armazenamento. Quando um computador está rodando esse software, ele é contado como um *nó completo* na rede Bitcoin, significando que ele tem registro de cada transação Bitcoin. Nós completos são ótimos para a segurança e a autonomia e são a espinha dorsal da propagação e da verificação das transações bitcoin, mas as exigência de hardware são apenas para os mais assíduos dos amadores[36].

Clientes compactos, também referidos como clientes leves, não baixam todo o blockchain do Bitcoin, nem propagam ou verificam novas transações que passam pela rede. Em vez disso, contam com nós completos para completar a informação no blockchain do Bitcoin, e são primariamente focados em oferecer informações transacionais envolvendo apenas os bitcoins do usuário. Uma carteira compacta é muito mais prática para o usuário médio, que não tem meios para lidar com rodar uma cliente completo. Com essas carteiras, a(s) chave(s) privada(s) ficam no computador no qual o software é baixado. Clientes compactos populares incluem Coinomi, Electrum e Jaxx.

Carteiras Móveis

Tecnicamente, estamos nos referindo a carteiras móveis que armazenam as chaves privadas no dispositivo, em oposição aos servidores de terceiras partes. Carteiras móveis são similares aos clientes compactos, no sentido de não baixarem o blockchain do Bitcoin (quebraria o smartphone). Investidores inovadores podem usá-las onde estiverem, se precisarem transferir bitcoins para amigos pagarem o jantar em um bar local que aceite bitcoins por cervejas, por exemplo.

Várias carteiras aparecem em lojas de aplicativos como aplicativos móveis, mas tecnicamente, não são carteiras móveis. São carteiras web que oferecem acesso através de um aplicativo móvel. A distinção se resume a quem está armazenando as chaves privadas. Se for uma terceira parte armazenando as chaves privadas e a carteira estiver acessando aquela informação através da internet, então é uma carteira web, mesmo se estiver na forma de uma aplicação móvel[37]. Se as chaves privadas estiverem armazenadas no smartphone, então essa aplicação é uma carteira móvel, como é o caso de carteiras móveis como o Airbitz e o Breadwallet.

Carteiras hardware

À medida que o bitcoin se tornou popular e amplamente usado, têm surgido empresas que criam hardware dedicado ao armazenamento de chaves privadas, assim armazenando e enviando bitcoins ou criptoativos para outros. Várias carteiras hardware oferecem uma variedade de funcionalidades. Algumas oferecem um pacote completo de funções de geração, armazenamento e envio de chaves; outras são simplesmente usadas como uma camada extra de segurança de confirmação de transação; outras, entretanto, precisam ser conectadas a um computador para funcionar. Algumas das carteiras mais populares são as seguintes[38]:

- **Trezor.** Essa é uma das maneiras mais seguras de armazenar bitcoins, pois gera chaves privadas que nunca deixam o dispositivo. Isso protege os dados de vírus e malwares que podem impactar outros dispositivos ou armazenamento online.

INVESTINDO DIRETAMENTE EM CRIPTOATIVOS: MINERAÇÃO, PLATAFORMAS DE NEGOCIAÇÃO E CARTEIRAS   241

- **Ledger Nano S.** Esse dispositivo se conecta a uma porta USB e permite o armazenamento de bitcoins, ethers e outros altcoins. Possui um visor OLED limpo que se parece com um pen drive e fornece confirmação quando uma transação ocorre no dispositivo.
- **KeepKey.** Esse dispositivo USB não apenas armazena os bitcoins com segurança como também fornece informações sobre transações e confirmações em seu visor OLED. Ele também é protegido por PIN.

Embora uma carteira hardware sempre possa ser perdida, nem tudo está necessariamente perdido se isso acontecer. Durante o estágio de inicialização da configuração da carteira hardware há um *seed*, que é como uma senha reserva. Esse *seed* precisa ser armazenado em um lugar extremamente seguro, pois, se a carteira hardware for perdida, o *seed* vai regenerar as chaves privadas que estavam nela e permitir o acesso aos bitcoins novamente.

Já que carteiras hardware exigem uma engenharia de hardware específica e uma engenharia de software associada, elas geralmente não dão suporte a um amplo conjunto de criptoativos. A maioria das carteiras hardware dão suporte a bitcoins. A Ledger Nano S oferece suporte a alguns criptoativos além do bitcoin, e a KeepKey está agora integrando a ShapeShift para dar suporte a criptomoedas adicionais além do bitcoin[39]. Temos certeza que veremos esse espaço crescer nos próximos anos conforme mais carteiras hardware expandem suas funções para dar suporte a vários criptoativos.

Carteiras de Papel

Uma das maneiras mais simples de armazenar chaves privadas é também uma das mais seguras, se feita adequadamente. Bem-vindo à *carteira de papel*, que envolve escrever a longa série alfanumérica, que é o par de chave público-privada, em um pedaço de papel. Uma carteira de papel se qualifica como uma forma de *cold storage*. A carteira de papel pode ser trancada em um cofre por décadas e, desde que o blockchain específico do ativo continue a existir, essa chave privada pode ser usada para acessá-la. Carteiras de papel dão suporte a todos os criptoativos, pois tudo o que exigem é papel e caneta. Muitos as armazenam em um cofre à prova de fogo ou em um local igualmente seguro.

MUITAS ESCOLHAS, MESMO RIGOR

Com todas as escolhas disponíveis, é vital que investidores ajam com a devida diligência quando escolherem as carteiras e as plataformas de negociação que melhor se adequam as suas necessidades. A progressão básica será "como adquirir" e "como armazenar" o criptoativo e, embora o mesmo serviço possa oferecer ambas funções, é útil considerar o que é mais importante antes de tomar uma decisão. Assim como um investidor reservaria um tempo para considerar qual consultor financeiro usar, o investidor inovador deve reservar um tempo para analisar qual "adquirente e armazenista" usar.

Reconhecemos que o mundo dos criptoativos exige novos padrões de hábito, um processo, em geral, desconfortável, especialmente quando dinheiro (em qualquer formato, digital ou de papel) está em jogo. Conforme a visibilidade e o mercado crescem para os criptoativos, opções que não exigem novos padrões de hábitos se materializarão, pois vão incorporar criptoativos em sistemas e veículos de investimento, e outros jogadores de mercados de capitalização entrarão na briga para analisar e criar veículos de investimento que se encaixem no molde dos ativos de mercados de capitalização, e que possam ser acomodados em contas de corretoras e, potencialmente, planos 401(k) [planos de aposentadoria privada].

No próximo capítulo, vamos explorar as crescentes escolhas de investimento em mercados de capitalização disponíveis para investidores. Essas ainda exigem a devida diligência, disciplina e pesquisa, mas eliminam os componentes potencialmente assustadores de armazenamento de chave privada e configuração de novas contas com startups.

Capítulo 15

"Onde Está o ETF do Bitcoin?"

Comprar através das plataformas de negociação dedicadas é um caminho direto para investidores obterem acesso a essa nova classe de ativos, mas isso exige orientação sobre uma nova aplicação e interface do usuário, assim como confiança no que pode ser um novo negócio.

Há benefícios à incorporação de criptoativos diretamente à interface usada para gerenciar um portfólio de investimentos preexistente, no qual preços podem ser facilmente acompanhados, modelos de alocação de ativos podem ser cuidadosamente monitorados e benefícios fiscais podem ser alavancados. Neste capítulo, discutiremos vários veículos de mercados de capitalização que podem dar ao investidor inovador acesso a criptoativos através de canais de investimento estabelecidos, assim como o que pode estar disponível no futuro. Também discutiremos o que o investidor inovador deve esperar de consultores financeiros conforme esse espaço continua a crescer.

FUNDOS DE INVESTIMENTO BITCOIN

A Grayscale Investments oferece o maior veículo de mercados de capitalização com visibilidade aos bitcoins, apontando para aproximadamente US$200 milhões, ou por volta de 1% de todo o bitcoin em circulação em março de 2017. A Grayscale foi fundada em 2013 por sua empresa-mãe, a Digital Currency Group (DCG). Fundada por Barry Silbert, um empresário em série e figura influente na comunidade Bitcoin, alguns diriam que a DCG estaria em seus primeiros estágios de se transformar na Berkshire Hathaway do Bitcoin[1]. O foco da Grayscale dentro do portfólio de empresas operantes da DCG é oferecer opções de investimento em moedas digitais aos mercados de capitalização. Atualmente, há o Fundo de Investimento Bitcoin (BIT), o Fundo de Investimento Ethereum Classic (ETC) e um potencial fundo de investimentos negociado na bolsa (*exchange traded fund* — ETF), em negociação com a SEC.

O BIT foi o primeiro produto que a Grayscale trouxe ao mercado e, no lançamento, estava disponível apenas para investidores qualificados. O BIT era estruturado para adquirir e proteger bitcoins em um fundo e, então, fornecer cotas do fundo para investidores, com cada cota representando aproximadamente 1/10 do valor de um único bitcoin. Em teoria, investidores poderiam presumir que todas as 10 cotas seriam respaldadas por um único bitcoin[2]. Nenhuma cobertura ou alavancagem é usada no fundo; ele simplesmente mantém os bitcoins e permite aos investidores terem acesso a suas flutuações de preço sem ter que lidar com o ativo por trás. O próprio bitcoin é armazenado com a Xapo, uma firma que é especializada em assegurar a custódia de grandes quantidades de bitcoins[3]. Em seu site, a Grayscale anuncia o seguinte sobre o BIT[4]:

- Propriedade nominal e auditável através de um veículo de investimento tradicional.
- Elegibilidade para contas com benefícios fiscais.
- Cotado publicamente.
- Apoiado por uma rede confiável de provedores de serviço.
- Segurança e armazenamento robustos.

Esses serviços vêm com uma taxa de gerenciamento de 2% anuais. Depois de um período de retenção de um ano, os investidores podem vender suas cotas nos mercados OTCQX sob o símbolo GBTC[5]. Através desse processo, investidores credenciados podem abandonar seus investimentos iniciais, atingindo quaisquer lucros ou perdas e, assim, dar a todos os níveis de investidores acesso a suas cotas liquidadas do BIT. Outros investidores podem comprar GBTC através de seu corretor de bolsa de preferência, seja a Fidelity ou outras empresas.

CONTA DE APOSENTADORIA INDIVIDUAL (IRA) AUTODIRIGIDA

Uma das opções menos conhecidas para investidores que procuram investimentos baseados em aposentadoria é a conta de aposentadoria individual (IRA) autodirigida. Embora esteja em vigor nos EUA desde a criação das IRAs, em 1974, o que a diferencia da IRA tradicional é a variedade de opções de investimento disponíveis. A maioria das pessoas usa uma IRA para investir em títulos, obrigações, fundos mútuos e equivalentes a dinheiro, como instrumentos de mercado monetário. Com uma IRA autodirigida, um investidor pode ir além desses investimentos e incluir ativos como imóveis e ouro. Essa estrutura oferece um nível de flexibilidade para investidores que permite a inclusão de vários ativos alternativos, muitas vezes, mais arriscados, em uma conta de investimento. Essa flexibilidade exige várias regras adicionais. Uma regra tal é que qualquer investimento nessa conta não pode beneficiar seu titular "indiretamente". Por exemplo, um investimento de benefício indireto em uma conta IRA autodirigida seria o uso dos fundos para comprar uma casa de veraneio ou outro imóvel que o titular usaria pessoalmente[6]. Essas contas frequentemente vêm com altas taxas de manutenção e gerenciamento, assim, embora sejam úteis, exigem a devida diligência e cuidado apropriados.

A segunda vertente do BIT nem sempre está disponível. No começo de maio de 2015, a Autoridade Regulatória da Indústria Financeira (FINRA) deu a aprovação regulatória que a Grayscale precisava para permitir que o BIT se tornasse um veículo publicamente negociado no OTCQX[7]. Em 4 de maio de 2015, os primeiros investidores credenciados que aderiram ao BIT tiveram a opção de vender suas cotas de GBTC no mercado OTCQX[8]. A primeira negociação foi de duas cotas de GBTC por US$44/cota. Ao longo de todo o dia, foram apenas 765 cotas negociadas, ou um pouco mais de 75 bitcoins. Evidentemente um mercado fino, mas nesse dia de maio foi a primeira vez que um veículo bitcoin foi negociado em um mercado de capitalização regularizado dos EUA.

Ao longo do primeiro trimestre de 2017, houve muitas razões para se animar com o BIT e o GBTC[9], mas eles estão longe de serem veículos perfeitos. A criatividade da Grayscale de permitir aos investidores credenciados aderirem a um bloqueio de um ano antes de vender em mercados públicos tem desvantagens. Diferente de ETFs ou fundos mútuos, que podem emitir mais cotas para atender à demanda de mercado, a Grayscale não pode emitir mais cotas de GBTC para atender à demanda de investidores. Em vez disso, a criação de novas unidades de GBTC depende inteiramente da disposição de investidores credenciados de vender suas cotas, o que eles só podem fazer depois de um ano. Além disso, agora que a Grayscale tem um processo S-1 em análise pela SEC, não pode criar mais cotas do BIT para investidores credenciados que gostariam de aderir à colocação particular.

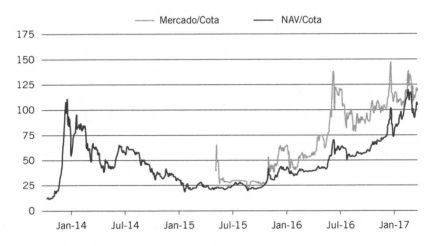

Figura 15.1 ■ NAV do GBTC comparado ao seu preço
Fonte: https://grayscale.co/bitcoin-investment-trust/#market-performance

Entretanto, o preço do GBTC pode aumentar ou diminuir, dependendo do quanto as pessoas estão dispostas a pagar para acessar essas cotas. A primeira negociação para o GBTC foi de US$44/cota, e cada cota corresponde a aproximadamente 1/10 de um bitcoin. Assim, US$44/cota sugere que o bitcoin estava por volta de US$440. Em vez disso, na época da negociação de US$44/cota, o bitcoin estava na casa dos US$200. Alguém estava disposto a pagar um prêmio de quase 100% para ter acesso ao bitcoin como um investimento sem ter que lidar com todos os detalhes explicados no capítulo anterior. A Figura 15.1 mostra como o GBTC se diferenciou de seu valor líquido dos ativos (NAV) ao longo do tempo. (NAV é o valor real do bitcoin por trás das cotas.

Sempre que a linha cinza estiver acima da linha preta significa que o GBTC está sendo negociado em um prêmio em relação ao valor por trás das cotas.)

Fica claro que o GBTC foi negociado bem acima do seu valor líquido do ativo por boa parte de sua curta vida. Existem diferentes explicações para isso, como que agora o GBTC permite a investidores comuns pôr bitcoins em exposição diretamente em seus portfólios tradicionais ou em contas de aposentadoria, e investidores institucionais também podem facilmente comprar GBTC. Não importa a razão, é um sinal de que investidores estão interessados em ganhar exposição de bitcoins em seus portfólios. Em março de 2017, o método mais comum de fazer isso através de um veículo de mercado de capitalização era com o GBTC e, portanto, o prêmio era o preço que deve ser pago por tal acesso. Além disso, alguns defendem que o prêmio vale pela chance de aproveitar os benefícios da apreciação de preço do bitcoin, ao mesmo tempo oferecendo flexibilidade na declaração de impostos. No entanto, em sua essência, o GBTC tem um problema de fornecimento e demanda. Novas unidades GBTC livremente negociadas só podem ser criadas quando investidores credenciados escolhem abandonar seu investimento inicial no BIT, e não há exigência para fazer isso. Assim, conforme a demanda sobe, o fornecimento para corresponder à demanda nem sempre existe.

Alguns podem inicialmente ver o GBTC como um ETF e, dessa forma, se perguntar por que tanto drama aconteceu em torno de um "ETF de bitcoin". Porém, o BIT e o GBTC estão bem longe de serem um ETF, tanto em aprovação regulatória que lhes foi atribuída quanto em complexidade operacional. ETFs são construídos para que o valor das cotas fique próximo do valor líquido do ativo. Manter as cotas próximas do NAV evita os consideráveis prêmios, como aqueles que investidores GBTC devem tolerar. Além disso, um ETF exige assinatura da SEC. Embora o BIT seja um passo na direção certa, ainda são necessários muitos passos até um ETF aprovado pela SEC estar disponível para investidores.

OS GÊMEOS WINKLEVOSS E A CORRIDA DO ETF DO BITCOIN

Na origem do BIT, a Grayscale era o único provedor de um veículo de investimento de mercado de capitalização baseado em bitcoins nos Estados Unidos, mas outros estavam interessados em aproveitar a visibilidade. A Grayscale pouco sabia que teria competição com os ex-remadores olímpicos e quase-fundadores do Facebook. Talvez melhor conhecidos pelo seu envolvimento com o último, Cameron e Tyler Winklevoss são dois abastados investidores. Eles alegam ser os autores da ideia do Facebook, o que levou a um acordo de US$60 milhões com Mark Zuckerberg. Já que muito desse acordo foi em ações, equivale, hoje em dia, a centenas de milhões.

No entanto, os gêmeos não cairiam no esquecimento com os seus milhões; eles tinham experimentado a grandeza e não eram o tipo de figura que facilmente sumia dos holofotes. Ávidos por novas aventuras, o Bitcoin apenas ofereceu a oportunidade. Eles foram apresentados à ideia do Bitcoin em 2012 por David Azar durante férias em Ibiza[10], colocando-os bem à frente da curva de informação. Os gêmeos ficaram apaixonados pelo conceito e começaram a comprar a moeda cada vez mais, incluindo investimentos em startups baseadas em bitcoin.

Em algum ponto de 2013, eles anunciaram a posse de quase 1% de todos os bitcoins existentes (na época, bem mais de 100 mil bitcoins)[11]. Cameron recebeu o crédito por ter comprado o bitcoin que primeiro levou o valor total de rede da moeda acima de US$1 bilhão[12]. Vendo a oportunidade, ele fez um lance de US$91,26 ou mais no Mt. Gox, o exato preço que tornaria o valor de rede total do bitcoin maior que US$1 bilhão.

Os gêmeos não estavam satisfeitos em ser investidores passivos; queriam trazer produtos para o mercado. Para este fim, em julho de 2013, eles entraram com um processo S-1 na SEC para o Fundo Bitcoin Winklevoss, que tinha a intenção de listar como um ETF sob o símbolo COIN[13]. Processos S-1 típicos muitas vezes têm 100 páginas ou mais e cobrem cada detalhe imaginável de um produto. Ao escrever um processo S-1 para um produto bitcoin, os gêmeos Winklevoss sinalizaram sua seriedade.

Um ETF é supostamente o melhor veículo de investimento para abrigar bitcoins. Ele possui um cronograma de comissão baixo e transparente e tem uma estrutura que mantém o ETF próximo ao valor líquido do ativo, enquanto oferece ao investidor uma maneira fácil de negociá-lo durante o dia do mercado. Além disso, os gêmeos viram a aprovação da SEC como o santo graal para ganhar a confiança do investidor e, assim, levar o bitcoin ao público geral. Embora seja uma ideia admirável, eles logo descobririam que esse caminho era mais longo do que provavelmente esperavam.

No início de 2017, os gêmeos Winklevoss ainda estavam esperando para ter um ETF aprovado. Nesse ínterim, eles fizeram emenda atrás de emenda no seu processo S-1, consultaram inúmeros advogados e até começaram a sua própria plataforma de negociação de criptoativos, conhecido como Gemini.

PLATAFORMA DE NEGOCIAÇÃO GEMINI

Criar um ETF não foi o único produto no qual os irmãos Winklevoss estiveram trabalhando. Em 2015, ele lançaram sua própria plataforma de negociação de criptoativos, chamado Gemini. Os gêmeos seguiram o caminho regulatório adequado e trabalharam para assegurar o licenciamento do Departamento de Serviços Financeiros de Nova York. Embora fosse um processo demorado, em março de 2017 a sua plataforma de negociação era uma das duas empresas no espaço que era uma *sociedade fiduciária limitada*, tornando-a regulamentada de forma similar a um banco. Os gêmeos foram inspirados a criar essa plataforma de negociação em resposta às preocupações da SEC sobre a falta de câmbios regulamentados.

Próximo do dia 10 de março de 2017, todos os olhos estavam no ETF dos Winklevoss, pois a SEC tomaria uma decisão sobre um processo 19b-4 que os gêmeos submeteram, o que era um passo necessário para listar um ETF. A expectativa de um ETF de bitcoins ser aprovado tomou a comunidade criptoativa. Uma aprovação seria não apenas uma das maiores vitórias regulatórias para a florescente classe de ativos, mas também exigiria que uma grande quantidade de bitcoins fosse extraída para atender a demanda dos investidores de mercado de capitalização que comprassem o ETF[14]. No relatório de uma pesquisa publicada no início de janeiro de 2017, o analista Spencer Bogart, na época na Needham & Company, escreveu: "Acreditamos que a listagem de um ETF de bitcoins teria um efeito profundo no preço do bitcoin. De modo conservador, estimamos que um ETF de bitcoins atrairia US$300 milhões em ativos na primeira semana, e o esforço resultante para extrair os bitcoins subjacentes para o Fundo provavelmente aumentaria o preço do bitcoin significativamente"[15].

Antes da decisão, o preço do bitcoin subiu em antecipação a este pico de demanda. Embora aqueles com maior entendimento sobre criptoativos e mercados de capitalização duvidassem que o produto seria aprovado[16], o preço do bitcoin atingiu uma nova alta antes da decisão. Em 10 de março, em um evento da SEC totalmente não relacionado ao Bitcoin, conhecido como *Evidence Summit*, um colaborador da SEC fez um comentário público: "Às pessoas que estão enviando e-mails, digo que não temos nada a dizer sobre o bitcoin então, por favor, parem de perguntar"[17]. Claramente, toda a comunidade estava faminta por novidades sobre essa decisão.

Mais tarde naquele dia, a SEC negou a aprovação para o ETF dos Winklevoss[18]. A seguir, a parte principal dessa decisão:

> A Comissão desaprova essa mudança de regras apresentada, pois não acredita que a proposta seja condizente com a Seção 6(b)(5) do *Exchange Act*, que exige, entre outras coisas, que as regras de uma plataforma de negociação de títulos nacional sejam elaboradas para prevenir atos e práticas fraudulentos e manipulativos e para proteger investidores e o interesse público. A Comissão acredita que, para atingir este padrão, uma plataforma de negociação que lista e negocia cotas de produtos, fundos e commodities negociados na bolsa (*exchange-traded products*; "ETPs") deve, além de outras exigências aplicáveis, satisfazer duas exigências que são dispositivas sobre esta matéria. Primeiro, a plataforma de negociação deve ter acordos de controle e compartilhamento com outros mercados significativos para negociar a commodity subjacente ou os derivativos dessa commodity. E, segundo, esses mercados devem ser regulados.
>
> Com base em registros anteriores, a Comissão acredita que os mercados significativos para o bitcoin não são regulados. Portanto, como a Plataforma de negociação ainda não entrou neles, e não estaria atualmente apto para tal, o tipo de acordo de controle e compartilhamento que está em voga a respeito de todos os ETPs de fundos e commodities anteriormente aprovados — acordos que ajudam a fazer face a preocupações sobre o potencial para atos e práticas fraudulentos ou manipulativos neste mercado —, a Comissão não acredita que a mudança de regras proposta seja condizente com o *Exchange Act*.

Os dois maiores pontos-chave foram que a SEC decidiu que os mercados para bitcoins eram "não regulados" e que não havia "acordos de controle e compartilhamento" suficientes entre o Bats Exchange — o câmbio no qual o ETF do bitcoin seria listado — e os câmbios de criptoativos dos quais os bitcoins para o ETF seriam extraídos.

Independentemente do que as pessoas esperavam que acontecesse com a decisão da SEC, a maioria foi pega de surpresa pela rigidez da rejeição. Notavelmente, a SEC não gastou muito tempo nas especificidades do ETF dos Winklevoss, mas focou mais a natureza abrangente dos mercados de bitcoin. Dizer que esses mercados eram não regulados foi um balde de água fria extra para os Winklevoss, que gastaram tempo e dinheiro consideráveis na organização da rigorosamente regulada plataforma de negociação Gemini. Focando o mercado de bitcoins em geral, a rejeição sugeria que um ETF não aconteceria nos Estados Unidos por um bom tempo.

Seguindo imediatamente a decisão da SEC de não aprovar o ETF, que foi divulgada um pouco depois das 4h da tarde em uma sexta-feira, o bitcoin caiu de US$1.250 para abaixo de US$1 mil, uma queda de mais de 20%, em questão de minutos. Ele rapidamente recuperou-se em direção a US$1.100. O incidente permitiu a opositores escreverem os seus comentários de "eu avisei" e "o bitcoin está morto" novamente. O *Wall Street Journal* decidiu esclarecer seus leitores durante o fim de semana com um artigo sobre a decisão da SEC intitulado "Sejamos Realistas: O Bitcoin É um Investimento Inútil"[19].

Quando esses blogueiros e comentaristas voltaram às suas mesas na segunda-feira, descobriram que os investidores nas plataformas de negociação de criptoativos estiveram trabalhando durante o fim de semana. Na segunda-feira, os opositores encararam a realidade de que o bitcoin estava novamente acima de US$1.200, e o valor de rede para todos os criptoativos tinha crescido US$4 bilhões desde a decisão da SEC. Sim, US$4 bilhões em três dias.

O ETF dos Winklevoss não foi o primeiro ETF de bitcoins que a SEC rejeitou. Em julho de 2016, a SolidX Partners entrou com um processo na SEC para o ETF Fundo Bitcoin SolidX, com a intenção de listá-lo na Bolsa de Valores de Nova York sob o símbolo XBTC[20]. A principal diferença entre os produtos do SolidX e dos Winklevoss era que o SolidX aspirava assegurar o seu fundo por mais de US$125 milhões contra quaisquer roubos ou ataques aos bitcoins. Em março de 2017, a SEC rejeitou o ETF do SolidX.

ARK INVEST E VISIBILIDADE PARA BITCOINS EM ETFS

Em março de 2017, havia dois ETFs que ofereciam visibilidade para bitcoins, o ETF *ARK Invest's Next Generation Internet* (ARKW) e também o seu ETF *Innovation global*. Ambos combinam visibilidade para bitcoins a um portfólio de ações em crescimento, e têm sido alguns dos ETFs com melhor desempenho no mercado. Usando o BIT da Grayscale, a ARK Invest tornou-se o primeiro fundo público a investir em bitcoins em setembro de 2015 e, durante a escrita deste livro, ainda possuía os únicos ETFs no mercado com visibilidade para bitcoins. Já que o foco da ARK está em tecnologias rápidas, como aprendizado de máquina, veículos autônomos e genoma, investir em bitcoins era um encaixe natural para a empresa.

A OPÇÃO ETN

Fora dos Estados Unidos, existem mais opções para produtos bitcoin baseados em mercado, como duas notas negociadas em bolsa (*exchange traded notes* — ETN) oferecidas pelo XBT Provider no Nasdaq Nordic, em Estocolmo, Suécia. O Nasdaq Nordic é um sistema de bolsa regulamentado que é um subsidiário da conhecida Nasdaq, dos Estados Unidos. Para serem listados no Nasdaq Nordic, esses produtos tiveram que superar um número significativo de obstáculos regulatórios. Particularmente, esses ETNs foram aprovados pela *Financial Supervisory Authority* (FSA) da Suécia, uma agência do governo que supervisiona a regulação financeira na Suécia.

Embora esses ETNs sejam negociados em câmbios, assim como os ETFs são, um é uma *nota* e o outro é um *fundo*. A maneira mais fácil de resumir a diferença é que um ETN dá ao investidor uma nota digital que promete que ele será pago a depender do desempenho do ativo, enquanto um ETF realmente mantém os ativos e, dessa forma, monitora seu valor no mercado.

Em termos técnicos, ETNs são instrumentos de débito sênior não securitizados que monitoram um índice ou referência de mercado. Um ETN oferece aos investidores visibilidade para um ativo sem que seus emissores tenham que possuir os ativos. Já que o ETN é um instrumento de débito, os investidores estão sujeitos à qualidade de crédito do emissor. Se o emissor declarar falência, então os investidores no ETN podem receber apenas uma fração do que investiram, enquanto com o ETF, o fundo mantém os ativos subjacentes. Dessa forma, investidores em um ETN devem ter confiança na habilidade do emissor de continuar a operar, assim como na sua habilidade de monitorar um índice sem necessariamente possuir a cesta de ativos que o compõem.

Os emissores de ETNs geralmente são bancos ou financeiras que dão suporte ao instrumento com a sua credibilidade e servem para aplacar preocupações em relação à força financeira do emissor. O Morgan Stanley foi o emissor inicial desse tipo de título, e o Barclays também é um emissor frequente, ambos bancos internacionais bastante diversificados e com sólidas avaliações. Porém, como aprendemos com a crise de 2008, reconhecer e avaliar a firma subscrita é crucial, e nem sempre tão fácil[21]. Como um instrumento de débito, a saúde e o bem-estar do emissor por trás dele é o risco adicional que o investidor inovador corre quando possui um ETN.

Como os ETFs, os ETNs permitem aos investidores integrar visibilidade para um ativo em seu portfólio sem ter que lidar com os detalhes confusos de adquirir e securitizar tal ativo. Por exemplo, se um investidor acredita em commodities futuras como gado, mas não quer se envolver com a negociação de atuais contratos futuros, é possível investir em um ETN que monitore esses índices futuros. O emissor desse ETN é responsável por apresentar o valor desse índice (menos as taxas) ao investidor mediante amadurecimento ou *resgate antecipado*. Porque um ETN é negociado em uma plataforma de negociação, ele fica suscetível às forças do mercado e pode ser negociado por um prêmio ou desconto no seu valor subjacente[22]. Negociar em uma plataforma de negociação também permite liquidez, então um investidor pode facilmente comprar ou vender. ETNs também podem ser mantidos em corretoras padrão ou em contas de custódia.

Em outubro de 2015, o XBT Provider lançou o *Bitcoin Tracker One* (COINXBT) para monitorar o preço do bitcoin em dólar[23]. O Bitcoin Tracker One pega a taxa média de câmbio de bitcoins em dólar das plataformas de negociação Bitfinex, Bitstamp e GDAX para determinar o valor subjacente do bitcoin para o investimento[24]. No ano seguinte, o XBT Provider lançou o *Bitcoin Tracker Euro*. Ambos os investimentos foram disponibilizados através da plataforma *Interactive Brokers*, um serviço de desconto de corretoras disponível para investidores[25].

Para esses produtos, o XBT Provider cobra uma taxa de gerenciamento de 2,5%, 25% mais alta que a taxa que a Grayscale cobra. Talvez o mais importante para o investidor inovador, diferente de muitos ETNs, é que o XBT Provider está o tempo todo completamente coberto, o que significa que ele mantém o bitcoin subjacente igual ao valor do ETN. Isso pode reduzir significativamente a confiança na qualidade do crédito do XBT Provider pois, mesmo que a empresa entre em falência, ainda deve haver bitcoins subjacentes preparados para reembolsar os investidores. Como anunciado no site: "O XBT Provider não possui nenhum risco de mercado. A empresa sempre mantém os bitcoins equivalentes ao valor dos ETNs emitidos"[26].

No meio de 2016, o XBT Provider foi comprado pelo Global Advisors (Jersey) Limited (GABI) depois que sua maior acionista, a KnCMiner, declarou falência. A KnCMiner foi, por muito tempo, uma empresa de mineração de bitcoins e produtora de equipamentos para mineração. Com um ETN, a credibilidade do emissor subjacente é primordial, e o GABI reconheceu isso também. Seguindo a falência da KnCMiner, a negociação de dois ETNs no XBT Provider foi temporariamente suspensa enquanto um novo avalizador era buscado, com o GABI, por fim, vindo ao resgate[27].

A equipe do GABI é liderada por Jean-Marie Mognetti e Daniel Masters, que ganharam experiência como negociadores de commodities na Lehman Brothers e na JPMorgan, respectivamente. Eles trouxeram uma experiência considerável sobre mercados de capitalização ao espaço bitcoin. Antes de comprar o XBT Provider, o GABI criou um fundo de bitcoins destinado a investidores institucionais chamado GABI[28]. O fundo é domiciliado em Jersey, no Reino Unido, uma área conhecida por sua abordagem regulamentar inovadora, similar às Ilhas Cayman. Comprando o XBT Provider, o GABI reforçou a confiabilidade da contraparte dos ETNs de bitcoins e adicionou um belo ativo a sua crescente plataforma de investimento em bitcoins para instituições. A lógica foi resumida por Masters: "O Global Advisors Bitcoin Investment Fund (GABI) é o único fundo de investimentos Bitcoin completamente regulado que visa instituições, e ao incluir o XBT estamos nos dirigindo para as lojas online e mercados profissionais"[29].

A OPÇÃO ETI

Outro veículo de investimento bitcoin é o *instrumento negociado em bolsa* (*exchange traded instrument* — ETI). ETIs são similares a ETFs por serem títulos respaldados por ativos, enquanto um ETN não precisa ser respaldado pelo ativo subjacente. No entanto, ETIs são muito menos comuns e são principalmente destinados a abrigar investimentos alternativos, como futuros ou opções[30].

Em julho de 2016, um ETI de bitcoin foi listado na Bolsa de Valores de Gibraltar sob o símbolo BTCETI[31]. Ele cobra uma taxa de gerenciamento de 1,75%, posicionando-o abaixo tanto da Grayscale quanto do XBT Provider, e guarda seus ativos com a Coinbase. Embora o patrocinador e o intermediário do ETI — Revoltura e Argentarius ETI Management Limited — não sejam conhecidos, o que é notável é o envolvimento do governo e da reguladora de Gibraltar, a Comissão de Serviços Financeiros.

Fica claro que Gibraltar vê uma oportunidade e está chamando a atenção para si como um polo de moedas virtuais. Albert Isola, ministro da Finanças e Jogos de Gibraltar, disse: "Continuamos a trabalhar com o setor privado e com nossa reguladora em um ambiente regulatório adequado para operadoras no espaço de moedas digitais, e o lançamento desse ETI em nossa bolsa de valores demonstra nossa habilidade para sermos inovativos e entregar velocidade ao mercado"[32].

No mesmo mês do anúncio do ETI de bitcoins de Gibraltar, um emissor suíço chamado Vontobel anunciou um certificado de monitoramento para bitcoins que parece operar como um ETN, embora os detalhes sejam poucos. Julho de 2016 foi um mês cheio para os produtos bitcoin focados em mercados de capitalização, mas representou apenas o começo do que esperamos ver conforme os anos passam.

O INVESTIDOR PODE SE SENTIR CONFORTÁVEL COM A PRECIFICAÇÃO DE CRIPTOATIVOS?

Como o investidor inovador deve ter notado, muitos dos produtos negociados em plataformas de negociação listados anteriormente contam com índices de preço. Embora um índice de preço soe simples, pode ser um processo matemático complexo avaliar o preço exato que o mercado oferece, especialmente para criptoativos que são negociados globalmente e podem ser comprados através de uma ampla gama de moedas fiduciárias e criptoativos. Porém, a precificação é importante para o crescimento futuro de veículos de mercados de capitalização que mantêm criptoativos, então é essa área de desenvolvimento que o investidor inovador deve observar.

O problema da precificação é particularmente agudo para o bitcoin, que é negociado em diferentes geografias e diferentes pares de moedas fiduciárias. Atualmente, as operações de diferentes plataformas de negociação de criptoativos podem ser pensadas em grupos isolados de liquidez, então se uma plataforma de negociação estiver experimentando uma demanda significativamente maior que outras plataformas de negociação, o bitcoin naquela plataforma de negociação pode ser negociado como um prêmio para outras plataformas de negociação. Nos mercados de títulos, tais diferenças de preços seriam rapidamente resolvidas pela arbitragem, mas devido aos atrasos na movimentação de bitcoins entre diferentes plataformas de negociação, sem mencionar o controle de capitais de moedas fiduciárias, essas discrepâncias de preços persistem.

A combinação do crescente interesse em bitcoins e do reconhecimento da necessidade de índices bitcoin robustos e regulados levou dois mercados de investimento principais, a Bolsa de Valores de Nova York (NYSE) e a Chicago Mercantile Exchange (CME) a implementar seus próprios índices bitcoin. A NYSE lançou seu índice de preços bitcoin, o NYXBT, em maio de 2015[33]. Na época, o presidente da NYSE, Thomas Farley, disse: "Os valores de bitcoin estão rapidamente se tornando um ponto de dados que nossos clientes querem seguir enquanto consideram transacionar, negociar ou investir com essa classe de ativos emergente. Como líder global de índices e administradores do ICE LIBOR, do ICE Futures U.S. Dollar Index e muitas outras referências notáveis, estamos felizes em trazer transparência para este mercado"[34].

A metodologia do NYBXT utiliza regras baseadas em dados, que produzem o que eles sentem ser um "valor justo e objetivo para um bitcoin". O índice inicialmente pegava os dados do Coinbase, no qual a NYSE tem um investimento minoritário[35], embora tenha se ramificado desde então para incluir outras plataformas de negociação.

No segundo semestre de 2016, o CME Group também lançou seus próprios índices de preço de bitcoin com o *CME CF Bitcoin Reference Rate* e o *CME CF Bitcoin Real Time Index*[36]. Ele também criou um comitê consultivo independente, que inclui o evangelista do bitcoin Andreas Antonopoulos, para supervisionar seu modelo de precificação, que utilizava preços de várias plataformas de negociação ao redor do mundo[37]. Muitos especularam que esse índice poderia ser o precursor dos futuros de bitcoins e outros produtos derivativos, que são a especialidade do CME Group.

Nós comumente usamos o índice Tradeblock, XBX, que é um índice bitcoin líder para negociadores institucionais de bitcoins obterem o preço mais preciso do ativo ao longo do dia de negociação[38]. Pensado para o uso de investidores institucionais, o índice deriva um preço para o bitcoin usando algoritmos que consideram liquidez do mercado, tentativas de manipulação e outras anomalias que ocorrem em plataformas de negociação globais[39].

Embora todos os índices mencionados anteriormente foquem bitcoin, esperamos ver muitos índices com foco em outros criptoativos em amadurecimento aparecerem. Isso é um prenúncio de mais veículos de mercados de capitalização que estão por vir.

FALANDO COM UM CONSULTOR
FINANCEIRO SOBRE CRIPTOATIVOS

David Berger, criador do Digital Currency Council, acredita que chegou o tempo para consultores financeiros estarem aptos a discutir bitcoins e criptoativos, pois eles se relacionam aos portfólios de seus clientes. "Consultores precisam entender as bases tecnológicas do Bitcoin, assim como sua manutenção, armazenamento seguro e utilização. Os consultores também precisam entender o ecossistema das moedas digitais e as maneiras de avaliar o risco e investir dentro desse ecossistema. Eles devem se familiarizar com as implicações financeiras e fiscais, e também com as questões legais e regulatórias — todas as quais estão se desenvolvendo diariamente"[40].

Atualmente, o GBTC está disponível para investidores típicos através de empresas de corretagem. Com uma conta de investimento autodirecionada e online, os investidores devem ser capazes de conseguir uma cota no GBTC e comprar o ativo para suas contas.

Para investidores com um consultor em uma empresa de gerenciamento de riquezas, fazer o pedido do GBTC pode exigir interagir com o seu consultor para que a empresa possa fazer a compra. Não será incomum haver alguma resistência devida à falta de conhecimento relacionada a esse veículo de investimento por parte de con-

"ONDE ESTÁ O ETF DO BITCOIN?" 257

sultores financeiros, sejam eles independentes ou de uma corretora de valores. Nesse ponto, investidores inovadores devem reconhecer que o bitcoin e os outros criptoativos têm um impacto positivo em seus portfólios de investimento. Seria bom para consultores financeiros e empresas de investimento estarem capacitados, informados e abertos a discutir esses veículos de investimento adequadamente com clientes.

Felizmente, a indústria de serviços financeiros está acordando para esses investimentos e para a necessidade de acelerar os consultores. Em 2014, a *Financial Planning Association* (FPA) produziu um relatório claramente detalhando seu compromisso na matéria intitulada: "O Valor do Bitcoin Está Melhorando a Eficiência do Portfólio do Investidor"[41]. A FPA dá suporte a consultores financeiros e outros associados com a certificação *Certified Financial Planner*™ (CFP™). No relatório, foi afirmado que, para muitos investidores, o bitcoin poderia oferecer uma oportunidade em potencial para diversificar e impulsionar seus portfólios.

Embora esperemos que consultores crescentemente se tornem conscientes e capacitados em relação aos investimentos bitcoin e de criptoativos, o investidor inovador pode encarar rejeição, senso de curiosidade, algum nível de conhecimento imediatos ou, talvez, apenas um risinho de seu consultor sobre o tópico. Dito isso, aqui estão alguns pontos a considerar:

1. Um bom consultor está realmente prestando atenção em seus clientes. O bitcoin e os criptoativos são novos e têm um histórico curto e volátil, então sua imediata reação negativa ou rejeição não deve ser uma refutação de sua qualidade como consultor;

2. Investidores devem estar prontos para oferecer links e recursos para instruir o consultor. A seção de Recursos no fim do livro pode ser uma grande ajuda;

3. Lembre o consultor de que não é sobre pôr tudo nesses investimentos, e a consultoria dele pode ajudar a identificar onde esses ativos podem se encaixar adequadamente no modelo de alocação de ativos que ele construiu (se não houver modelo de alocação de ativos ou plano financeiro que o consultor possa usar como referência, isso deve ser um sinal vermelho para o investidor);

4. Se o consultor não acreditar nesses ativos ou se recusar a investir neles em nome de um investidor inovador, o ativo pode ser comprado diretamente, como descrito no Capítulo 14 ou pela compra de GBTC através de uma conta autodirigida. Se o investidor inovador pegar essa rota, recomendamos informar ao consultor sobre esse investimento para que ele possa incluí-lo em

seus registros como referência para seus planos de alocação de ativos. Bons consultores devem estar abertos a manter registros dos ativos dos clientes guardados longe da empresa;

5. Se o consultor financeiro tiver medo do assunto, dê-lhe uma cópia desse livro.

CONSULTORES FINANCEIROS INDEPENDENTES VERSUS CONSULTORES DE CORRETORAS DE VALORES

Ric Edelman, um dos melhores consultores financeiros dos Estados Unidos, concorda com Berger. Edelman é escritor e palestrante, e foi nomeado o melhor consultor financeiro dos Estados Unidos três vezes pela revista *Barron's*. Agora, é possível incluir adepto do bitcoin à lista. "É importante que investidores estejam conscientes e informados sobre o bitcoin", afirma Edelman. Além do bitcoin, Edelman vê grande potencial na tecnologia blockchain como uma solução para muitos negócios que ele acredita que "podem se beneficiar dos avanços feitos nesse tecnologia"[42].

A atitude de Edelman como consultor pode ser única, e uma razão pode ser porque ele é um consultor financeiro independente, que é diferente de um consultor financeiro baseado em uma corretora de valores que trabalha na Well Fargo, na Morgan Stanley ou na Merrill Lynch. Consultores de corretoras de valores podem ter mais restrições em sua habilidade de recomendar produtos que não foram completamente avaliados por suas próprias equipes de pesquisa ou simplesmente por falta de conhecimento e interesse nesses ativos como veículos de investimento.

E DEPOIS?

Acreditamos que os veículos de investimento de criptoativos continuarão a se proliferar, ampliando a visibilidade mesmo para os investidores mais conservadores que, em algum momento, perceberão o valor da não correlação adicionado por essa nova classe de ativos. Embora a SEC não tenha aprovado os ETFs dos Winklevoss ou do SolidX, acreditamos que reguladoras internacionais continuarão a explorar essa nova classe de ativos inovadora, o que, por fim, pode ajudar a elevar o nível de conforto da

SEC em relação a bitcoins e criptoativos. Dito isso, a prioridade da SEC é proteger o consumidor, e se ela sentir que ainda não há proteções ao consumidor o suficiente em vigor para o bitcoin e outros criptoativos, então não tem obrigação de aprovar produtos negociados em câmbios.

Globalmente, esforços de securitização continuarão em torno do bitcoin, o que abrirá a porta para outros criptoativos que tenham mérito real, como o ether, a serem incorporados a veículos de mercados de capitalização. A Grayscale avançou com o Fundo de Investimentos Ethereum Classic (ETC), que opera de maneira similar ao BIT, mas mantém o ether classic, que não deve ser confundido com um ativo muito maior, o ether.

Por fim, vemos um futuro no qual haverá várias opções para investir em veículos de mercados de capitalização que securitizem criptoativos. Por exemplo, esperamos que haja fundos mútuos multiativos com criptoativos usados para diversificação. Similar ao ETF de cobertura de ouro REX Share's S&P 500, podemos algum dia ter um ETF de cobertura de bitcoins S&P 500. Da mesma forma, provavelmente teremos fundos de criptoativos baseados em sua funcionalidade, como um fundo de criptocommodities ou, talvez, um fundo de criptomoedas focadas em privacidade, como monero, dash e ZCash. Por último, dada a tendência crescente da indexação, conforme o espaço criptoativo amadurece significativamente, podemos ver ETFs do valor de rede ponderado de criptoativos, incluindo, potencialmente, uma cesta dos criptoativos top 5, 10 ou 20.

Nos últimos dois capítulos, discutimos como o investidor inovador pode obter acesso a bitcoins e criptoativos a partir de uma vasta gama de veículos, incluindo mineração, compras diretas de câmbios e investimentos de mercados de capitalização, como o GBTC e sua família. Outra parte empolgante do mundo criptoativo para o investidor inovador inclui a habilidade de se envolver diretamente com equipes desenvolvedoras, lançando criptoativos desde o início. No passado, este mundo era aberto apenas aos ricos, mas com novas tendências, como financiamentos coletivos, lançamentos de tokens e regulações inovadoras por meio do JOBS Act, existem oportunidades para investidores inovadores de todos os tamanhos e formatos se envolverem.

Capítulo 16

O Mundo Selvagem das ICOs

Nos primeiros dias da tecnologia, inovadores como Steve Jobs, Bill Gates e Michael Dell tornaram-se figura icônicas que transformaram ideias em negócios de bilhões de dólares. Ao longo da última década, vimos visionários como Elon Musk, Peter Thiel e Mark Zuckerberg fazerem o mesmo. Esses inovadores mudaram o mundo porque pessoas acreditaram em suas visões, e esses primeiros adeptos investiram dinheiro para transformar essas ideias em realidade. Embora esses investimentos tenham trazido grandes benefícios, eles não foram baseados em altruísmo; investidores iniciais procuravam obter um retorno considerável de seus investimentos de risco.

Empresas privadas que investem em um estágio inicial são mais frequentemente referidas como de *capital de risco*. O próprio termo expressa o risco envolvido. Afinal, *risco*, como substantivo, transmite a ideia de possibilidade de insucesso, e capital refere-se a riqueza e recursos. Capital de risco é exatamente isso: arriscar a possibilidade de insucesso em busca de grandes recompensas, mas sabendo desde o começo que a possibilidade de falhar é alta.

O capital de risco é uma indústria relativamente jovem, intimamente ligada ao Vale do Silício. Embora o Vale do Silício tenha tornado o capital de risco a famosa indústria que é hoje, foi o capital de risco que fez o Vale do Silício. Uma das primeiras e mais amplamente reconhecidas empresas que ajudaram a estimular a indústria do capital de risco foi a Intel, que hoje produz os chips na maioria dos nossos computadores. A empresa foi fundada em Santa Clara, Califórnia, pelos renomados cientistas Gordon E. Moore (famoso por criar a "Lei de Moore"[1]) e Robert Noyce (cocriador do circuito integrado), que foram muito pressionados a levantar dinheiro para sua nova empresa. Por fim, a Intel encontrou um benfeitor em Arthur Rock — um financiador norte-americano que cunhou o termo *investidor de risco*[2] —, que ajudou-os a levantar US$2,5 milhões em debêntures conversíveis que incluíam US$10 mil de seu próprio bolso[3]. A empresa foi a público dois anos depois, em 1970, levantando US$6,8 milhões e oferecendo recompensas significativas a Rock e àqueles que compraram as debêntures. A Intel foi uma das primeiras empresas a utilizar capital de risco como um método de financiar seu arranque e, devido ao seu sucesso, ajudou a introduzir o conceito no Vale do Silício.

Apesar da relativa juventude do capital de risco, muitas empresas de criptoativos estão agora inovando o modelo. Os perturbadores correm o perigo de serem perturbados. Para o investidor inovador, a chave é perceber que os criptoativos não estão apenas tornando mais fácil para empreendedores orientados levantar dinheiro, eles também estão criando oportunidade para o investidor médio entrar nas primeiras rodadas do que pode ser o próximo Facebook ou Uber. Bem-vindo aos mundos conflitantes do financiamento coletivo e dos criptoativos.

O VELHO MÉTODO: A PERSPECTIVA DO INVESTIDOR

Até recentemente, a primeira oportunidade que o investidor médio tinha de investir em uma empresa era na sua oferta pública inicial (IPO), quando as cotas da empresa começavam a ser negociadas em uma bolsa conhecida, como a Nasdaq ou a NYSE. No entanto, até chegar a uma IPO, a empresa provavelmente já tinha passado por várias rodadas de financiamento privado. Conforme uma empresa privada cresce, há diferentes nomes para cada rodada de investimentos, começando com uma rodada de *seed* antes de passar para uma Série A, B, C, D, e daí por diante. Em cada uma dessas rodadas, quando os investidores põem dinheiro na empresa, eles tipicamente recebem uma porcentagem dessa empresa, o que é expresso em cotas. Tal financiamento geralmente é aberto apenas a investidores de risco, outros investidores em títulos privados ou pessoas ricas. Uma IPO converte essas cotas privadas em públicas, que, então, são negociadas em um câmbio público ao qual o investidor comum pode ter acesso.

Como o investidor inovador pode provavelmente inferir, as primeiras rodadas, quando os riscos são mais altos, são frequentemente as mais lucrativas para o investidor, se a companhia tiver êxito. Por um lado, manter essas rodadas blindadas do público protege o cidadão comum dos riscos inerentes a esses primeiros estágios de investimento, mas por outro lado, isso também os exclui da oportunidade. Agravando a questão, ao longo da última década, as empresas têm esperado cada vez mais para ir a público, o que põe cada vez mais retornos nos mercados privados.

Ben Evans, um analista da Andreessen Horowitz — uma das empresas de capital de risco mais famosas do mundo — publicou um relatório em 2015 que definiu claramente a mudança de valor para mercados privados. O tempo médio para uma empresa de tecnologia fazer uma IPO em 1999 era de quatro anos, enquanto em 2014 era de 11 anos[4], o que significa que o investidor médio agora precisa esperar quase três vezes mais tempo para ter acesso às cotas de uma empresa. Embora haja menos entusiasmo em relação às IPOs do que havia durante a explosão tecnológica, muito do atraso é devido a mudanças regulatórias que resultaram da explosão tecnológica e das telecomunicações, assim como da crise financeira de 2008. No final dos anos 1990, as empresas costumavam fazer uma IPO com US$20 milhões em receita anual, enquanto em 2014, a média da receita anual eram apenas tímidos US$100 milhões, os quais tinham caído de um pico de quase US$200 milhões durante a crise financeira[5]. Embora essa tendência tenha resultado de IPOs mais estáveis e risco reduzido para investidores de mercados de capitalização, com menos risco, em geral, há menos recompensa.

Como Ben Evans escreveu em seu relatório: "Quase todos os retornos agora são privados. Antigas gigantes mundiais da tecnologia retornaram em massa aos mercados públicos — as novas, não." Por antigas gigantes mundiais da tecnologia, ele se refere a empresas como Microsoft, Oracle e mesmo a Amazon; todas as quais têm oferecido muito mais criação de valor para mercados públicos que para mercados privados. Enquanto isso, com empresas como LinkedIn, Yelp, Facebook e Twitter, a clara maioria dos retornos foi para investidores privados. Por exemplo, embora a Microsoft tenha ganhado dinheiro privado em 20.000%, ganhou dinheiro público em 60.000%. Compare isso ao Facebook, que ganhou dinheiro privado em 80.000% e dinheiro público abaixo de 1.000%. Como Ben Evans pôs em sua apresentação, "para o Facebook atingir os retornos da Microsoft nos mercados públicos, ele precisaria valer US$45 trilhões", o que é duas vezes e meia o PIB dos Estados Unidos[6].

O VELHO MÉTODO: A PERSPECTIVA DA EMPRESA

Embora possa parecer que o investidor médio foi excluído de alguma forma na última década, ele não foi o único. A maioria das empresas também foi deixada de fora do modelo de financiamento descrito anteriormente porque securitizar um capital de risco é um processo extremamente competitivo, e o caminho para o mercado público é ainda mais rigoroso. Para fundadores de primeira viagem que querem atrair investidores de risco para um investimento, em geral, é preciso "conhecer alguém que conhece alguém". Ter tal conexão permite uma apresentação calorosa, diferente de estar entre as centenas de ligações frias que investidores de risco inevitavelmente recebem. Conhecer "alguém que conhece alguém" exige já estar atento, o que cria um ardil-22.

Recorrer a mercados públicos desde o início para um financiamento também é raramente possível, pois uma IPO é um processo laborioso e caro. Uma IPO exige que a gerência entre com um processo S-1 na Comissão de Títulos e Câmbio dos Estados Unidos (SEC), faça uma exposição itinerante para deixar os investidores cientes de sua oferta, pague caros banqueiros de investimento para precificar adequadamente as cotas públicas, e por aí vai.

Devido ao laborioso processo de ir a público, apenas as empresas maiores e de mais sucesso tipicamente seguem esse caminho de financiamento. Elas só o fazem uma vez que já amadureceram e querem ter acesso a um grupo de capital ainda maior oferecido pelos mercados públicos. Além disso, ir a público permite-lhes recompensar seus primeiros, e privados, investidores que, depois da IPO, podem vender suas ações nos mercados públicos mais líquidos.

Sem acesso a investidores de risco ou mercados públicos, o método preferido pela maioria das startups para levantar fundos envolve família e amigos, dívidas em cartões de crédito e uma saudável dose de fé. A boa notícia é que a explosão da internet criou uma afluência de aspirantes a empreendedores, e as regulações estão se adaptando a permitir ao investidor inovador e ao empreendedor inovador se unir em torno de novas ideias.

UM NOVO MÉTODO DE FINANCIAR STARTUPS

Durante a crise financeira de 2008, mercados de dívidas congelaram e mercados acionários quebraram, causando imensas e, em muitos casos, catastróficas perdas para o investidor individual. Para proteger investidores de experiências similares no futuro, novas regulações foram implementadas. Muitos desses bancos atingidos e seu envolvimento na crise, por fim, afetaram a capacidade de startups terem acesso aos mercados de capitalização e a outros métodos tradicionais de financiamento, incluindo empréstimos concedidos e contraídos. Em parte, essas regulações são a razão de vermos um aumento na quantidade de tempo que empresas levam para chegar a uma IPO.

No entanto, alguns líderes reconheceram que o mundo precisava incentivar a inovação, e não sufocá-la[7]. Eles começaram a questionar as regulações e usaram famosos fundadores de empresas da internet, como Steve Jobs, Bill Gates e Michael Dell, como exemplos de como a inovação americana tornou o país grandioso. Esses líderes entenderam que, se abrir uma empresa e assegurar financiamento fosse mais dificultado, os EUA sofreriam.

Simultaneamente, uma mudança no financiamento estava ocorrendo, pois muitos empreendedores perceberam que não precisavam contar com capital de risco, família, dívidas ou mercados de capitalização para levantar dinheiro: a internet tinha se tornado uma grande força para conectar empreendedores a investidores através do processo de *financiamento coletivo*. Isso permitiu que indivíduos e empresas com uma ideia e um plano buscassem outros indivíduos que quisessem investir. O que cresceu da incapacidade de empreendedores de projetos pequenos ou obscuros de ter acesso aos métodos mais tradicionais de levantar capital foi um novo método para conectá-los a todos os níveis de investidores.

Sites de financiamento coletivo, como o Kickstarter, o Indiegogo e outros, posicionaram-se online como uma maneira de conectar empreendedores e investidores. Em troca do dinheiro comprometido pelos investidores, o projeto, ou empresa, promete retribuir com os frutos do seu trabalho, dependendo da quantia que um investidor específico comprometeu. Reconhecendo que essa plataforma era um terreno fértil para esquemas, os sites implementaram políticas e procedimentos para proteger os investidores. Por exemplo, o Kickstarter mantém os fundos do investidor em contas de depósito até que o projeto seja financiado a um nível suficientemente alto. Se o investimento não for suficiente, então o financiamento para e os investidores recebem o dinheiro de volta.

Muitos projetos foram financiados por investidores que simplesmente queriam vê-los tornarem-se realidade, enquanto outros financiaram projetos para receber o produto. Para ter uma ideia do que o Kickstarter pode oferecer aos investidores interessados no espaço bitcoin e blockchain, basta digitar esses termos na caixa de busca no site do Kickstarter[8]. Podem ser encontradas oportunidades para investir em documentários, livros, jogos e desenvolvimento de aplicações. Por exemplo, financiado um documentário sobre o Bitcoin, no final, os investidores recebem um DVD com esse documentário.

Um dos aspectos mais atraentes do financiamento coletivo era que ele não apenas permitia aos sonhadores criarem seus produtos e negócios, mas também permitia a investidores de todos os níveis serem parte da realização desses sonhos. Antes do financiamento coletivo, nesses casos nos quais os investidores queriam dividir as oportunidades de equidade fornecidas por startups, eles ainda tinham que ser um investidor qualificado. Enquanto a intenção de exigir que investidores nesse estágio fossem credenciados seja boa, há o efeito colateral de deixar o investidor médio fora de alguns dos estágios mais iniciais de investimento com os retornos mais altos.

Em 2012, o fenômeno do financiamento coletivo chegou ao centro das atenções da reguladora do governo americano. Felizmente, em vez de matar o conceito, o governo decidiu criar políticas em torno dele e promovê-lo para ajudar startups. O projeto de lei *Jumpstart Our Business Startups* (JOBS; Estimule o Arranque de Nossos Negócios) foi transformado em lei em 5 de abril de 2012[9]. Foi o reconhecimento do potencial do financiamento coletivo para oferecer métodos alternativos de financiamento para startups. Além disso, a lei procurou oferecer oportunidades baseadas em participação a uma ampla gama de investidores, incluindo aqueles não qualificados[10].

PORTAIS DE FINANCIAMENTO COLETIVO PARA TODOS OS INVESTIDORES

A capacidade do ato JOBS de abrir as portas do capital de risco para investidores não credenciados, incluindo investimentos de financiamento coletivo e ICOs, foi um grande passo à frente para aumentar o número de pessoas que podem ser inclusas nessas oportunidades. Uma das condições do ato JOBS será a implementação de portais — plataformas online nas quais os investidores podem encontrar oportunidades de investimento. Esses portais devem ser aprovados tanto pela SEC quanto pela FINRA[11]. Embora atualmente não existam muitos desses portais (Wefunder é um), com o tempo, o número aumentará e mais oportunidades para investidores e empreendedores serão oferecidas[12]. Além disso, esperamos que os portais logo serão estabelecidos por corretoras de valores para oferecer uma combinação de oportunidades de investimento com consultoria e acesso.

A lei JOBS deu a investidores não qualificados sua primeira oportunidade em 80 anos[13] de investir de maneira privada em startups e receber a compensação em participação. Embora o projeto de lei tenha sido transformado em lei em 2012, o Título III do projeto, que permite investidores não qualificados, só foi implementado em março de 2016[14]. Muito desse atraso foi devido à necessidade de a SEC estar envolvida e adotar "regras finais para permitir a empresas oferecer e vender títulos através de financiamento coletivo"[15]. Algumas políticas implementadas pelo Título III incluíam restrições sobre a duração dos esforços de captação de recursos, a quantia que um investidor podia investir e quais investimentos deveriam ocorrer dentro de um intermediário regulado pela SEC, seja através de uma corretora de valores ou um portal de financiamento[16].

É esperado que, mesmo com essas restrições, os investidores tenham mais oportunidades de ganhar compensações baseadas em equidade para investimentos em novos negócios, incluindo investimentos baseados em criptoativos. A porta para métodos de financiamento para startups está bem aberta, e aqueles envolvidos com projetos baseados em criptoativos já começaram a usar suas tecnologias para encontrar maneiras de levantar capital.

A DIFERENÇA ENTRE UM CRIPTOATIVO E UMA STARTUP

Antes de mergulharmos nas especificidades de como uma oferta de criptoativos é conduzida, o investidor inovador precisa entender que o modelo de financiamento coletivo de criptoativos é duplamente revolucionário. Alavancando o financiamento coletivo, as ofertas de criptoativos estão criando espaço para o investidor médio ficar lado a lado com investidores de risco e com todo o mercado de capitais. O segundo aspecto é o que torna a integração do financiamento coletivo com criptoativos duplamente revolucionária, e põe as ofertas de criptoativos em outro patamar completamente separado do Kickstarter. Joel Monegro, cofundador do Placeholder Ventures e ex-líder blockchain no Union Square Ventures (USV), foi o primeiro a encapsular essa ideia claramente em uma postagem de blog intitulada "Fat Protocols".

A tese de Monegro é a seguinte: a Web é suportada por protocolos, como o protocolo de controle de transmissão/protocolo de internet (TCP/IP), o protocolo de transferência de hipertexto (HTTP) e o protocolo simples de transferência de mensagens (SMTP), todos os quais tornaram-se padrões para roteamento de informações pela internet. Porém, esses protocolos são comoditizados, no sentido de apesar de formarem a espinha dorsal da nossa internet, são mal monetizados. Em vez disso, o que é monetizado são as aplicações em cima dos protocolos. Essas aplicações se transformaram em mega corporações, como o Facebook e a Amazon, que dependem dos protocolos de base da Web e, assim, capturam a vasta maioria do valor. A construção da Web como a conhecemos atualmente é mostrada na Figura 16.1 a partir do USV com o "Valor Capturado" no eixo y.

Compare esse modelo com aquele dos criptoativos, no qual a camada de protocolo deve ser diretamente monetizada para que as aplicações sobre ela funcionem. O Bitcoin é um bom exemplo. O protocolo é o próprio Bitcoin, que é monetizado através do ativo nativo do bitcoin. Todas as aplicações, como Coinbase, OpenBazaar e Purse.io dependem do Bitcoin, o que faz subir o valor do bitcoin. Em outras palavras, dentro de um ecossistema blockchain, para que as aplicações tenham algum valor, o protocolo precisa armazenar valor, então quanto mais essas aplicações derivarem valor do protocolo, mais o valor de camada do protocolo aumenta. Dado que muitas aplicações serão construídas sobre esses protocolos, um protocolo deve se tornar maior em valor monetário que qualquer aplicação em cima dele, o que é o inverso da criação de valor da internet. Veja a Figura 16.2 para uma ilustração de como o valor é capturado dentro de arquiteturas blockchain.

Figura 16.1 ■ Protocolos magros e aplicações gordas: como o valor é capturado dentro da Web
Fonte: www.usv.com/blog/fat-protocols

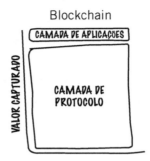

Figura 16.2 ■ Protocolos gordos e aplicações magras: como o valor é capturado dentro de blockchains
Fonte: www.usv.com/blog/fat-protocols

Curiosamente, uma vez que esses protocolos de blockchain são lançados, eles ganham vida própria. Embora alguns sejam apoiados por fundações, como a Ethereum Foundation ou a Zcash Foundation, os próprios protocolos não são empresas. Eles não têm demonstração de resultados, fluxos de caixa ou acionistas para quem se reportar. A criação dessas fundações é destinada a ajudar o protocolo, oferecendo algum nível de estrutura e organização, mas o valor do protocolo não depende da fundação. Além disso, como projetos de software open source, alguém com os méritos adequados pode se juntar a sua equipe desenvolvedora. Esses protocolos não precisam de mercados de capitalização porque criam ecossistemas de autofortalecimento econômico. Quanto mais pessoas usarem o protocolo, mais valiosos se tornam os ativos nativos dentro dele, atraindo mais pessoas a usar o protocolo, criando um ciclo de resposta positiva autorreforçado. Com frequência, desenvolvedores de protocolos centrais também trabalharão para uma empresa que forneça aplicações que usam o protocolo, e essa é uma maneira para que desenvolvedores de protocolos sejam pagos em longo prazo. Eles também se beneficiam por manter o ativo nativo desde a origem.

LANÇANDO UM NOVO CRIPTOATIVO COM UMA ICO

Oferta inicial de moeda (ICO) é o termo mais comumente usado para descrever o financiamento coletivo para lançar um novo criptoativo. Gostaríamos de expandir esse termo para se referir a *oferta inicial de criptoativo*, pois o uso específico do termo "moeda" implica que são moedas, que cobrimos no Capítulo 4, o que certamente não é o caso de todos os criptoativos. Nossa definição é mais ampla, pois muitas novas ICOs estão relacionadas à criação de novos criptotokens e criptocommodities.

Para ter uma ideia do crescimento das ICOs ao longo dos últimos anos, veja a Figura 16.3. Nesse gráfico, note duas das principais ICOs que ocorreram nesse período: o lançamento bem-sucedido do Ethereum em 2014 e o infame lançamento do The DAO em 2016. Durante alguns meses depois do DAOsastre, houve uma queda significativa em ICOs, mas no fim de 2016, o financiamento cumulativo de ICOs era de US$236 milhões para o ano, o que era quase 50% dos US$496 milhões levantados através de capital de risco tradicional para projetos blockchain em 2016[17]. Dada a taxa de crescimento em ICOs, 2017 pode ser o ano em que mais dinheiro é levantado através de ICOs do que através de capital de risco tradicional.

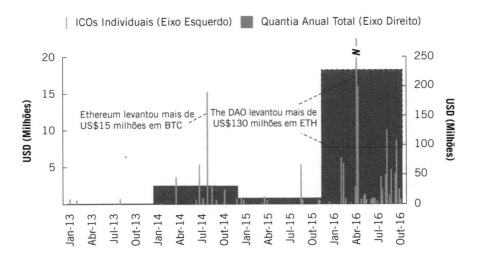

Figura 16.3 ■ ICOs desde janeiro de 2013 (as linhas cinza claro mostram ICOs individuais e a quantia que elas levantaram; as barras cinza escuro mostram a quantia cumulativa levantada via ICOs em um ano)

Fonte: https://www.smithandcrown.com/icos-crowdsale-history/

Anunciando a ICO

O novo criptoativo pode ser anunciado de várias maneiras: em uma conferência, no Twitter, no Reddit, no Medium ou no Bitcointalk. É importante que o anúncio seja seguido de um artigo contendo detalhes sobre os fundadores e o conselho deliberativo, e que ele claramente defina a estrutura da venda coletiva inicial. Deve ser fácil contatar a equipe fundadora, seja através de um dos canais de mídia social anteriormente mencionados, seja de um canal dedicado no Slack ou no Telegram. Se uma ICO for vaga nas informações, é um sinal vermelho imediato.

O investidor inovador deve usar aspectos relevantes do quadro que detalhamos no Capítulo 12 para analisar se uma ICO é um investimento sólido. Dito isso, as coisas são um pouco mais capciosas com ICOs do que com criptoativos que já funcionam atualmente. Já que ICOs usam o modelo de financiamento coletivo para levantar dinheiro para construir uma rede, muitas vezes não há uma rede existente em funcionamento, logo, não há blockchain, taxa de hash, base de usuários ou empresas para construir sobre. Tudo é uma ideia nesse estágio. Como resultado, a integridade e a história anterior da equipe fundadora e deliberativa são o mais importante, pois é a investigação temática de se essa ICO supre as necessidades do mercado e dos negócios.

Estruturação e Sincronização da ICO

As ICOs têm datas de início e fim fixas, e geralmente há uma estrutura de bônus envolvida com investir mais cedo. Por exemplo, investir em um estágio inicial pode dar ao investidor 10% ou 20% mais do criptoativo. A estrutura de bônus é voltada para incentivar as pessoas a comprarem logo, o que ajuda a assegurar que a ICO atingirá seu objetivo de oferta. Não há nada como bônus seguidos de escassez para levar as pessoas a comprar.

É prática recomendada que uma ICO também tenha uma quantia máxima e mínima que planeja levantar. O mínimo é para assegurar que a equipe desenvolvedora terá o suficiente para produzir um produto viável, e o máximo é para manter a especulação das massas sob controle. Por exemplo, a infame ICO do DAO não definiu um limite máximo na quantia para a captação de recursos, o que levou a uma especulação galopante.

A oferta deve expor como o novo ativo será distribuído, e como os fundos que foram levantados serão usados. Muitas vezes, a equipe fundadora manterá alguns dos ativos para si, o que é similar a quando uma equipe fundadora de uma startup mantém uma porcentagem da empresa. O que é importante é que esses termos sejam justos e acompanhados de explicações razoáveis.

A Venda Coletiva Começa

Tipicamente, o investidor inovador fornecerá fundos para uma ICO enviando bitcoins ou ethers para um endereço especial que a equipe desenvolvedora fornecerá. Assim como alguém poderia enviar bitcoins ou ethers para um endereço para pagar por uma compra online, investidores inovadores podem enviar bitcoins ou ethers para um endereço para reservar sua cota de uma ICO.

Dependendo da intenção da ICO, os investidores podem receber uma criptomoeda, uma criptocommodity ou um criptotoken em retorno por seu investimento inicial. Como um investidor recebe o criptoativo apropriado pode diferir, pois alguns podem exigir a criação de uma carteira para armazenar o ativo antes de torná-lo disponível para venda em uma plataforma de negociação (criar essa carteira pode ser um esforço mais técnico e exigir seguir instruções detalhadas do fornecedor da ICO); outras simplesmente oferecerão acesso ao ativo que pode ser movido para uma plataforma de negociação (isso pode ter um impacto no valor de um ativo se houver uma grande quantidade de vendas iniciais em câmbios logo após o fechamento de uma ICO). Normalmente, as informações sobre a ICO definirão como o processo de entrega do ativo funcionará, e isso deve ser lido antes de fazer um investimento para que não haja surpresas para o investidor.

Monitorando as ICOs

Vários sites online listam novas ICOs e outros recursos para controlar ofertas futuras e atuais[18]. A Smith + Crown é uma firma muito respeitada que está se posicionando como uma fonte de informações para o mundo das ICOs. Ela oferece uma lista atualizada das vendas de ICOs atuais, passadas e futuras[19]. Outros recursos incluem o ICO Countdown[20] e o Cyber Fund[21]. O CoinFund também opera uma ótima comunidade no Slack, com dezenas de fóruns, muitos dos quais são dedicados a conversas sobre as especificidades de futuras ICOs.

Críticas ao Modelo ICO

Daniel Krawisz, do Satoshi Institute[22], considera ICOs "enganação" e "esquemas *pump and dump*"[23]. Pavel Kravchenko, fundador do Distributed Lab, questiona se nós "realmente precisamos de todas essas moedas" e alerta: "Vamos pensar por um momento antes de participar de uma ICO — a mesma tecnologia poderia solucionar os mesmos problemas sem a moeda?"[24] Embora algumas ICOs possam ser de emissores de ativos enganosos ou parecer "tipo Ponzi", investidores inovadores têm os recursos fornecidos no Capítulo 11 para ajudá-los a evitar tais esquemas. Outros gritarão que uma ICO é um esquema simplesmente porque discordam do modelo de financiamento, como pode ser comum com alguns *Bitcoins Maximalists*.

O debate sobre ICOs continuará, e é prudente para o investidor inovador ficar lado a lado ao pensamento contemporâneo em torno dos benefícios e desvantagens das ICOs.

O Teste de Howey para Discernir Se Um ICO É Um Valor Mobiliário

O teste de Howey é resultado do caso da Suprema Corte americana, *SEC X Howey Co*, que investigou se um complexo esquema de venda e arrendamento de porções de terra se qualificava como um "contrato de investimento", também conhecido como um valor mobiliário. O teste de Howey determina se algo deve ser classificado como um valor mobiliário, mesmo se for referido de forma diferente em uma oferta para evitar ação regulatória. Se algo é classificado como um valor mobiliário, a fiscalização da SEC exige que uma longa lista de condições seja atendida, o que provavelmente reduziria todas as inovações, com exceção das mais bem capitalizadas, no empolgante novo mundo das ofertas de criptoativos.

Se um ativo cumprir os seguintes critérios, provavelmente será considerado um valor mobiliário:

1. É um investimento de dinheiro[25].
2. O investimento de dinheiro é em um empreendimento em comum.
3. Há uma expectativa de lucros a partir desse investimento.

Na maior parte, as equipes por trás das ICOs querem evitar classificá-las como um valor mobiliário porque isso demandaria pesadas taxas legais, atraso na inovação e exigiria a reestruturação da paisagem atual dos criptoativos. Embora a maioria das ICOs cumpra as duas primeiras condições, a terceira condição está aberta à interpretação. Investidores aderem a uma ICO com uma "expectativa de lucro" ou aderem a uma ICO para terem acesso à utilidade final que será fornecida pela arquitetura blockchain? Embora a distinção possa parecer pequena, pode fazer toda a diferença.

Um esforço conjunto do Coinbase, do Coin Center, do ConsenSys e do Union Square Ventures, com a assistência legal da Debevoise & Plimpton LLP, produziu um documento chamado "Um Quadro da Lei de Títulos para Tokens Blockchain"[26]. É especialmente importante para a equipe por trás de uma ICO utilizar esse documento com um advogado para determinar se uma venda de criptoativos se enquadra na jurisdição da SEC. A SEC deixou claro em julho de 2017 que alguns criptoativos podem ser considerados valores mobiliários[27].

O documento inclui um quadro para pontuar a ICO e identificar sua aplicabilidade como um título, e assim, sua consideração à luz das regulações que vêm com essa classificação. Investidores inovadores podem também querer avaliar esses critérios por si só alinhados com o que sabem sobre a ICO: se há uma crença por parte do investidor de que a oferta deve ser considerada um contrato de investimento e a equipe da oferta está avançando sem essa suposição, o que pode ser um sinal vermelho sobre a legitimidade de uma ICO. A SEC deixou claro em julho de 2017 que alguns criptoativos podem ser considerados valores mobiliários[28].

O documento-quadro também é útil porque inclui as melhores práticas para uma ICO, o que fornece uma boa lista de controle para investidores inovadores. Elas estão parafraseadas abaixo para contextualizar o que um investidor deve considerar para qualquer investimento potencial em ICOs (muitos deles se sobrepõem ao que já foi dito anteriormente, mas com ICOs é melhor se assegurar duplamente). Note que, nesse contexto, criptoativo é sinônimo de token:

1. Há um whitepaper publicado?
2. Há um mapa de desenvolvimento detalhado que inclui os pormenores de todas as finanças apropriadas pelo caminho?
3. Ele usa um blockchain aberto e público, e o código está publicado?
4. Há precificação clara, lógica e justa na venda do token?
5. Fica claro quanto do token foi atribuído à equipe desenvolvedora e como esses tokens serão liberados? Liberá-los ao longo do tempo mantém os desenvolvedores empenhados e protege contra o controle centralizado do token.
6. A venda do token se promove como um investimento? Em vez disso, ele deveria ser promovido por sua funcionalidade e caso de uso, e incluir avisos adequados que o identifiquem como um produto, e não um investimento.

INVESTIDORES-ANJO E DE ESTÁGIOS INICIAIS

Uma das oportunidades mais empolgantes e potencialmente lucrativas para um investidor credenciado é ser um *investidor-anjo* de uma startup. Investidores-anjo podem variar do membro da família que fornece o capital (ou um cartão de crédito) a investidores-anjo mais formalizados, que ou estão alinhados a uma empresa de capital de risco ou possuem suas próprias oportunidades de buscar investimento.

Investimentos anjo podem variar de tamanho de poucos milhares a muito mais por meio de oportunidades de investimento em estágios iniciais. Se um negócio passa para um financiamento mais formalizado depois do estágio anjo, aqueles que investiram como anjos podem ver o valor de seu investimento crescer, no papel, pelo menos. Conforme uma empresa cresce e, por fim, chega a sua estratégia de saída de uma IPO ou aquisição, investidores-anjo podem atingir ganhos consideráveis a partir de seu investimento inicial.

O site online BnktotheFuture.com fornece oportunidades de investimentos anjo em criptoativos e empresas relacionadas para investidores qualificados. O site ofereceu oportunidades para serem investidores-anjo e em estágios iniciais em grandes nomes, como Factom, BitPay, BitPesa, ShapeShift, Kraken e até o próprio BnktotheFuture. Ele também oferece acesso a grupos de mineração para o bitcoin e o ether, nos quais investidores podem ganhar um dividendo diário dos criptoativos minerados através desses grupos.

Investidores-anjo também podem aderir a comunidades online, como a AngelList[29] e a Crunchbase[30], nas quais investidores inovadores podem se conectar a startups. Ambas têm listas robustas de empresas relacionadas a blockchains. Na verdade, a AngelList tem mais de 500 empresas blockchain listadas com uma valorização média de US$4 milhões e uma lista crescente de mais de 700 investidores blockchain[31]. Esses sites são ótimas formas de encontrar informações sobre startups e capitais de risco existentes, e podem fornecer ao investidor inovador credenciado boas informações e um histórico do processo de ser um investidor-anjo e suas oportunidades.

Um dos grupos mais antigos de investidores-anjo no blockchain e no espaço bitcoin é chamado BitAngels[32]. Michael Terpin, do BitAngels, tem sido ativo nos investimentos anjo em empresas blockchain desde quando as oportunidades existem. A conferência anual de Terpin, a CoinAgenda, é uma das melhores oportunidades para investidores verem e ouvirem gestores de startups blockchain apresentarem suas ideias e modelos de negócios. A cada ano, Terpin junta as principais startups no espaço para apresentar os níveis variados de investidores. Em 2016, a empresa que ganhou o prêmio de melhor empresa[33] da conferência foi a Airbitz, que oferece uma plataforma única de assinaturas para aplicações blockchain. Pouco depois da conferência, a Airbitz levantou mais de US$700 mil no Bnktothefuture.com[34].

• • •

Oportunidades para o investidor inovador ganhar acesso aos criptoativos e às empresas envolvidas continuarão a crescer. Acreditamos que essas oportunidades não apenas impactarão a maneira pela qual pessoas veem sua filosofia de investimento, mas também afetará como elas trabalham com os profissionais das finanças que estão envolvidos em seus investimentos, como seus consultores financeiros ou contadores.

O investidor inovador não pode perder de vista as suas metas e objetivos. A caça ao que parecem ser oportunidades de altos lucros deve ser atenuada pela compreensão do risco correspondente. De todos os capítulos em nosso livro, este capítulo cobriu o material que está se movimentando mais rapidamente. Assim, o investidor inovador que quiser brincar no mundo das ICOs precisará fazer a devida diligência além do que foi lido aqui, incluindo acompanhar declarações de reguladoras sobre a classificação desses ativos.

Mostramos as várias, e ainda crescentes, maneiras nas quais investidores podem ganhar acesso a criptoativos. Agora que o investidor inovador chegou tão fundo no buraco do coelho dos criptoativos, é hora de revisitar sua abordagem e seu portfólio de investimento atuais à luz do que foi aprendido.

Capítulo 17

Preparando Portfólios Atuais para a Disrupção Blockchain

Quando Toffler determinou, nos anos 1970, que uma mudança exponencial faria milhões de pessoas terem uma "colisão abrupta com o futuro", isso foi publicado como um aviso. Ao considerar investir em criptoativos, investidores inovadores precisam não apenas considerar um investimento individual (como bitcoin ou ether), mas também como essa nova classe de ativos e o conceito global da tecnologia blockchain poderia impactar outros ativos dentro de seu portfólio. Este capítulo foca a importância de avaliar ativamente e potencialmente proteger o portfólio de alguém face a essa mudança exponencial.

Ao ponderar as mudanças que os criptoativos estão trazendo para a maneira que investimos hoje, devemos também reconhecer que todo o conceito da tecnologia blockchain anuncia uma disrupção significativa para empresas e indústrias. Para a maioria dos investidores, essas disrupções afetarão os investimentos que eles já fizeram ou estão considerando fazer.

Por exemplo, se o Bitcoin influenciar como as remessas são operadas, qual impacto poderia ter em ações de empresas como a Western Union, uma peça-chave das remessas? Se o Ethereum decolar como um computador mundial descentralizado, isso terá algum efeito em empresas com ofertas de computação em nuvem, como a Amazon, a Microsoft e o Google? Se as empresas puderem ser pagas mais rapidamente e com menos taxas de transação usando a última criptomoeda, isso terá impacto em provedoras de cartão de crédito, como a Visa e a American Express?

DISRUPÇÃO EXPONENCIAL

Clayton Christensen, professor na Harvard Business School, escreveu um texto seminal sobre como grandes empresas, com frequência referidas como incumbentes, lutam com manobras em torno da mudança exponencial. Em *O Dilema da Inovação: Quando As Novas Tecnologias Levam Empresas Ao Fracasso*, Christensen não faz rodeios sobre como mesmo as empresas mais bem geridas podem falhar quando confrontadas com uma tecnologia que ameaça perturbar seu mercado. Tecnologias amplamente disruptivas preparam o terreno para novos crescimentos, o que inclui a eletricidade, o automóvel, a internet e, sim, a tecnologia blockchain. Embora tal crescimento ofereça muitas oportunidades, mesmo que grandes empresas reconheçam o potencial de uma tecnologia, muitas vezes, elas estão de mãos atadas ao tentar capitalizá-la. O problema que encaram é triplo:

> Primeiro, produtos disruptivos são mais simples e mais baratos; eles geralmente prometem margens menores, sem grandes lucros. Segundo, tecnologias disruptivas normalmente são comercializadas primeiro em mercados emergentes ou insignificantes. E, terceiro, os clientes mais rentáveis das empresas líderes não querem e, de fato, não conseguem inicialmente usar produtos baseados em tecnologias disruptivas[1].

Buscar uma linha de produtos no novo mercado não é aditivo ao negócio já existente da incumbente pois, como Christensen explica, produtos disruptivos têm margens e mercados menores e miram uma base de clientes com a qual a empresa não está familiarizada. Às vezes, a nova linha de produtos pode até mesmo ser subtrativa da linha de negócios já existente da empresa — o que é conhecido como canibalização —, por ser superior aos outros produtos que ela já oferece; então os clientes começam a comprar o novo produto em vez do produto antigo, mais lucrativo (para a empresa). Porém, evitar a nova tecnologia por medo da canibalização pode ser o beijo da morte. Como Christensen aponta:

> O medo de canibalizar as vendas de produtos existentes muitas vezes é citado como uma razão pela qual empresas estabelecidas atrasam a introdução de novas tecnologias [...] Mas, em situações disruptivas, a ação deve ser tomada antes de planos cuidadosos serem feitos. Por não ser possível saber o que os mercados precisam ou o quão grandes eles podem se tornar, os planos devem servir a um propósito muito diferente, devem ser planos de aprendizado, em vez de planos de implementação.

Assim, a incumbente que evita desenvolver produtos que utilizem novas tecnologias pode estar maximizando a receita em curto prazo, mas está dando um tiro no pé em longo prazo. Como observa Christensen, nos primeiros estágios de uma tecnologia disruptiva, é mais importante para a empresa aprender e experimentar. Se a empresa não experimentar logo cedo, então, quando a tecnologia estiver atingindo o seu crescimento — com um mercado considerável o bastante para virar o jogo da incumbente —, é tarde demais. Nesse ponto, as empresas menores que tiraram um tempo para dominar a nova tecnologia estarão muito mais ágeis e experientes e superarão as incumbentes no que se tornaram grandes mercados em crescimento.

Se uma incumbente perder muitas dessas oportunidades de crescimento, suas ofertas se tornarão obsoletas, sua receita diminuirá, seu mercado de capitalização encolherá e ela se tornará um investimento sem saída. Muitas vezes, esses são chamados armadilhas de valor. Como o investidor inovador pode esperar, a queda das incumbentes está acontecendo em ritmo acelerado, assim como a ascensão de novas vencedoras. A disrupção de incumbentes pode ser quantificada por quanto tempo as empresas permanecem no S&P 500, ou seu período médio de vida. O período médio de vida para empresas no S&P 500 caiu de 60 anos nos anos 1960 para menos de 20 anos nos últimos tempos[2]. Isso é claramente um sinal de que investidores não devem ser complacentes. Não se pode assumir que as empresas de sucesso hoje continuarão a ser líderes (e lucrativas) nas próximas décadas.

Tecnologias disruptivas também estão sendo inventadas em ritmo acelerado. É uma tendência que estamos assistindo há milênios. Por exemplo, entre 900 e 1900 d.C., uma tecnologia de propósito geral era inventada aproximadamente a cada 100 anos, com notáveis exemplos que incluem o motor a vapor, o automóvel e a eletricidade. No século XX, uma nova tecnologia de propósito geral surgia a cada 15 anos, com exemplos familiares como computadores, a internet e a biotecnologia. No século XXI, uma tecnologia de propósito geral surge a cada 4 anos, com a robótica autônoma e a tecnologia blockchain como dois dos exemplos mais recentes[3].

Embora tecnologias disruptivas tendam a desbancar incumbentes, há exemplos de empresas que conseguiram se reinventar continuamente por décadas. Assim como há perigo, também há oportunidade para incumbentes capitalizarem sobre empolgantes novos mercados em crescimento, que podem impulsionar suas receitas e capitalizações de mercado. Discernir uma armadilha de valor de uma incumbente renascida pode fazer toda a diferença para o investidor inovador.

TECNOLOGIA BLOCKCHAIN E O SETOR FINANCEIRO

Em 2016, a equipe de pai e filho de Don e Alex Tapscott publicou o livro *Blockchain Revolution: Como a Tecnologia Por Trás do Bitcoin Está Mudando o Dinheiro, os Negócios e o Mundo,* e William Mougayar publicou o livro *The Business Blockchain: Promise, Practice, and Application of the Next Internet Technology* ("O Negócio Blockchain: Promessa, Prática e Aplicação para a Próxima Tecnologia da Internet"; sem publicação no Brasil). Como os títulos indicam, esses livros discutem as várias formas nas quais a tecnologia blockchain interfere agora, e continuará a interferir em como negócios são feitos em todo o mundo. Neste capítulo, investigaremos algumas maneiras pelas quais o setor financeiro pode ser perturbado pelos criptoativos e como as incumbentes estão respondendo. Usando o setor financeiro como um ponto de partida, investidores inovadores podem aplicar seus conhecimentos a outras indústrias.

A indústria financeira deve atravessar um pântano de regulações, às vezes, tornando a adaptação a novas tecnologias lenta. Recentemente, a indústria tem mostrado sua idade com várias violações de dados, estruturas quase monopolistas e uso contínuo de ferramentas e modelos desenvolvidos décadas atrás que ainda comandam os sistemas de dinheiro ineficientes em voga hoje. Porém, os Tapscott acreditam que os dias de "Franken-finanças" — esse sistema de finanças complexo, contraditório e, muitas vezes, irracional sob o qual vivemos por muitos anos — "estão contados, pois as tecnologias blockchain prometem trazer para a próxima década grande agitação e deslocamento, mas também uma imensa oportunidade para aqueles que a aproveitarem"[4].

Lembre-se, do Capítulo 2, de que nem todas as instâncias nas quais a tecnologia blockchain é usada necessariamente envolvem um criptoativo (como o bitcoin ou o ether). Na verdade, até agora, a maioria das empresas no espaço dos serviços financeiros optaram por implementações blockchain sem criptoativos. Isso é cada vez mais comum para que essas implementações sejam referidas como tecnologia de livro fiscal distribuído (DLT), que as diferencia dos blockchains do Bitcoin, do Ethereum, e por aí vai. Para empresas que buscam uma estratégia DLT, elas ainda utilizam muitas das inovações impulsionadas por desenvolvedores de blockchains públicos, mas eles não precisam se associar a esses grupos ou compartilhar suas redes. Eles selecionam e escolhem as partes do software que querem usar e rodam-no em seu próprio hardware, em suas próprias redes, similar às intranets (anteriormente citadas como blockchains privados e permissionados).

Vemos várias soluções DLT como curativos para a disrupção que está por vir. Embora um DLT ajude a agilizar processos existentes — que ajudarão as margens de lucro em curto prazo — para a maioria, essas soluções operam dentro do que se tornarão modelos de negócios crescentemente ultrapassados. Como cobriremos com seguradoras, incumbentes poderão usar as arquiteturas blockchain públicas para oferecer serviços similares aos que já oferece, mas isso poderia canibalizar uma parte de sua receita. Tal canibalização é reconhecidamente dolorosa, mas como Christensen expõe, muitas vezes é necessária para a sobrevivência em longo prazo. Além disso, a regulação pode atar as mãos das incumbentes e, na indústria dos serviços financeiros, elas estão particularmente sensíveis a censuras regulatórias depois da crise financeira de 2008.

As incumbentes se protegem rejeitando os criptoativos, sendo Jamie Dimon, da JPMorgan, um exemplo popular, que celebremente declarou que o bitcoin "seria parado"[5]. O Sr. Dimon e outras incumbentes financeiras que descartam criptoativos estão usando exatamente o molde precário que Christensen destaca:

> Tecnologias disruptivas trazem ao mercado uma proposição de valor muito diferente do que esteve disponível anteriormente. Em geral, tecnologias disruptivas têm um desempenho abaixo do esperado em relação a produtos estabelecidos em mercados convencionais. Mas elas têm outras características que alguns clientes periféricos (e geralmente, novos) valorizam. Produtos baseados em tecnologia disruptiva são tipicamente mais baratos, mais simples, menores e, frequentemente, mais convenientes ao uso.

Tecnologias disruptivas, como os criptoativos, inicialmente ganham tração por serem "mais baratos, mais simples, menores". Essa tração inicial ocorre nas margens, e não no dominante, o que permite a incumbentes como o Sr. Dimon descartá-las. Mas coisas mais baratas, mais simples e menores raramente ficam nas margens, e a mudança para o dominante pode ser rápida, pegando as incumbentes de surpresa.

Remessas e Tecnologia Blockchain

Uma área muito discutida como madura para disrupções é o mercado de remessas pessoais, no qual os indivíduos que trabalham fora de seus países de origem mandam dinheiro de volta para casa para prover sustento para suas famílias. O mercado é massivo, com o Banco Mundial relatando fluxos de remessas globais de aproximadamente US$600 bilhões, embora admita que a estimativa é conservadora: "Acredita-se que o tamanho real das remessas, incluindo fluxos não registrados através de canais formais e informais, seja significativamente maior."[6]

A maioria das remessas é originária de países de alta renda e são enviadas para indivíduos em países em desenvolvimento, onde os sistemas bancários podem não ser facilmente acessíveis. Como as famílias nos países destinatários geralmente não têm banco — não têm acesso a uma conta bancária ou recursos de transferência direta —, as empresas que fornecem uma solução servem como uma corda de segurança entre o remetente e sua família[7]. Por muitos anos, empresas como a Western Union e a MoneyGram usaram sua posição de corda de segurança para cobrar altas taxas desses remetentes, pois elas estavam entre as poucas opções disponíveis e forneciam um serviço de missão crítica.

Por exemplo, por volta do fim de 2016, a taxa global média para uma remessa eram apenas tímidos 7,5%, com a média ponderada chegando um pouco abaixo de 6%[8]. Essas taxas estavam caindo, e com razão; em 2008, a taxa média era de quase 10%, o que significava que alguém com US$100 para enviar para casa acabaria mandando apenas US$90 para sua família, enquanto a empresa de remessa pegava os outros US$10[9]. Isso não parece justo; alguns chamam de exploração.

Embora mais competidores tenham entrado no mercado na era da internet, as pessoas perceberam que há poucas razões para que taxas tão altas sejam cobradas. Embora o termo "transferência bancária" possa soar como se a empresa fornecendo o serviço estivesse fazendo algo sofisticado, na realidade não há transferência. Esse é um termo ultrapassado da época que a Western Union era uma empresa de telégrafos, literalmente usando cabos para transferir mensagens. Esses cabos se foram há muito tempo. Para a maior parte, tudo o que acontece em uma remessa é que algumas entidades centralizadas reequilibram seus livros, debitando de uma conta e creditando em outra, depois de pegar uma enorme quantia do valor original, é claro.

Assim, não é exagero reconhecer que o bitcoin, com seu baixo custo, alta velocidade e uma rede que opera 24 horas, sete dias por semana, possa ser a moeda preferida para esses tipos de transações internacionais. É claro, há exigências para que isso aconteça. O recebedor precisa ter uma carteira bitcoin, ou um negócio precisa servir como um intermediário, para, por fim, enviar os fundos para o recebedor. Embora a última opção crie um atravessador da nova era — o que potencialmente tem seu próprio conjunto de problemas —, até agora, esse atravessador se mostrou muito menos custoso que a Western Union. O atravessador pode ser o dono de uma loja de penhores com um celular, que recebe os bitcoins e paga o recebedor destinado em moeda local.

Na Índia, o maior receptor de remessas do mundo, com 12% do total de remessas globais, uma recente parceria entre plataforma de negociação de bitcoin planeja trazer a taxa para abaixo de 0,5% para remessas dentro do país[10]. No México, houve um grande aumento no volume no câmbio bitcoin do país, Bitso, onde os fundos podem ser transferidos por uma taxa igualmente baixa[11]. Todas essas empresas estão de olho nas dezenas de bilhões de dólares que as incumbentes fazem com a cobrança de taxas gordas de clientes vulneráveis.

O impacto dessa grande disrupção no mercado de remessas deve ser reconhecido pelo investidor inovador não apenas por causa da ameaça criada para empresas publicamente negociadas, como a Western Union (WU), mas pelas oportunidades oferecidas também. Por exemplo, o Bitso assegurou financiamento inicial através do serviço de investimentos online bnktothefuture.com, que, como discutimos no Capítulo 16, conecta investidores a startups de criptoativos[12].

Pagamentos *Business-to-Business* e Tecnologia Blockchain

Enviar dinheiro internacionalmente vai além dos cidadãos, pois as empresas também transmitem grandes volumes para parceiros de negócios globais. Embora essa indústria seja grande demais para mergulharmos em cada detalhe, a mesma história exposta nas remessas se aplica: taxas geralmente mais altas do que deveriam e pagamentos mais lentos do que deveriam. A Visa, por exemplo, tem sentido a oportunidade e está trabalhando com uma startup chamada Chain para construir uma solução de pagamento *business-to-business* usando tecnologia blockchain[13]. A BitPesa é outra empresa que alavanca o Bitcoin para ajudar empresas na África (atualmente, Quênia, Nigéria, Tanzânia e Uganda) a enviar e receber pagamentos globais[14].

O Ripple tem sido uma startup popular a trabalhar com incumbentes, e algumas delas estão criando projetos que utilizam seu ativo nativo, XRP. Incumbentes como Bank of America, RBC, Santander, BMO, CIBC, ATB Financial, entre outras, usam a tecnologia baseada no blockchain do Ripple para efetuar transações financeiras mais seguras e rápidas[15]. Se realizados, esses esforços poderiam não apenas recompensar as empresas que utilizam o Ripple, mas também potencialmente beneficiar o próprio criptoativo da Ripple, o XRP, que pode ser usado como uma moeda ponte para auxiliar acordos na rede Ripple[16].

O investidor inovador vai querer monitorar como fluxos de dinheiro mais baratos podem criar oportunidades para negócios novos e existentes em mercados emergentes. O capital alimenta o crescimento de indústrias, e se o dinheiro se movimenta mais livremente entre cidadãos e empresas, isso pode induzir uma explosão econômica significativa em mercados em desenvolvimento. Isso também pode justificar uma análise de quais geografias se beneficiam mais, pois muitos ETFs e fundos mútuos podem ser comprados para visibilidade em geografias específicas. Diversificação geográfica pode beneficiar um portfólio quando deslocamentos macroeconômicos isolados ocorrem.

Seguros e Tecnologia Blockchain

Até o momento, empresas seguradoras optaram por investigar implementações DLT e não se arriscaram muito no mundo dos criptoativos. Grandes empresas de consultoria estão competindo para serem vistas como líderes em pensamento sobre como uma tecnologia de livro-razão distribuído mudará a indústria de seguros, pois essas empresas esperam ganhar contratos valiosos com ricas empresas seguradoras que precisam de ajuda para navegar a potencial disrupção. Deloitte acredita que "um blockchain poderia permitir à indústria como um todo agilizar seu processamento e oferecer uma melhor experiência de usuário para clientes que precisam entrar com pedidos. Simultaneamente, armazenar pedidos e informações de clientes em um blockchain impediria atividades fraudulentas"[17].

Investidores inovadores podem obter vantagens sobre quais empresas seguradoras podem ser boas candidatas a investimentos em curto prazo e quais evitar, com base nas atitudes tomadas em relação às previsões de empresas de consultoria renomadas. Dito isso, como já mencionamos, vemos muitas dessas implementações DLT como muletas para prolongar a vida dos sistemas que cairão em obsolescência nas próximas décadas. Para o investidor em longo prazo, deve ser uma análise cuidadosa para entender se empresas seguradoras estão buscando casos de uso de DLTs que fornecerão uma solução duradoura e significativa. Por último, algumas das maiores empresas de consultoria podem estar tão enraizadas na ideologia das incumbentes que estão cegas demais para ver a disrupção por vir.

Lembre-se, do Capítulo 5, de que já há empresas como a Etherisc, que oferecem políticas de seguros descentralizadas. A disrupção pode ir além do levantamento de capital e dos processos de gerenciamento de pedidos de empresas seguradoras, chegando aos próprios modelos de risco. Por exemplo, a plataforma de previsão da Augur construída no Ethereum permite que mercados sejam criados em torno do resultado de eventos do mundo real[18]. As aplicações preditivas para essa plataforma na área de seguros são variadas e podem ter um impacto direto na indústria atuarial, que é parte importante das indústrias dos seguros e atualmente define seus modelos de precificação.

Existem opções para empresas seguradoras para encontrar uma média feliz usando as soluções oferecidas por criptoativos. Por exemplo, a Factom implementou uma plataforma de *smart contracts* que permite a criação de políticas de seguros com segurança e capacidades de identificação melhoradas. Peter Kirby, cofundador da Fatom, aponta que sua plataforma pode proteger os segurados de fraudes e roubos de identidade ou, pelo menos, oferecer a eles a habilidade de monitorar perpetradores de fraudes e roubos de identidade através da imutabilidade fornecida pela tecnologia blockchain sobre a qual a sua plataforma é construída[19]. Diminuir fraudes de roubos de identidade ajudaria tremendamente os resultados de muitas empresas seguradoras. Além disso, operar na transparência de redes públicas faria muito para reforçar a confiança em suas operações, o que poderia atrair mais clientes.

NÃO REORGANIZE AS CADEIRAS NO CONVÉS DO TITANIC

Nos dias imediatamente após a eleição de Donald Trump à presidência dos EUA, em 2016, as ações de empresas no setor financeiro se recuperaram em expectativa às potenciais mudanças políticas do novo presidente em relação às da administração anterior[20]. Durante esse período, investidores se beneficiaram de ter ações financeiras em seus portfólios e, talvez, muitos mais tenham incluído essas ações em seus portfólios depois da eleição, seja por orientação de consultores ou como uma reação à mídia financeira, que alegava que as ações financeiras estavam sujeitas a se beneficiar na "era de Trump". Porém, focar essas tendências em curto prazo é como reorganizar as cadeiras do convés em um Titanic afundando.

O investidor inovador deveria se perguntar se esses ganhos eram devido às reais políticas ou às expectativas dessas políticas, que ainda não tinham sido implementadas. As políticas podem ser temporariamente efetivas para reforçar o status quo financeiro, mas são apenas paliativas face às tendências seculares em longo prazo. É importante reconhecer a disrupção que o bitcoin e os criptoativos podem trazer a todo o sistema financeiro global. Armado desse reconhecimento, o investidor inovador deve considerar as possibilidades de investimento em longo prazo de empresas financeiras apegadas aos seus modelos atuais de operação sem considerar ou reconhecer as iminentes disrupções que essas tecnologias trarão ao setor. O resultado é que, em vez de se preocupar com onde posicionar suas cadeiras no convés, os investidores devem considerar se devem ser compradores em longo prazo nesses bancos e empresas financeiras existentes, dado o que sabem sobre tecnologia blockchain e o potencial que ela traz para mudar significativamente a indústria bancária.

TRÊS ESTRATÉGIAS POTENCIAIS DE SOBREVIVÊNCIA

Listamos três estratégias gerais que incumbentes provavelmente usariam em sua tentativa de capitalizar sobre o potencial da tecnologia blockchain.

Se Não Pode Vencê-los, Compre-os

Por volta do fim de 2015 e grande parte de 2016, pareceu que todas as empresas de serviços financeiros estavam acordando para o potencial da tecnologia blockchain de desestabilizar sua indústria. Quando incumbentes sentem que estão atrasadas e sendo ultrapassadas por startups, elas simplesmente compram ou investem nas startups. Foi precisamente o que aconteceu. A lista de incumbentes que investiram em startups de bitcoin e tecnologia blockchain acelerou até um ritmo frenético, que começou no fim de 2015 e continuou durante a primeira metade de 2016, incluindo Citi, Visa, MasterCard, New York Life, Wells Fargo, Nasdaq, Transamerica, ABN AMRO e Western Union[21].

Embora a estratégia de investimento ou domínio tenha sido garantida para incumbentes que tentavam evitar a disrupção, isso raramente é efetivo como se espera. Uma vez que a grande empresa engole a startup, ou começa a interferir nela, muitas vezes é difícil para a startup manter sua cultura de rapidez e flexibilidade. Culturas ágeis são a chave para se ter êxito nos primeiros estágios de uma tecnologia disruptiva, e se a startup for corrompida pela burocracia corporativa, então logo perderá sua vantagem.

Cerque o Vagão

Consórcios de indústrias têm sido extremamente populares entre incumbentes que analisam como aplicar a tecnologia de livro-razão distribuído a sua indústria. Por um lado, um consórcio faz muito sentido, pois um livro-razão distribuído precisa ser compartilhado com muitas partes para ter alguma utilidade. Um consórcio colaborativo ajuda empresas de serviços financeiros — muitas das quais têm sido concorrentes históricas que mantêm seus processos de negócios muito próximos de si — a aprenderem a compartilhar. Por outro lado, esses consórcios podem encontrar obstáculos se muitos grandes nomes e grandes egos se envolverem.

Um dos consórcios mais famosos é o R3, que foi lançado em 15 de setembro de 2015, com grandes nomes, como JPMorgan, Barclays, BBVA, Commonwealth Bank of Australia, Credit Suisse, Goldman Sachs, Royal Bank of Scotland, State Street e UBS. No final de setembro, mais 13 empresas financeiras tinham aderido, incluindo Bank of America, BNY Mellon, Citi, Deutsche Bank, Morgan Stanley e Toronto-Dominion Bank. Antes do fim de 2015, 20 outras empresas financeiras se uniram ao R3. O R3 consiste em empresas financeiras líderes mundiais, muitas das quais são mantidas seja em posições de obrigações ou títulos individuais em portfólios, seja em investimentos de gestão de dinheiro, como fundos mútuos ou ETFs.

Outro consórcio, o *The Hyperledger Project*[22], oferece uma adesão mais aberta que o R3. Lembre-se, uma das forças e aspectos definidores de um projeto blockchain efetivo é o seu espírito open source. O The Hyperledger Project foi lançado em dezembro de 2015 sob a alçada da Linux Foundation para criar uma plataforma colaborativa e open source que possa trabalhar com muitas indústrias, não apenas com empresas financeiras[23]. Empresas que apoiam o projeto atualmente incluem Airbus, American Express, Daimler, IBM e SAP.

O projeto afirma: "Os membros e a equipe do Hyperledger estão comprometidos com o compartilhamento das melhores práticas e oferecem assistência para o desenvolvimento de casos de uso, testes de *proof-of-concept* (PoC) e adoção do Hyperledger"[24]. Os esforços iniciais realizados pelo grupo foram nas indústrias de finanças e assistência médica, com planos para construir soluções de cadeias de fornecimento também. Será interessante ver como esse esforço transindustrial e colaborativo avança e quais resultados surgem daí. Um investidor inovador fará bem em acompanhar os esforços do grupo para ajudar a identificar empresas específicas que podem se beneficiar com os resultados.

Um dos consórcios recentes mais interessantes foi o Enterprise Ethereum Alliance. Ele foi a público no final de fevereiro de 2017, e seus membros fundadores incluem Accenture, BNY Mellon, CME Group, JPMorgan, Microsoft, Thomson Reuters e UBS[25]. O que é mais interessante sobre essa aliança é que ela tem como objetivo casar a indústria privada ao blockchain público do Ethereum. Embora o consórcio funcione em um software fora do blockchain público do Ethereum, a intenção é que todo o software permaneça inoperável em caso de as empresas desejarem usar a rede aberta do Ethereum no futuro.

Crie um Laboratório de Inovação e Deixe-o em Paz

A terceira estratégia que uma incumbente pode seguir é conhecida como *laboratório de inovação*. Várias universidades, incluindo Harvard, estabeleceram laboratórios de inovação como uma maneira de fomentar a inovação através de um esforço colaborativo entre estudantes e empresas. O mundo corporativo também se jogou nessa forma única de oferecer uma plataforma para cultivar ideias criativas com sólidas habilidades de negócios. Muitas vezes, esses laboratórios de inovação são deixados de lado, ou largamente intocados, pela mãe incumbente, talvez seguindo o conselho de Christensen,

> Com poucas exceções, as únicas instâncias nas quais empresas dominantes estabeleceram com sucesso uma posição oportuna em uma tecnologia disruptiva foram naquelas em que os gestores da empresa estabeleceram uma organização autônoma encarregada de construir uma empresa nova e independente em torno da tecnologia disruptiva.

No século XXI, o conceito de laboratório de inovação foi abraçado de forma mais célebre pelo Google, que encoraja a criatividade e a inovação além da posição atual do colaborador. A empresa criou o Google Garage[26] como uma estrutura (mais ou menos) formal na qual os colaboradores podem explorar inovações com outros na empresa. Isso resultou em projetos, como o seu esforço de veículos autônomos, que o Google cultivou organicamente na esperança de que forneçam receitas adicionais futuras.

Um recurso-chave da citação de Christensen que precisa ser reforçado é a necessidade de "estabelecer uma organização *autônoma*". Apenas estabelecer um laboratório de inovação dentro de uma empresa não é garantia de sucesso. Esses laboratórios devem poder funcionar como organizações autônomas, sem a visão em túnel de empresas e modelos de lucro existentes.

A MAIOR OPORTUNIDADE AINDA ESPERA

Acreditamos que as maiores oportunidades para o crescimento de investimentos estão em blockchains públicos e em seus ativos associados. São as empresas que se viram para trabalhar com criptoativos que vão se beneficiar mais em longo prazo. Se, em vez disso, uma empresa explorar sua própria solução DLT, os investidores devem decidir se essa solução vai impulsionar o valor da empresa em longo prazo.

As oportunidades são infinitas e só serão limitadas pela ingenuidade de visionários, desenvolvedores e líderes de negócios. Serão tempos empolgantes para a inovação e, potencialmente, tempos recompensadores para aqueles investidores inovadores que estão equipados para reconhecer as oportunidades que estão à frente.

IMPOSTOS SOBRE GANHOS DE CRIPTOATIVOS

Qualquer profissional financeiro ou investidor de sucesso sabe que gerenciar um portfólio de investimentos exige uma compreensão e uma abordagem das ramificações de impostos (tanto do lado do ganho quanto da perda) quando se tomam decisões de investimento. Esses tipos de estratégias devem também ser parte da abordagem do investidor inovador para criptoativos dentro de seus portfólios. Embora algumas decisões tenham sido tomadas em relação ao tratamento dos impostos sobre esses ativos, em geral, há uma falta de clareza e, até pior, uma falta de compreensão por parte de agências que fornecem orientação sobre impostos. Conforme os criptoativos ganham mais visibilidade e aceitação, fica certo que reguladoras do governo e arrecadadores de impostos os levarão cada vez mais em conta.

Todos os criptoativos têm um valor, e quando são comprados ou vendidos, podem criar ganhos ou perdas para o investidor inovador. Não deve ser surpresa que o *Internal Revenue Service* (IRS) dos Estados Unidos [equivalente à Receita Federal] deixou claro o seu desejo de receber uma fatia desse bolo digital. Em 2014, o IRS decidiu que entendia o bitcoin e lançou um guia sobre o seu tratamento de impostos com o *IRS Notice 2014-21*. Sem detalhar os pormenores da resolução[27], a mensagem básica foi que, embora o bitcoin possa ser chamado de moeda virtual, para propósitos de impostos, o IRS o trataria como propriedade. Por exemplo, ações, obrigações e imóveis também são considerados propriedades. O guia afirmava que "Princípios gerais de impostos que se aplicam a transações de propriedade aplicam-se a transações usando moeda virtual"[28].

Assim, um investidor, ou mesmo um usuário casual de bitcoins, deve tratá-lo, para fins de impostos, da mesma maneira que tratariam ações, obrigações e imóveis. Um ganho de capital em qualquer um desses ativos garantiria uma evento tributável. Da mesma forma, perdas de capital poderiam ser utilizadas também. O resultado com o bitcoin, seja para transações ou para investimentos, é que os preços de compra e venda precisam ser monitorados. A diferença serão os ganhos ou perdas de capital, com tratamento tributário adequado baseado em períodos de longo ou curto prazo de propriedade. A regulação também aborda rendimentos pagos em bitcoin, e mesmo a mineração de bitcoins, que são tratados como rendimentos imediatos no valor de mercado do bitcoin no período de posse.

O guia de 2014 do IRS é interessante pois, embora prevaleça primariamente sobre o bitcoin, ele se refere a "moedas virtuais, como o bitcoin". Isso significa que a decisão inclui todos os criptoativos na classificação de "moedas virtuais"?

Aqui está como o guia define o que quer dizer com moeda virtual:

> Em alguns ambientes, moedas virtuais operam como moedas "reais" — isto é, o dinheiro em moeda e papel dos Estados Unidos ou de qualquer outro país onde esteja designado como moeda corrente, e seja costumeiramente usado e aceito como meio de troca no país de emissão —, mas não têm status de moeda corrente em nenhuma jurisdição.

Observando o IRS Notice 2014-21, que fornece um pouco mais de informação sobre o guia de impostos relacionado ao bitcoin e a moedas virtuais, descobrimos uma tentativa de maior clareza:

> Moedas virtuais que têm um valor equivalente em moedas reais, ou que sirvam como substitutas para moedas reais, são referidas como moedas virtuais conversíveis. O bitcoin é um exemplo de moeda virtual conversível. O bitcoin pode ser digitalmente negociado entre usuários e pode ser comprado, ou trocado, em dólares americanos, euros e outras moedas reais ou virtuais[29].

Nesse caso, o bitcoin é considerado uma moeda virtual "conversível". A decisão também refere o leitor (que agora está bastante confuso) a uma "descrição compreensiva de moedas digitais conversíveis" que foi fornecida pela Rede de Combate a Crimes Financeiros (FinCEN) norte-americana em 2013[30]. Embora a opinião da FinCEN tenha menos a ver com taxações e mais a ver com a abordagem do uso indevido de moedas digitais para atividades ilegais, ela revela o fato de que várias agências regulatórias nos Estados Unidos não estão aptas a oferecer uma voz clara e unificada sobre como classificar o bitcoin e os criptoativos.

A Comissão de Negociação de Contratos Futuros de Commodities (CFTC) norte-americana também entrou na briga quando acusou uma startup que buscava oferecer opções baseadas em bitcoins de não registrar o produto com ela. Isso definiu o ativo como commodity, e não propriedade, o que, então, deveria ser tratado pelo Commodity Exchange Act (CEA)[31].

O diretor de fiscalização da CFTC, Aitan Goelman, tentou esclarecer sua opinião com essa declaração: "Embora haja muito entusiasmo em torno do bitcoin e de outras moedas virtuais, a inovação não dispensa aqueles agindo nesse espaço de seguir as mesmas regras aplicáveis a todos os participantes dos mercados de derivativos de commodities"[32]. É claramente confuso o diretor de fiscalização da agência que decidiu que o bitcoin era commodity também chamá-lo de "moeda virtual".

Se alguns criptoativos são commodities, isso poderia abrir espaço para diferentes tratamentos tributários em comparação a se fossem considerados apenas como propriedades. Commodities caem na resolução tributária 60/40, o que significa que 60% dos ganhos em uma transação de commodities são tratados como ganhos de capital em longo prazo e 40% são tratados como ganhos de capital em curto prazo. Isso é diferente de tributar ações, para as quais vender lucrativamente um título depois de 12 meses é classificado como ganho de capital de longo prazo, com uma alíquota limite atual de 15%. Vendê-lo antes de 12 meses seria considerado um ganho de curto prazo, com uma ramificação tributária baseada na faixa de renda do investidor.

Nem todos os criptoativos são iguais. É preciso haver mais clareza e compreensão desses ativos por parte de agências governamentais e, potencialmente, um novo conjunto de regulações (incluindo tratamentos de impostos) que reconheça essas diferenças. Por ora, o IRS e a CFTC enxergam esses ativos de formas diferentes, e isso com certeza necessitará de mais deliberações esclarecedoras do IRS para fornecer uma direção adequada. Não espere que isso aconteça rápido; levou mais de 15 anos para o IRS fornecer um guia tributário sobre derivativos[33].

Por ora, o percurso a seguir em relação ao tratamento tributário desses ativos deve basear-se no investidor e no seu contador. O IRS considera-os propriedade e, dessa forma, registrar um ganho ou uma perda de maneira similar a títulos e obrigações parece o caminho prudente a seguir.

Nenhum de nós é contador, e não podemos prever como as reguladoras governamentais, por fim, conciliarão as questões. Em relação aos impostos, a primeira coisa que os investidores devem fazer é discutir quaisquer atividades com bitcoins e criptoativos com seu contador e se apoiar nele para informações e orientação. A segunda, e provavelmente a mais importante, é manter registros de todas as atividades com esses ativos (isso deve incluir não apenas compras e vendas, mas se um ativo foi usado para comprar um bem ou serviço)[34]. Pode ser tão simples como manter uma planilha de papel ou no Excel que monitore a data e o preço de um ativo quando foi adquirido e as mesmas informações de quando ele foi vendido ou usado em compras. A tempo, ferramentas de relatório e recursos mais detalhados estarão disponíveis dos câmbios mais conceituados a startups que criem ferramentas para monitorar, registrar e oferecer recursos para relatórios tributários blockchain.

Embora as regras em relação à tributação desses ativos possam mudar, uma coisa é clara: como com qualquer outro ativo, o IRS está de olho.

Capítulo 18

O Futuro do Investimento Está Aqui

Ao longo deste livro, tentamos oferecer um contexto histórico do investimento e dos criptoativos. Com sorte, neste ponto, há um claro reconhecimento de que criptoativos devem ser avaliados junto a outras classes de ativos tradicionais e alternativos. Assim como com qualquer outra classe de ativos, há bons e maus investimentos em criptoativos. Considerar esses investimentos exige o mesmo nível da devida diligência e pesquisa que qualquer outro investimento em potencial.

Embora as oportunidades de investimento em criptoativos estejam crescendo, atualmente a maior parte do acesso está disponível através de compra e negociação de criptoativos individuais em plataformas de negociação. Como destacamos no Capítulo 15, alguns investimentos de mercados de capitais existem atualmente, e mais existirão no futuro. Qual forma esses investimentos tomarão, ainda veremos. Serão fundos mútuos feitos de vários criptoativos? Talvez um ETF que invista em um índice de uma fatia específica de criptoativos, como um portfólio privado focado em monero, dash e zcash? Oportunidades para investidores ganharem acesso a fundos de cobertura que ativamente gerenciam diferentes criptoativos, incluindo as últimas ICOs, já estão surgindo. Mas talvez a estrutura de fundos de cobertura se torne largamente uma relíquia do passado, com uma infraestrutura descentralizada de gestão de ativos através de plataformas como o Melonport. Os potenciais produtos e veículos não têm fim e oferecem aos investidores e aos gerentes financeiros ótimas oportunidades para lucrar.

Gerentes financeiros individuais se tornarão famosos por sua competência e gerenciamento ativo desses ativos, ou investimentos passivos consistindo em categorias de ativos baseadas em regras se tornarão o veículo escolhido?

Nos anos 1980, o Fidelity's Magellan Fund era onde os investidores queriam colocar seu dinheiro, e era tudo por causa de uma pessoa: Peter Lynch. Na época de Lynch, o fundo cresceu de US$20 milhões para US$14 bilhões, e ele bateu o índice S&P 500 11 vezes em 13 anos. Foi o auge para gerentes ativos e para fundos mútuos em geral, e os investidores caçavam gerentes financeiros, não ações. Esse entusiasmo por gerentes financeiros específicos não foi isolado aos títulos nos anos 1980. Em 2015, muito foi feito sobre a partida do guru das obrigações, Bill Gross, da Pimco para a Janus, pois a Pimco descobriu que 21% do seu total de ativos foram embora com Gross[1].

Vinte e dois anos depois que Peter Lynch saiu da Fidelity, muitos conhecedores e escritores financeiros criticaram suas técnicas, especificamente seu conselho para "comprar o que você conhece". Esse era o pilar de sua filosofia, pois ele comprou ativos com base em produtos que usava como consumidor, experimentando o modelo de negócios da empresa na carne. Ao esclarecer seu famoso comentário diante das críticas ao gerenciamento ativo, Lynch enfatizou a necessidade da análise fundamental de qualquer investimento. "As pessoas compram uma ação e não sabem nada sobre ela", disse Lynch, "isso é apostar, e não é bom"[2].

Para o investidor inovador, reconhecer que nenhum investimento deve ser feito com pouco ou nenhum conhecimento não apenas é um sábio conselho, é senso comum. Aqui está outra Regra Burniske-Tatar: não invista em bitcoin, ether ou qualquer outro criptoativo apenas porque ele dobrou ou triplicou na última semana. Antes de investir, seja capaz de explicar o básico sobre um ativo para um amigo e certifique-se de que ele se encaixa bem, considerados o perfil de risco e os objetivos do seu portfólio de investimento.

A Era Millennial do Investimento

Oferecemos uma quantidade substancial de contexto histórico neste livro, pois ele está relacionado ao investimento em criptoativos. Muitos investidores de longa data podem considerar essa informação um lembrete de como eles formaram suas próprias abordagens e estratégias de investimento, muitas vezes aprendendo do jeito difícil. Para esses investidores, dar o passo de considerar e potencialmente investir em criptoativos pode ser uma evolução em sua própria estratégia de investimento, pois tornam-se investidores inovadores. No entanto, um segmento de jovens reconhece essas oportunidades e eles estão se tornando investidores recém-cunhados através de suas incursões nos criptoativos.

Muito foi escrito e colocado em hipótese sobre os *millennials*, ou aqueles que entraram na idade adulta por volta da virada do século. Os *millennials* têm uma abordagem completamente diferente de bancos e investimentos em comparação aos *baby boomers*, que investiram ao longo da quebra pontocom e da crise financeira de 2008.

Tendo chegado à idade adulta em meio a crises de mercado, os millennials são surpreendentemente conscientes sobre o seu bem-estar financeiro. Um estudo recente conduzido pelo Facebook descobriu que os millennials são altamente escolarizados e, talvez devido aos empréstimos estudantis exigidos para obter esse status, a situação financeira é uma consideração importante em suas vidas. De fato, 86% dos millennials guardam dinheiro todo mês[3]. Igualmente interessante, de acordo com uma pesquisa da Goldman Sachs, 33% dos millennials acreditam que não precisarão de bancos até 2020[4].

Observando essas estatísticas, não é nenhuma surpresa que muitas instituições financeiras estejam procurando maneiras de envolver o cliente millennial em bancos e investimentos. O problema é que os modelos de negócios de muitos gestores de riquezas não estão posicionados para incluir millennials. Ao longo das últimas duas décadas, firmas de gestão de riquezas encorajaram seus consultores a assinar apenas com investidores com US$250 mil em ativos e fugir de atender todos os níveis de investidores[5]. O raciocínio tem sido permitir aos consultores oferecer um serviço melhor para uma base de clientes menor, o que também é bom para as margens de lucro. Porém, isso significa que sua base de clientes está envelhecendo. Por causa dessas políticas de negócios, agora eles estão menos aptos a conquistar e dar suporte a investidores mais jovens, que talvez precisem mais de sua assistência.

Talvez, quando as firmas de gestão de riquezas estavam desviando millennials para sites de investimento online, em vez de lhes oferecer acesso a consultores financeiros pessoais, elas estivessem fazendo isso para enfrentar a disrupção que os millennials trouxeram para o seu modelo. Da perspectiva dos negócios, essa foi uma maneira mais eficiente, do ponto de vista do custo, para dar suporte a essa população. No entanto, essa abordagem apenas *direcionou* em vez de engajar essa população. Pesquisas posteriores estão tornando claro que os millennials estão preocupados o suficiente para conversar sobre o seu futuro financeiro, às vezes, até mais que seus pais baby boomers. Um estudo da Transamerica relata o seguinte:

> Três de quatro (76%) trabalhadores millennials estão falando sobre economizar, investir e planejar para a aposentadoria com a família e os amigos. Surpreendentemente, os millennials (18%) são duas vezes mais propensos a discutir o tópico "frequentemente", em comparação aos baby boomers (9%)[6].

Isso de uma geração que assistiu seus pais serem significativamente impactados pela Grande Recessão, seja através da diminuição ou de perdas em seus portfólios de investimento. Muitos deles consideram os mercados de ações comparáveis a cassinos. No entanto, eles também reconhecem o valor de economizar, investir e planejar para o futuro. Firmas de gestão de riquezas que acreditam que sites de investimento online serão suficientes para satisfazer os millennials até que eles fiquem mais velhos e mais ricos (e atinjam o mínimo para um relacionamento com o consultor financeiro) estão perdendo o ponto da disrupção. Como muitas das firmas de gestão de riquezas os têm ignorado, os millennials podem estar virando as costas para essas empresas também, e sem surpresas, estão buscando veículos de investimento e empresas com os quais se sintam confortáveis. De fato, uma geração nativa digital provavelmente não tem problemas em aceitar o valor de um ativo nativo digital. Um artigo recente no *Huffington Post* disse:

> Millennials, assistidos por um quadro de startups de Bitcoin do tipo VC impressionantemente esquisitas socialmente, estão empilhando capital intelectual e financeiro sobre toda essa ideia de criptomoeda — Bitcoin, Ethereum, todas elas. O que o "e-" na frente de qualquer substantivo fez com o tec-entusiasmo dos investidores nos anos 1990, "cripto" e "blockchain" parecem estar fazendo hoje[7].

Os millennials estariam recorrendo ao bitcoin e aos criptoativos para os seus investimentos? O fundo Vanguard ou um pequeno investimento na Apple são melhores? Enquanto o fundo Vanguard tem uma quantidade mínima de investimento e comprar um título requeira uma comissão, os millennials veem os mercados de criptoativos como uma maneira de começar a investir com uma quantidade modesta de dinheiro e com pequenos acréscimos, o que, muitas vezes, não é possível com ações ou fundos[8].

O ponto importante é que, pelo menos, eles estão fazendo algo para investir seus fundos e construir os alicerces para um futuro financeiro saudável. Vimos, em primeira mão, millennials que aprenderam sobre investimentos comprando criptoativos e implementaram abordagens de investimento, como lucrar com determinados pontos de preço, buscar a diversificação com múltiplos ativos, e daí por diante. Um encontro bitcoin local incluirá não apenas nerds de computadores discutindo taxas de hash e os méritos da prova de trabalho versus a *proof-of-stake*, mas também discussões profundas e financeiramente calorosas entre participantes de várias idades sobre investimentos recentes em criptoativos.

ANOS DE OURO DOS CRIPTOATIVOS?

Podemos estar em um ponto no qual os millennials reconhecem a oportunidade que os criptoativos oferecem, enquanto a maior parte de Wall Street, incluindo o investidor típico, os consultores financeiros e a maioria dos investidores de grandes instituições, não pegou o trem dos criptoativos. Mas estão assistindo. Alguns grandes investidores já estão molhando os pés, sugerindo que um crescimento dos veículos de investimento pode estar se aproximando.

Gestores financeiros institucionais avançando sobre os criptoativos e criando veículos de investimento terão um enorme impacto na conscientização sobre esses ativos dentro de uma população mais ampla de investidores. A necessidade de financiar esses veículos de investimento também impactará a demanda por criptoativos, potencialmente pondo uma significativa pressão de aumento de preço nos mercados associados. Os benefícios para o investidor inovador que já está bem posicionado com um portfólio de criptoativos podem ser substanciais. Deve se observar que, quando mais instituições se envolverem, e mais saídas de informações vierem à tona, os mercados de criptoativos se tornarão mais competitivos. Neste momento, um investidor inovador bem instruído e astuto ainda está em vantagem nos mercados de criptoativos. Esse pode nem sempre ser o caso.

Estamos em um período de ouro para os criptoativos, no qual a infraestrutura e a regulação amadureceram consideravelmente, mas a maior parte de Wall Street e dos investidores institucionais ainda precisa entrar na briga. Dessa forma, ainda há uma vantagem de informação e de negociação para o investidor inovador astuto que entrar nesses mercados agora. Esta é uma chance de embarcar antes que todo o mundo do investimento acorde para essa oportunidade. Dar um passo à frente com o conhecimento que estamos fornecendo e uma compreensão empresarial sobre planos, metas e objetivos financeiros será o que vai separar o investidor inovador do investidor típico.

SENDO UM INVESTIDOR INOVADOR E SEMPRE APRENDENDO

Com as altas estratosféricas de todos os tempos, o número de criptoativos disponíveis escalou. O crescimento de ICOs, e a proliferação resultante, foi além do que qualquer relator ou seguidor dessa indústria poderia acompanhar. Criptoativos são um alvo móvel. Embora isso seja verdadeiro para qualquer classe de ativos e qualquer investimento, o alvo dos criptoativos move-se mais rápido do que a maioria. É por isso que munimos o investidor inovador da capacidade de entender e avaliar esses ativos através do contexto histórico, de ferramentas e de técnicas de investimento testadas pelo tempo, como a teoria moderna do portfólio e a alocação de ativos.

Investidores inovadores são participantes ativos de seu futuro financeiro, mas isso não significa que eles devem estar sozinhos nessa jornada. Contar com a ajuda de profissionais das finanças pode ser efetivo, pois eles podem oferecer pesquisa e direcionamento. Embora investidores inovadores possam se aconselhar com profissionais experientes, as decisões finais são suas. Eles adaptam sua abordagem, estratégias, e até mesmo seleções de investimento, com base no que está ocorrendo a sua volta. Isso é especialmente vital na era da mudança exponencial que estamos vivendo.

Comprar e manter funciona, até que não funciona mais. Investir em longo prazo funciona até que haja necessidade de renda na aposentadoria. Tempos mudam. Mercados sobem e descem, às vezes, de maneiras drásticas. Situações mudam. Um parente doente ou uma perda de emprego podem criar o caos em qualquer plano financeiro.

Investimentos inovadores envolvem escolher sua própria filosofia e abordagem de investimento, e ter seu próprio ponto de vista sobre o que é um investimento adequado para a sua situação. Isso não quer dizer dispensar as opiniões dos outros; pelo contrário, é sobre avaliar os conselhos dos outros a partir de uma base de conhecimento sólida, estudada e informada.

Levamos o investidor inovador em uma viagem pelo mundo dos criptoativos e sua colorida história, que ainda está sendo escrita. É um mundo fascinante para se fazer parte, e para aqueles que são novos nele, esperamos ter oferecido um ótimo ponto de entrada. Para aqueles que já fazem parte desse mundo, esperamos ter expandido a visão. Estamos animados com a oportunidade que ele oferece, não apenas para investidores, mas também para a comunidade em geral.

Acreditamos que quando Satoshi estava criando o Bitcoin, ele também estava criando uma visão do futuro. Esperamos que, com este livro, tenhamos sido capazes de elucidar um pouco este futuro e oferecer os meios para você ser parte disso — porque o futuro é aqui.

Os Criptorrecursos Garantidos de Chris e Jack

Bitcoin Magazine: https://bitcoinmagazine.com/ (em inglês)

Este é o nosso recurso garantido para artigos longos que mergulham fundo em desenvolvimentos importantes no espaço criptoativo. Embora haja uma cobertura diária, contamos com ele, principalmente, para mergulhos profundos em tópicos complexos.

BitInfoCharts: https://bitinfocharts.com/ (em inglês)

Embora a interface do usuário seja historicamente horrorosa, não julgue um livro pela capa. O site é um tesouro de dados sobre informações difíceis de encontrar em outros lugares, como características de transação, taxa de *hash*, listas dos mais ricos, entre outras, para a maioria dos criptoativos relevantes.

Blockchain.info: https://blockchain.info/charts (em inglês)

O melhor lugar para gráficos e arquivos CSV para download sobre estatísticas da rede Bitcoin.

BraveNewCoin: https://bravenewcoin.com/ (em inglês)

Com um conjunto de recursos, desde análises a APIs e índices cuidadosamente criados, o BraveNewCoin é focado em oferecer recursos de nível profissional.

CoinCap: https://coincap.io/ (em inglês)

Um dos melhores aplicativos móveis para uma rápida visão das mais recentes atividades de mercado para todos os criptoativos. Há também um site, mas em nossa opinião, o aplicativo é a verdadeira pérola, e até inclui um recurso para monitorar o seu portfólio personalizado de criptoativos.

CoinDance: https://coin.dance/ (em inglês)

Promovendo-se como "estatísticas e serviços baseados na comunidade Bitcoin", o CoinDance é cheio de gráficos Bitcoin exclusivos, incluindo estatísticas sobre volumes de negociação da LocalBitcoins, atividades de nó, pesquisas de opinião, demografias de usuários e muito mais.

CoinDesk: http://www.coindesk.com/ (em inglês)

O livro fiscal de registro das últimas informações sobre bitcoin, blockchain e criptoativos. Se quiser saber o que aconteceu nas últimas 24 horas, uma visita ao CoinDesk é sua melhor aposta.

CoinMarketCap: https://coinmarketcap.com/pt-br/

Oferece preços e volumes de negociação para todos os mercados de criptoativos, assim como gráficos para agregar atividades de criptoativos. Um dos sites que visitamos com mais frequência quando os mercados estão aquecidos.

CryptoCompare: https://www.cryptocompare.com/ (em inglês)

Site do qual constantemente baixamos a maioria dos dados sobre a mais ampla variedade de criptoativos, o CryptoCompare não apenas oferece ótimos dados (gratuitos) sobre padrões de negociações e volumes, mas também indicadores técnicos, estatísticas de mídias sociais, atividades de desenvolvedores e mais.

Education: https://www.coursera.org/learn/cryptocurrency (cursos em inglês)

Há vários cursos de qualidade disponíveis online que oferecem uma profunda compreensão de bitcoin e criptoativos. Um dos nosso favoritos é o *"Bitcoin and Cryptocurrency Technologies"*, da Universidade Princeton através do Coursera.

Etherscan: https://etherscan.io/charts (em inglês)

O melhor lugar para gráficos e arquivos CSV para download sobre estatísticas de rede do Ethereum, assim como reflexões sobre os criptotokens que operam no Ethreum.

Exchange War: https://exchangewar.info/ (em inglês)

Um site abrangente para monitorar a atividade global de câmbios de diferentes criptoativos e suas respectivas cotas em pares de negociação diferentes.

Google Alerts: https://www.google.com/alerts

Para manter lado a lado as últimas notícias sobre o bitcoin e os criptoativos, use a função Google Alerts para receber um e-mail (geralmente diário) listando as últimas informações sobre suas palavras-chave favoritas.

Smith + Crown: https://www.smithandcrown.com/ (em inglês)

O site mais completo para tudo sobre ICO, incluindo vendas passadas, presentes e futuras, intercaladas com uma quantidade razoável de pesquisas pela página.

TradeBlock: https://tradeblock.com/markets/ (em inglês)

No momento, o TradeBlock oferece a interface do usuário mais "Bloomberg" para análise de atividades de intercâmbio de BTC, ETH, ETC e LTC.

Além desses sites, usamos muito o Twitter para informações, e uma mistura de grupos focados no Reddit, Slack e Telegram. Nossas contas no Twitter são:

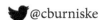 @cburniske

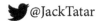 @JackTatar

Para mais recursos, visite: http://www.BitcoinandBeyond.com (em inglês).

Notas

Introdução[1]

1. http://www.worldwidewebsize.com/
2. Paul Baran, *On Distributed Communications: I. Introduction to Distributed Communications Networks* (Santa Monica, CA: RAND Corporation, 1964), http://www.rand.org/pubs/research_memoranda/RM34html
3. http://www.Internetsociety.org/Internet/what-Internet/history-Internet/brief-history-Internet
4. http://www.Internetlivestats.com/google-search-statistics/
5. https://www.textrequest.com/blog/texting-statistics-answer-questions/
6. https://www.lifewire.com/how-many-emails-are-sent-every-day-11712
7. https://hbr.org/2016/05/the-impact-of-the-blockchain-goes-beyond-financial-services
8. https://dailyfintech.com/2014/08/28/hey-banks-your-fat-margin-is-my-opportunity/
9. http://www.coindesk.com/microsoft-blockchain-azure-marley-gray/
10. http://fortune.com/2016/08/19/10-stocks-beaten-googles-1780-gain/
11. https://en.wikipedia.org/wiki/Dot-com_bubble#cite_note-
12. https://coinmarketcap.com/historical/20161225/
13. https://www.fool.com/investing/general/2013/12/25/buffettbooks.aspx

Capítulo 1

1. https://www.stlouisfed.org/financial-crisis/full-timeline; http://historyofbitcoin.org/
2. http://www.gao.gov/assets/660/6513pdf
3. http://wayback.archive.org/web/20120529203623/http://p2pfoundation.ning.com/profile/SatoshiNakamoto
4. http://observer.com/2011/10/did-the-new-yorkers-joshua-davis-nail-the-identity-of-bitcoin-creator-satoshi-nakamoto/
5. https://en.wikipedia.org/wiki/Satoshi_Nakamoto#cite_note-betabeat-12
6. http://www.economist.com/news/business-and-finance/21698060-craig-wright-reveals-himself-as-satoshi-nakamoto
7. https://www.wired.com/2016/05/craig-wright-privately-proved-hes-bitcoins-creator/
8. http://www.economist.com/news/finance-and-economics/21698294-quest-find-satoshi-nakamoto-continues-wrightu2019s-wrongs
9. http://www.nytimes.com/2008/03/17/business/17bear.html?_r=0

---

1 N.E. Todos os sites e fontes citadas dispõem de conteúdo em inglês.

10. https://www.federalreserve.gov/newsevents/reform_bearstearns.htm
11. http://www.wsj.com/articles/SB1230510664135383
12. A situação era ainda pior, pois CMOs não eram os únicos culpados. Instrumentos mais complexos, como obrigações de dívida colateralizadas (CDOs) tornaram a situação ainda mais complicada.
13. http://www.wsj.com/articles/SB1230510664135383
14. http://historyofbitcoin.org/
15. http://blogs.wsj.com/deals/2008/09/10/live-blogging-the-lehman-conference-call/
16. http://www.nytimes.com/2008/09/10/business/10place.html?_r=1&hp&oref=slogin; http://old.seattletimes.com/html/businesstechnology/2008171076_weblehmanhtml
17. http://www.wsj.com/articles/SB1230510664135383
18. http://som.yale.edu/sites/default/files/files/001-2014-3A-V1-LehmanBrothers-A-REVA.pdf
19. https://www.stlouisfed.org/financial-crisis/full-timeline
20. https://bitcoin.org/bitcoin.pdf
21. http://www.mail-archive.com/cryptography@metzdowd.com/msg099html
22. https://www.fdic.gov/news/news/press/2006/pr06086b.pdf
23. http://www.mail-archive.com/cryptography@metzdowd.com/msg099html
24. http://www.mail-archive.com/cryptography@metzdowd.com/msg099html
25. http://www.mail-archive.com/cryptography@metzdowd.com/msg100html
26. http://www.nytimes.com/packages/html/national/200904_CREDITCRISIS/recipients.html.
27. https://en.bitcoin.it/wiki/Genesis_block
28. http://www.thetimes.co.uk/tto/business/industries/banking/article21600ece.
29. http://historyofbitcoin.org/
30. http://p2pfoundation.ning.com/forum/topics/bitcoin-open-source?xg_source=activity.
31. http://archive.is/Gvonb#selection-310-312
32. http://www.nytimes.com/interactive/2009/02/04/business/20090205-bailout-totals-graphic.html?_r=0

Capítulo 2

1. https://papers.ssrn.com/sol3/papers.cfm?abstract_id=28087
2. https://99bitcoins.com/bitcoinobituaries/
3. Quando não existe moeda, e as pessoas apenas trocam mercadorias, um precisa querer o que o outro tem para que a troca se realize.
4. Simon Singh, *O Livro dos Códigos* (Record, 2010).
5. Esta citação (ou máxima) é geralmente creditada ao grande Mark Twain, mas como com grandes citações, sua verdadeira autoria é incerta.
   Veja http://quoteinvestigator.com/2014/01/12/history-rhymes/
6. https://www.bloomberg.com/view/articles/2016-09-01/maybe-blockchain-really-does-have-magical-powers
7. https://www.cbinsights.com/blog/industries-disrupted-blockchain/
8. http://www.washington.edu/news/2015/09/17/a-q-a-with-pedro-domingos-author-of-the-master-algorithm/

Capítulo 3

1. http://gawker.com/the-underground-website-where-you-can-buy-any-drug-imag-308181
2. CoinDesk BPI.
3. https://www.bloomberg.com/news/articles/2013-03-28/bitcoin-may-be-the-global-economys-last-safe-haven

4. http://money.cnn.com/2013/11/27/investing/bitcoin-1000/; http://money.cnn.com/2013/11/18/technology/bitcoin-regulation/?iid=EL
5. http://www.nytimes.com/2013/12/06/business/international/china-bars-banks-from-using-bitcoin.html
6. https://www.fbi.gov/contact-us/field-offices/newyork/news/press-releases/ross-ulbricht-aka-dread-pirate-roberts-sentenced-in-manhattan-federal-court-to-life-in-prison
7. https://www.theguardian.com/money/us-money-blog/2014/feb/25/bitcoin-mt-gox-scandal-reputation-crime
8. http://www.bbc.com/news/technology-243718
9. *Bitcoiners* refere-se aos defensores do Bitcoin.
10. Descreveremos carteiras detalhadamente no Capítulo 14.
11. http://www.bankofengland.co.uk/publications/Documents/quarterlybulletin/2014/qb14q3digitalcurrenciesbitcoinpdf
12. http://insidebitcoins.com/new-york/20
13. https://www.bloomberg.com/news/features/2015-09-01/blythe-masters-tells-banks-the-blockchain-changes-everything
14. http://www.economist.com/news/leaders/21677198-technology-behind-bitcoin-could-transform-how-economy-works-trust-machine
15. Tecnicamente, computadores não são mineradores porque não estão cunhando nenhum novo ativo e não são diretamente pagos pelo seu trabalho.
16. http://www.nyu.edu/econ/user/jovanovi/JovRousseauGPT.pdf
17. http://www.gartner.com/newsroom/id/34120
18. http://www.gartner.com/technology/research/methodologies/hype-cycle.jsp

Capítulo 4

1. Valor de rede = (unidades do ativo em circulação) × (valor por ativo em US$). Em geral, isso é referido como a capitalização de mercado de um ativo em muitos recursos atuais, mas os autores preferem esse termo por transmitir mais precisamente o valor total de um criptoativo.
2. https://coinmarketcap.com/
3. http://cryptome.org/jya/digicrash.htm
4. Ibid.
5. Ibid.
6. https://bitcoinmagazine.com/articles/quick-history-cryptocurrencies-bbtc-bitcoin-1397682630/
7. http://karmakoin.com/how_it_works
8. MoIP é uma modificação do termo "VoIP", que significa *Voice-over-Internet-Protocol*. O Skype, o FaceTime e o Google Hangouts são todos exemplos de VoIP.
9. A coinbase transaction é uma transação reservada ao minerador, que cria bitcoins novos e os atribui a si mesmo. Assim que o bloco for aprovado pelos demais participantes da rede, ele recebe essa quantidade criada.
10. Lembre-se de que uma transação baseada em moeda vai para o minerador que descobriu o bloco através do processo de prova de trabalho (PoW).
11. Conforme mais máquinas são dedicadas à mineração na rede, há mais "palpites" sobre a solução do quebra-cabeças do PoW, o que significa que a solução será estimada mais rapidamente se a dificuldade do problema não for aumentada. Manter uma cadência estável de 10 minutos para os blocos significa que as transações serão incorporadas ao blockchain do Bitcoin de maneira pontual, e que ela também mede matematicamente a emissão de fornecimento de bitcoins.

12. Investidores astuciosos podem perceber que essa redução não acontece exatamente a cada quatro anos. A razão para isso é que muitas máquinas estão sendo adicionadas à rede de mineração, então a média do tempo dos blocos será menor que 10 minutos antes de a dificuldade ser redefinida de novo. Isso acelera o tempo a cada 210 mil blocos.
13. https://blockchain.info/charts/total-bitcoins
14. O termo foi até usado por um dos primeiros livros escritos sobre o Bitcoin, *Digital Gold: Bitcoin and the Inside Story of the Misfits and Millionaires Trying to Reinvent Money*, de Nathaniel Popper, Harper Collins, 2015.
15. https://namecoin.org/
16. https://bit.namecoin.org/
17. https://bitcointalk.org/index.php?topic=17
18. https://litecoin.info/History_of_cryptocurrency
19. https://litecoin.info/Comparison_between_Litecoin_and_Bitcoin/Alternative_work_in_progress_version
20. https://coinmarketcap.com/historical/20170101/
21. http://ryanfugger.com/
22. https://www.americanbanker.com/news/disruptor-chris-larsen-returns-with-a-bitcoin-like-payment-system
23. Ibid.
24. https://bitcointalk.org/index.php?topic=1284
25. http://www.marketwired.com/press-release/opencoin-developer-ripple-protocol-closes-funding-from-andreessen-horowitz-ff-angel-17777htm
26. https://bitcoinmagazine.com/articles/introducing-ripple-1361931577/
27. https://charts.ripple.com/#/
28. https://coincap.io/
29. https://ripple.com/
30. https://bitcointalk.org/index.php?topic=3618
31. O que é um meme? https://pt.wikipedia.org/wiki/Meme_(internet)
32. https://www.wired.com/2013/12/best-memes-2013/
33. http://www.businessinsider.com/what-is-dogecoin-2013-12
34. Ibid.
35. https://github.com/dogecoin/dogecoin/issues/
36. http://www.businessinsider.com/what-is-dogecoin-2013-12
37. http://www.financemagnates.com/cryptocurrency/education-centre/what-is-dogecoin/
38. http://www.abc.net.au/pm/content/2013/s39318htm
39. https://99bitcoins.com/price-chart-history/
40. https://motherboard.vice.com/en_us/article/worth-1-billion-icelands-cryptocurrency-is-the-third-largest-in-the-world
41. https://coinmarketcap.com/currencies/auroracoin/
42. https://medium.com/the-nordic-web/the-failed-crypto-currency-experiment-in-iceland-251e28df2c54#.retvu6wp
43. https://www.reddit.com/r/auroracoin/comments/223vhq/someone_just_bought_a_pint_of_beer_for_1/
44. https://www.nytimes.com/2016/04/06/world/europe/panama-papers-iceland.html
45. https://pirateparty.org.au/wiki/Policies/Distributed_Digital_Currencies_and_Economies
46. https://news.bitcoin.com/polls-iceland-pro-bitcoin-pirate-party/
47. http://bitcoinist.com/iceland-election-interest-auroracoin/
48. https://cryptonote.org/inside.php#equal-proof-of-work
49. https://cryptonote.org/
50. https://twitter.com/adam3us/status/4471054536346419
51. https://bitcointalk.org/index.php?topic=5127msg5661039#msg56610

52. Premine define quando criptomoedas são emitidas previamente ao lançamento do blockchain.
53. https://bitcointalk.org/index.php?topic=5127msg6123624#msg61236
54. https://bitcointalk.org/index.php?topic=5127msg6126012#msg61260
55. https://bitcointalk.org/index.php?topic=5638
56. https://lab.getmonero.org/pubs/MRL-00pdf
57. https://cryptonote.org/inside#untraceable-payments
58. https://www.reddit.com/r/Monero/comments/3rya3e/what_are_the_basic_parameterscharacteristics_of/cwsv64j/
59. https://imgur.com/a/De0G
60. https://www.dash.org/wp-content/uploads/2015/04/Dash-WhitepaperVpdf
61. https://dashdot.io/alpha/index_1html?page_id=1
62. https://www.coindesk.com/what-is-the-value-zcash-market-searches-answers/

Capítulo 5

1. https://bitcoinmagazine.com/articles/smart-contracts-described-by-nick-szabo-years-ago-now-becoming-reality-1461693751/
2. Dmitry Buterin também é muito envolvido no mundo criptoativo como cofundador da Blockgeeks e outras startups influentes.
3. http://fortune.com/ethereum-blockchain-vitalik-buterin/
4. http://www.ioi20org/competition/results-2/
5. https://backchannel.com/the-uncanny-mind-that-built-ethereum-9b448dc9d14f#.4yr8yhfp
6. https://blog.ethereum.org/2014/01/23/ethereum-now-going-public/
7. http://counterparty.io/platform/
8. https://steemit.com/ethereum/@najoh/beyond-bitcoin-and-crypto-currency-ethereum
9. https://blog.ethereum.org/2014/01/23/ethereum-now-going-public/
10. https://github.com/ethereum/wiki/wiki/white-paper
11. *Turing completo* refere-se a um sistema que é efetivamente capaz pela plena funcionalidade de um computador de propósito geral. O Bitcoin foi propositalmente construído para não ser Turing completo, para restringir a complexidade e priorizar a segurança.
12. https://ethereum.org/ether
13. Nathaniel Popper, *Digital Gold: Bitcoin and the Inside Story of the Misfits and Millionaires Trying to Reinvent Monday*, Harper, 20.
14. http://www.coindesk.com/peter-thiel-fellowship-ethereum-vitalik-buterin/
15. http://www.wtn.net/summit-2014/2014-world-technology-awards-winners
16. http://ether.fund/market
17. https://www.ethereum.org/foundation
18. https://blog.ethereum.org/2015/03/14/ethereum-the-first-year/
19. http://ethdocs.org/en/latest/introduction/history-of-ethereum.html
20. http://ether.fund/market
21. http://ethdocs.org/en/latest/introduction/history-of-ethereum.html
22. Ibid.
23. https://medium.com/the-future-requires-more/flight-delay-dapp-lessons-learned-a59e4e39a8d
24. https://www.wired.com/2016/06/biggest-crowdfunding-project-ever-dao-mess/
25. https://www.nytimes.com/2016/05/28/business/dealbook/paper-points-up-flaws-in-venture-fund-based-on-virtual-money.html
26. https://docs.google.com/document/d/10kTyCmGPhvZy94F7VWyS-dQ4lsBacR2dUgGTtV98C40/edit#heading=h.e437su2ytbf

308 CRIPTOATIVOS

27. https://github.com/TheDAO
28. https://bitcoinmagazine.com/articles/the-ethereum-community-debates-soft-fork-to-blacklist-funds-in-wake-of-m-dao-heist-1466193335/
29. http://www.forbes.com/sites/francescoppola/2016/07/21/a-painful-lesson-for-the-ethereum-community/#7241245157
30. https://forum.daohub.org/t/hard-fork-implementation-update/60
31. https://twitter.com/Poloniex/status/7570686192348037
32. https://blog.lawnmower.io/in-the-aftermath-of-the-ethereum-hard-fork-prompted-by-the-dao-hack-the-outvoted-15-are-rising-up-ea408a5eaaba#.baachmi2w
33. https://ethereumclassic.github.io/
34. https://youtu.be/yegyih591Jo
35. http://blog.augur.net/guide-to-augurs-rep/
36. https://twitter.com/search?q=%40brian_armstrong%20augur&src=typ
37. https://twitter.com/vitalikbuterin/status/6496982511978045
38. https://www.smithandcrown.com/rootstock-raises-1-million-bring-ethereum-like-smart-contracts-bitcoin/

Capítulo 6

1. http://www.marketwatch.com/story/do-bitcoins-belong-in-your-retirement-portfolio-2013-08-29
2. Eric tornou-se um investidor em criptoativos desde então.
3. https://www.sec.gov/investor/pubs/assetallocation.htm
4. http://www.aaii.com/o/assetallocation
5. https://www.nuffield.ox.ac.uk/economics/papers/2009/w4/HF%20Working%20Paper.pdf
6. Bob Rice, *The Alternative Answer* (Harper Collins, 2013).
7. https://www.baltercap.com/wp-content/uploads/2016/12/-The-Value-of-the-Hedge-Fund-Industry-to-Investors-Markets-and-the-Broader-Economy.pdf
8. H. Kent Baker and Greg Filbeck, *Alternative Investments: Instruments, Performance, Benchmarks and Strategies* (Wiley, 2013).
9. ttps://www.cnbc.com/id/461917
10. http://www.forbes.com/sites/advisor/2013/05/22/what-is-an-alternative-investment/#1290702fdb
11. http://etfdb.com/type/alternatives/all/
12. https://www.morganstanley.com/wealth/investmentsolutions/pdfs/altscapabilitiesbrochure.pdf
13. https://olui2.fs.ml.com/Publish/Content/application/pdf/GWMOL/Q1MarketQuarterly04172013.pdf.
14. https://www.pershing.com/our-thinking/thought-leadership/advisor-perceptions-of-alternative-investments
15. https://www.thebalance.com/cryptocurrencies-are-the-new-alternative-investment-40480

Capítulo 7

1. http://www.marketwatch.com/story/do-bitcoins-belong-in-your-retirement-portfolio-2013-08-29
2. http://us.spindices.com/indices/equity/sp-500
3. http://www.investopedia.com/terms/d/djia.asp
4. http://www.nasdaq.com/markets/indices/nasdaq-1aspx. Todos os dados coletados foram de retorno total, o que significa que os dividendos foram reinvestidos para mostrar no total como a riqueza de um investidor teria aumentado. Índices de mercado foram usados, em

oposição aos ETFs, pois esses índices não têm taxas de gerenciamento, similar a como o preço do bitcoin não incorpora essas taxas. Se alguém quisesse investir em bitcoins ou em ETFs que representam esses índices de mercado mais amplos, haveria diversas taxas entre os instrumentos.

5. http://pages.stern.nyu.edu/~adamodar/New_Home_Page/datafile/histretSP.html
6. Este período de tempo foi usado pois era o mais próximo a um corte de 5 anos que os autores poderiam calcular dada a recente IPO do Facebook.
7. Para representar as obrigações e o mercado imobiliário dos EUA, o ouro e o petróleo, usamos o *Bloomberg Barclays US Aggregate Bond Index*, o *Morgan Stanley Capital International US Real Estate Investment Trust Index*, o índice do ouro por trás do *SPDR Gold Shares ETF* e os preços futuros do petróleo, respectivamente.
8. Menos a taxa livre de risco.
9. Usando retornos semanais para padronizar o número do multiplicador escalar de dias. Todos os gráficos anteriores usaram dados diários.
10. http://www.coindesk.com/bitcoin-price-2014-year-review/
11. http://corporate.morningstar.com/U.S./documents/MethodologyDocuments/MethodologyPapers/StandardDeviationSharpeRatio_Definition.pdf
12. Market cap é uma abreviação em inglês para capitalização de mercado.
13. http://www.aaii.com/asset-allocation

Capítulo 8

1. https://www.bloomberg.com/news/articles/2015-09-17/bitcoin-is-officially-a-commodity-according-to-u-s-regulator
2. https://www.irs.gov/uac/newsroom/irs-virtual-currency-guidance
3. https://www.sec.gov/litigation/investreport/34-812pdf
4. Embora debates ainda existam entre essas classes de ativos. Por exemplo, algumas pessoas não consideram moedas como uma classe de ativos.
5. http://www.iijournals.com/doi/abs/3905/jpm.86?journalCode=jpm
6. http://research.ark-invest.com/bitcoin-asset-class
7. Isso é um pouco mais simples para um criptotoken dentro de uma aplicação descentralizada que alavanca outro blockchain. A aplicação descentralizada não precisa trabalhar diretamente com os mineradores do blockchain; em vez disso, ela conta com outra comunidade e com o criptoativo dessa comunidade para administrar os mineradores e o blockchain associado.
8. http://research.ark-invest.com/hubfs/1_Download_Files_ARK-Invest/White_Papers/Bitcoin-Ringing-The-Bell-For-A-New-Asset-Class.pdf

Capítulo 9

1. http://factmyth.com/factoids/the-dutch-east-india-company-was-the-first-publicly-traded-company/
2. Fernand Braudel, *The Wheels of Commerce*, Civilization and Capitalism 15th–18th Century, vol. 3 (New York: Harper & Row, 1983).
3. Nathaniel Popper, *Digital Gold: Bitcoin and the Inside Story of the Misfits and Millionaires Trying to Reinvest Money* (Harper Collins, 2015).
4. New Liberty Standard publicou uma taxa de câmbio para o bitcoin de 1 USD = 1.303 BTC, estabelecida usando a equação baseada no custo da eletricidade e do hardware da máquina para minerar um bloco de bitcoins. http://hikepages.com/history-of-bitcoin-the-digital-currency.html#.WMXcMxLytcA

310 CRIPTOATIVOS

5. https://www.cryptocoincharts.info/markets/info
6. https://data.bitcoinity.org/markets/exchanges/USD/30d. Captura de tela em: 18 de fevereiro de 2017.
7. CryptoCompare, escala de Log.
8. https://www.wired.com/2017/01/monero-drug-dealers-cryptocurrency-choice-fire/
9. http://www.coindesk.com/chinas-central-bank-issues-warnings-major-bitcoin-exchanges/
10. Um exemplo de como o aumento da regulação enfraquece a liquidez e o volume de negociações é a nova regulação que saiu depois da crise financeira das 20 Regulações, tal qual Dodd-Frank exigiu processos de cumprimento muito mais estritos, e levou à queda do volume de negociações, especialmente no mercado de renda fixa.
11. http://www.nytimes.com/2013/12/06/business/international/china-bars-banks-from-using-bitcoin.html
12. https://www.cryptocompare.com/coins/eth/analysis/BTC?type=Currencies
13. Tecnicamente, são os retornos absolutos menos a taxa livre de risco, o que é comumente representado pelo bilhete do Tesouro americano de três meses.
14. Discutiremos as várias opções de investimento em mercado de capitais para investidores no Capítulo 15.
15. https://www.washingtonpost.com/news/wonk/wp/2017/01/03/why-bitcoin-just-had-an-amazing-year/?utm_term=.64a6cfdf73

Capítulo 10

1. Edward Chancellor, *Devil Take the Hindmost: A History of Financial Speculation* (Farrar, Straus and Giroux, 1999).
2. Ibid.
3. http://www.perseus.tufts.edu/hopper/morph?la=la&l=speculare
4. Benjamin Graham and David Dodd, *Security Analysis* (McGraw Hill, 1940).
5. Benjamin Graham, *O Investidor Inteligente* (HarperCollins Brasil [2016]).
6. https://blogs.cfainstitute.org/investor/2013/02/27/what-is-the-difference-between-investing-and-speculation-2/
7. http://www.presidency.ucsb.edu/ws/?pid=144
8. Gustave Le Bon, *Psicologia das Revoluções*, https://www.clubedeautores.com.br/book/149854--Psicologia_das_Revolucoes#.Wl864ainHIU
9. Niall Ferguson, *The Ascent of Money: A Financial History of the World* (Penguin, 2008).
10. Edward Chancellor, *Devil Take the Hindmost*.
11. http://penelope.uchicago.edu/~grout/encyclopaedia_romana/aconite/semperaugustus.html.
12. Edward Chancellor, *Devil Take the Hindmost*.
13. Ibid.
14. http://www.bbc.com/culture/story/20160419-tulip-mania-the-flowers-that-cost-more-than-houses
15. Edward Chancellor, *Devil Take the Hindmost*.
16. http://www.economist.com/blogs/freeexchange/2013/10/economic-history
17. http://penelope.uchicago.edu/~grout/encyclopaedia_romana/aconite/semperaugustus.html.
18. Edward Chancellor, *Devil Take the Hindmost*
19. https://www.theguardian.com/technology/2013/dec/04/bitcoin-bubble-tulip-dutch-banker
20. https://coinmarketcap.com/currencies/steem/
21. https://z.cash/
22. Lembre-se de que uma transação baseada em moeda é a transação que paga o minerador com unidades recém-cunhadas de um criptoativo em troca de o minerador ter anexado um novo bloco ao blockchain.
23. https://cryptohustle.com/zcash-launch-breaks-records

NOTAS 311

24. http://www.coindesk.com/bitcoin-breaks-700-zcash-steals-show/
25. https://www.cryptocompare.com/coins/zec/charts/BTC?p=ALL
26. http://www.zerohedge.com/news/2015-05-29/robert-shiller-unlike-1929-time-everything-stocks-bonds-and-housing-overvalued
27. https://hbr.org/2014/01/what-alan-greenspan-has-learned-since-2008
28. Edward Chancellor, *Devil Take the Hindmost*.
29. http://query.nytimes.com/gst/abstract.html?res=9806E6DF1639E03ABC4E52DFB6678382639EDE&legacy=true
30. http://time.com/3207128/stock-market-high-1929/
31. Edward Chancellor, *Devil Take the Hindmost*.
32. Ibid.

Capítulo 11

1. Edward Chancellor, *Devil Take the Hindmost: A History of Financial Speculation* (Farrar, Straus and Giroux, 1999).
2. http://www.thebubblebubble.com/mississippi-bubble/
3. http://www.thebubblebubble.com/south-sea-bubble/
4. Edward Chancellor, *Devil Take the Hindmost*.
5. Ibid.
6. Ibid.
7. Ibid.
8. Ibid.
9. Carmen M. Rinehart and Kenneth S. Rogoff, *This Time Is Different* (Princeton University Press, 2011).
10. https://www.washingtonpost.com/news/wonk/wp/2015/06/08/bitcoin-isnt-the-future-of-money-its-either-a-ponzi-scheme-or-a-pyramid-scheme/?utm_term=.39f7a88956
11. http://documents.worldbank.org/curated/en/660611468148791146/pdf/WPS69pdf
12. https://cointelegraph.com/news/one-coin-much-scam-swedish-bitcoin-foundation-issues-warning-against-onecoin
13. https://news.bitcoin.com/beware-definitive-onecoin-ponzi/
14. https://www.fca.org.uk/news/news-stories/beware-trading-virtual-currencies-onecoin.
15. https://www.sec.gov/investor/alerts/ia_virtualcurrencies.pdf
16. Edward Chancellor, *Devil Take the Hindmost*.
17. Niall Ferguson, *The Ascent of Money: A Financial History of the World* (Penguin Books, 2009).
18. https://dashdot.io/alpha/index_1html?page_id=1
19. Ibid.
20. Ibid.
21. https://coinmarketcap.com/historical/20170402/
22. http://www.bitcoinmutualfund.net/
23. http://www.digitalhistory.uh.edu/disp_textbook.cfm?smtID=2&psid=3173
24. Edward Chancellor, *Devil Take the Hindmost*.
25. http://www.civilwar.org/education/history/faq/?referrer=https://www.google.com/
26. http://www.nytimes.com/learning/general/onthisday/harp/10html
27. Ibid.
28. https://www.forbes.com/sites/timreuter/2015/09/01/when-speculators-attack-jay-goulds-gold-conspiracy-and-the-birth-of-wall-street/#58d0b3afcda
29. Edward Chancellor, *Devil Take the Hindmost*.
30. http://www.history.com/news/the-black-friday-gold-scandal-145-years-ago
31. Ibid.

312 CRIPTOATIVOS

32. Edward Chancellor, *Devil Take the Hindmost*.
33. http://www.history.com/news/the-black-friday-gold-scandal-145-years-ago
34. Ibid.
35. Edward Chancellor, *Devil Take the Hindmost*.
36. Ibid.
37. http://www.nytimes.com/learning/general/onthisday/harp/10html
38. Edward Chancellor, *Devil Take the Hindmost*.
39. http://www.usinflationcalculator.com/inflation/historical-inflation-rates/
40. https://priceonomics.com/how-the-hunt-brothers-cornered-the-silver-market/
41. http://www.investopedia.com/articles/optioninvestor/09/silver-thursday-hunt-brothers.asp
42. John Kenneth Galbraith, *The Great Crash 19*.
43. Edward Chancellor, *Devil Take the Hindmost: A History of Financial Speculation* (Farrar, Straus and Giroux, 1999).
44. http://www.nytimes.com/1991/08/19/world/upheaval-salomon-salomon-punished-treasury-which-partly-relents-hours-later.html?pagewanted=all
45. https://dashpay.atlassian.net/wiki/spaces/DOC/pages/5472261/Whitepaper
46. https://bitinfocharts.com/top-100-richest-bitcoin-addresses.html

Capítulo 12

1. O período é do outono de 2016 à primavera de 2017.
2. http://www.cfapubs.org/doi/pdf/2469/cfm.vn27
3. https://twitter.com/VitalikButerin/status/8322993345867325
4. https://steemit.com
5. https://www.yours.org/
6. https://swarm.city/
7. http://www.gartner.com/newsroom/id/34120
8. https://coinmarketcap.com/historical/20170402/
9. https://techcrunch.com/2016/03/16/why-latin-american-economies-are-turning-to-bitcoin/
   https://bitinfocharts.com/top-100-richest-bitcoin-addresses.html
10. https://fred.stlouisfed.org/series/M1V
11. Essa discussão propositadamente exclui M1, M2 e MZM já que eles não são criptoativos relevantes.
12. https://www.gold.org/sites/default/files/documents/gold-investment-research/liquidity_in_the_global_gold_market.pdf
13. Warren Buffett gosta de 12%, mas nós preferimos 15% para ações arriscadas.
    https://www.oldschoolvalue.com/blog/investing-strategy/explaining-discount-rates/
14. http://ethereum.stackexchange.com/questions/443/what-is-the-total-supply-of-ether

Capítulo 13

1. O Ethereum vai mudar de prova de trabalho para *proof-of-stake* na primeira metade de 2020.
2. Gráficos de taxas de hash para a maioria dos criptoativos estão aqui: http://www.coinwarz.com/charts/network-hashrate-charts.
3. http://www.ebay.com/itm/like/262677542123?lpid=82&chn=ps&ul_noapp=true
4. https://www.justice.gov/atr/herfindahl-hirschman-index
5. https://www.justice.gov/atr/15-concentration-and-market-shares
6. Ibid.
7. Alguns desaprovam o uso do HHI para medir a concentração de mineração da rede blockchain, principalmente porque muitas dessas entidades são grupos de mineração que

são, na verdade, compostos por muitas entidades. Assim, a descentralização é muito maior na realidade do que os registros de tais análises de rede.

8. https://litecoin.info/Spread_the_Hashes
9. https://www.thebalance.com/bitcoin-mining-in-the-beauty-of-iceland-40261
10. Nós não são o mesmo que mineradores, mas ainda são uma métrica útil para determinar a distribuição geográfica do hardware que mantém e constrói um blockchain.
11. http://startupmanagement.org/2015/02/15/best-practices-in-transparency-and-reporting-for-cryptocurrency-crowdsales/
12. Aqui estão os pontos do repositório social do bitcoin do CryptoCompare: https://www.cryptocompare.com/coins/btc/influence. Você pode substituir qualquer símbolo de criptoativo por "btc" nesse endereço para ver os pontos desse ativo.
13. https://help.github.com/articles/about-stars/
14. Para medir os dias de existência, as seguintes datas iniciais foram usadas para o Bitcoin, o Ethereum, o Dash, o Ripple e o Monero. Bitcoin: 31/10/2008, data de lançamento do artigo de Satoshi. Ethereum: 23/01/2014, anúncio formal de Vitalik no Ethereum Blog. Dash: 18/01/2014, a data em que a rede entrou no ar. Ripple: 29/11/2012, a data em que Ryan Fugger fez o anúncio sobre a nova equipe trabalhando no Ripple. Monero: 09/04/2014, a data em que *thankful_for_today* fez o anúncio sobre o iminente lançamento do "BitMonero". Deve-se notar que as datas iniciais do Dash, do Ripple e do Monero são mais flexíveis que as do Bitcoin e do Ethereum, pois o trabalho estava sendo feito em todos esses três antes das datas iniciais escolhidas, embora, como essas datas não são facilmente determináveis e para evitar controvérsia, foi usada a data de anúncio mais precisa do novo criptoativo.
15. https://www.openhub.net/p?query=bitcoin&sort=relevance
16. http://spendbitcoins.com/
17. https://coinmarketcap.com/currencies/volume/24-hour/
18. https://blockchain.info/charts
19. https://etherscan.io/charts
20. http://www.coindesk.com/using-google-trends-estimate-bitcoins-user-growth/
21. http://www.investopedia.com/terms/m/mooreslaw.asp
22. https://blockchain.info/charts/n-transactions
23. https://etherscan.io/chart/tx
24. O Blockchain.info fez alguma análise, que é o que torna este um "volume de transação estimado", pois algumas das transações que usam o blockchain do Bitcoin são "transações de câmbio", que reenviam o excedente de volta ao usuário e, assim, precisam ser eliminadas para se obter uma estimativa mais precisa do volume.
25. Encontre a pesquisa de Brian em: https://www.therationalinvestor.co/ e em seus podcasts sobre a *Bitcoin Trading Academy* em: http://bitcointrading.net/podcast/
26. https://www.cryptocompare.com/exchanges/guides/how-to-trade-bitcoin-and-other-crypto-currencies-using-an-sma/
27. https://www.coindesk.com/bitcoin-traders-know-technical-analysis/

Capítulo 14

1. https://www.sec.gov/investor/alerts/bulletincustody.htm
2. Um famoso apoiador inicial do Bitcoin que morreu tragicamente de ELA, também conhecida como doença de Lou Gehrig. Hal foi a primeira pessoa a captar a promessa do conceito de Satoshi quando ele foi lançado como artigo, e trabalhou com Satoshi no fim de 2008 para refinar o código.
3. Incorporar o hash do bloco anterior é o que interliga o blockchain e torna-o imutável.
4. http://www.nvidia.com/object/what-is-gpu-computing.html
5. https://en.bitcoin.it/wiki/Category:History

6. http://garzikrants.blogspot.com/2013/01/avalon-asic-miner-review.html
7. https://99bitcoins.com/2016-bitcoin-mining-hardware-comparison/
8. http://bitcoinist.com/bitcoin-hash-rate-exceeds-1-ehs-for-the-first-time/
9. Para entender as especificidades relacionadas à mineração de outros criptos, use a calculadora em: https://whattomine.com/
10. https://en.bitcoin.it/wiki/Comparison_of_mining_pools
11. http://www.coinwarz.com/calculators/bitcoin-mining-calculator
12. http://fcifca.ai/preproceedings/paper_pdf
13. https://www.genesis-mining.com/
14. Um site para avaliar o potencial de lucro entre a mineração de vários criptos: http://www.coinwarz.com/cryptocurrency
15. O Ethereum não mudou e não tem perspectivas de mudar até, pelo menos, meados de 2019. Convidamos todos aqueles que querem investir em ETH a se informarem sobre o assunto.
16. Uma lista de ataques relacionados ao bitcoin, fechamentos de câmbios etc., pode ser encontrada no seguinte site (é um pouco datado, mas uma leitura interessante, especialmente em relação à selvageria dos primeiros dias): https://bitcointalk.org/index.php?topic=576337#post_toc_
17. Nathaniel Popper, *Digital Gold: Bitcoin and the Inside Story of the Misfits and Millionaires Trying to Reinvest Money* (Harper Collins, 2015).
18. https://www.cryptocompare.com/exchanges/#/overview
19. Não há garantia de que esses câmbios estejam operando na época dessa leitura. Pesquise antes de assinar com qualquer câmbio.
20. Para mais informações sobre "perdas socializadas" relacionadas aos câmbios futuros de bitcoins, veja: https://www.reddit.com/r/BitcoinMarkets/comments/3gb9tu/misconceptions_regarding_socialized_losses_bitmex/
21. http://www.marketwatch.com/story/why-bitcoin-investors-need-education-and-regulation-2014-12-12
22. https://bravenewcoin.com/news/insurance-polic-now-available-for-bitcoin-exchanges/
23. https://support.coinbase.com/customer/portal/articles/1662379-how-is-coinbase-insured
24. https://www.coinbase.com/security
25. https://commons.wikimedia.org/w/index.php?curid=10284
26. https://www.wired.com/2014/03/bitcoin-exchange/
27. Se avaliado no preço de US$1 mil do final de 2016, o valor da perda de 850 mil bitcoins seria de US$850 milhões.
28. Boa parte dessa seção sobre o Mt. Gox vem de materiais no artigo de Robert McMillan "A História do Desastre de US$460 Milhões em Bitcoins do Mt. Gox", *Wired*, 3 de março de 2014, https://www.wired.com/2014/03/bitcoin-exchange/
29. http://www.thedailybeast.com/articles/2016/05/19/behind-the-biggest-bitcoin-heist-in-history-inside-the-implosion-of-mt-gox.html
30. http://fusion.net/story/4947/the-mtgox-bitcoin-scandal-explained/
31. http://fortune.com/2016/08/03/bitcoin-stolen-bitfinex-hack-hong-kong/
32. https://news.bitcoin.com/bitfinex-us-regulation-cold-storage/
33. http://avc.com/2014/02/mt-gox/
34. https://bitcoin.org/en/choose-your-wallet
35. Não disponível no Brasil.
36. https://bitcoin.org/en/full-node#what-is-a-full-node
37. http://www.dummies.com/software/other-software/secure-bitcoin-wallets/
38. Um lista mais detalhada dessas carteiras pode ser encontrada em: https://en.bitcoin.it/wiki/Hardware_wallet
39. http://www.ibtimes.co.uk/hardware-bitcoin-wallet-keepkey-integrates-shapeshift-15765

Capítulo 15

1. https://www.americanbanker.com/news/from-toxic-assets-to-digital-currency-barry-silberts-bold-bet

2. Na verdade, com as taxas e custos, o valor subjacente para cada cota era menos de 1/10 do valor de um único bitcoin.

3. http://www.coinfox.info/news/company/2683-xapo-will-store-the-assets-of-the-bitcoin-investment-trust. 99332-3134

4. https://grayscale.co/bitcoin-investment-trust/

5. Os mercados OTC, incluindo o OTCQX, não devem ser confundidos com o mercado da Nasdaq, que é uma verdadeira bolsa de valores, como a Bolsa de Valores de Nova York, onde negociações são feitas com sistemas essencialmente automatizados. Os mercados OTC consistem em um grupo bem organizado de negociantes que definem o preço dos ativos ali transacionados. Embora não tão conhecido quanto a Bolsa de Valores de Nova York ou a Nasdaq, o OTCQX é um mercado regulado, e os investimentos só podem ser listados nele se forem patrocinados e apoiados por empresas com transparência e altos padrões financeiros. https://www.otcmarkets.com/marketplaces/otcqx

6. https://www.trustetc.com/self-directed-ira/rules/indirect-benefits

7. http://www.cnbc.com/2015/03/04/bitcoins-golden-moment-bit-gets-finra-approval.html

8. https://bitcoinmagazine.com/articles/bitcoin-investment-trusts-gbtc-begins-trading-public-markets-1430797192/

9. http://performance.morningstar.com/funds/etf/total-returns.action?t=GBTC&region=USA&culture=en_US

10. http://www.forbes.com/sites/laurashin/2016/09/06/tyler-and-cameron-winklevoss-on-why-they-fell-in-love-with-bitcoin/#209cc1f83a

11. http://www.businessinsider.com/the-winklevoss-twins-bitcoins-2013-4

12. Nathaniel Popper, *Digital Gold: Bitcoin and the Inside Story of the Misfits and Millionaires Trying to Reinvest Money* (Harper Collins, 2015).

13. https://www.sec.gov/Archives/edgar/data/1579346/000119312513279830/d562329dshtm#tx562329_

14. http://www.CoinDesk.com/needham-bitcoin-etf-attract-300-million-assets-approved/.

15. https://www.scribd.com/document/336204627/Bitcoin-Investment-Trust-Spencer-Needham#from_embed?content=10079&campaign=Skimbit%2C+Ltd.&ad_group=&keyword=ft500noi&source=impactradius&medium=affiliate&irgwc=

16. https://www.bloomberg.com/gadfly/articles/2017-02-27/winklevoss-bitcoin-etf-bet-is-a-countdown-to-zero-or-less

17. http://www.coindesk.com/sec-email-winklevoss-bitcoin-etf/

18. https://www.sec.gov/rules/sro/batsbzx/2017/34-802pdf

19. http://blogs.wsj.com/moneybeat/2017/03/10/lets-be-real-bitcoin-is-a-useless-investment/

20. http://www.CoinDesk.com/solidx-bitcoin-trust-filing/

21. http://money.usnews.com/money/personal-finance/mutual-funds/articles/2015/09/04/which-are-better-etfs-or-etns

22. Embora, em teoria, um ETN deva monitorar de perto o valor de seu índice subjacente, um emissor tem flexibilidade para emitir ou amortizar notas para atender a precificação de mercado de um ETN. Para mais informações, leia o alerta aos investidores sobre o ETN da FINRA em: http://www.finra.org/investors/alerts/exchange-traded-notes-avoid-surprises (em inglês).

316 CRIPTOATIVOS

23. http://announce.ft.com/Announce/RawView?DocKey=1330-502640en-0SJISU5E6EOFJU RBIMQU8C7OGS
24. https://www.bloomberg.com/quote/COINXBT:SS
25. Bitcoin Tracker One — Símbolo: COINXBT; Bitcoin Tracker Euro — Símbolo: COINXBE.
26. https://xbtprovider.com
27. https://bitcoinmagazine.com/articles/publicly-traded-bitcoin-fund-xbt-provider-resumes-trading-following-acquisition-by-global-advisors-1467821753/
28. http://globaladvisors.co.uk/
29. https://bitcoinmagazine.com/articles/publicly-traded-bitcoin-fund-xbt-provider-resumes-trading-following-acquisition-by-global-advisors-1467821753/
30. http://www.cmegroup.com/confluence/display/EPICSANDBOX/Exchange+Traded+Instruments+on+CME+Globex
31. http://www.ibtimes.co.uk/gibraltar-stock-exchange-welcomes-bitcoineti-15723
32. https://www.gsx.gi/article/8292/gibraltar-stock-exchange-welcomes-bitcoineti
33. https://www.nyse.com/quote/index/NYXBT
34. https://bitcoinmagazine.com/articles/new-york-stock-exchange-launches-bitcoin-pricing-index-nyxbt-14320686
35. https://www.ft.com/content/b6f63e4c-a0af-11e4-9aee-00144feab7de
36. http://www.cmegroup.com/trading/cf-bitcoin-reference-rate.html
37. https://www.cmegroup.com/trading/files/bitcoin-frequently-asked-questions.pdf
38. https://tradeblock.com/markets/index
39. Ibid.
40. https://www.thebalance.com/what-do-financial-advisers-think-of-bitcoin-3912
41. https://www.onefpa.org/journal/Pages/SEP14-The-Value-of-Bitcoin-in-Enhancing-the-Efficiency-of-an-Investor%E2%80%99s-Portfolio.aspx
42. https://www.thebalance.com/what-do-financial-advisers-think-of-bitcoin-3912

Capítulo 16

1. https://en.wikipedia.org/wiki/Moore%27s_law
2. https://www.britannica.com/topic/Intel-Corporation
3. https://en.wikipedia.org/wiki/Intel
4. http://ben-evans.com/benedictevans/2015/6/15/us-tech-funding
5. https://site.warrington.ufl.edu/ritter/ipo-data/
6. http://ben-evans.com/benedictevans/2015/6/15/us-tech-funding
7. http://www.forbes.com/sites/johnchisholm/2013/08/06/the-regulatory-state-is-strangling-startups-and-destroying-jobs/2/#1d88e91126
8. Tente o mesmo em: http://www.indiegogo.com
9. https://www.sec.gov/spotlight/jobs-act.shtml
10. http://www.inc.com/andrew-medal/now-non-accredited-investors-can-place-bets-like-the-ultra-wealthy.html
11. A FINRA fornece diretrizes que investidores devem considerar em relação ao Título III em: http://www.finra.org/newsroom/2016/finra-offers-what-investors-should-know-about-crowdfunding
12. https://www.crowdfundinsider.com/2016/08/88857-now-14-finra-approved-funding-portals-created-title-iii-jobs-act/
13. https://www.forbes.com/sites/chancebarnett/2013/10/23/sec-jobs-act-title-iii-investment-being-democratized-moving-online/#6baf33b840f
14. http://www.huffingtonpost.com/josh-cline/the-six-things-nonaccredi_b_101045html

NOTAS 317

15. https://www.sec.gov/news/pressrelease/2015-2html
16. http://www.huffingtonpost.com/josh-cline/the-six-things-nonaccredi_b_101045html
17. http://venturebeat.com/2016/05/15/blockchain-startups-make-up-20-of-largest-crowdfunding-projects/
18. http://www.coindesk.com/6-top-trends-coindesks-2017-state-blockchain-report/
19. William Mougayar criou uma boa lista de recursos e sites sobre ICO em: http://startupmanagement.org/2017/03/13/the-ultimate-list-of-ico-resources-18-websites-that-track-initial-cryptocurrency-offerings/
20. https://www.smithandcrown.com/icos/
21. http://www.icocountdown.com/
22. https://cyber.fund/
23. http://nakamotoinstitute.org/
24. http://nakamotoinstitute.org/mempool/appcoins-are-snake-oil/
25. https://medium.com/@pavelkravchenko/does-a-blockchain-really-need-a-native-coin-f6a5ff2a13a3#.6u8xjtn
26. Não deixe que o uso da palavra "dinheiro" faça com que um investidor descarte alguma aplicabilidade de moedas digitais ou criptoativos, pois casos posteriores expandiram o significado do termo dinheiro.
27. https://www.coinbase.com/legal/securities-law-framework.pdf
28. https://www.sec.gov/oiea/investor-alerts-and-bulletins/ib_coinofferings
29. www.angel.co
30. www.crunchbase.com
31. https://angel.co/blockchains
32. http://bitangels.co
33. http://bitcoinist.com/coinagenda-startup-winners/
34. https://bnktothefuture.com/pitches/airbitz

Capítulo 17

1. Clayton M. Christensen, *The Innovator's Dilemma: When New Technologies Cause Great Firms to Fail Harvard* (Business Review Press, 2016).
2. http://www.aei.org/publication/charts-of-the-day-creative-destruction-in-the-sp500-index/ http://research.ark-invest.com/thematic-investing-white-paper
3. Don and Alex Tapscott, *Blockchain Revolution: How the Technology Behind Bitcoin Is Changing Money, Business and the World* (Portfolio/Penguin, 2016).
4. http://fortune.com/2015/11/04/jamie-dimon-virtual-currency-bitcoin/
5. http://blogs.worldbank.org/peoplemove/impactevaluations/digital-remittances-and-global-financial-health
6. https://siteresources.worldbank.org/INTPROSPECTS/Resources/334934-1199807908806/4549025-1450455807487/Factbookpartpdf
7. http://www.imf.org/external/pubs/ft/fandd/basics/remitt.htm
8. https://www.cryptocoinsnews.com/india-see-bitcoin-blockchain-remittance-new-partnership/
9. https://news.bitcoin.com/why-volume-is-exploding-at-mexican-bitcoin-exchange-bitso/
10. https://bnktothefuture.com/pitches/bitso
11. https://usa.visa.com/visa-everywhere/innovation/visa-b2b-connect.html
12. https://bnktothefuture.com/pitches/bitpesa-
13. https://ripple.com/network/financial-institutions/
14. https://ripple.com/xrp-portal/
15. https://wwwdeloitte.com/content/dam/Deloitte/ch/Documents/innovation/ch-en-innovation-deloitte-blockchain-app-in-insurance.pdf

318 CRIPTOATIVOS

16. https://augur.net/
17. http://insidebitcoins.com/news/how-blockchain-technology-could-revolutionize-the-1-1-trillion-insurance-industry/285
18. http://www.businessinsider.com/us-bank-stocks-update-november-9-2016-
19. https://www.cbinsights.com/blog/financial-services-corporate-blockchain-investments/
20. https://www.hyperledger.org/about/members
21. https://www.hyperledger.org/
22. https://www.hyperledger.org/industries
23. http://www.coindesk.com/big-corporates-unite-for-launch-of-enterprise-ethereum-alliance/
24. https://www.fastcompany.com/3017509/look-inside-google-garage-the-collaborative-workspace-that-thrives-on-crazy-creat
25. https://www.irs.gov/pub/irs-drop/n-14-pdf
26. https://www.sec.gov/oiea/investor-alerts-and-bulletins/ib_coinofferings
27. https://www.irs.gov/uac/newsroom/irs-virtual-currency-guidance
28. https://www.irs.gov/pub/irs-drop/n-14-pdf
29. https://www.fincen.gov/sites/default/files/shared/FIN-2013-G0pdf
30. http://www.CoinDesk.com/cftc-ruling-defines-bitcoin-and-digital-currencies-as-commodities/
31. http://www.cftc.gov/PressRoom/PressReleases/pr7231-15
32. https://bitcoinmagazine.com/articles/tax-day-is-coming-a-primer-on-bitcoin-and-taxes-1459786613/
33. O Coinbase fornece uma Base de Custos especializada para a declaração do imposto de renda para seus clientes. Visite: https://support.coinbase.com/customer/portal/articles/1496488-how-do-i-report-taxes-

Capítulo 18

1. http://www.pionline.com/article/20150921/PRINT/309219982/a-year-later-pimco-still-feels-effect-of-gross-exit
2. http://www.foxbusiness.com/markets/2015/12/07/peter-lynch-25-years-later-it-not-just-what-know.html
3. https://fbinsights.files.wordpress.com/2016/01/facebookiq_millennials_money_january20pdf
4. http://www.businessinsider.com/millennials-dont-think-they-will-need-a-bank-2015-3
5. http://www.thinkadvisor.com/2012/01/05/merrill-lynch-boosts-client-minimum-earns-experts
6. http://www.transamericacenter.org/docs/default-source/resources/center-research/tcrs2014_sr_millennials.pdf
7. http://www.huffingtonpost.com/david-seaman/strange-bedfellows-millen_b_108360html
8. Cada bitcoin pode ser dividido em 100 milhões de unidades, tornando fácil a compra de 1/2, 1/10, 1/100 ou 1/1000 de um bitcoin.

Índice

A

Abel Corbin 171
Ação 75
Ações
  diversificadas 79
  FANG 90, 99, 102
Algoritmo
  de hashing 226
  de hashing de blocos 40, 47
Altcoins 39, 57
Amazon 150
Análise técnica 217
Aplicações descentralizadas (dApps) 60
Appcoins 61
Aprendizado de máquina 20
Armadilha de valor 279
Arquitetura blockchain 33, 54, 115, 154
Artigo técnico 181
  do Bitcoin 7
ASICs (application-specific integrated circuits) 40, 225
Assinaturas de anel (ring signatures) 48

Ataques 231
  51% 196, 200
Ativo
  de armazenamento de valor 111
  de capital 111
  de consumo/transformável 111, 120
  nativo 27
Ato emergencial de estabilização econômica
  de 2008 8
Augur 119
Augur (empresa) 66
Auroracoin 45

B

Baldur Friggjar Óðinsson (Auroracoin) 45
Banco Popular da China (PBC) 130
Bank of America 6
Barclays 6
Base
  criptográfica 15
  de valor 113, 120
  distribuída 14

320 CRIPTOATIVOS

imutável 15
Billy Markus (Dogecoin) 44
Bitcoin 11
  Foundation 165
  Maximalists 191
  Mutual Fund 169
  Rich List 175
  Tracker Euro 253
  Tracker One 253
Bitcoiners 23
Bitcoins Maximalists 272
bitcointalk.org 39, 48
BitDNS 39
Bitfinex 237
BitLicense 233
Bitstamp 132
Blockchain 15, 20, 24, 174
  do Bitcoin 13
  do Ethereum 64
  privado 18, 24, 28, 280
  público 18, 27, 28, 155, 280, 288
Block reward halving 36
Blockstream 47
Bloomberg Barclays U.S. Aggregate Bond
      Index 105
Bolha
  de ativos 147, 149
  do bitcoin 153
  imobiliária 149
Bolsa de valores de Amsterdã 125
Brian Armstrong (Coinbase) 67
BTCETI 254
Business-to-business 283
Bytecoin 47, 169

C

Canibalização 278, 281
Capital de risco 261
Carteira 238
  de papel 241

desktop 239
hardware 240
móvel 240
web 238
Casa das Índias Orientais de Amsterdã 125
Casos de uso 35, 44, 46, 113, 119
Charles Ponzi 162
Charlie Lee (Litecoin) 39
Chave privada 234
Ciclo de bolha do bitcoin 153
Ciclo Hype de Gartner para Tecnologias
      Emergentes 29
Ciclo Ponzi 162
Classe
  de ativos 110
  emergente 113
Cliente
  compacto 239
  completo 239
CMO 5
Code Repository Points 205
Cofre 238
Coinbase 67, 238, 268
CoinCap 43
Cold storage 234
Colored coins 55
Commodities 119
  de energia 114
Commodity 32
Companhia
  do Mississippi 166
  dos Mares do Sul 166
  Holandesa das Índias Orientais 125, 147, 167
Consórcio 287
Conversão 170
Correlação 76, 113, 126, 137, 139, 140
Counterparty 56
CPU 225
Credulidade 147
Cripto 33

ÍNDICE   321

Criptoativos 19
Criptocommodities 53, 57, 110, 112
Criptocommodity 32
Criptografia 14, 33
Criptomoeda 32, 112
Criptotoken 32, 61, 110, 112
Cronograma de fornecimento 113, 115
CryptoNote 47

D

Daniel Butterfield 171
DAOs 63
DAOsastre 269
dApps 191
Dash 50, 156, 169, 174
Death cross 219
Demanda 36
Descentralização 199
Desenvolvedor 114, 204
Desvio-padrão 74, 98
Dfinity 62
DigiCash 34
Digital Curency Group 155
Diversificação 104, 107
DLT 280
DNS (domain naming service) 39
Dogecoin 44, 193
Dow Jones Industrial Average (DJIA) 87,
    102

E

ecash 34
Efeito Lindy 183
e-gold 35
Elon Musk 261
Empréstimos subprime 5
Escala
  linear 88
  logarítmica 88
Escassez 146, 156

Especulação 144, 146, 149
  das massas 150, 159
  em massa 147, 151, 155, 156
Especuladores 146
Esquema de pirâmide
  esquema Ponzi 162, 227, 272
Estornos 230
ETF 244
Ether 54, 57, 111, 119, 133
  classic (ETC) 65
Ethereum 10, 33, 54, 111, 133, 228, 288
  Classic 65
  Foundation 59, 269
  Virtual Machine (EVM) 53
Etherisc 60
ETI 254
ETN 252
Evan Duffield (Dash) 50
Exchange traded fund (ETF) 81, 112, 114

F

Facebook 58
Faixa de negociação 217
Falência 6
  da Lehman Brothers 7
Federal Reserve, ou
  Sistema de Reserva Federal 4
Financiamento
  coletivo 59, 67, 267
  Ponzi 163
Florim 149
FPGA 225
Fraude 165
Fronteira eficiente 73, 77
Função hash 16, 38, 224
Fundo
  de cobertura 80
  mútuo 112, 114
Fundo
  Bitcoin Winklevoss 248

322 CRIPTOATIVOS

de Investimento Bitcoin (BIT) 244
de Investimento Ethereum Classic (ETC) 244
Monetário Internacional 114
Fungibilidade 49

G

GDAX 132
Gêmeos Winklevoss 248
Gemini 248
Genesis Mining 228
GitHub 165, 204
Global Advisors (Jersey) Limited (GABI) 253
Gnosis 67
Golden hash 224, 226
Goldman Sachs 6
Golem 61
Governança 113–114
GPU 225
Grupo de mineração 227

H

Hal Finney 9, 58
Hard fork 64
Harry Max Markowitz (Prêmio Nobel) 72
Horizonte de tempo do investidor 100
Hot wallet 234

I

Iliquidez 49, 81, 125
Imutável 285
Incumbentes 278
Índice
de Herfindahl (HHI) 201
de preço 255
de Sharpe 75, 100, 104, 136
preço/lucro 215
Instamine 50, 192
Intel 262

Internet 18
Intranet 18, 280
Investidor
agressivo 79
anjo 274
conservador 79
moderado 79, 105
Investimento alternativo 81
IPO 90
Irmãos Hunt 172
itBit 132

J

Jackson Palmer (Dogecoin) 44
Jay Fisk 171
Jay Gould 170
John Blunt 166
John Law 166
JPMorgan 253

K

Karma 35
Kraken 132

L

Laboratório de inovação 288
Lehman Brothers 3, 5, 253
Lei
de Moore 212
de Woo 212
Linguagem de programação Turing-completa 57
Liquidez 37, 81, 125, 136, 237
Lisk 62
Litecoin 40, 140
Litecoin 10, 39, 44, 54, 203
Livro de ofertas 95, 113, 127
Livro dos códigos Simon Singh 15

M

Margem de descentralização 182
Mark Karpeles (Mt. Gox) 236
Mark Zuckerberg 261
Masternodes 135, 174
Mecanismo de financiamento 232
Média móvel simples (MMS) 218
Mercado
   de ações 125
   de capitalização 120
   de futuros 148
   de remessas pessoais 281
   preditivo 66
Merrill Lynch 3, 6
Mineração 223
Minerador 17, 27, 36, 115, 196
Modelo de emissão 192
Moeda 13, 32, 110
   fiduciária 34, 116, 132
   virtual conversível 290
MoIP 184
Monero 10, 47, 156, 169
Money-over-Internet-Protocol (MoIP) 35, 151
Morgan Stanley 6
Mt. Gox 23, 42, 63, 128, 151, 229, 236

N

Namecoin 39
NASDAQ 100 87, 102
Negociação com margem 232
NewLibertyStandard 126
Nick Szabo 35
Nonce 16, 224
North American Bitcoin Conference 57
Nós Bitcoin 203
Número de transações 213

O

Obrigações 75, 115
Oferta inicial de moeda (ICO) 269

Oferta pública inicial (IPO) 115, 262
OpenCoin (Ripple) 42, 164
OpenHub 207
Open source 61
Organização dos Países Exportadores de
      Petróleo (OPEP) 116
Ouro 91
Over-the-counter (OTC) 228

P

Pantera Capital 155
PayPal 58, 126
Peer-to-peer 12, 190
Perdas socializadas 232
Peter Thiel 261
Petróleo 91
Poloniex 51, 65, 156
Poyais 163
Premine 48, 50, 192
Proof-of-stake (PoS) 228
Protocolo 267
Prova
   de conceitos (proof-of-concept) 60
Prova de trabalho (PoW) 16, 38, 40, 58, 228
Puddinpop 225
Pump and dump 170, 173, 272

R

Recompensa 113
Reddit 168
Rede de mineração 198
Renda fixa 79
Reputation (REP) 66
Retorno absoluto 76, 100
Ripple 41, 283
   Labs 42
Ripple (XRP) 43
Risco 73, 113
   e recompensa 73
   não sistemático 78

324 CRIPTOATIVOS

recompensa 99, 102, 104
  sistemático 77
Robert Shiller (prêmio Nobel) 156
Rootstock 62, 67
RSK 68
Ryan Fugger (Ripple) 41

S

Satoshi Nakamoto (Bitcoin) 3, 50, 54, 118, 181
Seed 241
Sensibilidade de desfecho 86
Sergio Lerner (Rootstock) 67
Silk Road 21
Slow-start 156
Smart contract 212, 285
Smart contracts 35, 54, 60, 111
Sobreposição 137, 141
Software open source 38, 114
S&P 500 87, 102, 105
Steem 112, 118, 154
  dollars 118
Steemit 112, 118, 154
Steem power 118
Subclasse de ativos 112
Superclasse de ativos 110

T

Taxa
  composta de crescimento anual 122
  de crescimento anual composta 88
  de fornecimento 192
  de hash 196, 224
  de inflação 118
Tecnologia
  blockchain 10, 28, 278, 280, 283
  de propósito geral 28
  open source 10

Tendências de busca do Google 23
Teoria
  das massas 146, 159
  moderna do portfólio 73, 78, 99
Tezos 62
The Cryptography Mailing List 8
The DAO 62, 109, 192, 269
Thiel Fellowship 58
Título de não participação patrimonial 93
Títulos 143
Transação baseada em moeda 17, 36, 156, 224
Troubled Asset Relief Program (TARP) 3, 10
Tulipa 147
Tulipomania 147, 151, 159, 161, 166
Twitter 168

U

Ulysses S. Grant (presidente americano) 170
Utilidade
  de valor 120
  transacional 215

V

Vale do Silício 261
Valor
  agregado de rede 127
  de escassez 36
  de rede 207
  de utilidade 184
  especulativo 120
  líquido dos ativos (NAV) 246
  presente líquido 119
Veículo de investimento 137
Velocidade 186
Vitalik Buterin (Ethereum) 43, 54, 155, 191
Volatilidade 75, 81, 94, 102, 134
Volume de negociação 127, 129

W

Wall Street 3, 8, 10
Waves 62
WikiLeaks 9, 21
William F. Sharpe (Prêmio Nobel) 75
Willy Woo (Coindesk) 211
Windhandel 148

X

XCP 56
XRP 283

Z

zcash 51, 155
Zcash 10, 51, 155
Zcash Foundation 269
zk-SNARKs 51
Zooko Wilcox (Zcash) 35, 51

Sobre os Autores

CHRIS BURNISKE é cofundador da *Placeholder Ventures*, uma empresa de Nova York especializada em criptoativos. Antes da Placeholder, ele foi pioneiro de estratégia da *ARK Investment Management's Next Generation Internet*, levando a empresa a se tornar o primeiro gestor de fundos públicos a investir em bitcoins. Então, ele mudou o foco exclusivamente para criptoativos, abrindo caminho para Wall Street reconhecê-los como uma nova classe de ativos. Seu comentário figurou em grandes meios de comunicação, como a CNBC, o *Wall Street Journal*, o *New York Times* e a *Forbes*.

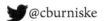 @cburniske

JACK TATAR é investidor-anjo e consultor de startups na comunidade de criptoativos, falando e escrevendo frequentemente sobre o tópico. Com mais de duas décadas de experiência em serviços financeiros, ele foi um dos primeiros profissionais das finanças a receber certificação do *Digital Currency Council*. Ele é coautor de um dos primeiros livros sobre o Bitcoin, *What's the Deal with Bitcoins?*

 @JackTatar